上海出版资金项目
Shanghai Publishing Funds

"十三五"国家重点图书出版物出版规划项目
面向未来的交通出版工程·道路基础设施建设与养护系列

MULTI-SCALE MODELLING OF
ASPHALT MIXTURE CONSIDERING INTERFACIAL EFFECT

沥青混合料界面效应的多尺度分析

◎ 朱兴一　著

同济大学出版社

图书在版编目(CIP)数据

沥青混合料界面效应的多尺度分析 / 朱兴一著. —
上海：同济大学出版社，2021.7
面向未来的交通出版工程. 道路基础设施建设与养护系列 “十三五”国家重点图书出版物出版规划项目 / 汪光焘总主编
ISBN 978-7-5608-9700-4

Ⅰ. ①沥… Ⅱ. ①朱… Ⅲ. ①沥青拌和料–研究 Ⅳ. ①U414

中国版本图书馆 CIP 数据核字(2021)第 047372 号

沥青混合料界面效应的多尺度分析

朱兴一　著

出 品 人：华春荣
策　　划：高晓辉
责任编辑：陆克丽霞
责任校对：徐春莲
装帧设计：陈益平

出版发行　同济大学出版社　www.tongjipress.com.cn
（地址：上海市四平路 1239 号　邮编：200092　电话：021－65985622）
经　　销　全国各地新华书店、建筑书店、网络书店
排版制作　南京文脉图文设计制作有限公司
印　　刷　上海安枫印务有限公司
开　　本　787mm×1092mm　1/16
印　　张　18.25
字　　数　456 000
版　　次　2021 年 7 月第 1 版　　2021 年 7 月第 1 次印刷
书　　号　ISBN 978－7－5608－9700－4
定　　价　158.00 元

前 言

FOREWORD

沥青混合料的抗开裂能力与沥青和集料之间的界面特性密切相关。研究表明，界面往往是沥青混合料中的薄弱环节，界面抵抗开裂的能力直接影响着沥青混合料的强度及耐久性。但沥青混合料中的界面区很薄，仅微米量级，采用常规方法往往难以定量评价界面对沥青混合料宏观性能的影响。想要深入理解界面影响下沥青混合料的变形与破坏，最佳途径就是采用多尺度的分析方法。因为界面效应本身具有多尺度的内在特性，其在宏观层面所表现出来的损伤和断裂并非简单直接，而是一个由下而上、层层递进的过程，涉及纳观、微观、细观、宏观、结构等多个尺度之间的联动。只有掌握了不同尺度下的材料特征及其对下一尺度的影响机制，才能层层推进，探究材料变形与破坏的根源。

不同尺度需要采用不同的研究方法，而多个尺度之间的跨越又涉及不同尺度研究方法之间的耦合。因此，本书整合了笔者近几年的研究成果，论述了如何采用纳微观测试技术、分子动力学、细观力学、有限元及快速多极边界元数值仿真方法，从不同尺度分析界面对沥青混合料性能的影响。

本书中所采用的方法各有所长，亦各有所短。工欲善其事，除了利其器外，最重要的还是选对“利器”。因此，笔者在每一章的开篇都会对所采用的方法进行简单介绍，使读者不仅对这些方法能有所了解，也能从中学会权衡和评判每种方法的优势及其所能解决的科学问题。除了方法上的介绍之外，每章还通过具体的应用案例来重点论述如何采用相应的研究方法进行界面多尺度效应下的沥青混合料性能研究。

本书的内容均来自笔者近几年的研究成果，其中也包含了已毕业和仍在奋斗中的学生们一同完成的工作。袁颖博士主要完成了本书第 2 章及 6.2 节和 6.3 节的研究工作；博士研究生杜昭主要完成了本书第 3 章的研究工作，戴子薇参与了本书 6.1

节的研究工作；研究生张文榕、张启帆、鲁乘鸿协助完成了全书的统稿及校订工作。在此，向所有对本书做出贡献的学者和学生一并致谢。

限于笔者的水平与经验，本书难免存在纰漏与不当之处，恳请读者批评指正。

朱兴一

2020 年 8 月于同济大学

目 录

CONTENTS

1 绪　　论

1.1 界面的多尺度效应

沥青混合料的整体力学性能，尤其是抵抗破坏和开裂的能力，不仅与组成相的力学性能相关，还与沥青和集料之间的界面特性以及相互作用密切相关。既有研究表明，由于沥青材料中的非极性物质以及极性物质分别与粗糙的集料表面发生大小、程度、属性均不同的物理吸附和化学吸附，导致结合材料在结合部位绝不是一个理想的面，而是一个具有几微米至几十微米尺度的空间区域[1]。因而，在沥青与集料之间必然存在着一个从沥青到集料的过渡区域，我们称其为界面区，材料在这样一个空间内呈现非均匀、各向异性的分布特性。界面区内的材料属性和微观结构都与沥青和集料存在着必然联系但又有所区别，显现出独有的特性(结构特征、化学和力学性能等)。

以往对沥青与集料界面特性的探索主要围绕沥青-集料的黏附性能展开的。黏附性是能够表征沥青与集料之间黏结程度的一个非常重要的指标。但我们通过各类研究方法得到的黏附性指标仅仅是个实验值，是沥青与集料表面大量反应物分子相互作用(涉及物理结合与化学结合)的统计结果。从本质而言，这是一个宏观物理量，而该物理量应该与界面区内材料的物理、化学、力学性能有着密切联系。从大量的相关研究资料中可以发现，基于黏附性能的研究所得到的结论往往分散性较大[2-4]，究其原因是人们对造成分散性的原因尚不清楚，即界面区内的化学组成、结构形态、力学性能尚未清晰[5]。

从宏观角度来说，界面区往往是沥青混合料中较为薄弱的环节，界面区的强度及抵抗开裂的能力直接影响着沥青混合料的强度及耐久性。通过观察宏观试验结果可以发现，在外部荷载及环境作用下，界面处的应力集中现象会更为显著，导致界面附近的材料处于较高的应力水平，使得裂纹的起裂点易发生在界面的结合部位[6]。从图 1-1(a)中可以看到裂纹大部分沿着集料-沥青界面结合部位开展。界面区的微观特性(结构特征、化学和力学性能等)直接影响着界面处裂纹萌生的起始状态(断裂力学中又称起裂状态，即起裂位置、起裂环境、起裂时对应的应力和应变状态)，进而左右着材料的宏观断裂[7]。图 1-2 描述了水泥混凝土界面区的微观性能如何影响水泥混凝土的整体性能。水泥混凝土由于边壁效应的存在，胶凝材料粒子在邻近集料表面区域的堆积密度降低，使得集料表面区域的孔隙率比水泥浆体的孔隙率高 2～3 倍，导致界面区的密实度和强度远低于硬化的水泥浆体，并且由于界面区孔隙的连通性较好，侵蚀介质更容易在界面区富集，从而加速界面区性能的退化。通过采用微纳观尺度的测试手段观测水泥混凝土界面区的微观特性也能发现，界面区的密度有别于水泥砂浆和集料，其结构较为松散、厚度较薄、模量较低，且界面区有更多密实度低的氢氧化钙和可能导致耐久性降低的钙矾石存在。在水泥混凝土中，将这样的界面区称为界面过渡区(Interfacial Transition Zone，ITZ)。针对水泥混凝土界面过渡区的研究其实已经开展了很多年，且基本形成了具有共识性的基础理论。界面区对沥青混合料界面处的裂纹萌生及扩展同

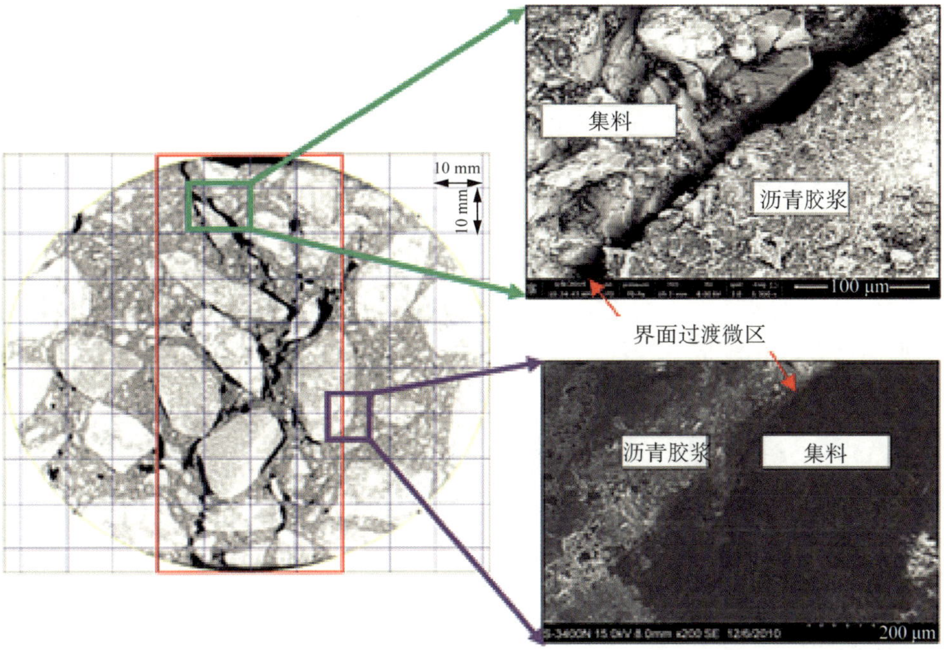

(a) 裂纹观测　　(b) 扫描电镜观测到的界面过渡微区

图 1-1　沥青混合料[8, 9]

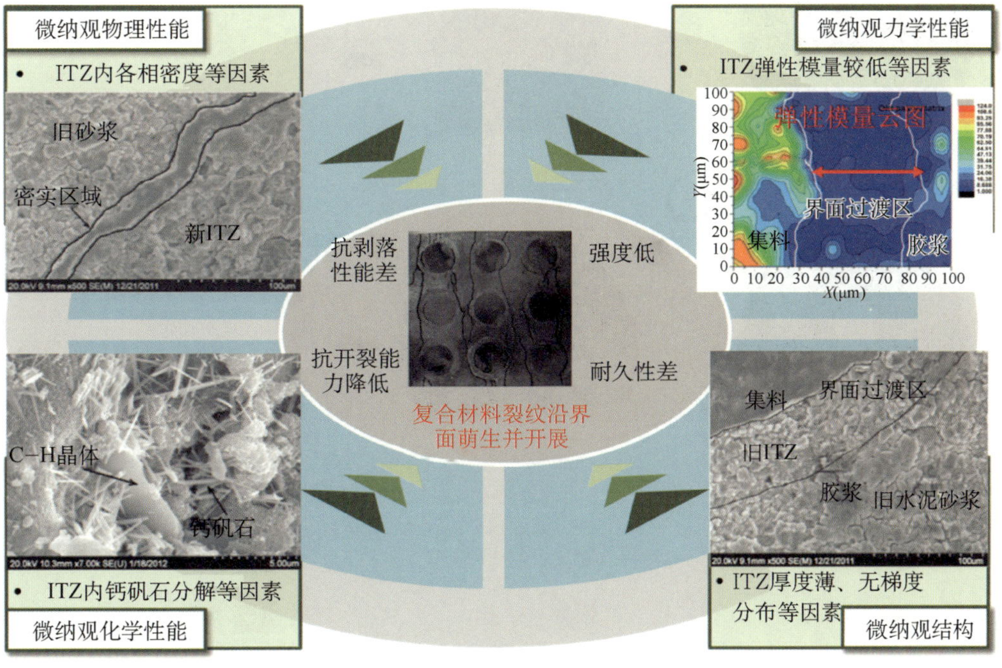

图 1-2　基于 ITZ 的水泥混凝土裂纹沿界面萌生并发展的成因分析[10, 11]

样起着至关重要的作用，进而影响着沥青混合料的力学性能和路用性能。但遗憾的是，目前对沥青混合料界面区的研究并不多，尤其缺少对界面区微观特性与界面处裂纹扩展之间关系的相关研究。

材料在服役过程中抵抗损伤破坏的能力均与材料的多尺度特性有关。图 1-3 展示的是不同尺度下沥青混合料的各种界面形态。在宏观尺度上，界面主要是指集料与均质化后的沥青砂浆或沥青胶浆之间的区域，这个区域厚度在微米量级。在细观尺度上，界面是粗糙的集料表面与非均质的沥青胶浆之间的相互作用，沥青胶浆可被看作是由粒径 0～100 μm 的矿粉填料分散在沥青中形成的。在微观尺度上，界面实际上是集料表面微观构造及其化学成分与沥青和矿粉颗粒之间的共同作用，在这个尺度上，我们可

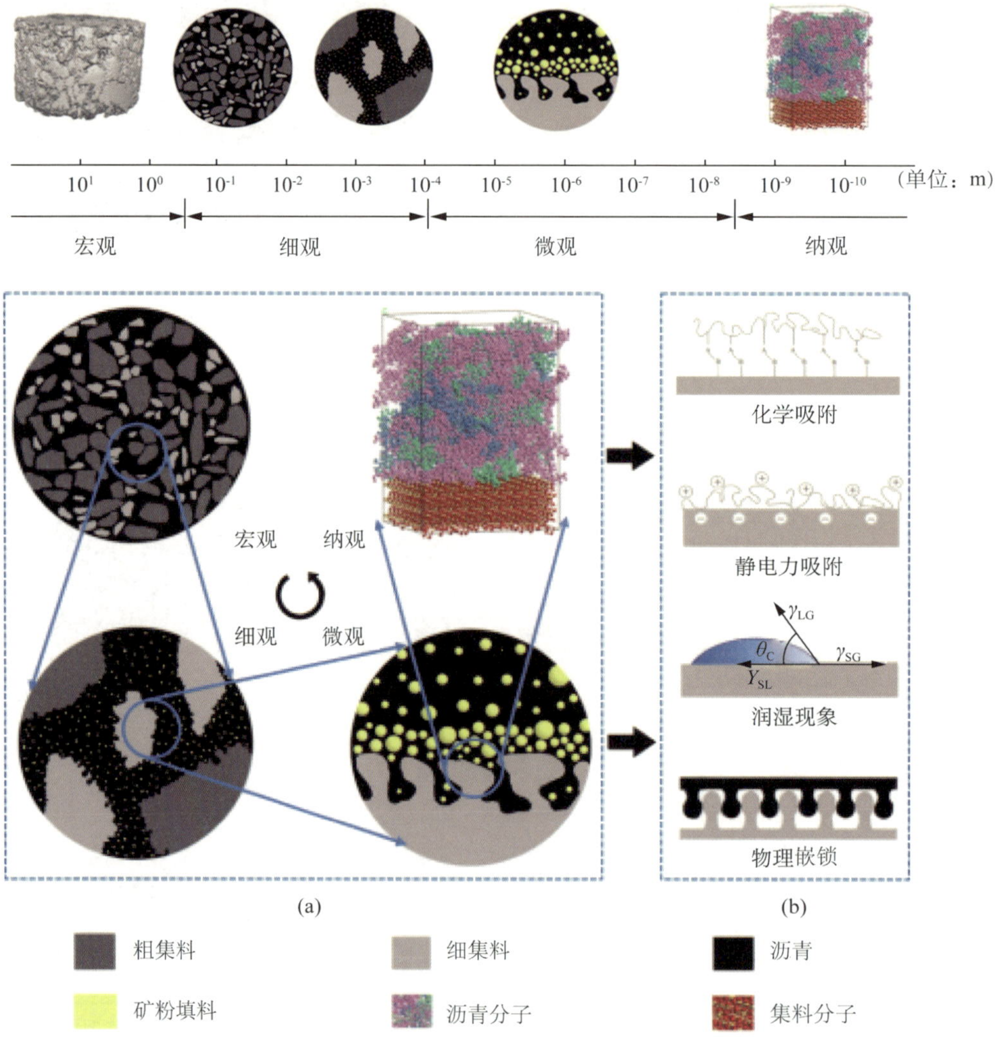

图 1-3　不同尺度下的界面及界面形成机理示意图

以更为细致地分析集料表面与沥青及矿料颗粒之间发生的不同程度的化学吸附和物理吸附。比如，沥青中的酸性物质（如沥青酸、沥青酸酐）会与碱性矿料在接触面发生化学反应，从而形成较强的化学吸附。此外，集料表面与沥青和矿粉颗粒之间还会发生静电力、润湿作用、物理嵌锁等物理吸附，而物理吸附的效果往往要弱于化学吸附。一般推测，越靠近集料表面，受到的化学吸附和物理吸附就越强，微观结构也会更密实，因此会形成更强的黏结性能。在纳观尺度上，从本质上来说，界面是二氧化硅、氧化钙等集料的化学分子与沥青分子所形成的作用体系，而界面的黏结性能是各化学分子之间相互作用的结果。以上阐述表明界面效应具有多尺度的内在特征。路面材料宏观所表现出来的损伤和断裂并非简单直接的，而是一个由下而上、层层递进的过程，涉及纳观、微观、细观、宏观等多个尺度之间的联动，如图 1-4 所示。因此，想要深刻理解材料的变形与破坏，就不能仅仅停留在给出表象的宏观尺度上，而应充分开展多尺度分析，从工程、材料、化学、物理等多个学科视角出发，将宏观、细观尺度与微观尺度，甚至与纳观尺度的分析结合起来，在更深的层次上找出材料变形与破坏的根源及机制。

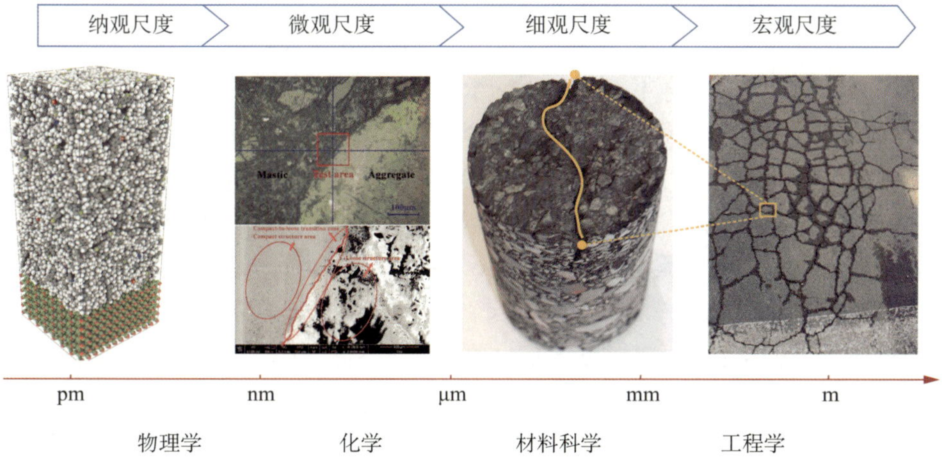

图 1-4　沥青路面的多尺度特征

1.2　多尺度的研究方法及其在沥青混合料性能研究中的进展

分子动力学、细观力学、有限元及边界元等数值仿真方法均是常见的分析方法，只是各方法针对的尺度不同。以下将分别介绍不同尺度的研究方法在沥青混合料性能研究中的进展。

1.2.1　基于纳微观尺度测试技术的沥青混合料性能研究

界面问题需要在离散的纳微观尺度上进行有效且精确的分析，随着实验界面力学的发展，复合材料界面区微观特性的表征方法越来越完善。

在微观结构方面，电子显微术是传统的基本方法，其中最重要的表征手段是透射电镜（Transmission Electron Microscopy，TEM），而扫描电镜（Scanning Electron Microscope，SEM）因其使用简便且能快速获得结果也被广泛应用。近年来，原子力显微镜（Atomic Force Microscope，AFM）和显微拉曼光谱术（Micro-Raman Spectroscopy，MRS）受到研究人员的关注，它们具备的某些特有功能常常能获得 TEM 和 SEM 无法获得的界面结构信息。AFM 能给出从几纳米到几百微米区域的表面结构的高分辨率图像，同时 AFM 也是测试固体物质局部区域力学性质以及电学和磁学等物理性质的强有力工具。MRS 所得到的拉曼峰的频移、强度、峰宽度及偏振特性可以从不同角度反映出试样物质的结构、性质以及所处的环境。

在化学元素组成分析方面，最常用的方法是在装备有能谱仪（Energy Dispersive X-ray Spectrometer，EDX）的电子显微镜下检测试样的特征 X 射线能谱，在观测试样形貌或组织结构的同时获得化学元素组成的信息。EDX 的基本原理是通过电子束与样品相互作用后激发产生的特征 X 射线能谱来鉴定组成元素[12]。其他可用于界面成分分析的方法还包括电子探针 X 射线显微分析仪（Electron Probe X-ray Microanalyzer，EPXM）、电子能量损失谱术（Electron Energy Loss Spectroscopy，EELS）、二次离子质谱术（Secondary Ion Mass Spectroscopy，SIMS）、俄歇电子能谱术（Auger Electron Spectroscopy，AES）和 X 射线电子能谱术（X-ray Photoelectron Spectroscopy，XPS）。

在界面微观力学性能方面，传统试验方法有单纤维拉出试验、单纤维压出试验、弯曲试验、剪切试验、拉拔试验等[1]。近年来又发展出纳米压痕技术（Nanoindentation，NI）和荧光光谱术（Fluorescence Spectroscopy，FS），通过与传统的界面微观力学试验相结合，形成了一种全新的、功能更丰富也更完善的实验技术和数据分析方法。纳米压痕技术兴起于 20 世纪 80 年代中期，为测试复合材料的原位力学性能提供了有效方法。该技术可以在微纳米尺度上测量材料的各种力学性质，如载荷-位移曲线、弹性模量、硬度、断裂韧性、黏弹性等[13]。目前，该技术已被广泛应用于复合材料的界面过渡区力学行为测试中。MRS 和 FS 是诸多光谱分析术中的两类，近二十余年来，这两种技术在界面研究领域得到了快速发展，对复合材料界面行为，尤其是界面微观力学的探索做出了较大的贡献。

S. N. Nahar 等[14]通过运用 AFM 测定新旧沥青的混溶区域约在 160 nm 至 2.07 μm 之间。杨军等[15]运用 AFM 研究了沥青不同老化程度下的微观结构与自愈合性能之间的联系。E. Rinaldini 等[16]采用显微 CT、环境扫描电镜（Environment Scanning Electron Microscope，ESEM）及能量色散 X 射线能谱仪观测了再生沥青混合料新旧混溶区的空间结构及微裂纹。E. R. Dourado 等[17]运用纳米压痕技术研究了蜂形结构的力学性能。沈凡等[18]采用凝胶渗透色谱仪研究了改性再生剂在老化沥青中的扩散规律。D. Little 等[19]运用 AFM 得到了沥青的蜂形结构，以此建立 2D 有限元模型，分析拉伸应力作用下蜂形结构的变化。A. Jäger 等[20]运用 NI 并结合反算法得到了微纳观尺度下的沥青蠕变行为。R. A. Tarefder 等[21]运用 NI 研究了微纳观尺度下的沥青弹性模量及硬度。D. Katsuki 和 M. Gutierrez[22]利用 NI 测量了微纳观尺度下沥青混合料的硬度及流变行为。

1.2.2 基于分子动力学的沥青与集料界面性能研究

分子动力学(Molecule Dynamics, MD)模拟方法以其较高的准确性可以帮助人们从原子和纳观角度认识物质的基本特征。随着计算机技术的不断发展和分子模拟结果逐渐被认可，近年来，MD 模拟方法在道路材料研究领域也有了诸多应用。一些学者借助 MD 模拟方法从微观尺度对沥青-集料界面的黏附特性进行了研究。

在沥青-集料界面微观特性方面，早在 20 世纪 90 年代，J. Murgich[23]便采用分子模拟方法研究了沥青质及胶质在高岭土晶体表面的吸附行为。相互作用能的计算结果显示胶质在高岭土晶体表面的吸附作用强于沥青质。二者在高岭土晶体表面的吸附作用主要以范德华力(60%～70%)为主，库伦力(20%～30%)作用及氢键(10%)作用占比较小。近年来，徐霈等[24, 25]运用 MD 对沥青与集料的相互作用进行了研究，选取沥青质分子来代表沥青，选取常规集料中的六种主要化学成分(SiO_2，CaO，MgO，Al_2O_3，Na_2O 和 K_2O)来代表集料，由此建立了沥青质与集料主要化学成分的界面模型，并计算出不同温度下沥青质/氧化物分子界面能的大小以及沥青质的内聚能。于维钊等[26]研究了沥青质在石英表面的吸附行为，对不同溶剂中沥青质在石英表面的吸附构象进行了观测，对沥青质与石英界面及溶剂间的相互作用能进行了计算。G. Xu 和 H. Wang[27]选用 L. Zhang[28]的沥青分子模型，以 SiO_2 和 $CaCO_3$ 晶体模型表征集料，并借助 MD 模拟方法，计算了沥青-集料的相互作用能和黏附功。该研究发现，对于同种集料，两种沥青对集料的黏附功差异较小，而同种沥青与不同集料间的黏附功差异较大。此外，该研究还指出在沥青与矿质集料的相互作用中以范德华力为主。G. Wu 等[29, 30]采用相互作用能为主要评价指标，研究了沥青四组分对石英界面的吸附能力。M. Guo[31]研究了沥青四组分在 SiO_2，Al_2O_3，CaO，MgO 和 Fe_2O_3 表面的扩散特征，并采用均方位移及扩散系数对沥青各组分的运动特征进行了表征。

沥青-集料界面强度一直是人们关注的热点，许多新的测试方法也被应用到沥青-集料界面黏结强度的评价上来。近年来，基于 AFM 和拉拔(pull-off)试验的沥青与集料的黏附力与黏结强度评价也得到了广泛的研究。M. Xu 等[32]以硅晶胞代表硅酸盐矿物作为 AFM 针尖，采用十二分子四组分模型[33]分别建立了基质、短期老化和长期老化沥青分子模型。借助 MD 模拟了 AFM 力曲线扫描试验，得到三种不同老化程度沥青材料的力-位移曲线，并以最大引力作为黏附力计算得到了黏结强度，且计算结果表明，短期老化沥青与集料的黏结强度最大，其次为长期老化沥青和基质沥青。基于模拟计算和试验结果，M. Xu 提出了沥青-集料界面作用模型。该模型认为，由于沥青材料的胶体结构，沥青表面是凹凸不平的。当沥青与集料相互接触时，存在斥力与引力的平衡，集料最先接触到沥青材料的鼓起部分，伴随集料的接近，鼓起部分开始变形，直至沥青与集料间的引力与斥力达到平衡。该模型可以解释沥青材料表面构造是如何影响其对集料的黏附性。G. Xu 和 H. Wang[34, 35]建立了沥青-集料界面模型，对模型进行充分弛豫后，采用 MD 模拟方法模拟拉拔试验，得到力-位移曲线，采用指数内聚力模型(Cohesive Zone Model, CZM)对力-位移曲线进行了拟合，并利用最大黏附力计算得到界面黏结强度。此外，H. Wang 以沥青质指数表征沥青材料的化学特征，选用黏结强度和分离功作为评价指标，分析了沥青化学组成对界面力学特性的影响。

水损坏主要是由于水分子对沥青-集料界面的劣化作用所致。在水分子对沥青-集料界面黏附性能劣化的研究方面，G. Xu 等[27]在沥青-集料界面间添加水分子，从而建立了沥青-水-集料模型，通过计算得到水分子作用下的剥离功，由此评价了水分子对沥青-集料界面性能的劣化作用。H. Wang 等[34, 35]采用 MD 模拟方法模拟了有水分子作用下的拉拔试验，并给出了不同温度下，水分子作用对界面黏结强度的影响。研究表明，界面黏结强度随着水分子含量的增多而减少。此外，在水分子的作用下，界面黏结强度随温度升高而降低。

1.2.3 基于细观力学的沥青混合料性能研究

沥青混合料中不同尺寸的集料及结合料会影响沥青路面的整体性能，细观力学模型能考虑到复合材料中所有基础材料在整体结构中所发挥的作用。近年来，越来越多的研究者着手从复合材料细观力学角度来考察沥青混合料的力学行为。

D. A. Anderson 和 W. H. Goetz[36]较早利用细观模型对沥青混合料进行研究，认为沥青混合料的宏观性能主要与颗粒的大小、沥青胶浆与颗粒之间的相互作用以及温度密切相关。R. Lytton[37]提出了三相细观预测模型来预测沥青混合料的弹性模量，此模型假设沥青混合料由集料、沥青胶浆(沥青加细集料)及空隙组成。W. G. Buttlar 和 R. Roque[38]通过低温下的沥青混合料弹性模量试验来评估四种细观力学模型对沥青混合料弹性模量预测的适用性，并认为现有的两相球形夹杂模型对沥青混合料弹性模量的预测值会偏低；他们指出，当前众多的细观力学模型可能仅对典型的悬浮式沥青混合料适用，因为其中的粗颗粒之间不直接接触，而是彼此分离悬浮于较小颗粒和沥青胶浆中间，这样集料与集料之间并没有明显的相互作用。G. Q. Li 等[39]将沥青膜包裹的圆形集料埋入等效沥青混合料介质，从而形成一个两层嵌入式细观模型，并推导出二维有效弹性模量的表达式，但该表达式与沥青混合料的另一弹性常数泊松比相关，在使用时泊松比仍采用经验公式确定；利用该模型，他们只针对沥青马蹄脂碎石(Stone Matrix Asphalt, SMA)进行研究，且没有进行相关的试验验证。X. Shu 和 B. S. Huang[40]利用与 Li 等人相同的细观模型推导了热拌沥青混合料的三维有效弹性模量表达式，但是泊松比依然采用经验公式。J. M. Krishnan 和 C. L. Rao[41]应用较为简单的混合准则研究了空隙率在沥青混合料中的作用,即把各种不同的夹杂相按照其体积比进行加权平均从而得到整体宏观等效力学特性。B. S. Huang 和 G. Q. Li[42]利用 Cox 剪切理论及混合准则研究了沥青混合料在低温下的拉伸强度,考虑了沥青胶浆与颗粒的黏结度及沥青老化问题,并通过试验加以验证。N. Shashidhar 和 A. Shenoy[43]利用数量级简化分析方法及渗透理论简化了广义自洽理论,以此探讨沥青混合料的动态力学行为。Y. Q. Li 和 J. B. Metcalf[44]将沥青混合料模拟成两相细观力学模型,并采用两步骤法预测沥青混合料的模量。第一步是将沥青混合料模拟成两相介质,包括圆形细集料(含沥青结合料)及圆形粗集料;第二步是将圆形细集料(含沥青结合料)再用两相模型模拟。他们建议针对不同的沥青混合料设计进行试验,以验证现有方法。郭乃胜和赵颖华[45]在 Eshelby-Mori-Tanaka 理论基础上提出了纤维增强复合材料的等效模量计算公式,并假设沥青混合料由基体和任意方向均匀分布的圆柱体纤维构成,以此预测纤维沥青混合料的弹性模量。

上述研究都是假设沥青混合料为线弹性体,而该假设只有当温度较低且荷载速率较高时才成立。然而,在通常情况下,沥青混合料具有黏弹性性质,其性能受到温度和时间的影响,尤其是在高温条件下,其黏性表现得更为突出,沥青混凝土路面的车辙或永久变形就是沥青混合料在高温和车辆轮胎荷载作用下呈现黏性的典型表现。以往关于沥青混合料黏弹性行为的研究都是先假设一种能够描述沥青混合料黏弹性的本构模型(如工程中普遍认为能够较好反映沥青混合料的松弛及蠕变特性的 Burgers 模型和四单元五参数模型),然后通过蠕变试验(如小梁弯曲蠕变试验或单轴静载压缩蠕变试验等)标定模型的各种参数。这种研究方法属于半经验半理论方法,受试验条件的限制,且难以反映集料、空隙、沥青胶浆等成分及细观结构在整体中的作用。目前,国内外研究者已对沥青混合料黏弹性的细观力学进行了一些研究和探讨。N. Shashidhar 和 P. Romero[46]利用广义 Nielsen 模型对沥青混合料的蠕变柔量进行了一系列探讨,并将各种尺寸粒径、级配、集料形状、集料分布等对沥青混合料的影响用广义 Einstein 系数及填充料的体分比(filler packing fraction)这两个参数来概括。郭乃胜和赵颖华等[45, 47, 48]也在这方面做了很多工作,他们的主要思路是将在 Eshelby-Mori-Tanaka 理论基础上提出的颗粒增强复合材料的等效模量计算公式与四单元五参数模型相结合,然后进行拉普拉斯变换,再根据试验来标定模型的各参数,以用于沥青混合料的黏弹性分析。Y. Kim 和 D. N. Little[49]分别利用 Hashin, GSCM 及 Nielsen(基于流变学)给出的三个关于有效剪切模量的表达式,并利用 Schapery 直接变换法,即在拉普拉斯域内进行反变换时,直接将拉普拉斯变量 s 用时间变量 $0.56/t$ 代替,以此得到沥青混合料线黏弹性的有效松弛模量表达式,并通过动态剪切流变仪进行试验,结果显示现有的模型只在低体分比时才与试验吻合得较好。X. Shu 和 B. S. Huang[50]利用两层嵌入式模型推导了三维沥青混合料线黏弹性的有效松弛模量表达式,该表达式考虑了空隙率及最大粒径颗粒的影响,并能反映出动态模量的大致趋势,但其预测值低于试验数据。

1.2.4 沥青混合料细观数值仿真试验

数值模拟在沥青混合料研究中的应用主要集中在力学性能预测与损伤断裂演化分析两个方面。

1. 力学性能预测

作为表征沥青混合料宏观力学性能的重要参数，如低温下的弹性模量、剪切模量、常温下的蠕变柔量、动态模量等，这些参数在材料设计、结构分析与工程评估方面起着重要作用，因而对沥青混合料基本力学性能的预测已成为重要课题。

2006—2010 年，美国密歇根理工大学的 Dai 团队采用数值仿真试验对沥青混合料的力学性能进行了一系列研究。2006 年，基于沥青混合料的二维细观力学模型，通过递推有限元增量算法预测了沥青混合料的线性黏弹性和损伤耦合黏弹性行为，对比数值模拟与试验得到的蠕变劲度结果发现，所提出的微观力学有限元模型能较好地预测沥青混合料的黏弹性行为，并提出随着未来的建模工作扩展到三维，数值模拟结果将会更接近测试数据[51]。2008 年，建立了包括集料与沥青胶浆在内的二维细观力学有限元数值模型，引入广义 Maxwell 黏弹性本构模型，通过数值计算预测了沥青混合料的复数模量与蠕变劲度[52]。2010 年，利用广义 Maxwell 黏弹性模型和 Chaboche 塑性模型分别建立了黏弹塑性本构关系与连续黏弹塑性本构关系，考察了加载速率对材料黏弹性、黏塑性混合行为的影响及循环荷载作用下材料的永久变形。研究表明所建立的细观力学有限元模型可较好地预测沥青混合料的黏弹塑性行为[53]。2010 年，提出了细观力学有限元模型来预测沥青混合料的动态模量和相位角。结果表明，所建立的细观力学有限元模型可以为今后的研究提供一种计算工具，利用捕获的细观结果和组分特性预测沥青混合料的整体黏弹特性。此外，通过对沥青混合料细观结构的研究，可以深化对沥青混合料黏弹性力学性能的认识[54]。

自 2006 年至今，中国华南理工大学的张肖宁团队采用数值仿真试验对沥青混合料的宏观性能展开了全面且深入的研究。2006 年，虞将苗等应用数字图像处理技术，结合有限元建模方法，建立了包含集料、空隙和胶浆在内的沥青混合料有限元模型，并研究了在沥青混合料劈裂试验过程中，空隙分布、加载方向以及集料与胶浆模量比等指标对沥青混合料内部微观力学特性的影响[55]。2010 年，万成用体素法建立了三维沥青混合料数值模型，进行了间接拉伸数值模拟，模拟了在低温加速加载条件下试件的受力分布状态，评价了应力在试件内部的分布情况；此外，对试件进行间接拉伸动态模量数值模拟，研究 3 个不同温度、6 个不同荷载频率下试件动态模量的变化，并与试验结果进行对比，从而验证了整个数值模拟方法是切实可行的[56]。2016—2019 年，黄文柯等基于沥青混合料的 CT 图片构建了沥青混合料三维数值模型，并将该模型用于三轴压缩虚拟试验和三轴蠕变虚拟试验，模拟结果能有效分析沥青混合料在线性黏弹性范围内三轴荷载作用下的黏弹力学响应。研究发现，当在低荷载下试件处于线黏弹性范围时，数值模拟结果较好地吻合试验结果，而在高荷载下试件处于非线黏弹性阶段时，数值模拟结果与试验结果有一定偏差[57,58]。

2007年,Mo等建立了多孔沥青混合料细观水平的有限元模型,该模型考虑了集料、砂浆、界面区域、空隙,通过该模型获得了沥青与集料界面区域及砂浆内部的应力状态,结果表明数值模拟结果与理论预测基本一致,该模型可用于分析沥青混合料细观结构局部区域的应力状态[59]。2012年,Coleri等基于CT扫描图片分别建立了二维和三维的沥青混合料有限元数值模型,并利用模型预测了密级配树脂改性沥青混合料和开级配橡胶沥青混合料的剪切模量,研究结果表明,使用三维模型在较高的测试温度和一系列的加载频率下可精确预测沥青混合料的剪切模量,而使用二维模型则会低估所有温度范围和加载频率范围内沥青混合料的剪切模量[60]。2013年,彭勇与徐小剑基于CT图片建立了沥青混合料的二维数值模型,并分析了集料分布状态对虚拟劈裂试验力学性能的影响,结果表明,集料分布状态与沥青混合料虚拟劈裂试验力学性能变异性存在明显的相关性,集料分布情况越差,通过沥青混合料虚拟劈裂试验计算得到的压头反力均值的变异系数就越大[61]。2019年,Gu等采用CT技术和图像处理技术建立了基于细观结构的橡胶改性沥青混合料的二维有限元数值模型,并用该模型预测了其在大频率范围内的动态模量主曲线和相位角主曲线,以及分析了集料弹性模量对主曲线的影响[62]。

2. 损伤断裂演化分析

除了预测沥青混合料的宏观性能,数值模拟方法亦可用于沥青混合料损伤开裂机制方面的研究,从而为沥青混合料的细观结构设计、优化材料力学性能提供理论依据。

2005年,Kim等建立了沥青混合料二维有限元模型,分析沥青混合料的损伤力学响应,通过在该模型界面引入微力学非线性黏弹性黏聚带模型(Cohesive Zone Constitutive)来分析界面裂纹的扩展和损伤演化,研究结果表明,原材料的基本性能和断裂特性对沥青混合料的断裂力学性能有重要影响[63]。2011年,Aragão等结合有限元法与黏聚带断裂模型研究了沥青混合料的损伤断裂过程,并对断裂性能进行了参数分析,实测结果验证了该模型的适用性[64]。Dai提出了预测沥青混合料这类材料的弹性损伤行为的三维细观有限元网格模型,引入双线性损伤定律,通过间接拉伸与单轴压缩仿真试验分析了试样内部的细观损伤分布及整体断裂行为。通过与实测结果进行对比,发现所建立的三维有限元模型能够较好地预测沥青混合料在载荷作用下的典型损伤行为[65]。2012—2013年,You等[66,67]利用CT扫描图像重建了包括集料和沥青砂浆在内的三维沥青混合料数值模型,引入热黏弹性、热黏塑性、热黏损伤本构模型,通过单轴压缩、单轴拉伸、重复蠕变恢复虚拟仿真试验,研究了不同温度下材料的应力-应变行为、损伤演化过程、可恢复和不可恢复应变。结果表明,所建立的三维微观结构模型和本构模型能有效预测沥青混合料的热力学响应。2013年,王江洋等采用CT图片与数字图像处理技术建立了大孔隙环氧沥青混合料的二维有限元数值模型,通过劈裂仿真试验分析了裂缝萌生扩展的损伤演化过程。研究结果表明,细观结构的分布是影响沥青混合料中应力应变响应及其分布的因素[68]。2016 年，Onifade 等在连续损伤力学和热力学基础上提出了沥青混合料的黏弹损伤本构模型，通过沥青混合料的 Superpave 间接拉伸试验仿真模拟分析了耗散蠕变应变能指标在评价沥青混合料损伤开裂性能方面的有效性[69, 70]。2019 年，Kollmann 等采用 CT 和数字图像处理技术重建了沥青混合料二维有限元数值模型，并在此基础上开展了间接拉伸虚拟试验，研究了温度和孔隙对沥青混合料微尺度裂纹萌生和扩展的影响[71]。

1.3 本书的研究范围和结构

深入理解界面影响下沥青混合料变形与破坏的最佳途径就是发展多种有效的方法，使得不同尺度上的相关物理、化学及几何参数（如分子数量、化学组成、界面厚度、界面模量、集料形貌等）能够定量或定性地关联起来，从而为材料选择、改性及材料组成和结构设计提供方法和依据。沥青混合料中的界面区很薄，仅微纳米大小，并且材料组织分布复杂，呈现非均匀、非均质状态，想要定量评价界面区的各项性能几乎无法实现。但若按照常规工程化处理方法，将界面层简化成没有厚度的面，则界面相的微观特性及其演变对界面强度和界面处裂纹萌生的影响就无从研究了。随着多尺度分析方法的发展，精确评价界面区特性以及探索由于界面区性能演变而导致的界面区起裂及裂纹扩展成为可能。本书将采用先进的纳微观尺度测试技术、分子动力学、细观力学、快速多极边界元和有限元法，从不同尺度来研究界面对沥青混合料性能的影响，如图 1-5 所示。

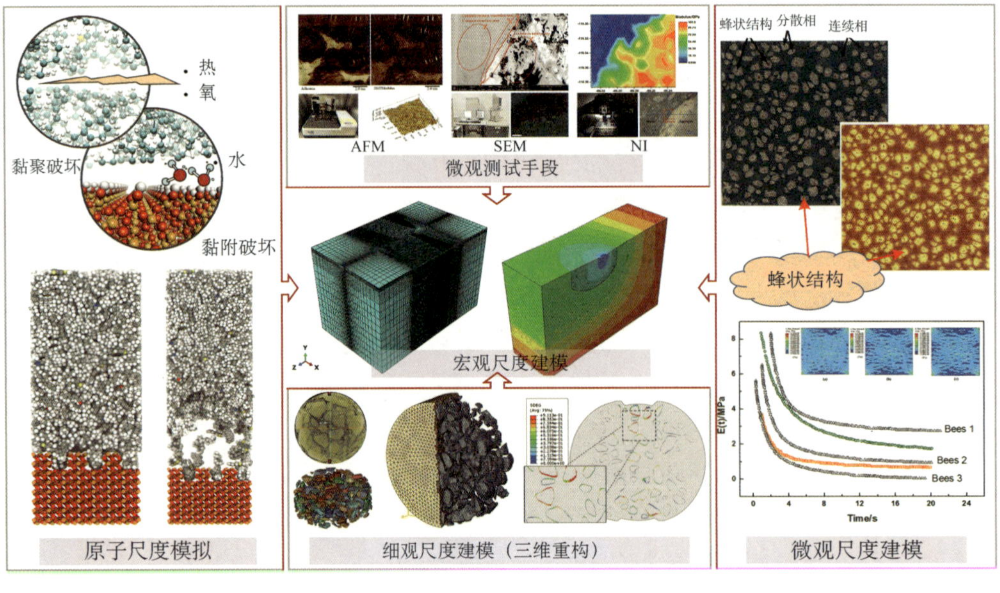

图 1-5 考虑界面效应的沥青混合料不同尺度性能研究

但需要说明的是,正统的多尺度分析方法分为两类:空间多尺度和时间多尺度,包括跨原子至连续介质微尺度的多尺度分析,以及跨连续介质微/细/宏观尺度的多尺度分析。本书所采用的方法从本质上来说是两尺度方法,如分子动力学联系的是原子尺度和纳观尺度,细观力学、有限元及边界元等数值方法联系的是细观尺度和宏观尺度,如果结合纳微观尺度测试数据,则可以在一定意义上将两尺度拓展至三尺度。但自然界大量的物理现象表明,各尺度间变量群的耦合并不是那么强烈,尤其是跨越几个尺度时,变量群间的耦合是非常弱的。因此,本书综合采用纳微观测试技术、分子动力学、细观力学、有限元及边界元数值仿真方法来研究界面对沥青混合料性能的影响,从一定意义上来说已经涵盖了纳观、微观、细观和宏观的多尺度分析。

本书以界面效应为切入点,以多尺度分析方法为主线,第 2 章论述纳微观尺度测试技术及其在界面区性能表征上的应用。第 3 章论述分子动力学方法及其在沥青-界面黏结性能分析上的应用。第 4 章论述细观力学方法及其在弱界面效应分析上的应用。第 5 章论述快速多极边界元法及快速分析界面效应对沥青混合料弹性/黏弹性性能的影响。第 6 章论述三种处理界面效应的有限元法及其在沥青混合料宏观性能分析上的应用。

参考文献

[1] 裴建中.沥青路面细观结构特性与衰变行为[M].北京:科学出版社,2010.

[2] 孔维川.集料特性对沥青-集料界面性能影响研究[D].西安:长安大学,2012.

[3] 郭猛.沥青胶浆的界面行为与机理分析[D].哈尔滨:哈尔滨工业大学,2012.

[4] 叶青.水泥乳化沥青混凝土凝结硬化机理及微观结构研究[D].西安:长安大学,2012.

[5] HARTMUT R F, DILLINGH E C, HERMSE C G M. On the interfacial interaction between bituminous binders and mineral surfaces as present in asphalt mixtures[J]. Applied Surface Science, 2013, 265: 495-499.

[6] ZHANG Y Q, LUO X, LUO R, et al. Crack initiation in asphalt mixtures under external compressive loads[J]. Construction and Building Materials, 2014,72:94-103.

[7] MOHAJERI M, MOLENAAR A A A, VAN DE VEN M F C. Experimental study into the fundamental understanding of blending between reclaimed asphalt binder and virgin bitumen using nanoindentation and nano-computed tomography[J]. Road Materials and Pavement Design, 2014, 15:372-384.

[8] YAN C, ZHANG Y, BAHIA H U. Comparison between SCB-IFIT, un-notched SCB-IFIT and IDEAL-CT for measuring cracking resistance of asphalt mixtures[J]. Construction and Building Materials, 2020, 252:119060.

[9] 王岚,胡江三,陈刚,等.基于 VIC-3D 技术的沥青混合料界面力学特性实验研究[J].功能材料,2015,3(46):03115-03120,03126.

[10] XIAO J, LI W, SUN Z, et al. Properties of interfacial transition zones in recycled aggregate concrete tested by nanoindentation[J]. Cement and Concrete Composites, 2013,37:276-292.

[11] LI W, XIAO J, SUN Z, et al. Interfacial transition zones in recycled aggregate concrete with different mixing approaches[J]. Construction and Building Materials, 2012,35:1045-1055.

[12] 张大同.扫描电镜与能谱仪分析技术[M].广州:华南理工大学出版社,2009.

[13] LING F F. Nanoindentation[M]. [S.l.]:Springer Science, 2011.

[14] NAHAR S N, MOHAJERI M, SCHMETS A J M, et al. First observation of blending-zone morphology at interface of reclaimed asphalt binder and virgin bitumen[J]. Transportation Research Record: Journal of the Transportation Research Board, 2013, 2370(1):1-9.

[15] YANG J, GONG M, WANG X, et al. Observation and characterization of asphalt microstructure by atomic force microscopy[J]. Journal of Southeast University(English Edition), 2014,30(3): 353-357.

[16] RINALDINI E, SCHUETZ P, PARTL M N, et al. Investigating the blending of reclaimed asphalt with virgin materials using rheology, electron microscopy and computer tomography[J]. Composites Part B: Engineering, 2014,67:579-587.

[17] DOURADO E R, SIMAO R A, LEITE L F M. Mechanical properties of asphalt binders evaluated by atomic force microscopy[J]. Journal of Microscopy, 2012, 245: 119-128.

[18] 沈凡,赵明宇,卢吉,等.改性再生剂在老化沥青中的扩散规律研究[J].功能材料,2014,21: 21064-21067.

[19] JAHANGIR R, LITTLE D, BHASIN A. Evolution of asphalt binder microstructure due to tensile loading determined using AFM and image analysis techniques[J]. International Journal of Pavement Engineering, 2014,16:337-349.

[20] JÄGER A, LACKNER M, STANGL K. Microscale characterization of bitumen-back-analysis of viscoelastic properties by means of nanoindentation[J]. International Journal of Materials Research, 2007,98:404-413.

[21] TAREFDER R A, ZAMAN A M, UDDIN W. Determining hardness and elastic modulus of asphalt by nanoindentation[J]. International Journal of Geomechanics, 2010,10:106-116.

[22] KATSUKI D, GUTIERREZ M. Nanoindentation approach characterizing strain rate sensitivity of compressive response of asphalt concrete[J]. Acta Geotechnica, 2014,9:887-901.

[23] MURGICH J, RODRÍGUEZ M J, IZQUIERDO A, et al. Interatomic interactions in the adsorption of asphaltenes and resins on kaolinite calculated by molecular dynamics[J]. Energy & fuels, 1998,12(2):339-343.

[24] 徐霈.基于分子动力学的沥青与集料界面行为虚拟实验研究[D].西安:长安大学,2013.

[25] LI R, DU H, FAN Z, et al. Molecular dynamics simulation to investigate the interaction of asphaltene and oxide in aggregate[J]. Advances in Materials Science and Engineering, 2016, 2016(7):1-10.

[26] 于维钊,乔贵民,张军,等.沥青质在石英表面吸附行为的分子动力学模拟[J].石油学报:石油加工, 2012(1):76-82.

[27] XU G, WANG H. Study of cohesion and adhesion properties of asphalt concrete with molecular dynamics simulation[J]. Computational Materials Science, 2016,112:161-169.

[28] ZHANG L, GREENFIELD M L. Analyzing properties of model asphalts using molecular simulation[J]. Energy & Fuels, 2007,21(3):1712-1716.

[29] WU G, HE L, CHEN D. Sorption and distribution of asphaltene, resin, aromatic and saturate fractions of heavy crude oil on quartz surface: molecular dynamic simulation[J]. Chemosphere, 2013,92(11):1465-1471.

[30] WU G, ZHU X, JI H, et al. Molecular modeling of interactions between heavy crude oil and the soil organic matter coated quartz surface[J]. Chemosphere, 2015,119:242-249.

[31] GUO M, TAN Y, WANG L, et al. Diffusion of asphaltene, resin, aromatic and saturate components of asphalt on mineral aggregates surface: molecular dynamics simulation[J]. Road Materials and Pavement Design, 2017,18(sup3):149-158.

[32] XU M, YI J, FENG D, et al. Analysis of adhesive characteristics of asphalt based on atomic force microscopy and molecular dynamics simulation[J]. ACS Applied Materials & Interfaces, 2016, 8(19):12393-12403.

[33] LI D D, GREENFIELD M L. Chemical compositions of improved model asphalt systems for molecular simulations[J]. Fuel, 2014,115:347-356.

[34] WANG H, LIN E, XU G. Molecular dynamics simulation of asphalt-aggregate interface adhesion strength with moisture effect[J]. International Journal of Pavement Engineering, 2015,18(5): 1-10.

[35] XU G, WANG H. Molecular dynamics study of interfacial mechanical behavior between asphalt binder and mineral aggregate[J]. Construction and Building Materials, 2016,121:246-254.

[36] ANDERSON D A, GOETZ W H. Mechanical behavior and reinforcement of mineral filler-asphalt mixtures[J]. Journal of Association Asphalt Paving Technologists, 1973,42:37-66.

[37] LYTTON R. Materials property relationships for modeling the behavior of asphalt aggregate mixtures in pavements [R]. Internal Memorandum Strategic Highway Research Program, Washington D.C., 1990.

[38] BUTTLAR W G, ROQUE R. Evaluation of empirical and theoretical models to determine asphalt mixture stiffnesses at low temperature[J]. Journal of Association Asphalt Paving Technologists, 1996,65:99-141.

[39] LI G Q, LI Y Q, METCALF J B, et al. Elastic modulus prediction of asphalt concrete[J]. Journal of Materials in Civil Engineering, 1999,8:236-241.

[40] SHU X, HUANG B S. Dynamic modulus prediction of HMA mixtures based on the viscoelastic micromechanical model[J]. Journal of Materials in Civil Engineering, 2008,20(8):530-538.

[41] KRISHNAN J M, RAO C L. Mechanics of air voids reduction of asphalt concrete using mixture theory[J]. International Journal of Engineering Science, 2000,38: 1331-1354.

[42] HUANG B S, LI G Q. Analytical modeling and experimental study of tensile strength of asphalt concrete composite at low temperatures[J]. Composites Part B: Engineering, 2003,34:705-714.

[43] SHASHIDHAR N, SHENOY A. On using micromechanical models to describe dynamic mechanical behavior of asphalt mastics[J]. Mechanics of Materials, 2002,34:657-669.

[44] LI Y Q, METCALF J B. Two-step approach to prediction of asphalt concrete modulus from two-phase micromechanical models[J]. Journal of Materials in Civil Engineering, 2005,17:407-415.
[45] 郭乃胜,赵颖华.纤维沥青混凝土的粘弹性分析[J].交通运输工程学报,2007,7(5):37-40.
[46] SHASHIDHAR N, ROMERO P. Factors affecting the stiffening potential of mineral fillers[J]. Transportation Research Record, Washington DC, 1998: 94-100.
[47] 郭乃胜,赵颖华,侯金成,等.纤维沥青混凝土的松弛性能研究[J].建筑材料学报,2008,11(1):28-32.
[48] 郭乃胜,赵颖华,张洪涛.纤维沥青混凝土的等效劲度模量[J].公路交通科技,2006,23(9):23-39.
[49] KIM Y, LITTLE D N. Linear viscoelastic analysis of asphalt mastic[J]. Journal of Materials in Civil Engineering, 2004,16(2):122-132.
[50] SHU X, HUANG B S. Micromechanics-based dynamic modulus prediction of polymeric asphalt concrete mixtrues[J]. Composites Part B:engineering, 2008,39: 704-713.
[51] DAI Q, SADD M H, YOU Z. A micromechanical finite element model for linear and damage-coupled viscoelastic behaviour of asphalt mixture[J]. International Journal for Numerical and Analytical Methods in Geomechanics, 2006, 30(11): 1135-1158.
[52] DAI Q, YOU Z. Micromechanical finite element framework for predicting viscoelastic properties of asphalt mixtures[J]. Materials and Structures, 2008, 41(6): 1025-1037.
[53] DAI Q. Micromechanical viscoelasto-plastic models and finite element implementation for rate-independent and rate-dependent permanent deformation of stone-based materials[J]. International Journal for Numerical and Analytical Methods in Geomechanics,2010, 34(13): 1321-1345.
[54] DAI Q. Prediction of dynamic modulus and phase angle of stone-based composites using a micromechanical finite-element approach[J]. Journal of Materials in Civil Engineering, 2010, 22(6): 618-627.
[55] 虞将苗,李晓军,王端宜,等.基于计算机层析识别的沥青混合料有限元模型[J].长安大学学报(自然科学版),2006(1):16-19.
[56] 万成.基于 X-ray CT 和有限元方法的沥青混合料三维重构与数值试验研究[D].广州:华南理工大学,2010.
[57] HUANG W, ZHANG X, YIN Y. An Image-Based Finite Element Approach for Simulating Viscoelastic Response of Asphalt Mixture[J]. Advances in Materials Science and Engineering, 2016: 7428623.
[58] HUANG W, WANG H, YIN Y, et al. Microstructural modeling of rheological mechanical response for asphalt mixture using an image-based finite element approach[J]. Materials,2019, 12: 2041.
[59] MO L T, HUURMAN M, WU S P, et al. Investigation into stress states in porous asphalt concrete on the basis of FE-modelling[J]. Finite Elements in Analysis and Design, 2007, 43(4): 333-343.
[60] COLERI E, HARVEY J T, YANG K, et al. Development of a micromechanical finite element model from computed tomography images for shear modulus simulation of asphalt mixtures[J].

Construction and Building Materials, 2012, 30: 783-793.

[61] 彭勇,徐小剑.集料分布对沥青混合料劈裂强度影响数值分析[J].浙江大学学报(工学版),2013,47(7):1186-1191.

[62] GU L, CHEN L, ZHANG W, et al. Mesostructural modeling of dynamic modulus and phase angle master curves of rubber modified asphalt mixture[J]. Materials, 2019, 12: 1667.

[63] KIM Y R, ALLEN D H, LITTLE D N. Damage-induced modeling of asphalt mixtures through computational micromechanics and cohesive zone fracture [J]. Journal of Materials in Civil Engineering, 2005,17(5): 477-484.

[64] ARAGAO F T S, KIM Y, LEE J, et al. Micromechanical model for heterogeneous asphalt concrete mixtures subjected to fracture failure[J]. Journal of Materials in Civil Engineering, 2011, 23(1): 30-38.

[65] DAI Q. Three-dimensional micromechanical finite-element network model for elastic damage behavior of idealized stone-based composite materials[J]. Journal of Engineering Mechanics, 2011, 137(6): 410-421.

[66] YOU T, ABU AL-RUB R K, DARABI M K, et al. Three-dimensional microstructural modeling of asphalt concrete using a unified viscoelastic-viscoplastic-viscodamage model[J]. Construction and Building Materials, 2012, 28(1):531-548.

[67] YOU T. Two-and-three-dimensional microstructural modeling of asphalt particulate composite materials using a unified viscoelastic-viscoplastic-viscodamage constitutive model[D]. Texas:Texas A&M University, 2013.

[68] 王江洋,钱振东,王亚奇.细观尺度下大孔隙环氧沥青混合料损伤演化分析[J].北京工业大学学报,2013,39(8):1223-1229.

[69] ONIFADE I, JELAGIN D, BIRGISSON B, et al. Towards asphalt mixture morphology evaluation with the virtual specimen approach[J]. Road Materials and Pavement Design, 2016, 17(3): 579-599.

[70] ONIFADE I O. Development of energy-based damage and plasticity models for asphalt concrete mixtures[D]. KTH Royal Institute of Technology, 2017.

[71] KOLLMANN J, LIU P, LU G, et al. Investigation of the microstructural fracture behaviour of asphalt mixtures using the finite element method[J]. Construction and Building Materials, 2019, 227: 117078.

2 沥青混合料界面微区特性及其表征

沥青混合料中界面区特性与沥青混合料的路用性能密切相关。由于该界面相仅微纳米大小,且材料组成分布复杂,采用常规测试手段往往难以准确把握该区域的各项性能。选取合适的表征方法、测试手段对了解界面区特性,进一步开展界面相的微观特性及其演变对界面强度和界面处裂纹萌生的影响的相关研究具有重要意义。

本章将论述如何使用微纳米尺度测试技术进行界面微区精确测量,包括微观结构特征观测、化学组成分析、微区力学性能定量测试等,提出研究界面微区特性的实验表征方法,为进一步加深对沥青混合料界面微区的认识奠定基础。

2.1 面向界面微区的微纳米尺度试验方法

随着微纳米力学测量技术的发展,通过纳米级的针尖对试样表面进行各种形式的加载,便可以在很高的分辨率下观测到试样的微观结构及力学性能。目前,较为有效的测试方法有:原子力显微镜(Atomic Force Microscopy, AFM)及纳米压痕技术(Nanoindentation, NI)。此外,结合场发射扫描电子显微镜(Field Emission Scanning Electron Microscope, FESEM)、能量色散 X 射线能谱仪(Energy-Dispersive X-ray Spectroscopy, EDX)、X 射线衍射图谱分析仪(X-ray Powder Diffraction, XRD)等还可进一步分析微观组织的化学组成及材料的动态反应过程。

NI 测试技术可以在微纳米尺度上测量材料的各种力学性质,包括弹性模量、硬度、断裂韧性、蠕变、密度、屈服强度等。常用的 NI 测试设备带有三种温度控制模式(−10～37 ℃,室温～300 ℃,室温～400 ℃),且自带光学/透射显微镜有助于方便地找到界面区,从而获得界面微区及附近区域微观结构中各相的本质力学特性。常规的 AFM 可获得样品的表面形貌结构、粗糙度等在纳米级分辨率上的信息,如比较常见的是采用 AFM 观测沥青试样的蜂形结构(bee structure)。若 AFM 加上定量纳米力学测量模块(Peak Force Quantitative Nanomechanical Mapping, PF-QNM)则可进一步获得试样表面的弹性模量、黏附力、变形和耗散能等信息。FESEM 可实现高分辨率形貌观测,对试样的制作要求较低,可对高温及低温(−185～1 500 ℃)试样进行形貌分析,也可观测试样在冻融变化和环境湿度下的变化,结合原位追踪技术,还可进行多点连续动态观测,可实现界面微区及附近区域在不同温度、湿度、时间作用下的动态微观结构观测。EDX 及 XRD 可作为 FESEM 的辅助设备,分别用于定量分析材料微区的元素种类和含量,以及微区组织结构、相对含量及尺寸,从而实现界面微区及附近区域化学组成分析。上述试验结果可为分析界面微区特性提供依据,也可作为后期宏观、细观分析的输入参数。

2.1.1 纳米压痕测试技术简介

采用纳米压痕仪可对沥青混合料的界面区(ITZ)及其附近区域进行测试。比较常用的测试设备如美国海思创(Hysitron)公司生产的纳米压痕仪,仪器型号为 TI 950 TriboIndenter,外观和内部结构如图 2-1 所示。纳米压痕仪的压头是正三棱锥形的 Berkovich 压头,其几何结构示意图如图 2-1(c)所示,呈现出三面金字塔形状,目前,常用的 Berkovich 压头轮廓比较平坦,总夹角为 142.35°,半角为 65.3°,尖端边缘与轴的夹角约为 77.05°。通过纳米压痕仪的准静态力学测试模式可以测定材料特性微区的各种力学性质,如弹性模量、硬度、黏弹性行为等。

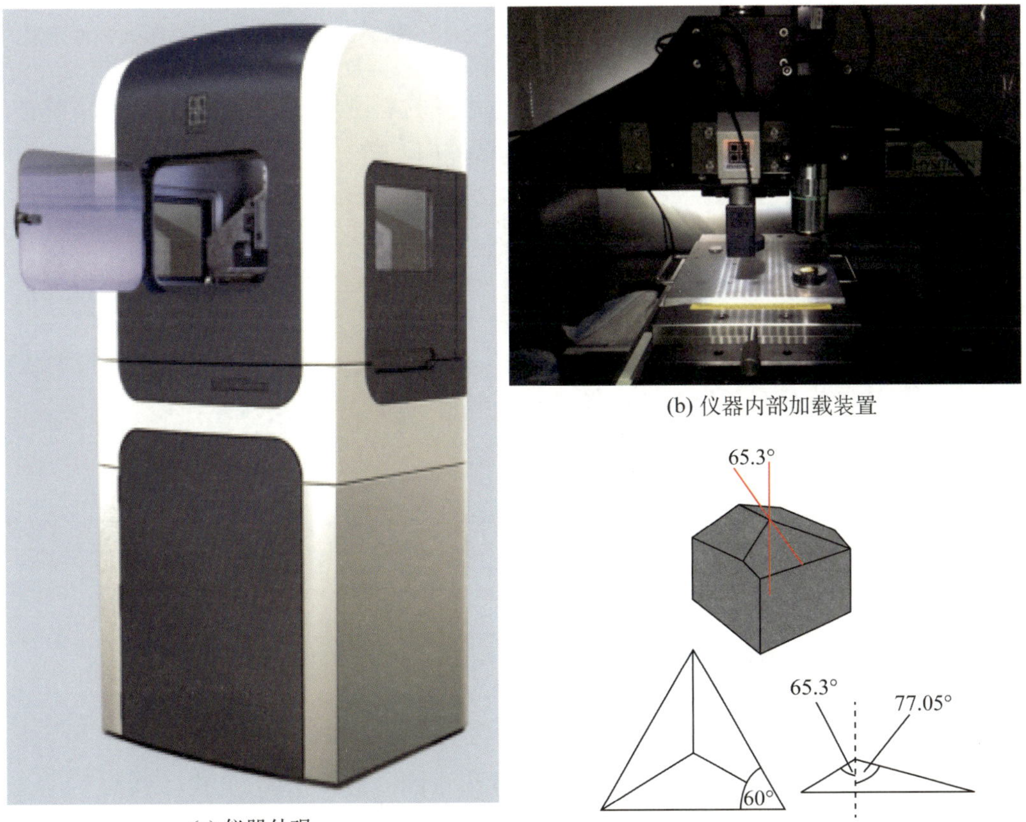

(a) 仪器外观

(b) 仪器内部加载装置

(c) Berkovich压头几何结构示意

图 2-1　纳米压痕仪

试样的弹性模量主要通过力与压头压入深度的曲线得出。图 2-2 展示的是通过纳米压痕仪测得的一条典型的力-位移曲线,该曲线描述了一个完整的加载—保载—卸载过程,图中 P_{max} 表示峰值力,h_{max} 是峰值力所对应的最大压入深度,规定卸载初始时的斜率为材料刚度 S。图 2-3 给出的是压头压入试件的示意图,A_c 表示峰值荷载下压头与试件接触区域在轴向上的最大投影面积。

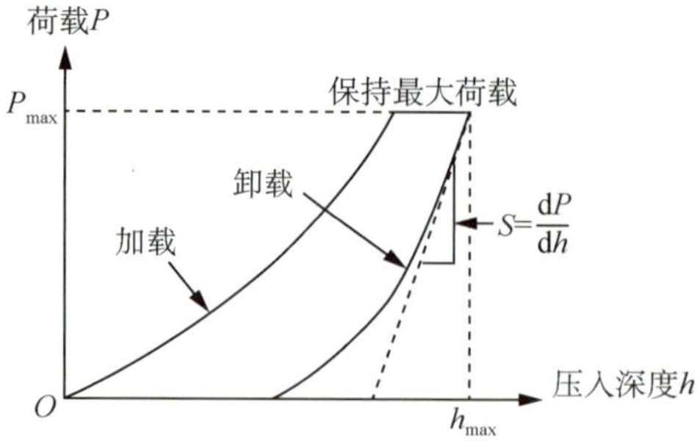

图 2-2　典型的力-位移曲线

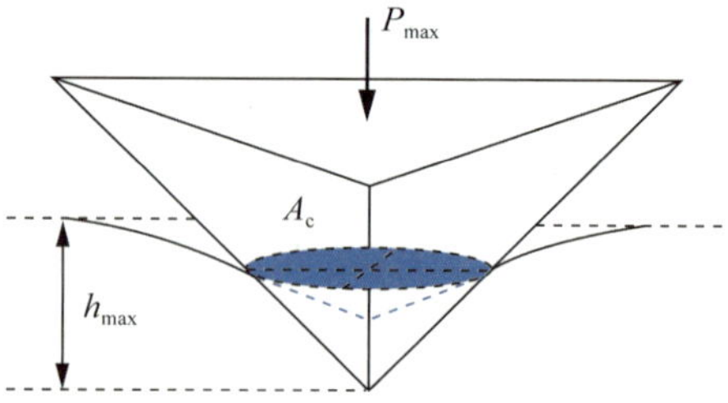

图 2-3　Berkovich 压头压入试件示意

根据 Oliver 和 Pharr 提出的幂律拟合法，可知材料刚度 S 由卸载时的力-位移曲线的斜率决定[1,2]，S 与折减模量(reduced modulus) E_r 的关系见式(2-1)[3]。

$$S=\frac{dP}{dh}=\frac{2}{\sqrt{\pi}}E_r\sqrt{A_c} \tag{2-1}$$

式中　S—— 材料刚度；

E_r—— 折减模量；

A_c—— 峰值荷载下压头与试件接触区域在轴向上的最大投影面积。

已知折减模量 E_r 与试件弹性模量 E 具有如下关系：

$$\frac{1}{E_r}=\frac{(1-\nu^2)}{E}+\frac{(1-\nu_i^2)}{E_i} \tag{2-2}$$

式中　E—— 试件的弹性模量；

ν—— 试件的泊松比；

E_i—— 压头的弹性模量；

ν_i—— 压头的泊松比。

将式(2-1)代入式(2-2)中，可得试件弹性模量的一般表达式，见式(2-3)。

$$E=(1-\nu^2)\times\left(\frac{2\sqrt{A_c}}{S\times\sqrt{\pi}}-\frac{1-\nu_i^2}{E_i}\right)^{-1} \tag{2-3}$$

压头的弹性模量 E_i 与泊松比 ν_i 分别为 1 140 GPa 与 0.07[4,5]。文献资料显示，沥青混合料中集料的泊松比范围为 0.18～0.33[3]，沥青的泊松比范围为 0.4～0.5[6,7]。经过计算发现，当泊松比范围在 0.2～0.5 时，泊松比对计算结果影响不大。因此，在测试过程中，将泊松比统一设为 0.3。

通过图 2-2 所示的单调加卸载仅可以得到测试点的一个弹性模量值，而如果采用周期加载模式，即加载—部分卸载—加载模式，如图 2-4 所示，则可以得到试样的弹性模量随深度的变化，这种循环加载模式可用于沥青混合料微观力学测试方法的研究中。

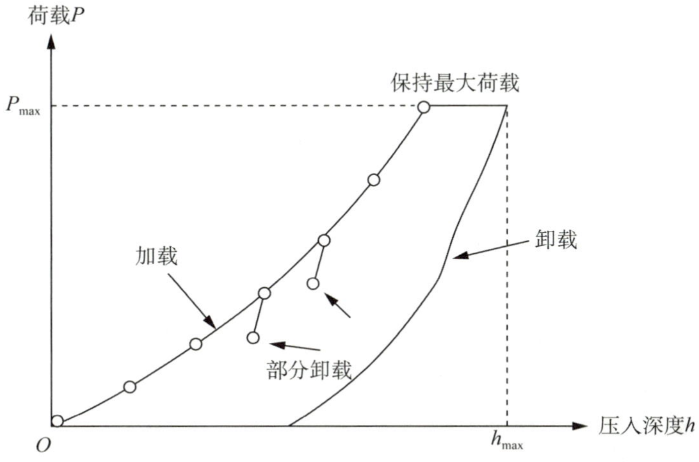

图 2-4　循环加载力-位移曲线

2.1.2　原子力显微镜测试技术简介

原子力显微镜(AFM)测试技术因具有分辨率高、制样简单、操作易行等特点,近年来被许多学者用于沥青混合料纳微观尺度的研究。使用原子力显微镜测试技术不仅可以得到沥青表面微观结构的三维形貌和相位图,还可以进行微区力学性能的测量分析。

AFM 主要由力检测部分(微悬臂及探针)、位置检测部分(激光器及激光检测器)、扫描部分(压电驱动器)以及反馈系统部分组成,如图 2-5 所示。在原子力显微镜系统中,二极管激光器发出的激光束经过光学系统聚焦在微悬臂背面,并从微悬臂背面反射到由光电二极管构成的光斑位置检测器上。在扫描时,由于试件表面的原子与微悬臂

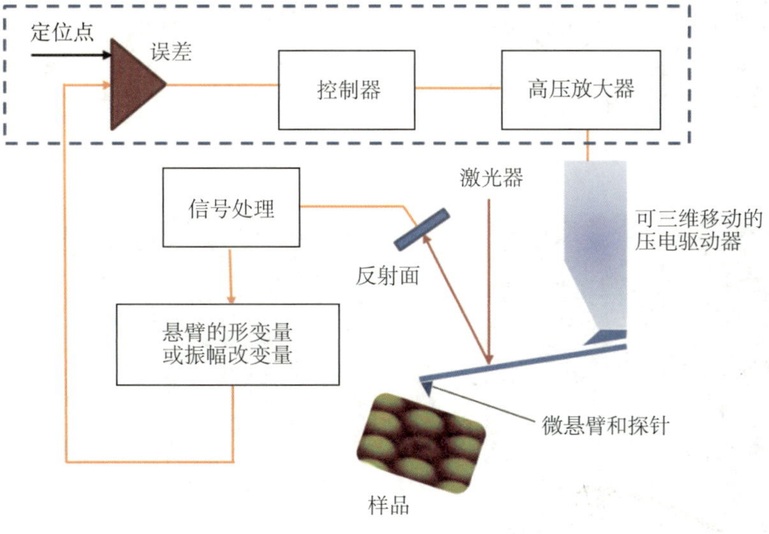

图 2-5　AFM 工作原理

探针尖端的原子之间发生相互作用,微悬臂将随试件表面形貌的变化发生弯曲起伏,反射光束也将随之偏移,通过光电检测器将光信号转化为电信号,而电压的变化反映了光斑位置的变化,从而能够获得微悬臂的形变量,最终得到被测样品表面形貌的信息。这一变化发生后,产生的电信号同时传输到反馈系统,经过系统分析,再将调整位置或高度的电信号传输到压电驱动器,驱动样品台运动,从而使针尖与试件表面之间的作用力恢复至原有大小,如此重复便实现了对试件表面的扫描。

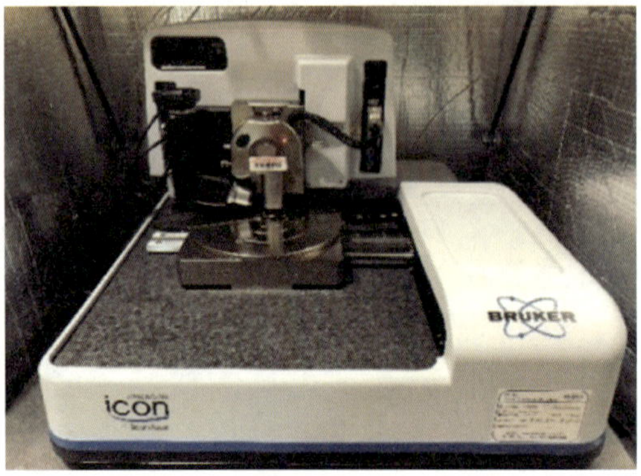

图 2-6 Bruker Dension Icon 系列原子力显微镜

目前,常用的测试设备是美国布鲁克公司(Bruker AXS)生产的 Bruker Dension Icon 系列原子力显微镜,外观结构如图 2-6 所示。利用该原子力显微镜中的定量纳米力学测量模块(Peak Force Quantitative Nanomechanical Mapping, PF-QNM)可进一步获得试件表面的杨氏模量(Young's modulus)、黏附力(adhesion)、变形量(deformation)以及耗散能(dissipation)等力学图像,如图 2-7 所示。

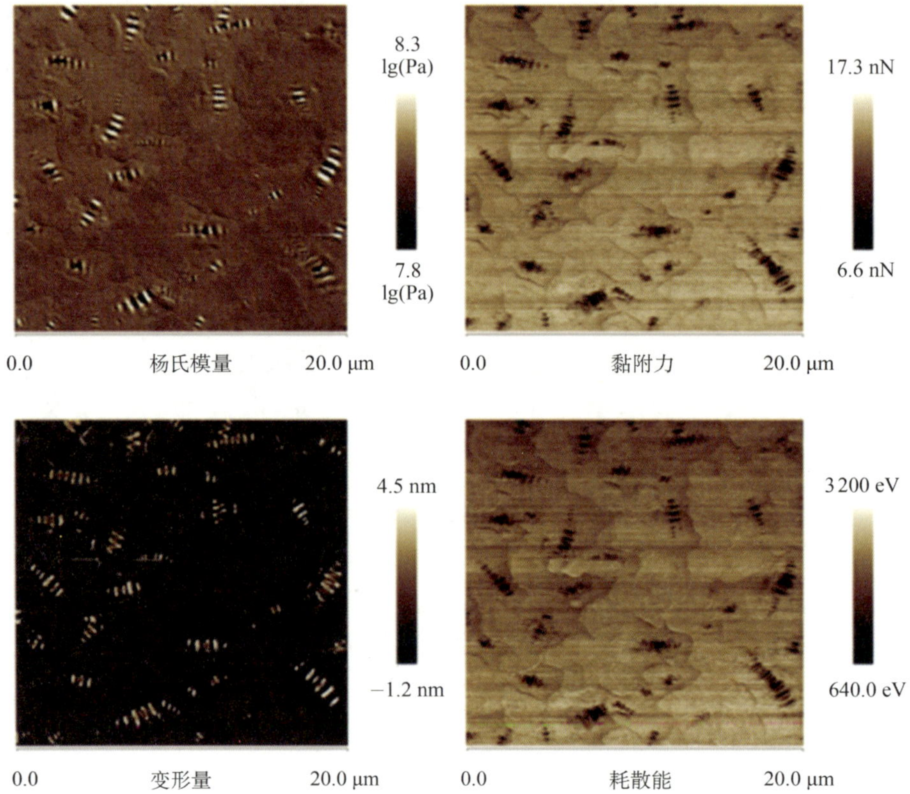

图 2-7 利用 PF-QNM 模块测绘的沥青表面力学性能图像

由上述原理可知，利用光电信号的转换可以得到微悬臂产生的形变量 Δz，结合微悬臂的弹性系数 k 和函数式 $F = k \times \Delta z$ 可求出试件与探针间的相互作用力 F，从而得到力-位移曲线，类似于纳米压痕技术中荷载-压入深度曲线。图 2-8 展示的是一次轻敲循环过程，其中，(a)(b)(c)表示 AFM 探针接触沥青试件的过程，(c)(d)(e)表示探针离开沥青试件的过程。

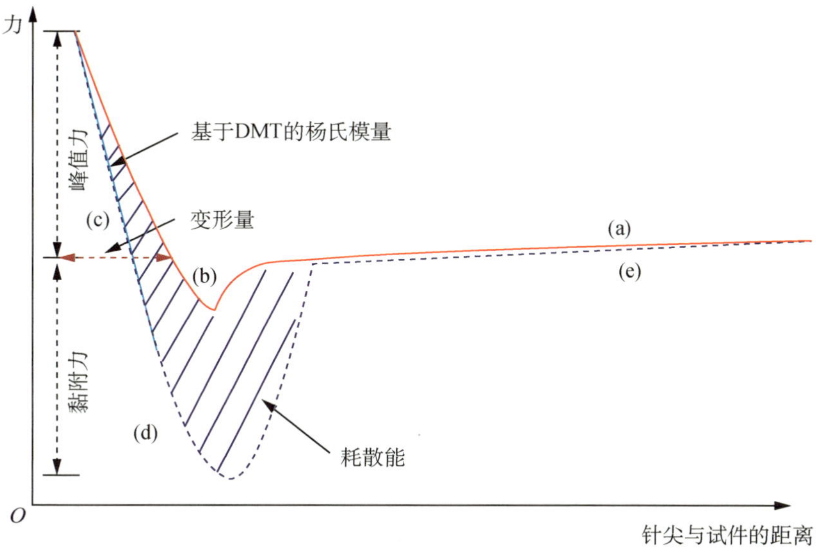

图 2-8　AFM 测得的力-位移曲线

根据图 2-8 力-位移曲线可以得到沥青表面的黏附力、耗散能、变形量等物理指标。若在 AFM 的悬臂安装含有 SiO_2、$CaCO_3$ 等矿料成分的探针来模拟集料特性时，可以近似测量沥青-集料界面的最大黏附力，曲线上的最大吸引力即为试样在该点处的最大黏附力。耗散能可以通过计算积分加载曲线和卸载曲线之间的面积求得，以反映每个轻敲循环过程中能量的耗散情况。最大变形量是试件与原子之间作用力分别为峰值力和零时的变形量差值，在一定程度上反映了试件的软硬情况。试件的杨氏模量可以采用接触力学中的 DMT(Derjaguin-Muller-Toporov)模型来拟合分析，如式(2-4)所示。

$$F = \frac{4}{3}E_r\sqrt{R(d-d_0)^3} + F_{adh} \tag{2-4}$$

式中　E_r—— 折减模量(DMT 杨氏模量)；

R—— 探针的曲率半径；

d—— 压电驱动器的位移；

d_0—— 微悬臂的形变量；

$d - d_0$—— 样品的形变；

F_{adh}—— 黏附力。

除此以外，当样品形变较大时，也可以使用 Sneddon 模型对杨氏模量进行拟合分析，如式(2-5)所示。

$$F=\frac{2}{\pi}E_r(d-d_0)^2\tan\alpha \tag{2-5}$$

2.1.3 扫描电镜能谱分析技术简介

复合材料界面微区形貌常用的表征手段是扫描电镜(SEM)。SEM 因其使用简便且能快速获得结果而被广泛采用。场发射扫描电子显微镜(FESEM)是电子显微镜的一种，因其分辨率高、景深大、图像更富立体感、放大倍数可调范围宽等优点而被广泛应用于半导体、无机非金属材料及器件等的检测。使用 FESEM 可对沥青混合料中的沥青砂浆-集料的界面区域进行观测。较为常用的 FESEM 由美国 FEI 公司生产，型号为 Nova Nano SEM 450，该仪器同时配备高性能 X 射线能谱仪(EDX)，具有形貌结果、化学组分综合分析能力。相比于普通扫描电镜，场发射扫描电镜具有更大的放大倍数，可以观测到 0.1 μm 的颗粒，如图 2-9 所示。

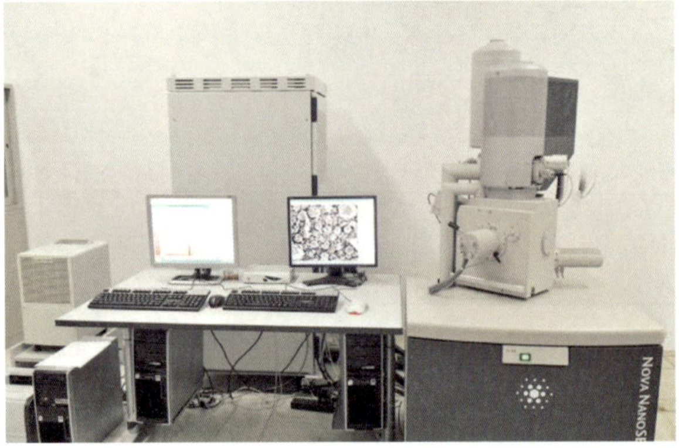

图 2-9 场发射扫描电镜(FESEM)与X 射线能谱仪(EDX)

扫描电镜主要利用二次电子成像和背散射电子成像。二次电子成像主要反映试样表面 10 nm 左右的形貌特征，图像的明暗程度主要取决于入射电子束在试样表面的倾角。背散射电子成像的明暗是由原子序数决定的，背散射电子图像一般用来区别金属的不同相。考虑到对分辨本领和焦深的要求，对沥青混合料界面微区的观测可采用二次电子扫描成像的方式。二次电子是在单次激发过程中被入射电子激发出的样品表面原子的核外电子，这种散射过程通常发生在样品表面以下的纳米级别的区域内，可以反映出样品表面的不同形貌结构。需要指出的是，二次电子图像的成像衬度机制与光学显微镜不同，为了避免应用观察日常光学照片的经验“误读”二次电子图像，需要结合化学组分检测结果来确保从二次电子图像所得结论的正确性。

界面区的化学成分分析是指检测界面区域的化学元素组成，包括某给定微区的元素组成和某给定元素在界面区域的分布。最常用的方法是在装备有能谱仪的 SEM 下检测试样的特征 X 射线能谱，在观测形貌结构的同时获得化学元素的组成信息。在 SEM 中对试样做特征 X 射线分析，通常可以做点分析、线扫描分析或面扫描分析。

其中，面扫描分析是将入射电子束在样品表面某一区域做逐行扫描，能谱仪接收器固定接收某一元素的特征 X 射线信息，每采集一个特征 X 射线光子，就在荧屏上的对应位置打一个亮点，亮点集中的部位就是该元素的面分布图。如果被测样品由多种元素组成，就可以得到每个元素的面分布图，而每种元素由不同的颜色代表，因此可以清楚地显示元素在所分析区域内的分布。线扫描分析是将电子束在试样上沿一直线扫描，以检测某一指定元素的特征 X 射线，并测得其强度沿直线的分布，据此可分析该元素沿此直线的浓度分布。当测试样品为非均质时，通常使用线扫描分析或面扫描分析得到样品不同区域的元素。对沥青混合料界面区进行化学成分分析时，可首先采用面扫描方式来分析界面区的化学组分，然后采用线扫描方式来界定界面区的宽度范围。

2.2 测试试件制备

NI，AFM，FESEM 等的测试均为纳微观尺度的测试，因此，试件的制备对测试结果的准确性至关重要。在对水泥基材料进行纳米压痕力学测试的过程中发现，试样的表面粗糙度关系到测试数据的离散性和结果的可重复性[8-11]。为了保证测试结果的可靠性，在对沥青混合料界面区进行微观力学测试之前，需要制备尺寸合适且表面具有足够平整度的试件。因此，本节通过粗糙度测试，探讨了打磨时间与表面粗糙度的关系，确定试件切割和打磨的制备方法。

切割打磨工艺应遵循以下三个原则：①粗糙度尽可能小；②尽量减少制备工艺对试件的损伤；③保证测试值的可重复性。在尽量满足这些要求的前提下，试件制备过程如下：

(1) 切割：采用数控激光石材切割机将沥青混合料试件切割成尺寸约为 1.5 cm×1.5 cm×1.5 cm 的正方体试件。

(2) 包封：为了保证试件上下表面平行，采用环氧树脂对试件进行包封，使其只露出测试面，如图 2-10 所示。

(3) 打磨与抛光：采用打磨机对试件表面进行打磨，选用不同细度规格的砂纸(180 目，600 目，1 200 目，2 500 目，5 000 目)对试件表面进行层层打磨。打磨结束后，采用抛光布对试件表面进行抛光。每一种细度的砂纸打磨时间为 20 min，抛光时间 20 min，共计 120 min，

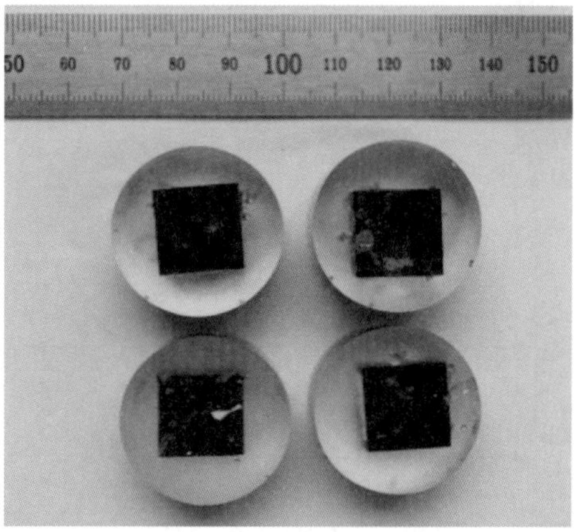

图 2-10 环氧树脂包封后的试件

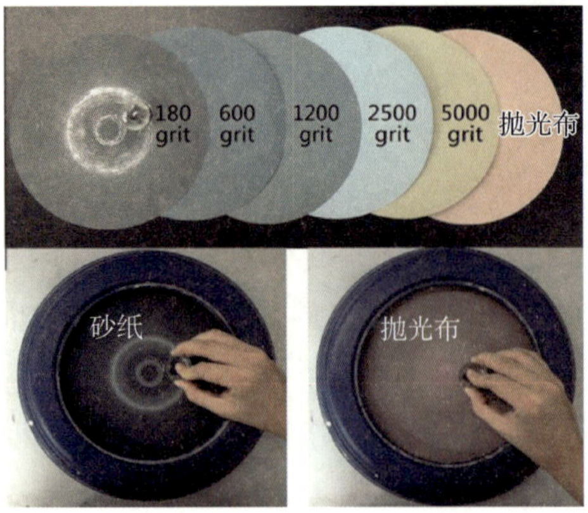

图 2-11 试件抛光与打磨

打磨过程如图 2-11 所示。

为了评价试件表面打磨的质量，采用泰勒粗糙度仪（Taylor Hobson Surtronic S-128）和扫描探针显微镜对试件的表面粗糙度进行测量。表面粗糙度是指加工表面具有的较小间距和微小峰谷的不平度，表面粗糙度越小，表面就越光滑。本书采用以下两项指标来评价沥青混合料的表面粗糙度：一是算术平均粗糙度（arithmetic mean roughness）R_a，它表示取样长度 L 内轮廓线偏离中心线的算术平均值；二是均方根粗糙度（root mean square roughness）R_q，它代表取样长度 L 内轮廓线偏离中心线的均方根。R_a 和 R_q 与试样表面轮廓线的关系如图 2-12 所示。采用泰勒粗糙度仪对经过不同型号砂纸打磨的试样表面的粗糙度进行测量，在试样表面随机选择 10 个位置进行线扫描，线扫描的长度 L 为 1 cm，得到试样表面轮廓曲线的算术平均高度 R_a 与均方根高度 R_q。R_a 与 R_q 的计算方法分别如式（2-6）与式（2-7）所示。R_a 与 R_q 的值越大，粗糙度越大。粗糙度的测量结果如图 2-13 所示，柱状图表明随着打磨时间的增加，粗糙度减小；在打磨了 120 min 后，随着打磨时间的增加，粗糙度的变化不明显。

$$R_a = \frac{1}{L}\int_0^L |Z(x)|\,\mathrm{d}x \tag{2-6}$$

$$R_q = \sqrt{\frac{1}{L}\int_0^L Z^2(x)\,\mathrm{d}x} \tag{2-7}$$

式中 L—— 扫描线的长度；

$Z(x)$—— 试件表面轮廓线距离中心线的高度。

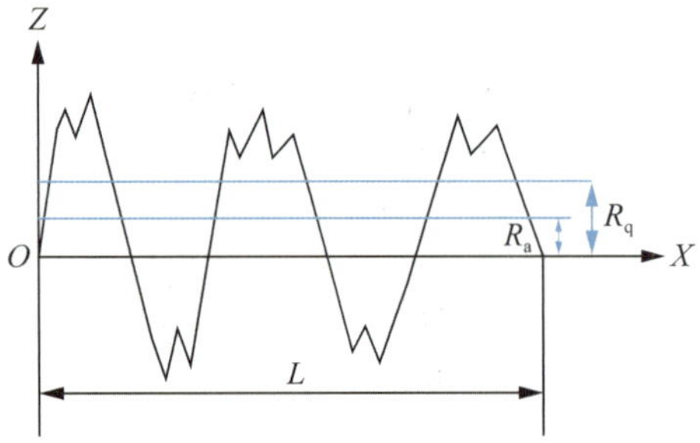

图 2-12 试样表面轮廓线与算术平均粗糙度 $\boldsymbol{R_a}$ 和均方根粗糙度 $\boldsymbol{R_q}$ 的关系

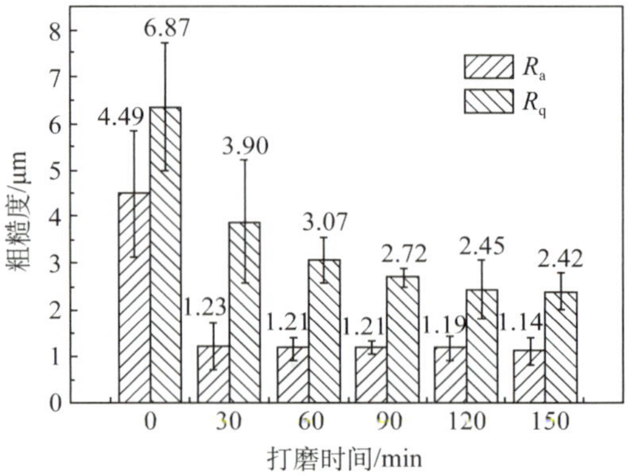

图 2-13 粗糙度与打磨时间之间的关系

为了进一步检验该制备方式是否满足纳米压痕仪器的测试要求，按上述方法制备含有垃圾焚烧炉渣（炉渣中含有金属、玻璃、砖石、熔渣、陶瓷）的沥青混合料试件以及含有玄武岩和石灰岩的沥青混合料试件，见图 2-14。随后，采用纳米压痕仪搭载的扫描探针显微镜（scanning probe microscopy）获得沥青混合料试件的表面粗糙度。与泰勒粗糙度测试不同，泰勒粗糙度测试是通过线扫描获得粗糙度，而扫描探针显微镜测试是通过面扫描获取粗糙度。测试区域选为 30 μm×30 μm，仍采用算术平均粗糙度 R_a 与均方根粗糙度 R_q 评价试件表面的粗糙度，计算公式如式(2-8) 与式(2-9) 所示，与式(2-6) 和式(2-7) 计算的一维情况下的粗糙度不同，式(2-8) 与式(2-9) 计算的是二维情况下的粗糙度。测试结果见表 2-1。根据 R_a 和 R_q 两个指标所得到的不同集料粗糙度的趋势基本一致，玻璃、石灰岩、玄武岩这几种集料的粗糙度较小，而金属、陶瓷、砖石这几种集料的粗糙度较大，这与集料的化学组成和制备工艺有关。尽管在微观表征测试中，要求试件表面的粗糙度越小越好，但并没有规定一个确定的粗糙度值，而且不同材料的本质属性决定了其可达到的最小粗糙度并非一个统一的值。根据文献资料，在微观表征测试中，水泥基材料中集料的 R_a 值范围在 12.3～33.7 μm，R_q 值范围在 23.5～48.2 μm[1, 2]。与本书这几种集料的粗糙度对比发现，本书试件的平整度基本符合微观表征测试要求。

$$R_a = \frac{1}{N^2}\sum_{i=1}^{N}\sum_{j=1}^{N}|h_{ij}| \tag{2-8}$$

$$R_q = \sqrt{\frac{1}{N^2}\sum_{i=1}^{N}\sum_{j=1}^{N}h_{ij}^2} \tag{2-9}$$

式中 h_{ij}—— 轮廓线偏离平均线的距离；

N—— 扫描面积边长中像素的个数。

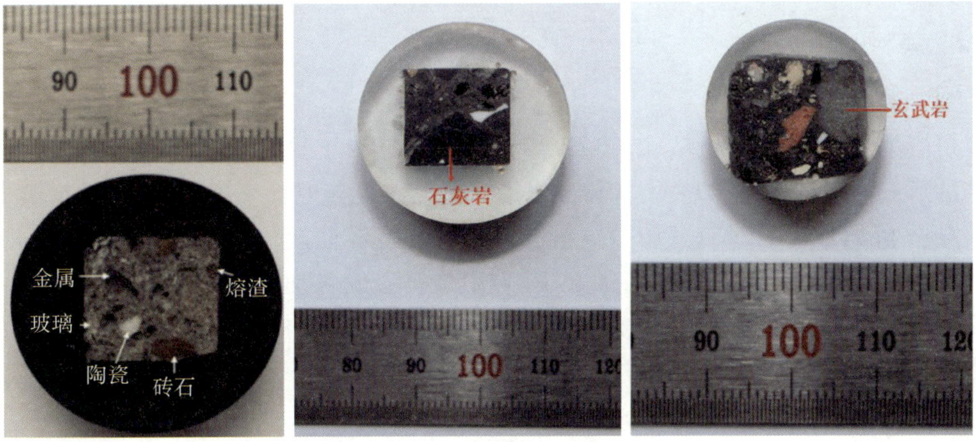

图 2-14　打磨后待测试的试件

表 2-1　　试件表面粗糙度

粗糙度/nm	玻璃	石灰岩	玄武岩	金属	陶瓷	砖石
R_a	7.83	8.23	7.52	24.94	31.75	38.17
R_q	9.90	10.01	12.97	34.54	46.03	55.30

2.3 基于纳米压痕测试技术的界面区力学性能分析

考虑到目前沥青混合料种类的多样性，为了增大研究对象的样本量，在原材料中除了采用常用的天然材料，如玄武岩与石灰岩，也采用回收材料，如垃圾焚烧炉渣，而炉渣中含有金属、玻璃、砖石、熔渣和陶瓷。首先，对沥青的基本性能、集料与炉渣的酸碱度、电导率、表观密度、化学成分进行了测试。然后，选取沥青路面上常用的 AC-20 沥青混合料类型，按照马歇尔试验进行配合比设计，其中炉渣集料替代 20%的天然集料，炉渣集料的粒径范围是 2.36～4.75 mm。

2.3.1 沥青

选用 70 号沥青，沥青的路用性能指标如表 2-2 所列，其中包括延度、针入度、软化点、密度和表观黏度。

表 2-2　　70 号沥青路用性能指标

沥青标号	延度(15 ℃)/cm	针入度(25 ℃)/0.1 mm	软化点/℃	密度/($g \cdot cm^{-3}$)	表观黏度/(Pa·s)
70 号	>100	73	49.5	1.012	0.51

注：密度的测试温度是 25 ℃，表观黏度的测试温度是 135 ℃。

2.3.2 集料

2.3.2.1 酸碱度与电导率

炉渣集料中含有金属、玻璃、砖石、熔渣和陶瓷。为了更好地了解不同集料的界面黏结的形成机理，对比了炉渣集料与普通集料的酸碱度与电导率。根据《森林土壤水溶性盐分分析》(LY/T 1251—1999)、《固体废物浸出毒性浸出方法水平振荡法》(HJ 557—2010)确定集料浸出液的制备方法，采用具有温度自动补偿功能的笔式 pH 计测试浸出液的 pH；采用具有温度自动补偿功能的笔式电导率计测试电导率。测试结果如表 2-3 所列。

表 2-3　炉渣集料与普通集料的酸碱度与电导率

项目	蒸馏水	金属	玻璃	砖石	熔渣	陶瓷	石灰岩
测试温度/℃	20.2	21.0	19.5	19.7	20.0	19.5	20.0
pH	8.8	8.1	9.1	8.7	10.2	8.7	8.4
电导率/(S·m^{-1})	0.3	9.7	2.0	17.1	10.5	—	3.0

2.3.2.2　表观密度

依据《公路工程集料试验规程》(JTG E42—2005)中“T0328—2005 细集料表观密度试验(容量瓶法)”,对集料的表观密度进行了标定,炉渣集料与普通集料表观密度的试验结果见表 2-4。

表 2-4　炉渣集料与普通集料的表观密度

项目	玻璃	陶瓷	砖石	熔渣	石灰岩
密度/(g·cm^{-3})	2.555	2.328	2.440	2.162	2.703

2.3.2.3　化学成分

将炉渣集料与普通集料烘干后研磨通过 0.075 mm 筛,采用德国 BRURER AXS 生产的型号为 SRS3400 的 X 射线荧光光谱仪(XRF)对集料的化学成分进行检测,结果见表 2-5。

表 2-5　XRF 分析结果

集料类型	化学成分及质量分数/%				
玻璃	SiO_2(67.1)	Na_2O(12)	CaO(9.23)	MgO(3.31)	Al_2O_3(1.09)
陶瓷	SiO_2(63.1)	Al_2O_3(16.1)	CaO(1.79)	K_2O(1.58)	Na_2O(1.31)
砖石	SiO_2(66.5)	Al_2O_3(14.9)	Fe_2O_3(6.4)	CaO(2.34)	K_2O(1.89)
熔渣	SiO_2(43.9)	CaO(22.3)	Al_2O_3(6.21)	Fe_2O_3(2.84)	P_2O_3(2.57)
石灰岩	CaO(60.3)	SiO_2(7.88)	MgO(6.16)	Al_2O_3(2.18)	Fe_2O_3(1.23)

2.3.3　配合比设计

采用马歇尔设计方法对 AC-20 沥青混合料进行配合比设计。首先,根据沥青混合料的设计级配范围和配合比设计要求,用天然集料进行 AC-20 对照组沥青混合料的配合比设计。然后,以合成级配最接近为原则,用粒径为 4.75～9.5 mm 的炉渣集料替代 20%天然集料,进行 AC-20 炉渣集料沥青混合料的配合比设计。沥青混合料集料的合成级配见图 2-15。炉渣沥青混合料的体积参数、稳定度和流值等汇总于表 2-6。炉渣沥青混合料的矿料级配、体积参数、稳定度和流值均满足《公路沥青路面施工技术规范》(JTG F40—2004)中的相应要求。

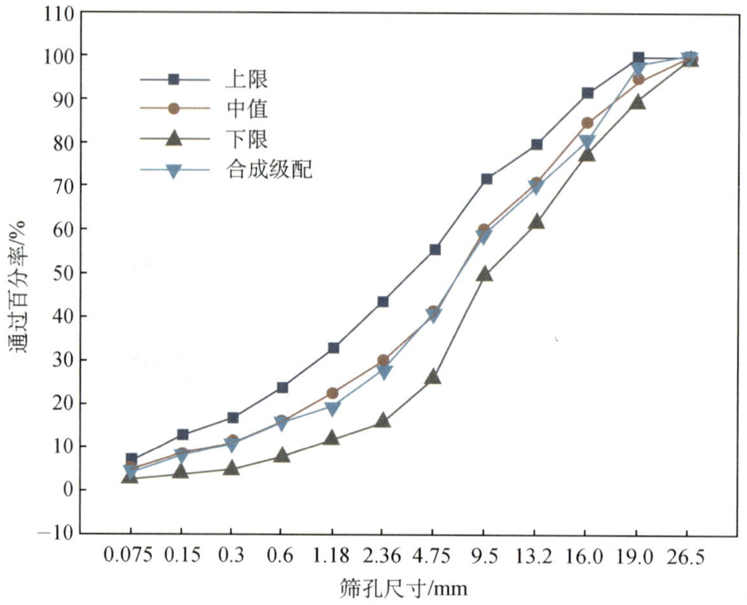

图 2-15　AC-20 沥青混合料设计级配曲线

表 2-6　　炉渣沥青混合料性能指标汇总

沥青混合料型号	油石比/%	毛体积相对密度	矿料间隙率/%	沥青饱和度/%	空隙率/%	稳定度/kN	流值/mm
AC-20	4.7	2.380	14.8	71.5	4.0	9.5	3.5

2.3.4　测试方法

首先,确定测试区域上测试点的分布。测试点分布就是在某一测试区域沿纵横两个方向按一定的等间距布设测试点,并使用相同的仪器测试参数。一方面,由于界面区的宽度较小,为了保证在界面区上能采集到数据,要求两个测试点的距离应尽量小,因此将两测试点的横向距离设为 5 μm。另一方面,考虑到界面区是一个结构逐渐过渡的区域,对界面区的完整认识应该包含对其邻近区域结构的检测,因此在横向上布设 21 个测试点,从而保证集料与沥青砂浆也在测试区域范围内。为了在纵向上尽可能地增大测试区域,同时减少测试时间,在纵向上布置 11 个测试点,两相邻测试点的距离设为 10 μm。注意到相邻测试点之间的相互影响,两点的距离宜大于压头压入最大位移的 20 倍,因此每个测试点的压入深度不宜大于 250 nm。在本书所有的纳米压痕测试中,均采用横向 21 个测试点、纵向 11 个测试点的布点方式,测试点的分布情况如图2-16 所示。用纳米压痕仪器配备的显微镜在试样表面定位测试区域,如图 2-17 所示,测试面积为 100 μm×100 μm。

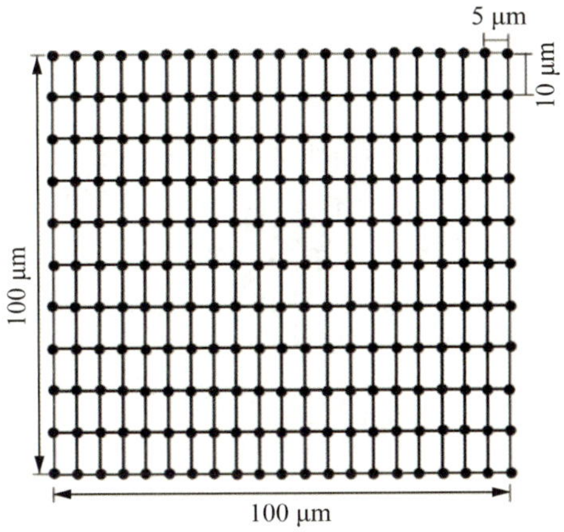

图 2-16　测试点阵分布

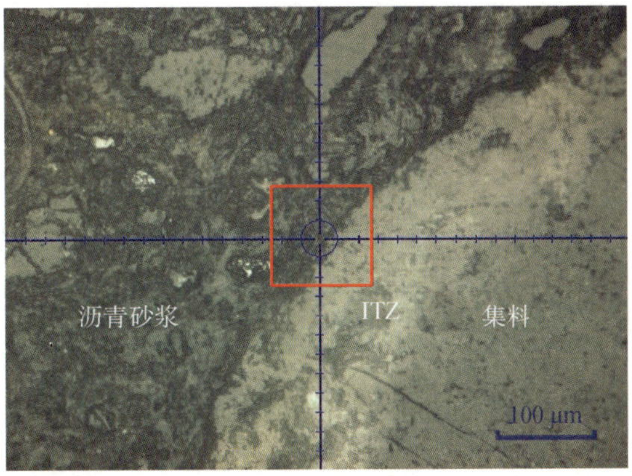

图 2-17　测试区域

然后，确定纳米压痕仪的加载方式。与水泥混凝土不同，沥青混合料中各组分的力学性质差异较大，故不能简单地借鉴水泥混凝土界面过渡区力学性质的测试方法，因此本节通过对沥青混合料中不同组分的力学测试，确定适用于沥青混合料的力学加载模式。

纳米压痕的加载模式包括力控制模式和位移控制模式。在力控制模式中，用户需要设置最大的力和力的加载函数。在位移控制模式中，需要指定压头压入的最大深度。控制模式的选择需考虑仪器的量程、测试精度、材料力学性质等。沥青混合料中沥青砂浆、集料、界面区的力学性质差别较大，因此对相同加载模式的力学响应会不同。为了确定一个统一的加载模式，首次采用应力控制模式下的循环加载方式分别对沥青砂浆、集料、界面区的力学性质进行测试，力函数如图 2-18 所示。为了尽可能增加压头的压入深度，且保证加载过程在仪器的量程范围(12 mN)内，故设定本次循环加载次数为 33 次，每次卸载到当次荷载峰值的 30%。各个区域的力-位移曲线如图 2-19—图 2-21 所示，从图中可知，集料区域的力随位移的增加而呈指数型增加，界面区的力-位移曲线呈线性，沥青砂浆区域的力随位移的变化基本呈线性上升趋势，这从微观尺度上表明集料、界面区、沥青砂浆具有不同的力学性质。注意到在集料区域，当完成 33 次循环加载后，压头压入深度为 250 nm，荷载达到 8 000 μN，该值接近仪器量程的最大值。集料的弹性模量随深度的变化见图 2-22，在加载初始阶段，集料弹性模量随加载深度的增加而增加，当位移达到 100 nm 后，集料弹性模量才保持稳定。考虑到仪器量程和集料区域的测试精度，确定集料区域的压入深度宜在 100～250 nm 之间。假设采用 100 nm 的压入深度，根据图 2-19可知，在集料区域，100 nm 所对应的力为 1 750 μN。如果采用力控制模式，对照图 2-21可知，在沥青砂浆区域，1 750 μN 对应的深度约为 1 500 nm，这样大的压入深度势必会影响邻近点的测试。因此，选择应变控制模式，并将最大应变设置为 200 nm。每个测试点加载和卸载的速率设为 10 nm/s，在最大位移处保持荷载 2 s。在此加载模式下，每个测试点的测试时间约为 3.5 min，每个区域 231 个测试点共计耗时约 13.5 h。

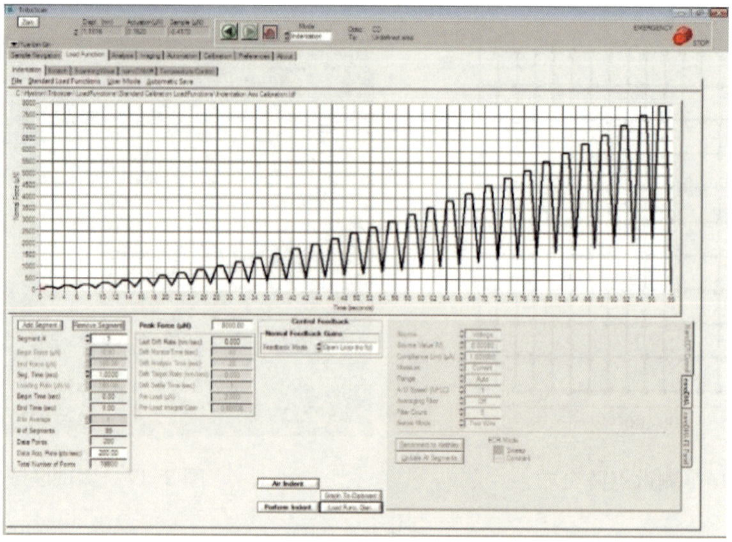

图 2-18　循环加载模式的荷载函数

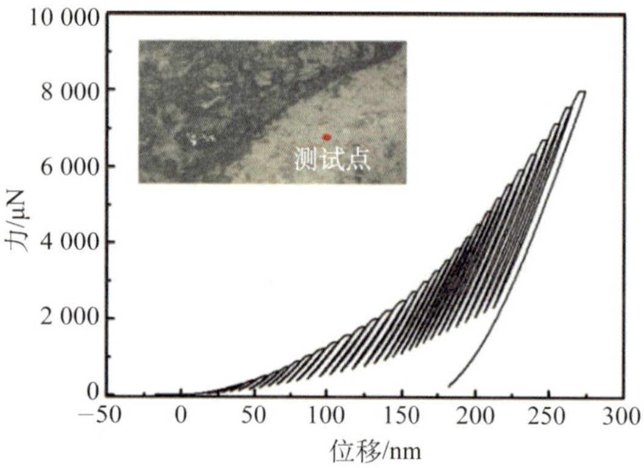

图 2-19　集料的力-位移曲线

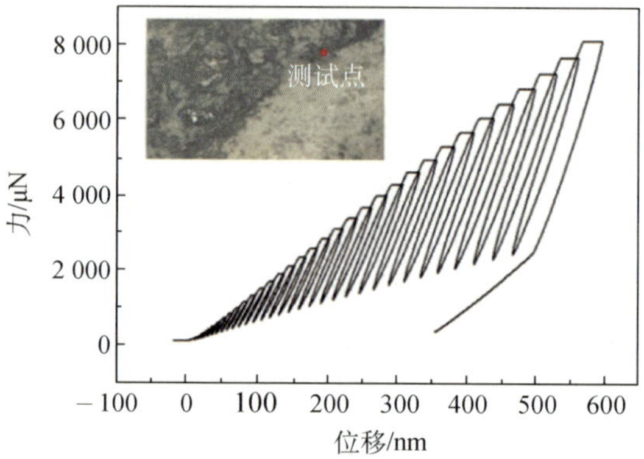

图 2-20　界面区的力-位移曲线

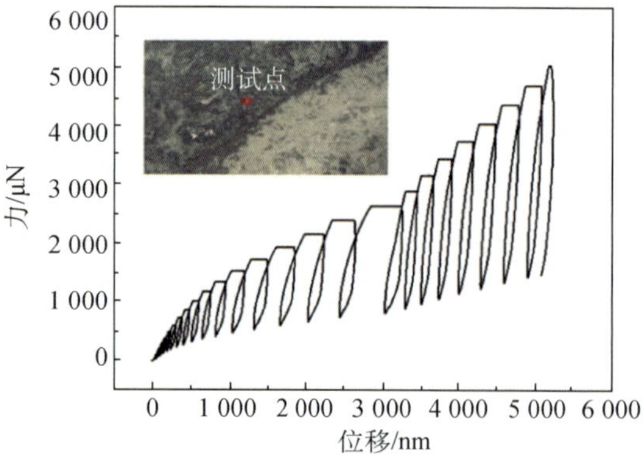

图 2-21　沥青砂浆的力-位移曲线

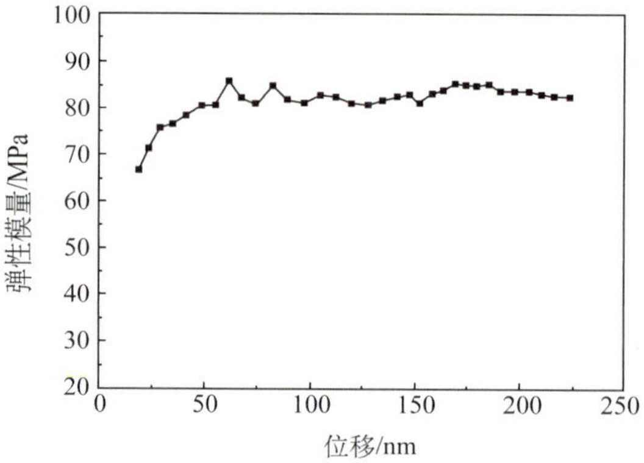

图 2-22　集料的弹性模量随压入深度的变化

2.3.5 测试结果

采用以上确定的点阵布置方式和加载模式，对炉渣沥青混合料中的金属、陶瓷、玻璃、熔渣、砖石、石灰岩的界面区域进行测试，各种集料在沥青混合料试件中的形貌如图 2-23所示。

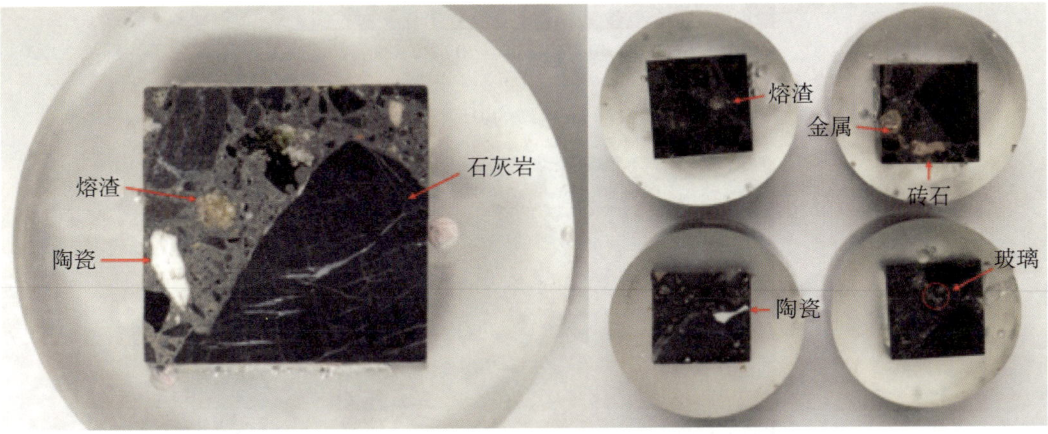

图 2-23　炉渣沥青混合料中各种集料的形貌

在每个测试区域布设 231 个测试点，因此在 100 μm×100 μm 的区域上可以获得一系列弹性模量值。为了直观看到弹性模量的分布情况，以石灰岩为例，将所得数据绘制成弹性模量云图，如图 2-24 所示。图中主要呈现出三种颜色，分别是红、绿、蓝，对照图 2-17 可知，这三种颜色分别表示集料、界面区和沥青砂浆。对于界面区的弹性模量，根据图例可知介于集料与沥青砂浆之间。对于界面区的宽度，从图 2-24 中虽然可以清楚地区分界面区与沥青砂浆区域，但界面区与集料之间的界限却是模糊的，图 2-24 无法较为准确地提供界面区的尺寸信息，这就需要对数据进行进一步处理，以凸显界面区的几何特征。注意到这三种颜色分别占据了一定的面积，表明这 231 个弹性模量值可大致被分在三个范围内。因此，对 231 个弹性模量值进行统计分析，以 10 GPa 为间隔，统计测试值在各个区间内的数量，统计结果见图 2-24。从图 2-24 中可看出，测试值主要集中在 0～10 GPa，50～110 GPa，可以认为这两组值分别代表沥青砂浆和集料的弹性模量范围。

根据图 2-24 所示的统计分析结果，可以基本确定集料的弹性模量范围在 50～110 GPa 之间，为了凸显界面区的特征，将大于等于 50 GPa 的弹性模量值统一设置为 50 GPa，采用处理后的数据重新绘制弹性模量分布，如图 2-25 所示。相比于图 2-24，图 2-25 展现了集料与界面区的界限，将纳米压痕测试中测试点的分布绘制在图 2-25 中，由此可知石灰岩的界面区的宽度范围在 5～30 μm。

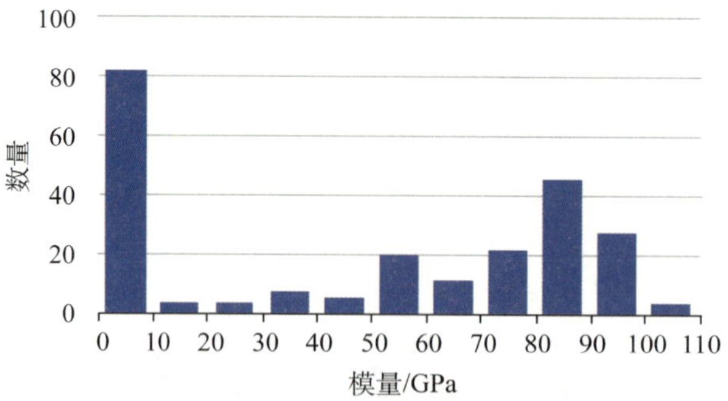

（a）100 μm×100 μm区域的弹性模量统计结果

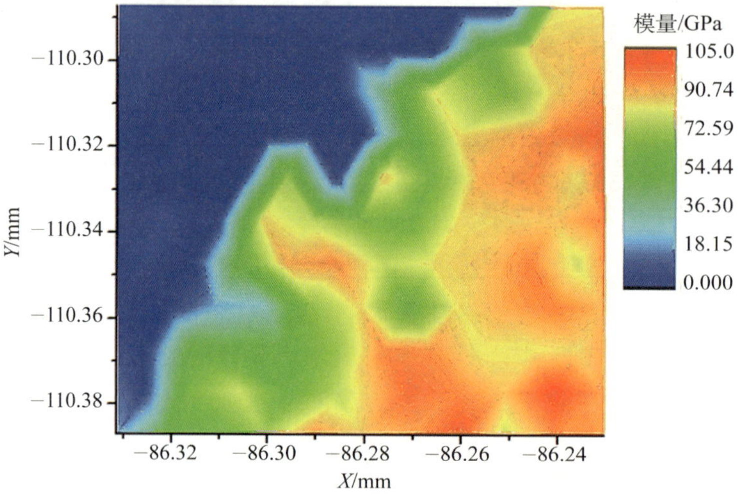

（b）弹性模量云图

图 2-24　石灰岩界面区及附近区域的弹性模量统计结果及云图

以上通过对弹性模量值的统计分析得到界面区的宽度，接下来通过分析力-位移曲线来确定沥青混合料中集料、界面区、沥青砂浆的弹性模量。根据纳米压痕仪的测试原理可知，材料的弹性模量是根据力-位移曲线计算得到的，但沥青混合料的非均质性会产生不规则的测试曲线，从而导致错误的测试结果。例如，如图 2-26 所示，相比于规则曲线[图 2-26(a)]，不规则曲线表现为一次跳跃[图 2-26(b)]或几次跳跃[图 2-26(c)]，这可能是由于沥青砂浆中的空洞或缺陷引起的。为了保证结果的准确性，在对弹性模量值进行分析前，应剔除这些不规则曲线。

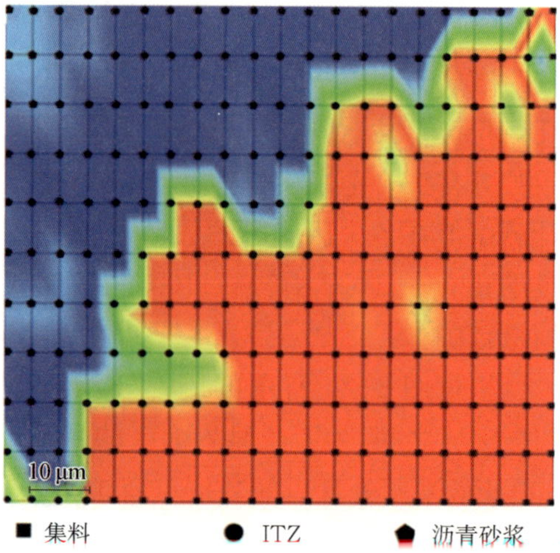

图 2-25　处理后的石灰岩弹性模量云图

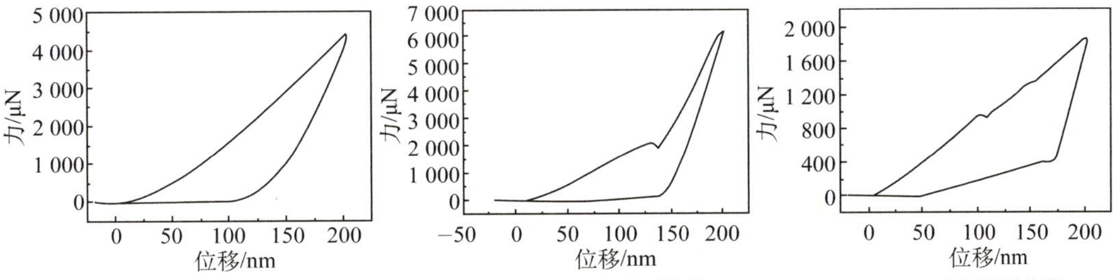

(a) 规则曲线　(b) 一次跳跃曲线　(c) 两次跳跃曲线

图 2-26　规则和不规则的力-位移曲线对比

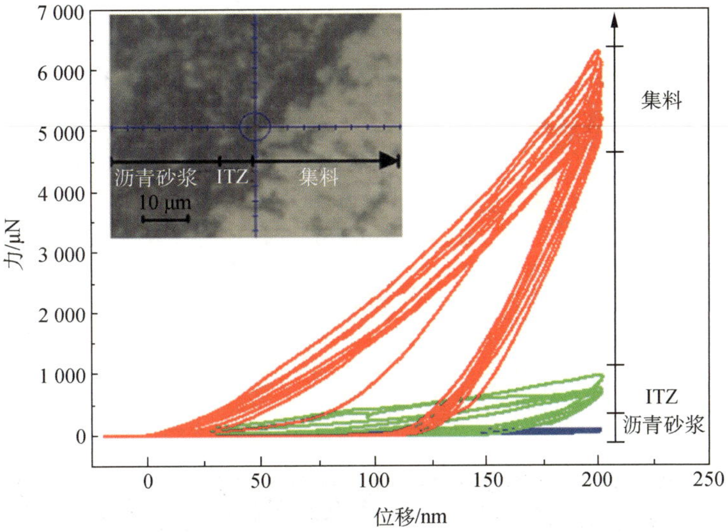

图 2-27　同一水平线上测试点的力-位移曲线

除去这些不规则曲线后，为了对比集料区域、界面区、沥青砂浆区域的力-位移曲线，将同一水平线上 21 个测试点的力-位移曲线绘入图 2-27 中，从图中可以看出不同区域的力-位移曲线显示出一定的相似性，但界面区的力学性质区别于集料和沥青砂浆，当压头压入深度达 200 nm 时，在集料处施加的峰值荷载为 5 500 μN 左右；在界面区施加的峰值荷载在 500 μN 左右；在沥青砂浆区域施加的荷载最小，低于 500 μN。

从以上力-位移曲线可知，不同测试区域的峰值力是不同的，因此对峰值力也进行统计分析，将集料区域、界面区、沥青砂浆区域的平均峰值力、平均模量和标准差汇入表 2-7 中。从表 2-7 可以看出，在纳米压痕压头达到相同深度时，界面区所施加的峰值荷载介于集料和沥青砂浆之间。此外，界面区的弹性模量也介于集料和沥青砂浆之间。在沥青混合料中发现的界面区力学性质规律与在纤维增强复合材料中存在的规律类似，在纤维增强树脂复合材料中，界面相的弹性模量亦是介于增强相纤维和基体相树脂之间[12-15]。然而，沥青混合料的界面区力学性质规律与水泥混凝土的不同，在水泥混凝土中，有文献显示界面过渡区的弹性模量是小于水泥砂浆与骨料的[16, 17]。这种不同可能与界面强度形成机理有关。沥青混合料与纤维增强复合材料的界面结合机理包括吸附和润湿、静电吸附、分子扩散、机械嵌锁、化学基团连接以及化学反应形成新的化合物等[18-20]。水泥混凝土界面过渡区的形成机理主要是边壁效应和微区泌水效应。由于边壁效应，未水化的水泥颗粒在骨料附近进行了重排，引起骨料附近的水泥颗粒较少、水灰比较大；同时由于微区泌水效应，引起骨料附近水分富集，从而增加了此区域的不均匀性。在二者共同作用下，界面过渡区具有较高的水灰比和空隙率，且具有在集料-水泥浆方向上呈梯度变化的不均匀特征[21, 22]。根据表 2-7 中的标准差，相比于集料和沥青砂浆，界面区弹性模量值的离散程度最大。界面区弹性模量值的离散性可能与界面区结构的不均匀性有关。因为很难制备沥青混合料薄片试样，所以无法采用透射电镜从微观上捕捉界面区的结构，这里采用 CT 扫描技术从细观上观察界面区域的情况。图 2-28 是一个高度为 20 mm、直径为 101.6 mm 的密级配沥青混合料的 CT 扫描图。图 2-28(a)，(b)，(c)，(d)依次表示正视截面图、俯视截面图、侧视截面图和三维图。从图 2-28(a)和图 2-28(c)中的局部放大图可以看出集料与沥青砂浆区域存在微裂纹，这些损伤裂纹可能是在沥青混合料击实成型过程中引发的，它们有别于空隙，是在沥青

表 2-7　石灰岩界面区及附近区域的弹性模量值统计分析结果

测试区域	测试点个数	平均峰值力/μN	平均模量/GPa	标准差/GPa
集料	98	4 312.74	81.46	12.91
界面区	38	2 139.22	35.00	22.24
沥青砂浆	80	136.24	2.30	2.81

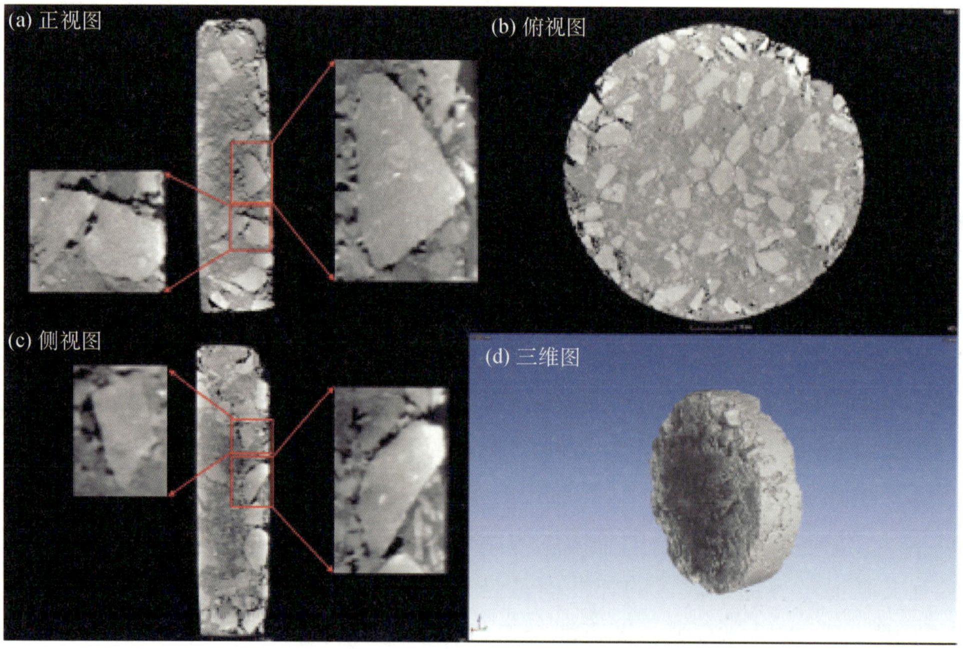

图 2-28　沥青混合料 CT 扫描图

混料设计中应当避免和控制的。这些微裂纹增加了界面区域结构的非均匀性，进而导致其力学性能呈现非均匀性，反映为界面区的弹性模量值离散性较集料和沥青砂浆的大。需要指出的是，虽然界面区的整体力学性能（弹性模量）优于沥青砂浆，但是由于界面区域结构的非均匀性以及损伤裂纹的存在，界面区的强度可能不及沥青砂浆，因为强度反映的是材料的局部力学性能，与缺陷和结构均匀性等诸多因素有关，这也是为什么沥青混合料开裂破坏往往出现在弹性模量较大的界面区域。

采用与石灰岩的纳米压痕测试结果相似的处理方法，得到陶瓷、金属、砖石、熔渣、玻璃不同集料的界面区的宽度和弹性模量。图 2-29与图 2-30 分别是陶瓷界面区及附近区域的形貌图和弹性模量云图。对图 2-29 中陶瓷与砂浆界面处 100 μm×100 μm 的绿框区域进行纳米压痕力学测试，得到 231 个测试点的数据，对数据进行统计分析后，得到陶瓷界面区域的弹性模量云图，如图 2-30 所示。从形貌图中可以看出，陶瓷的表面较为粗糙，这可能是因为陶瓷表面的釉已经脱落，暴露在外面的是烧结后的陶土，也可能是陶瓷集料在回收和制备试件过程中表面受到了磨损。根据弹性模量分布图可知陶瓷界面区的弹性模量范围为 10～50 GPa，宽度范围为 5～10 μm。

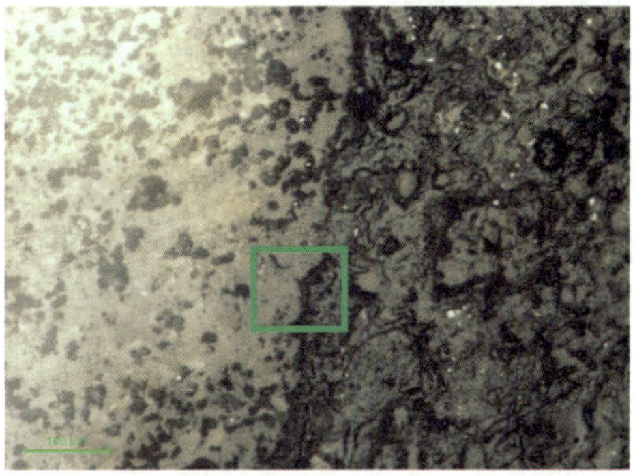

图 2-29　陶瓷界面区及附近区域的光学显微镜像

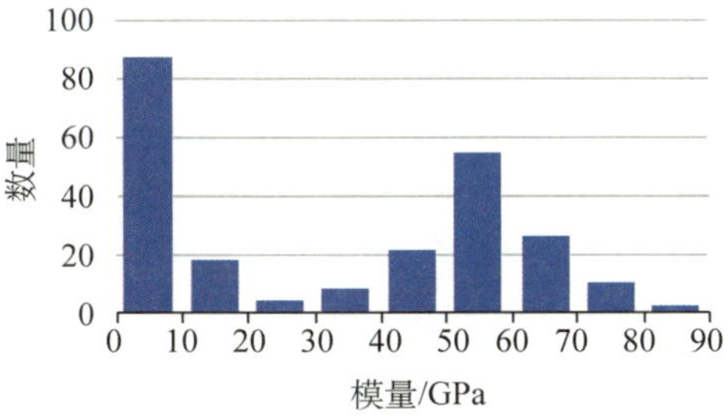

(a) 100 μm×100 μm区域的弹性模量统计结果

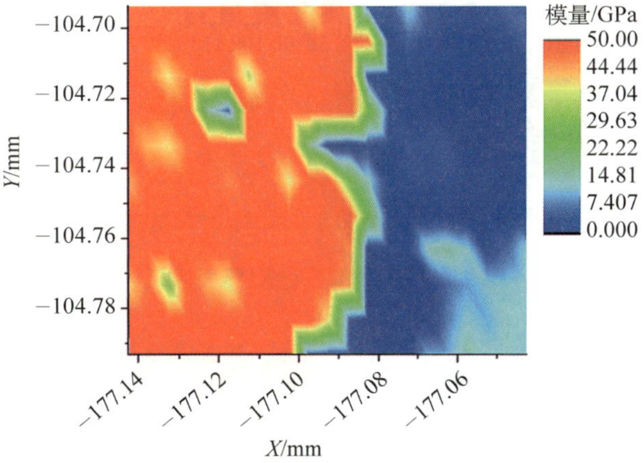

(b) 弹性模量云图

图 2-30　陶瓷界面区及附近区域的弹性模量统计结果及云图

图 2-31 和图 2-32 分别是金属界面区及附近区域的形貌图和弹性模量分布图。从图2-31可以看出，金属区域在显微镜光束的照射下呈现较为明亮的视野，相比其他集料，金属与沥青砂浆之间具有更明显的分界线。从图 2-32 可以看出，界面区并非理想

图 2-31　金属界面区及附近区域的光学显微镜像

的等宽度的规则区域，这反映出界面区的形成过程是一个复杂的物理、化学结合过程，可能受到集料种类、集料表面形貌、沥青砂浆与集料表面的原子排列、分子构型和化学成分以及各组成物的扩散性能等因素的影响。通过测量分析发现，金属界面区的弹性模量范围为 10～70 GPa，宽度范围为 5～20 μm。

图 2-33 与图 2-34 分别是砖石界面区及附近区域的形貌图和弹性模量云图。从图2-33可知，砖石呈淡红色，表面较为粗糙。从图 2-34可知，绿色部分的界面区不规则，这可能是由于砖石是一种多孔结构，在砖石表面有大量的凹陷或凸起以及褶皱，这大大增加了表面积，使得沥青可以与砖石表面充分接触并渗入砖石内部，从而产生模糊的边界。砖石界面区的弹性模量范围为 10～35 GPa。

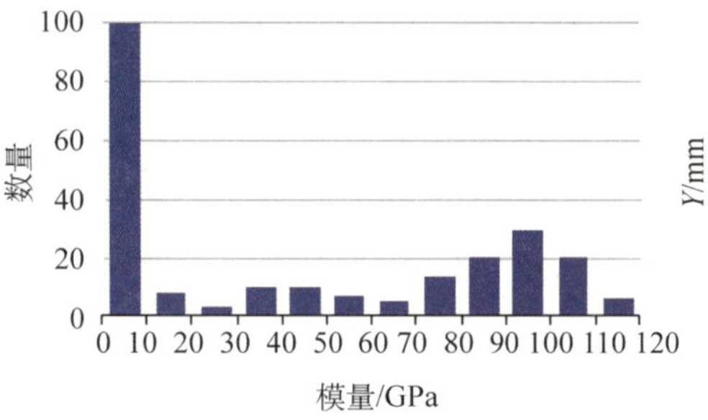

(a) 100 μm×100 μm区域的弹性模量统计结果

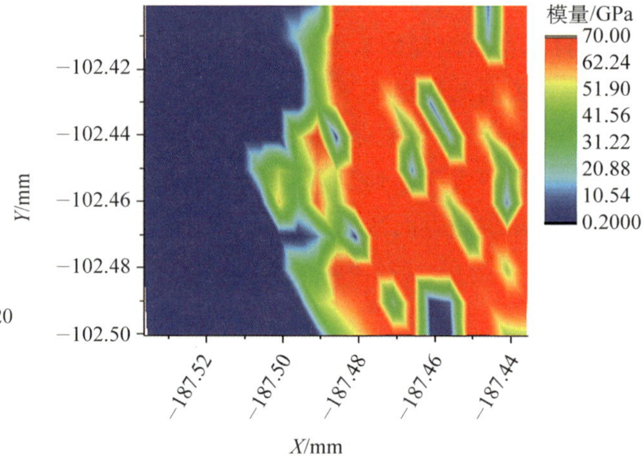

(b) 弹性模量云图

图 2-32　金属界面区及附近区域的弹性模量统计结果及云图

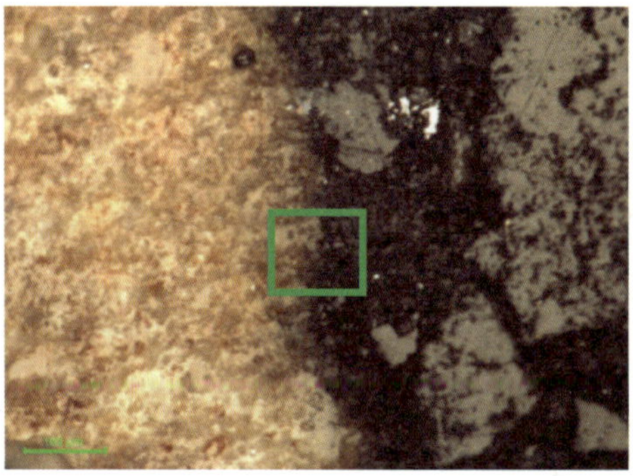

图 2-33　砖石界面区及附近区域的光学显微镜像

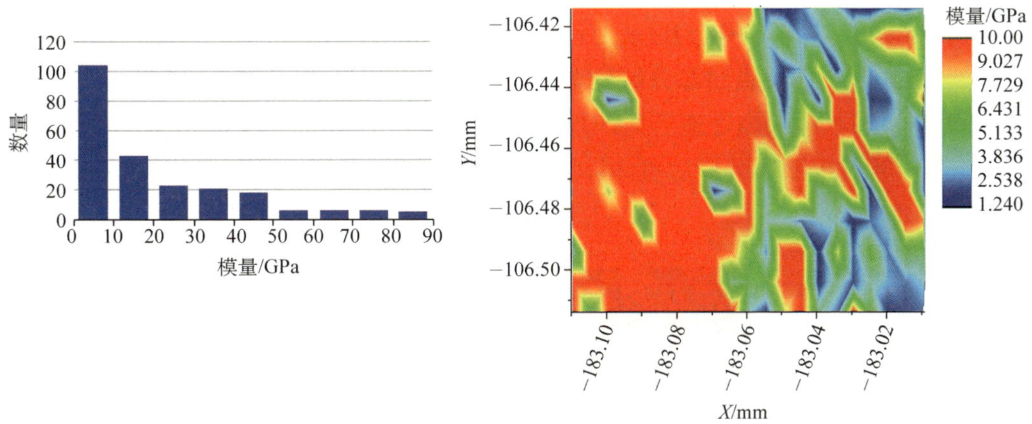

（a）100 μm×100 μm区域的弹性模量统计结果　　（b）弹性模量云图

图 2-34　砖石界面区及附近区域的弹性模量统计结果及云图

图 2-35 与图 2-36 分别为熔渣界面区域的形貌图和弹性模量云图。从图2-35可知，熔渣的表面存在较多孔隙，从图 2-36 可以看出熔渣的界面区结构具有较为明锐的边界，熔渣界面区的弹性模量范围为 10～60 GPa，宽度范围为 5～15 μm。

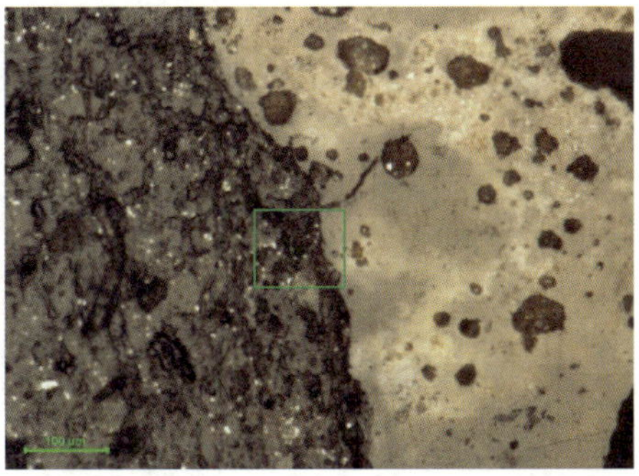

图 2-35　熔渣界面区域的光学显微镜像

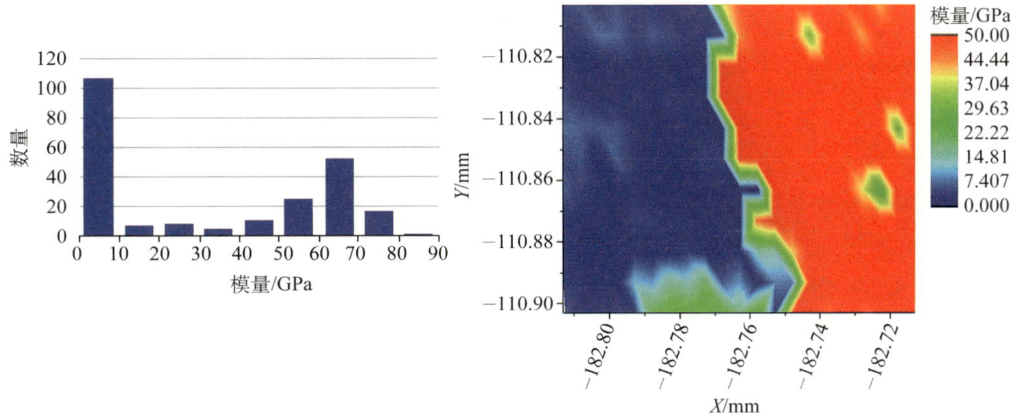

（a）100 μm×100 μm区域的弹性模量统计结果　　（b）弹性模量云图

图 2-36　熔渣界面区域的弹性模量统计结果及云图

图 2-37 与图 2-38 分别为玻璃界面区及附近区域的形貌图和弹性模量分布图。从图2-37可以看出在玻璃表面部分区域光滑，部分区域覆盖了杂质，这主要是由于炉渣集料是一种经过回收和煅烧处理后的产物，在回收和处理过程中玻璃表面形貌发生了改变。对图 2-38进行测量分析后可知，玻璃界面区的弹性模量范围为 10～60 GPa，宽度范围为 5～25 μm。

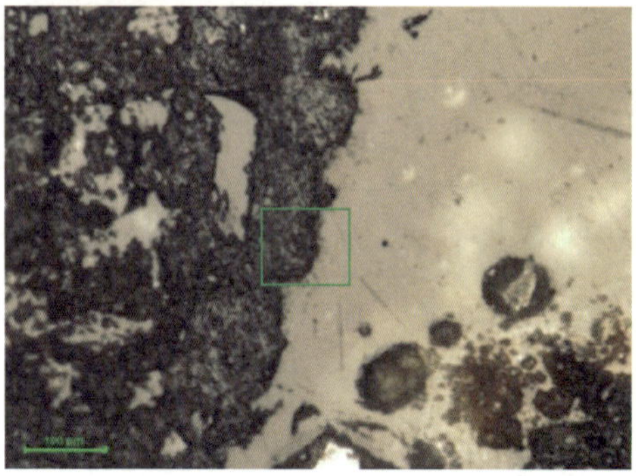

图 2-37　玻璃界面区及附近区域的光学显微镜像

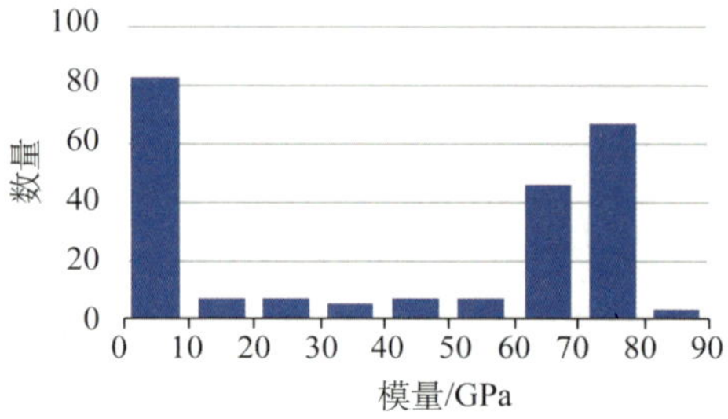

(a) 100 μm×100 μm区域的弹性模量统计结果

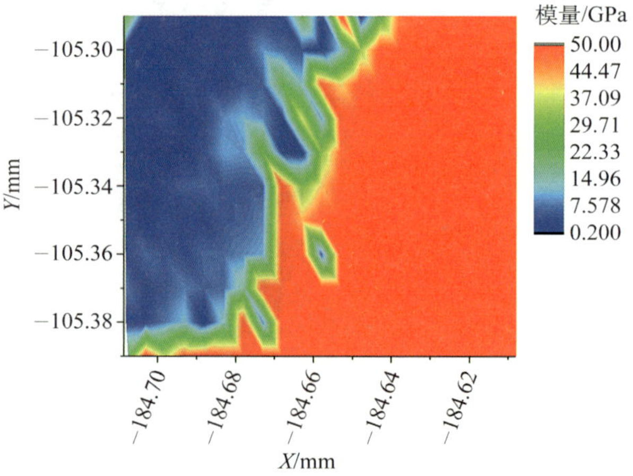

(b) 弹性模量云图

图 2-38　玻璃界面区及附近区域的弹性模量统计结果及云图

对玻璃、熔渣等集料的弹性模量值进行统计分析，结果汇总于表 2-8。从表 2-8 可知，沥青砂浆的弹性模量范围在 0～10 GPa。集料的弹性模量与集料种类有关，金属的弹性模量最高，弹性模量范围在 70～120 GPa；砖石的弹性模量最低，弹性模量范围在 35～85 GPa。总体来说，集料的弹性模量越高，界面区的弹性模量就越高，这可以从图 2-39直观地看出。不同集料的界面区的宽度不同，范围在 5～30 μm。集料的种类对界面区力学性能和宽度的影响可以通过界面结合机理来加以解释，界面结合机理包括吸附和润湿、静电吸附、机械咬合、元素或分子相互扩散、化学基团连接等。这些作用机理与集料的物理化学性质和表面形貌有很大关系，例如对于表面粗糙的集料，其与沥青的机械咬合力较大；对于碱性集料，其与沥青的化学基团连接较为紧密。根据表 2-3—表 2-5中的测试数据可知，不同集料的化学组成、酸碱度、密度是不同的，集料的性质是影响界面形成的主要因素之一，从而使界面区展现出不同的力学性能和微观形貌。以上仅定性分析了集料的种类对界面区性能的影响，而要考察集料的性质与界面区性能的定量关系则具有一定的挑战性，因为现实中很难通过控制集料性质变量进行单因素分析。因为界面区是集料与沥青相互作用的结果，所以界面区并不是一个独立存在的区域且没有固定的力学性质，界面区的力学性质有原材料依赖性。基于此在考虑改善界面区力学性能方面可以选择合适的原材料作为切入点。根据标准差可知，相比于沥青砂浆和集料，界面区的弹性模量值的离散性较大。这可能与界面区结构的非均匀性有关。为了降低离散性，可以考虑通过对集料表面做涂层处理，调整沥青黏结剂化学性质和改善制备工艺来减少界面缺陷。

表 2-8　　不同集料界面区及附近区域的弹性模量值统计结果

集料	区域	测试点数/个	弹性模量平均值/GPa	标准差/GPa	ITZ 宽度/μm
玻璃	沥青砂浆	82	4.06	2.64	—
	界面区	33	35.05	16.34	5～25
	玻璃	116	70.46	3.56	—
熔渣	沥青砂浆	107	2.72	2.04	—
	界面区	53	42.24	15.46	5～15
	熔渣	71	66.41	5.5	—
砖石	沥青砂浆	104	4.15	2.14	—
	界面区	71	19.02	7.15	—
	砖石	56	52.75	15.16	—
陶瓷	沥青砂浆	87	2.36	2.27	
	界面区	51	31.83	15.12	5～10
	陶瓷	93	60.11	8.3	—
石灰岩	沥青砂浆	80	2.30	2.81	—
	界面区	38	35.00	22.24	5～30
	石灰岩	98	81.46	12.91	—
金属	沥青砂浆	99	1.52	1.69	—
	界面区	43	39.36	16.22	5～20
	金属	89	93.47	10.96	—

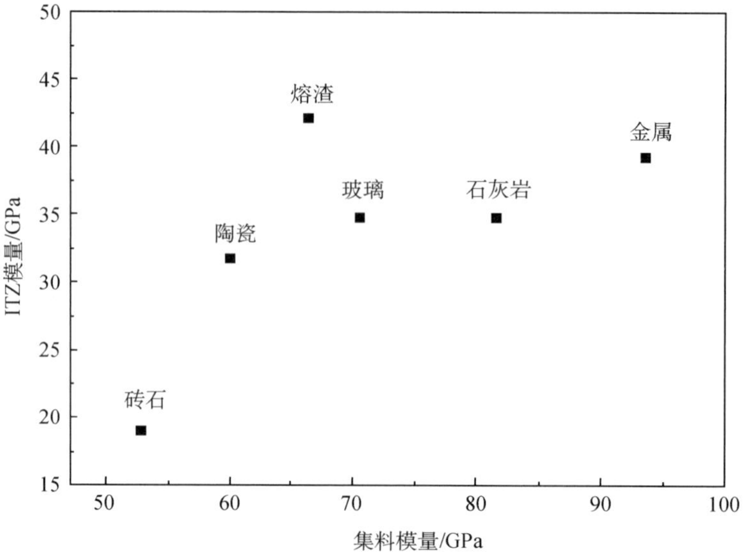

图 2-39　各集料与其界面区的弹性模量

2.4 基于扫描电镜能谱技术的界面区微观形貌及化学组成分析

2.4.1 界面区微观形貌

在沥青混合料的制备过程中，沥青混合料的结构缺陷，例如小孔、杂质和微裂缝，常常倾向于集中在界面区，这会引起沥青混合料性能的劣化。在沥青混合料的使用过程中，由于路面积水和轮胎真空负压作用，常常使界面区域首先受到不可逆转的破坏，从而成为沥青混合料损毁的引发点。基于上述原因，不论是在材料制备还是使用过程中，沥青混合料的界面结构都吸引了人们特别的关注，成为探索沥青混合料界面行为的焦点之一。界面区的结构是指界面区域矿料的分布状态或聚集状态，而研究材料结构最有力的工具是透射电镜，但制备可用于透射电镜观察的沥青混合料薄片却非常困难，因此参考研究复合材料的相关资料后发现可采用扫描电镜获得界面区的微观形貌，再依据界面区形貌来获得界面区结构的信息或启示。本节所述的界面区形貌不仅包含界面区，也包含邻近界面区的集料和沥青砂浆的形貌。根据界面区力学性能的测试结果，发现界面区形貌并非是均匀一致的，有的是明锐的边界，有的是模糊的边界，因此对界面区形貌的完整认识，应该包含对其邻近区域形貌的检测。

采用与纳米压痕测试相同的试件，即 AC-20 炉渣沥青混合料，试件见图 2-23。选择石灰岩的界面区域，通过二次电子扫描对集料-砂浆界面区域的不同放大倍数的测试结果如图 2-40—图 2-43 所示。从图 2-40 和图 2-41 可以看出，当放大倍数较小时(400 倍和 800 倍)，其中较光滑平整的部分是石灰岩集料，较粗糙的部分是沥青砂浆，集料与沥青砂浆之间紧密结合。从图 2-42 和图 2-43 可以看出，当放大倍数较大时(3 000倍和 6 000 倍)，可见集料表面上的凹槽缺陷，集料与砂浆之间有较为清晰的界面，集料与沥青砂浆不在同一水平面上，沥青砂浆的高度略低于集料。根据这些扫描电镜图可以清楚地识别集料与沥青砂浆区域，但集料与沥青砂浆之间并未出现明显的中间层界面区。

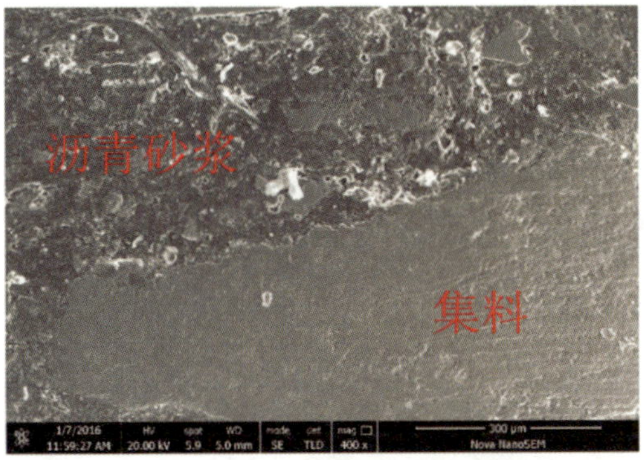

图 2-40　集料-沥青砂浆界面(放大 400 倍)

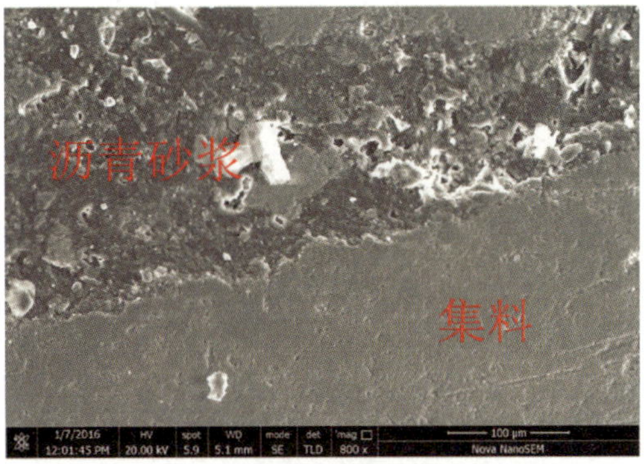

图 2-41　集料-沥青砂浆界面(放大 800 倍)

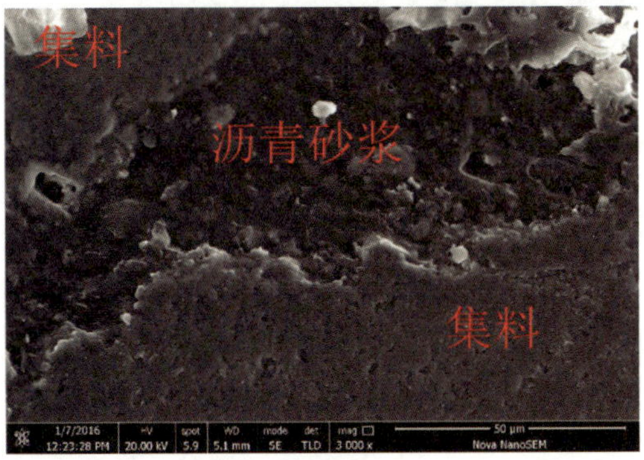

图 2-42　集料-沥青砂浆界面(放大 3 000 倍)

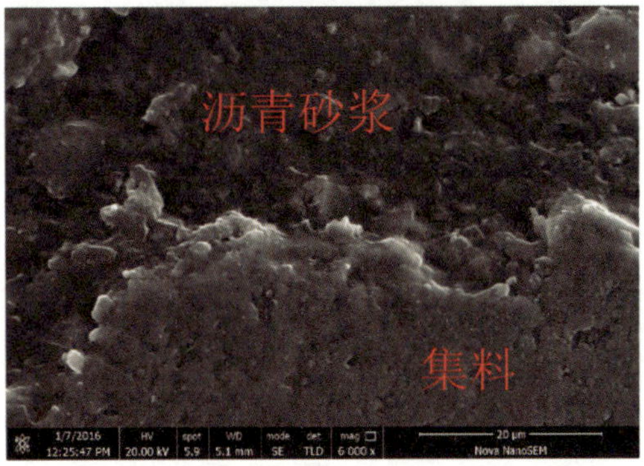

图 2-43　集料-沥青砂浆界面(放大 6 000 倍)

图 2-44 是沥青混合料的 SEM 图像。可以看出，集料与界面区之间有明显的边界，而沥青砂浆与界面区之间的边界不易区分。事实上，SEM 图像只能进行定性描述，很难准确地识别界面区。但可以看出，靠近集料表面的沥青砂浆比远处的沥青砂浆更密实，也就是说，沥青混合料中存在一个结构由密实到松散的过渡区域。众所周知，二次电子成像收集低能量($<$50 eV)的二次电子，这些电子是通过与电子束的非弹性散射相互作用从样品原子的 K 电子层中喷射出来。图像的亮度取决于到达探测器的二次电子的数量。如果样品的表面是光滑的，更多的二次电子会从样品中发射出来，从而产生一个较为明亮的图像，如图 2-44 中的集料。相反地，如果表面是不均匀的，形成的就会是一个较暗的图像，如图 2-44 中的沥青砂浆。从亮度角度分析，集料与沥

青砂浆之间的区域比集料更密实，而比沥青砂浆更松散。密实的界面区可以用化学黏附力进行解释，这与分子在集料-沥青表面的极性有关。越靠近集料，化学黏结性就越强，导致集料周围出现密实区。然而，远离集料的区域，化学黏结性就较弱，导致结构疏松以及空隙的出现。

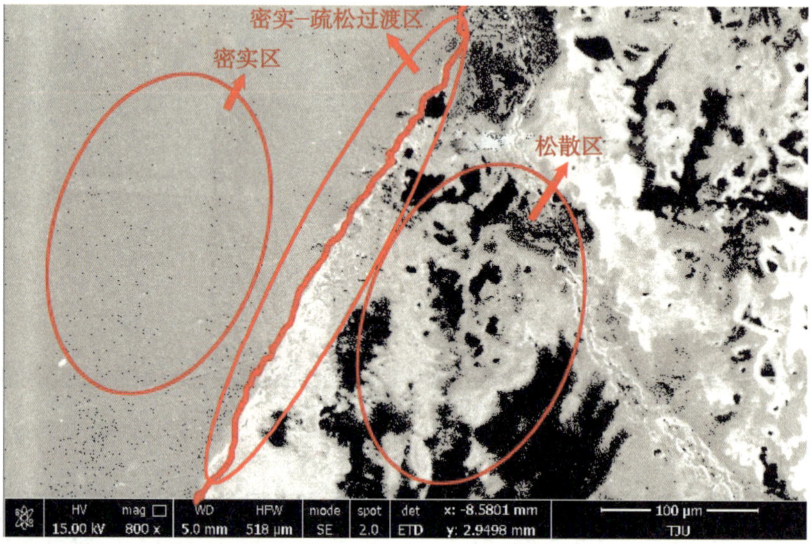

图 2-44 沥青混合料的扫描电镜图像

2.4.2 界面区化学组成

采用 AC-20 炉渣沥青混合料，试件见图 2-23。在扫描电镜视野中找到石灰岩集料-沥青砂浆界面区域，确定一个 120 μm×100 μm 的测试区域，如图 2-45 所示，图中包括集料和沥青砂浆。图 2-46 显示了 C，O，S，Ca 元素在测试区域的分布情况及各自所占的面积。从图 2-46 可知，整个测试区域的 Ca 元素与 C 元素含量所占的比例较多。为了更清楚地显示各元素的分布状况，分别对 C，O，S，Ca 元素进行了面扫描，结果如图 2-47—图 2-50 所示，亮度越高，说明元素含量越高。从图 2-47—图 2-50 还可知，Ca 元素与 O 元素主要集中在石灰岩集料区域，这与表 2-5 中石灰岩化学组分的结论是一致的；而 C 元素与 S 元素富集在沥青砂浆区域，这与常识相符，C 元素含量在石油沥青中所占的比例最高，达 83%～87%，S 元素是以微量元素存在于石油沥青中的，其含量约为 5%[23]。EDX 扫描结果可以区分集料与沥青砂浆的区域，这与微观形貌图所观测到的结论是一致的，两种方法互相印证了集料区域与沥青砂浆区域相对位置的真实性。尽管如此，仍然无法通过 EDX 面扫描方法辨识界面区。因此，接下来缩小测试范围，采用线扫描分析方法对界面区及其附近的化学元素进行标定，进而界定界面区的范围。

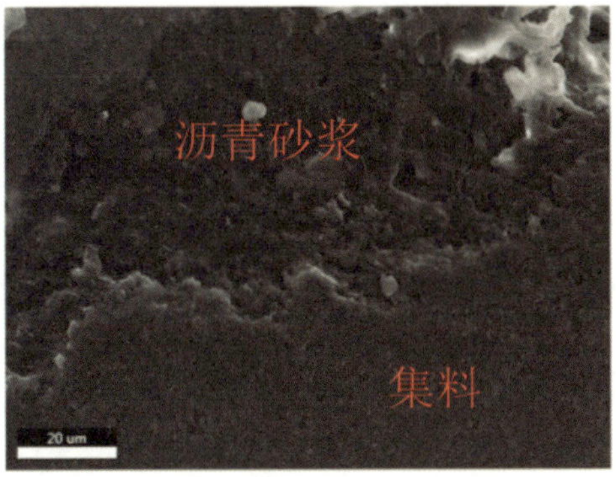

图 2-45　集料-沥青砂浆界面微观形貌

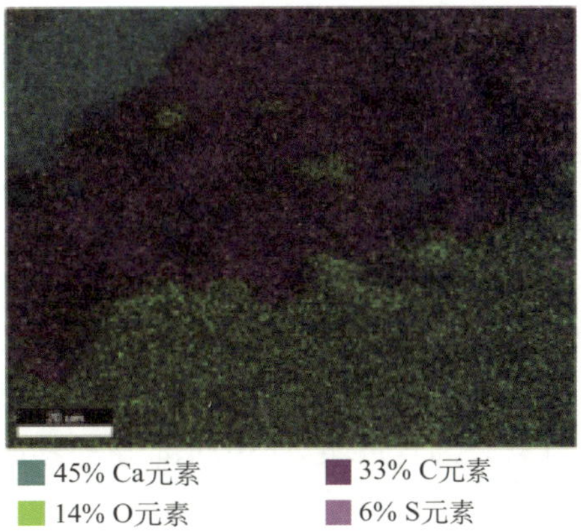

图 2-46　集料-沥青砂浆界面处的元素分布图

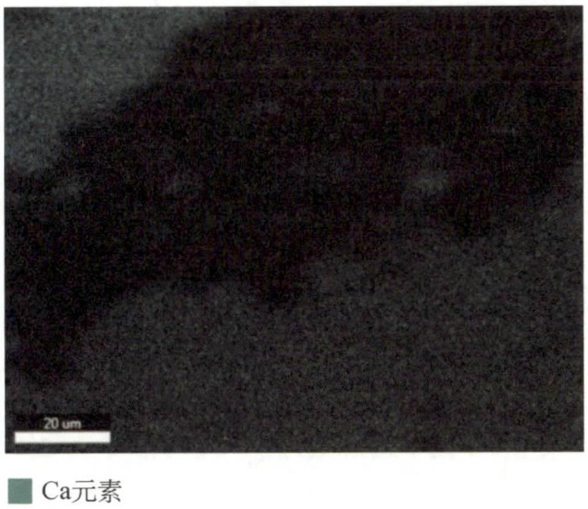

图 2-47　Ca 元素的分布情况

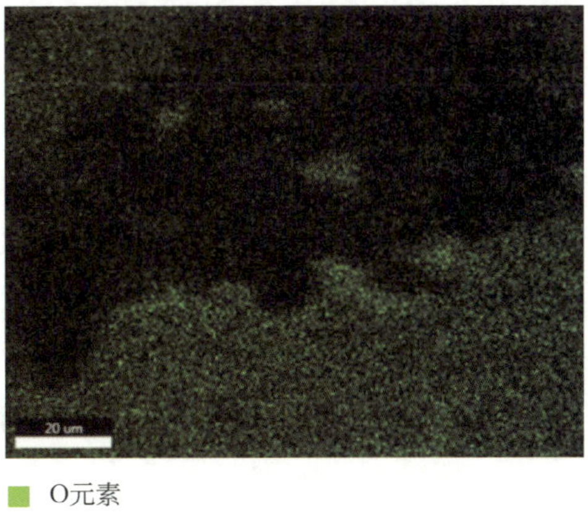

图 2-48　O 元素的分布情况

图 2-49　C 元素的分布情况

图 2-50　S 元素的分布情况

从以上面扫描的测试结果可知，石灰岩集料中含有丰富的 Ca 元素与 O 元素。根据表 2-5 可知，除了 Ca 元素与 O 元素，石灰岩集料中还含有 Si，Mg，Al 元素。为了界定界面区的范围，通过 EDX 线扫描方式分析 Ca，O，Si，Mg，Al 元素的含量在界面某给定线段上的分布。首先，在集料与沥青砂浆的界面区域确定了一条长度约为 100 μm 的测试线段，见图 2-51。然后，采用 EDX 在这条线段上进行扫描并采集待测元素的特征 X 射线，测得射线强度沿测试线段的分布，如图 2-52—图 2-56 所示，图中纵坐标为信号强度，无单位，此强度分布结果可反映各元素沿扫描线段的浓度分布。各个元素(Ca，O，Si，Mg 和 Al)在集料和沥青砂浆区域上存在明显的区别，图中左边部分是集料，右边部分是沥青砂浆，而中间部分是界面区。界面区含有 Ca，O，Si，Mg 和 Al 元素，且其元素浓度应介于集料和沥青砂浆之间。定义浓度分布曲线中集料区域元素浓度平均值与沥青砂浆区域元素浓度平均值之间的范围为界面区的宽度，该宽度为 10～16 μm，该宽度与 NI 获得的界面区的宽度基本一致。

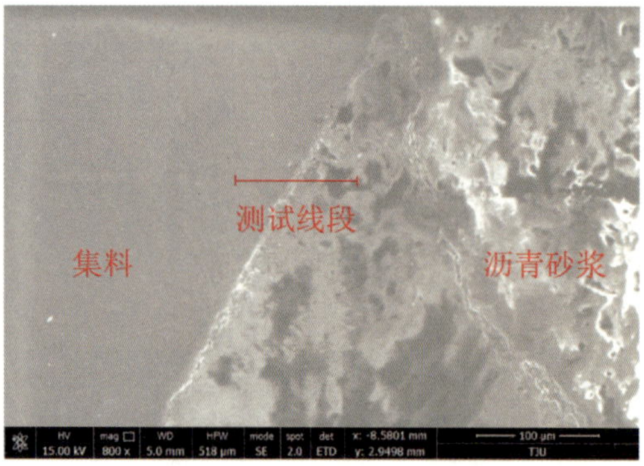

图 2-51　EDX 线扫描测试线段

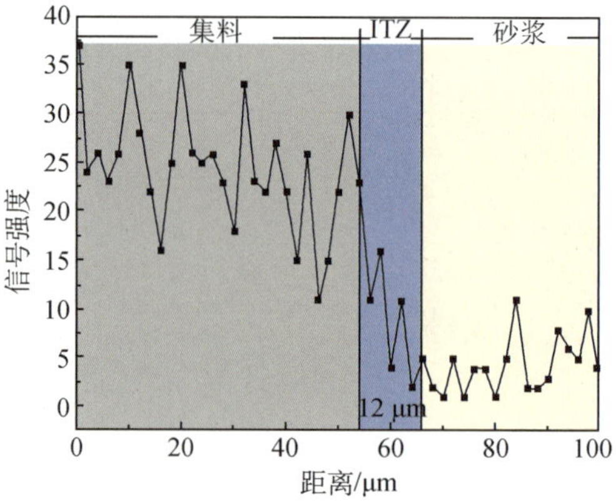

图 2-52　横越界面区的 Ca 元素线扫描结果

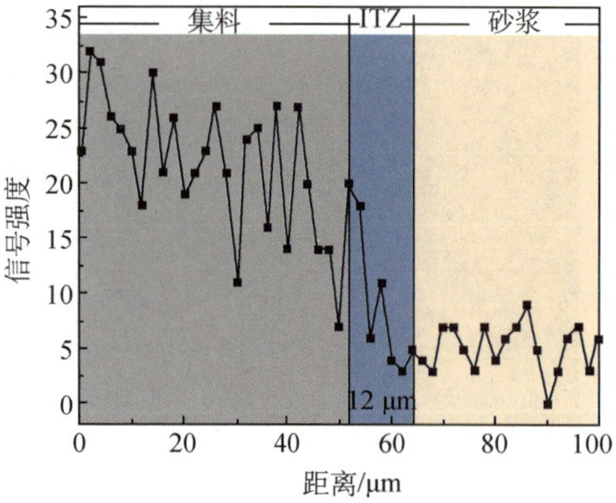

图 2-53　横越界面区的 O 元素线扫描结果

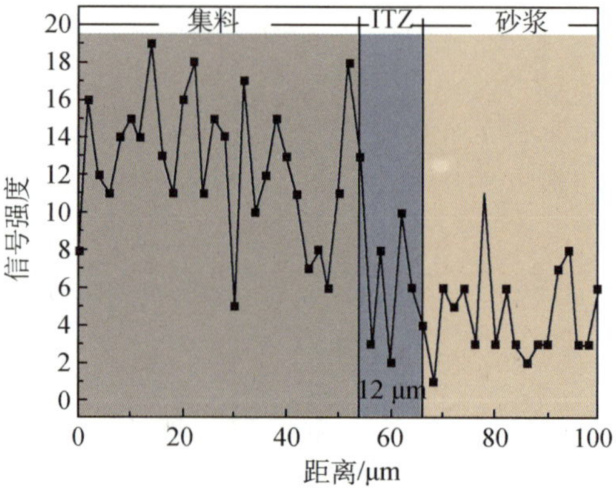

图 2-54　横越界面区的 Si 元素线扫描结果

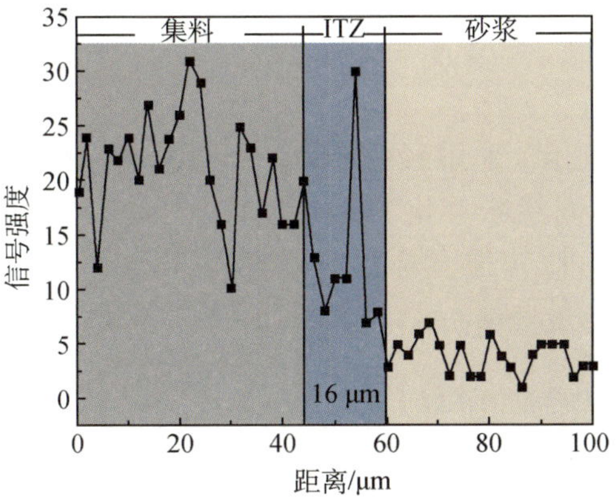

图 2-55 横越界面区的 Mg 元素线扫描结果

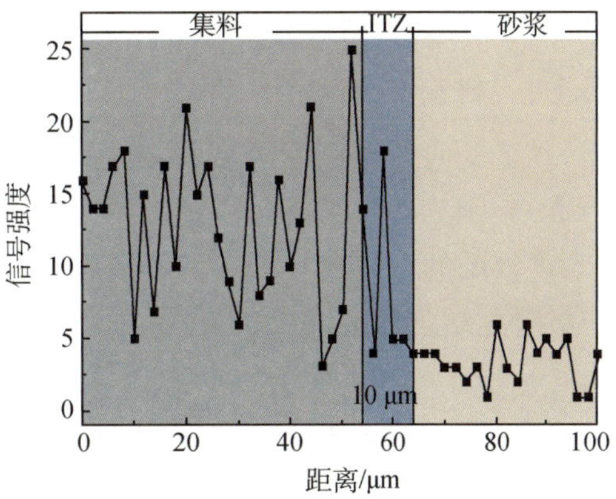

图 2-56 横越界面区的 Al 元素线扫描结果

2.5 基于 AFM-QNM 的界面区黏结强度分析

黏附力和黏聚力是控制沥青-集料界面黏结强度和影响界面开裂的两个主要因素。根据 AASHTO T361-16，沥青混合料在沥青-集料界面区域的破坏有三种形式：沥青本身的黏聚破坏、界面上的黏附性破坏和混合破坏[24]。黏聚破坏的特征是沥青内部的分子分离，黏聚力由沥青的化学成分和分子间的相互作用来决定。黏附性破坏是沥青层与集料的分离[25]，涉及沥青与集料之间的物理吸附和化学吸附。近年来，沥青混合料在界面区的黏结特性越来越受到研究者的重视，尤其是老化等因素对黏结强度的影响一直是研究的热点。图 2-57 总结了文献得出的结果，从该图可见，对于黏结强度随老化时间的变化，特别是长期老化的影响，尚无一致的结论。因此，本节尝试采用原子力显微镜-定量纳米力学测量模块（AFM-QNM）并结合拉拔试验来探讨黏附力、黏聚力以及黏结强度之间的关系。

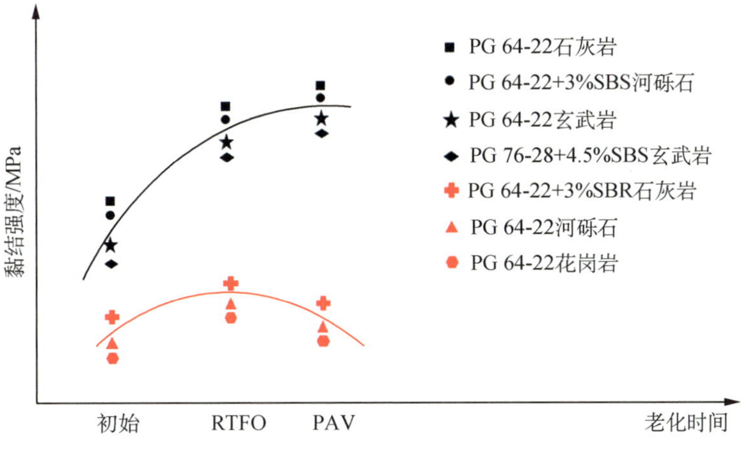

图 2-57 文献[26]～[28]中有关黏结强度随老化时间变化的两种趋势

2.5.1 材料和实验方法

2.5.1.1 材料

本试验研究的沥青样品由中国石化集团提供，采用经 ASTM D5 测定的针入度(PEN)分别为 30,50,70,90 的沥青。针入度不同意味着化学组成也有所不同。通常，针入度较低的沥青含有较多的沥青质。因此，可以预期四种基质沥青会得出不同的沥青-集料黏结强度。表 2-9 给出了这些沥青的基本性能。

表 2-9　　本研究中使用的沥青黏合剂的性能

等级	状态	延性(15 ℃)/cm	针入度指数(25 ℃)/0.1 mm	软化点/℃	表观黏度/(Pa・s)
PEN30	基质	20.0	25	61.5	1.27
	RTFO①	10.9	18	74.0	1.62
	PAV②	3.0	15	85.0	3.81
PEN50	基质	>100	46	53.0	0.65
	RTFO	91.5	25	67.5	1.26
	PAV	5.0	15	85.5	1.99
PEN70	基质	>100	68	46.0	0.51
	RTFO	96.5	41	54.5	0.68
	PAV	6.0	21	74.5	1.21
PEN90	基质	>100	86	44.5	0.35
	RTFO	>100	45	64.0	0.54
	PAV	20.7	27	74.5	1.06

注：① RTFO 即旋转薄膜烘箱(Rolling Thin Film Oven)试验，用于模拟沥青在路面施工过程中经历的短期老化。
② PAV 即压力老化容器(Pressurized Aging Vessel)，用于模拟路面使用过程中经历的长期老化。

利用 BRUKER TENSOER 27 仪器在衰减全反射(Attenuated Total Reflection, ATR)模式下对沥青的红外光谱进行测定。对每个沥青样本进行三次扫描，扫描分辨率是 4 cm^{-1}。图 2-58 为本次研究中其中一种沥青的红外光谱。值得注意的是，在 2 000 cm^{-1} 到 1 100 cm^{-1} 之间的特征峰表示羰基、甲基和亚甲基的存在。利用 OMNIC 软件通过积分计算三个官能团的峰面积。如图 2-59 所示，羰基峰为红色，甲基和亚甲基为灰色。沥青老化会导致羰基的增加，但对甲基和亚甲基没有影响。因此，为了定量评价沥青的老化程度，采用式(2-10)得到的羰基指数 (I_{co}) 进行衡量，也即羰基(A_{co}) 与甲基和亚甲基($A_{reference}$) 的峰面积比。对 12 个样品各做了 2 个重复试验，结果如表 2-10 所列。

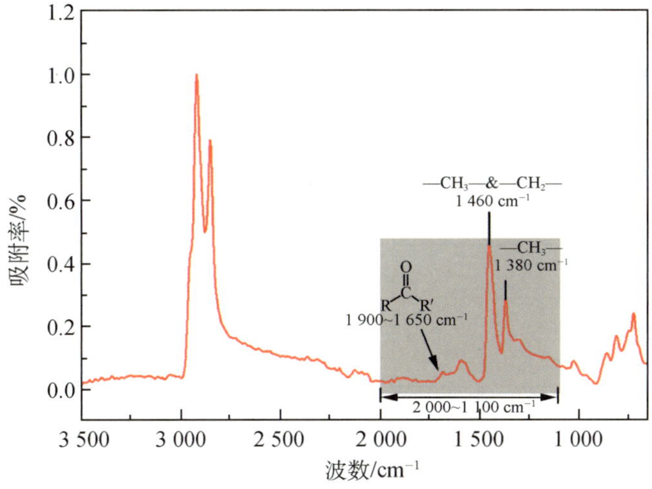

图 2-58　长期老化的 PEN70 的红外光谱

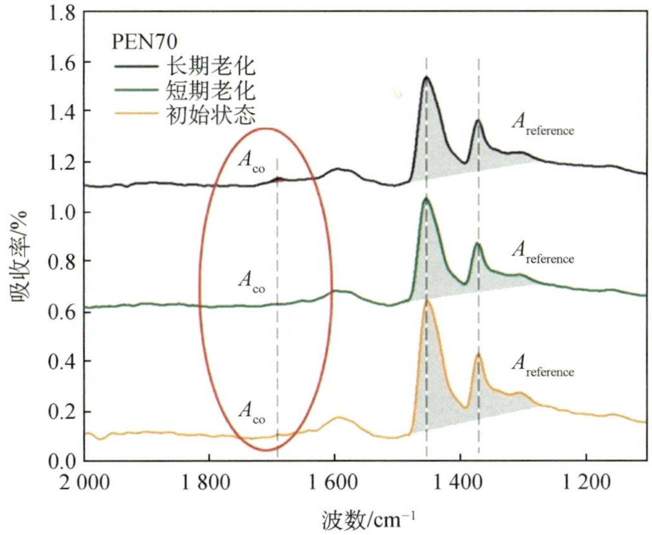

图 2-59　羰基、甲基和亚甲基的峰面积

$$I_{co}=\frac{A_{co}}{A_{reference}}\times 100\% \tag{2-10}$$

式中　I_{co}——羰基指数；

A_{co}——羰基官能团的峰面积；

$A_{reference}$——甲基和亚甲基的峰面积之和。

表 2-10　　不同老化程度的沥青的羰基指数

老化程度	羰基指数(I_{co})			
	PEN30	PEN50	PEN70	PEN90
原始状态	4.62	5.23	3.07	2.83
短期老化	4.89	4.40	4.35	4.43
长期老化	6.72	6.59	6.39	5.73
长期老化后的增长速率/%	45.21	25.90	108.15	102.24

从表 2-10 可以看出，随着老化时间的延长，羰基指数总体上是持续增加的。与原始沥青相比，经过长期老化处理的沥青中羰基含量明显增加。值得注意的是，PEN70 和 PEN90 的羰基指数从原始状态到长期老化状态的增长速度都大于 PEN30 和 PEN50，这说明 PEN70 和 PEN90 的老化比 PEN30 和 PEN50 更为严重。

采用 IATROSCAN MK-6s 棒状薄层色谱/氢火焰离子化检测法(TLC-FID)测定沥青的化学成分，试验结果如表 2-11 所列。结果表明，随着老化时间的延长，沥青质馏分和沥青质与软沥青质之比的增长率均增大。除此之外，老化对 PEN70 和 PEN90 的影响大于 PEN30 和 PEN50，这与红外光谱的测试结果一致。

表 2-11　　沥青的四种组分

级别		饱和分/%	芳香分/%	胶质/%	沥青质/%	沥青质/软沥青质	沥青质与软沥青质之比的增长率/%
30#	基质	12.59	50.13	18.30	18.98	0.23	0
	RTFO	10.37	51.22	18.96	19.45	0.24	3.12
	PAV	6.61	46.61	25.36	21.43	0.27	16.44
50#	基质	9.12	61.54	15.04	14.29	0.17	0
	RTFO	6.39	56.71	21.52	15.38	0.18	8.97
	PAV	5.45	51.95	26.49	16.11	0.19	15.15
70#	基质	15.53	54.81	16.42	13.24	0.15	0
	RTFO	7.08	56.39	21.38	15.14	0.18	16.90
	PAV	16.11	33.19	31.37	19.33	0.24	56.93
90#	基质	10.88	59.55	16.78	12.80	0.15	0
	RTFO	8.07	55.52	21.85	14.55	0.17	16.04
	PAV	14.33	36.85	31.60	17.22	0.21	41.70

2.5.1.2 样品制备

1. 原子力显微镜测试样品的制备

所有的沥青，包括原始状态沥青和老化沥青，都采用相同的样品制备流程。为了收集 AFM 图像，采用热浇铸法制备样品。与溶剂法不同，热浇铸法不仅省时，而且避免了溶剂的使用，因为溶剂可能会改变沥青的成分。样品制备的具体步骤如下。

分别按照 AASHTO T240 和 AASHTO R28-2009 对这些材料进行室内短期和长期老化试验。然后，将沥青放入 160 ℃的烤箱中加热 15 min，直至其自由流动。随后，将融化的沥青从烤箱中取出，放在玻璃载玻片上，将其水平放置在 160 ℃的环境箱中。5 min 后，用刮刀将沥青进一步展开，以确保表面平整。用于 AFM 试验的沥青样品如图 2-60 所示。样品在制备完成 24 h 后可用于测试，在此期间样品需要被覆盖以防止吸附灰尘。

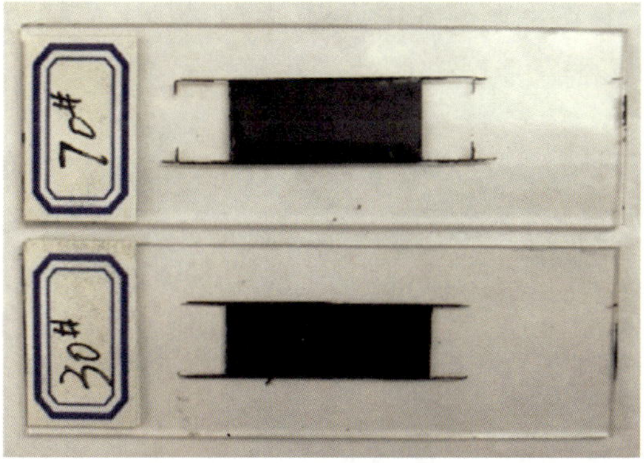

图 2-60 用于 AFM 试验的沥青样品

图 2-61 在基板上的拉拔头的位置

2. 拉拔试验(BBS)测试样品的制备

对未老化和老化的沥青样品采用相同的制备流程。根据 AASHTO T361-16 制备 BBS 试验样品。首先，将玄武岩基体和拔出的拉拔头置于温度为(150±2)℃的干燥室中，至少放置 30 min，以去除水分。与此同时，拉拔头经预热后使用。然后，将基板放入烘箱中，在 163 ℃温度下烘烤至少 1 h。当达到使用温度时，将加热后的沥青倒入模具腔内，并将拉拔头压紧沥青。图 2-61 显示了拉拔头在基板上的位置，以保证其有足够的空间进行拉拔试验。测试前让干燥的样品适应实验室条件大约 24 h。在本研究中，样品并没有按照 AASHTO T361-16 标准中要求的那样进行预先加湿，因为沥青的防潮性测量并不是本研究主要关注的问题。12 组试验中各制备 20 个样品，即总共需要测试 240 个样品。

2.5.1.3 试验设备

黏附力及沥青表面形貌试验在 Brucker Dimension Icon AFM 上进行，如图 2-62 所示,采用原子力显微镜-定量纳米力学测量模块(AFM-QNM)模式。峰值力 QNM 基于 PeakForce Tapping 技术,通过纳米力学映射实现杨氏模量、黏聚力和耗散能的实时采集。

探针采用商用峰值力模式悬臂梁MPP-12120-10。该悬臂梁的标准谐振频率为 150 Hz,标准弹簧常数为 5 N/m。悬臂梁背面涂有(40±10)nm 的铝反射层,反射涂层有助于增强激光信号,并保护沥青不会因激光照射而软化。针尖的高度在 15~20 mm 范围内,半径大小为 8 nm。探针扫描速率为 1 Hz(1 行/s),当扫描尺寸为 10 μm×10 μm 时,分辨率为 512×512。在常温条件下,研究不同针入度的沥青微观结构形态。关于峰值力轻敲模式(PeakForce tapping mode)的控制参数,设置振幅为 30 nm,频率为 2 kHz。在扫描过程中,通过调整针尖与样品的相对位置,使实际工作频率保持在一个恒定的水平。

黏结强度试验采用 ASTM D 4541 推荐的带拉拔头的附着力测试仪(Positest AT-A Tester)。该系统使用其液压泵拉出已黏在基片上的拉拔头,并记录最大施加力,如图 2-63 所示。加载速率设定为 0.7 MPa/s,与文献[29]中的一致。

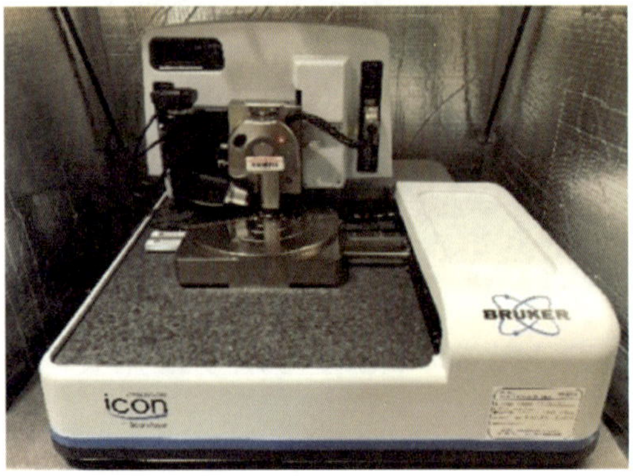

图 2-62 Brucker Dimension Icon AFM

图 2-63 Positest AT-A Tester 装置

2.5.2 黏结强度试验结果

黏结强度试验结果如图 2-64 所示。从试验结果来看,黏结强度随针入度的增加而降低,这表明相比于黏度低的沥青,黏度高的沥青与玄武岩之间的黏结性更好。PEN30 和 PEN50 的黏结强度随老化时间的延长呈上升趋势,而 PEN70 和 PEN90 的黏结强度则是先上升后下降。

这一结果表明,适当的老化(短期老化)有助于提高黏结强度,而过度老化(长期老化)并不一定会提高黏结强度。这一结果与文献[28]中得到的结果一致。图 2-65 总结了笔者团队研究和以往文献得出的黏结强度变化趋势,基本呈两种趋势,特别是对于长期老化的沥青而言。

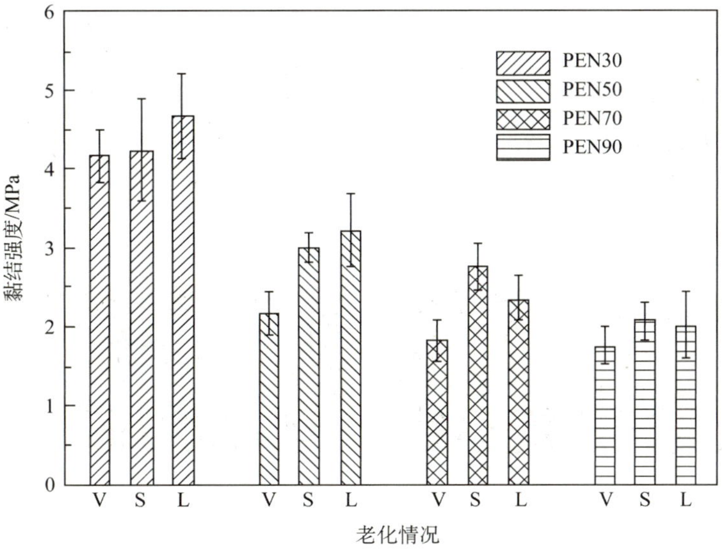

V— 原始状态； S— 短期老化； L— 长期老化

图 2-64 黏结强度随老化情况的变化

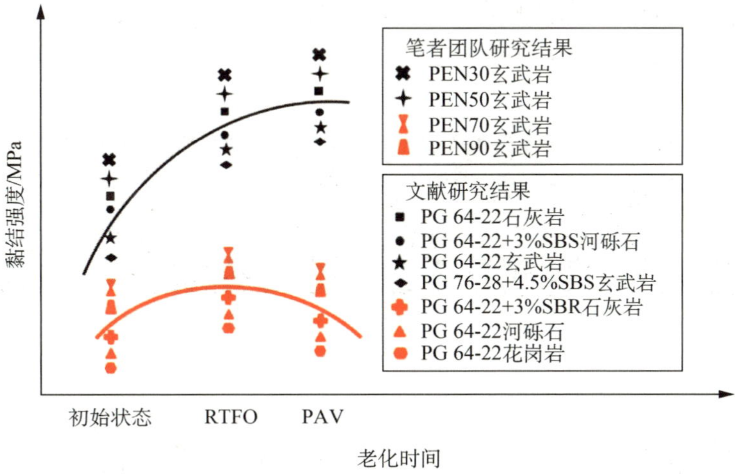

图 2-65 黏结强度随老化时间变化的两种趋势

2.5.3 沥青试样表面形貌测试结果

一般情况下，在沥青中可以观察到三种相态结构，即 catana 相(蜂状结构)、peri 相(蜂状结构周围的相)和 para 相(沥青基质)，如图 2-66(a)，(b)所示。J. F. Masson 等[30]将类似蜂状结构称为 catana 相而不是蜂状结构，因为在某些情况下蜂的形状会消失，取而代之的是多臂星状等其他形状。采用原子力显微镜(AFM)在 QNM 模式下对不同老化程度的沥青进行了形貌分析和黏附力测试。沥青的 2D 和 3D 形貌如图 2-66 所示。图 2-67 展示了 PEN70 沥青老化前后 catana 相的高度与黏附力分布情况。

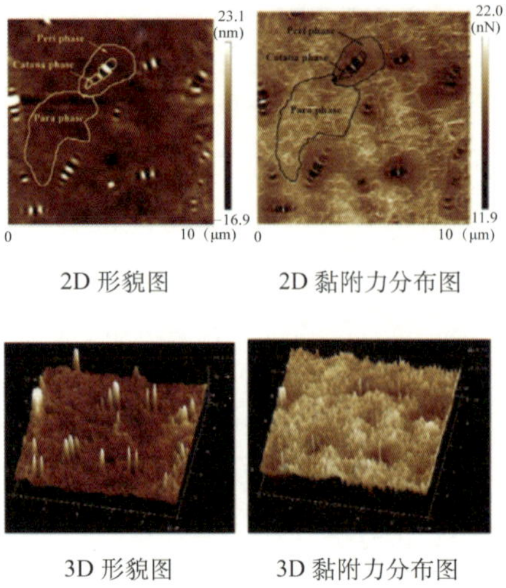

(a) 原始沥青PEN30

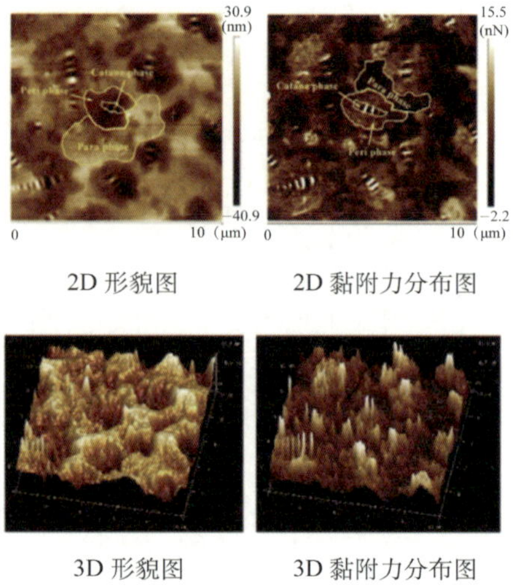

(b) 长期老化沥青PEN30

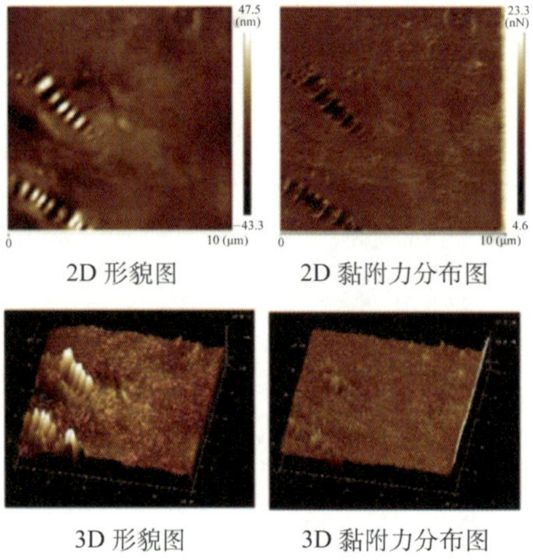

(c) 原始沥青PEN50

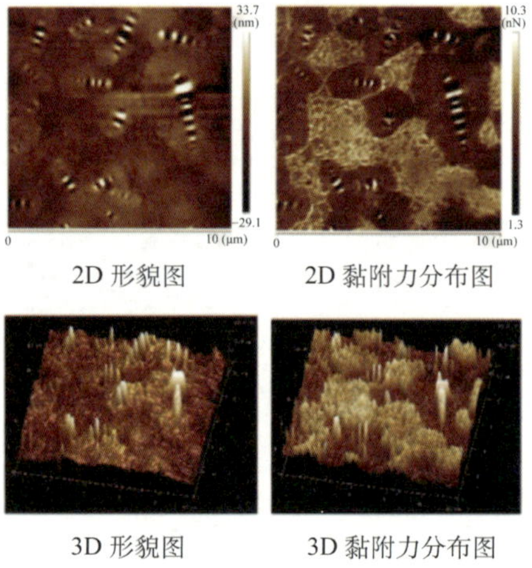

(d) 长期老化沥青PEN50

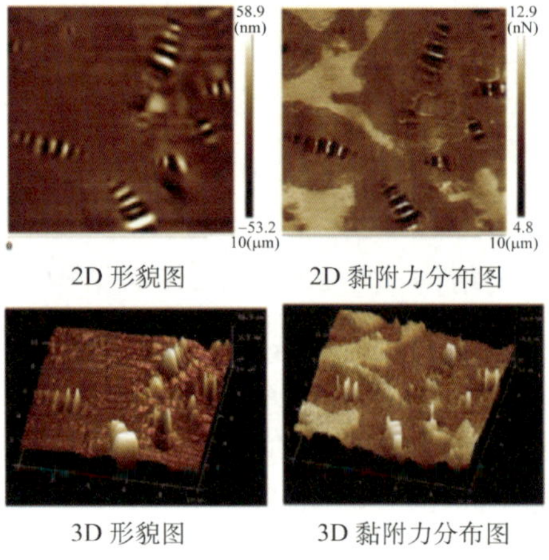

(e) 原始沥青PEN70

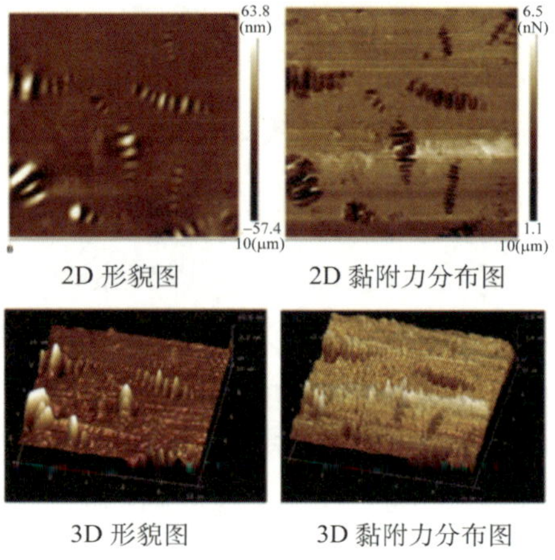

(f) 长期老化沥青PEN70

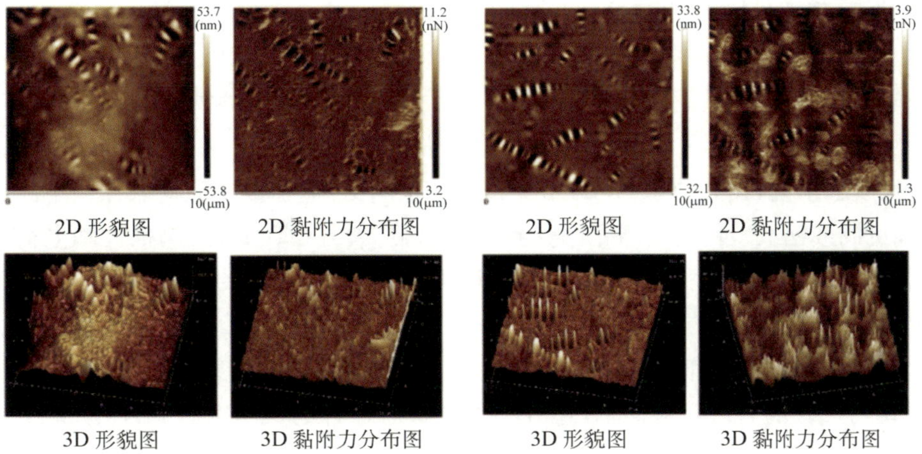

(g) 原始沥青PEN90　　(h) 长期老化沥青PEN90

图 2-66　不同老化程度的沥青的 2D 和 3D 形貌图和黏附力测绘图

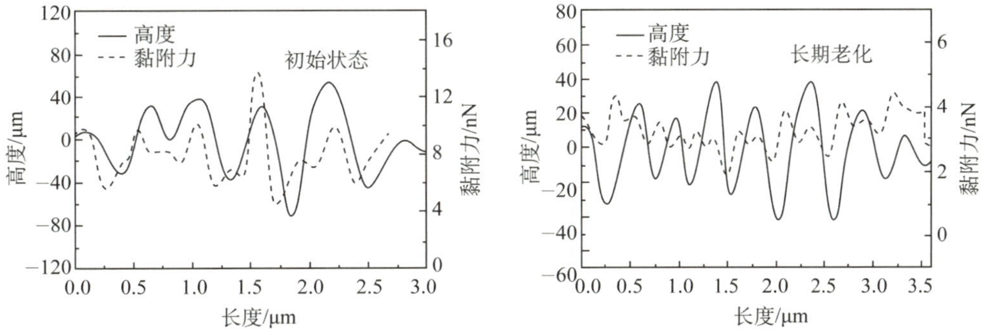

(a) 原始沥青PEN 70　　(b) 长期老化沥青PEN 70

图 2-67　PEN70 沥青 catana 相的高度和黏附力幅值

值得注意的是，形貌图和黏附力分布图表现出的特征几乎相同，特别是对于 catana 相而言，如图 2-66(a)和(b)中画圈所示。为了进一步理解黏附力与微观结构之间的关系，我们定性地比较了形貌图和黏附力分布图。图 2-67 中的波峰和波谷呈现出图 2-66 catana 相中的亮暗带。catana 相的形貌图与黏附力分布图形状相似，说明沥青并不是一个均匀的体系，而是由几微米到几百纳米的各种微观结构组成的，且具有不同的微观力学性能。有几个研究小组将 catana 相的存在归因于非极性蜡的聚集[31]；也有学者发现，catana 相只存在于沥青表面。因此，沥青的微观结构和微观机理还有待进一步研究。

在一些图像中，peri 相和 para 相无法区分。一般来说，peri 相和 para 相的微观结构与黏附力之间的关系不如 catana 相那么明显。para 相比 peri 相具有更高的黏附力，这与文献[32]和[33]中得到的结果一致。这表明 para 相的增加有利于沥青整体黏附力的提高。对比沥青老化前后的形貌可以发现，老化时间与沥青的 catana 相的数量和大小等形态特征没有相关性。

2.5.4 沥青试样黏附力测试结果

为了定量分析沥青的黏附力随老化时间的变化，图 2-68 给出了长期老化前后不同沥青的黏附力直方图。可以看出，经过长期老化后，所有沥青的黏附力都明显下降。这一发现支持了传统老化的概念，即随着沥青老化，黏附力下降，这与 Wang 等[34]的结果一致。从宏观尺度上来说，丧失黏附力可能导致沥青与集料分离，造成交通荷载作用下路面层的损伤(如坑洞或松散)，特别是当路面受到水的影响时。尽管沥青质的极性和电荷相对较强，老化使得沥青质含量增加，对黏附力有积极的影响，但沥青的微观结构变化和轻馏分对黏附力也会造成一定的消极影响。Xu 等[35]将黏附力的减小归因于有效接触面积的损失，这与沥青微观结构和轻馏分有关。经过长期老化，沥青表面变得更加粗糙，这不仅减小了沥青与探针的有效接触面积，还减小了沥青对探针的吸引力。此外，沥青中轻组分的数量不足可能导致有效接触面积变小，从而也会造成黏附力的降低。

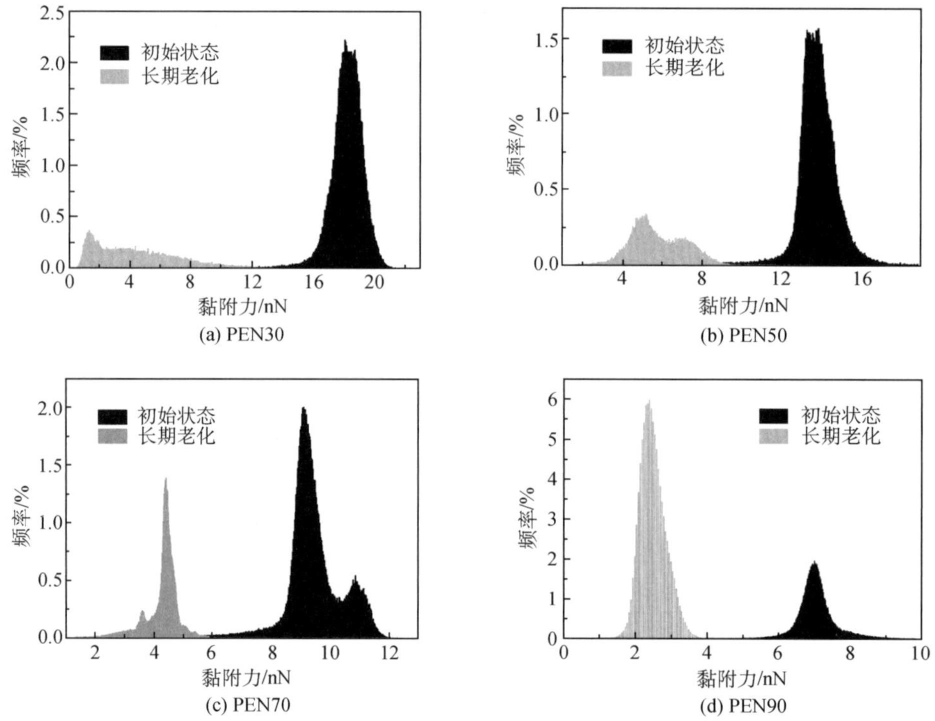

图 2-68 黏附力直方图

从图 2-68 可以看出，长期老化对沥青与探针之间的相互作用力具有消极影响。为了进一步理解导致沥青黏附力减小的机理，有必要确定导致黏附力减小的相态。图 2-69绘制了沥青中 catana 相老化前后的黏附力曲线。除了 PEN50 只采集到 2 个 catana 相样本外，每种沥青均采集了 3 个 catana 相样本。从图 2-69 可以看出，对于所有的沥青，经过长期老化后，catana 相的黏附力都有减小的趋势，这说明 catana 相是导致沥青在老化过程中黏附力减小的原因之一。对于 PEN30，平均黏附力从 15 nN 减

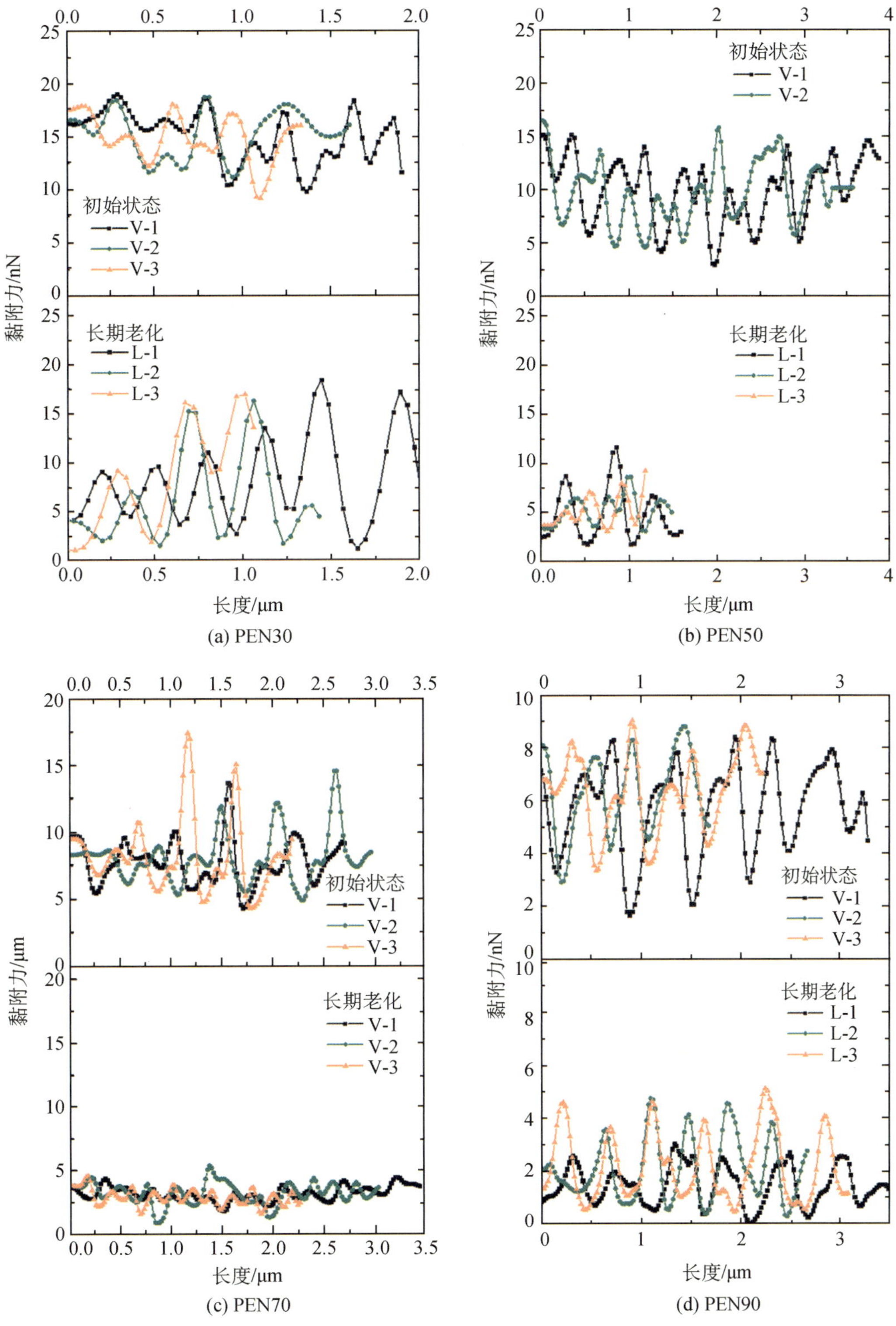

图 2-69　老化时间对不同针入度沥青 catana 相黏附力的影响

小至 5 nN(减小了 67%)。对于 PEN50,长期老化使平均黏附力从 10 nN 减小至 5 nN(减小了 50%)。对于 PEN70,老化前平均黏附力约为 7 nN,老化后平均黏附力约为 3 nN,减小了 57%。对于 PEN90,老化前后的平均黏附力由 6 nN 降至 2 nN,减小了 67%。结果表明,长期老化减小了 catana 相的黏附力,进而减小了沥青的黏附力。但是,从试验结果来看,老化时间与 catana 相的结构如波长和振幅并没有相关性。

除了 catana 相外,还可以得到 peri 相和 para 相的黏附力变化信息,如图 2-70 和图 2-71 所示。在 peri 相中,PEN30, PEN50, PEN70 和 PEN90 的黏附力分别减小了

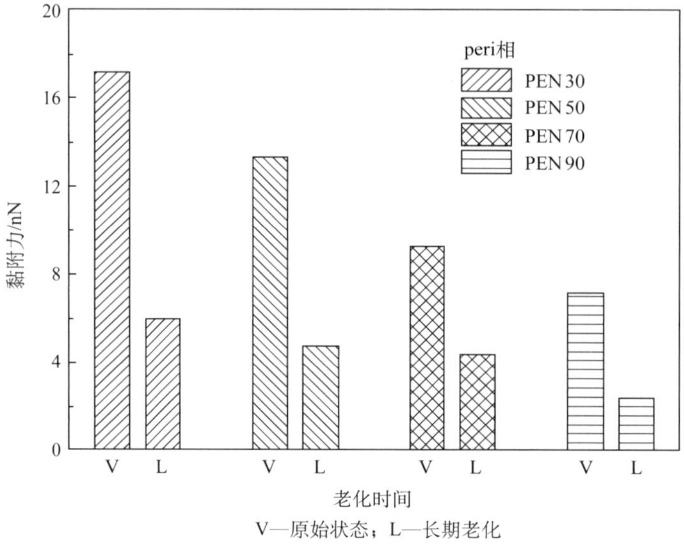

图 2-70　老化时间对不同针入度沥青中 peri 相黏结性能的影响

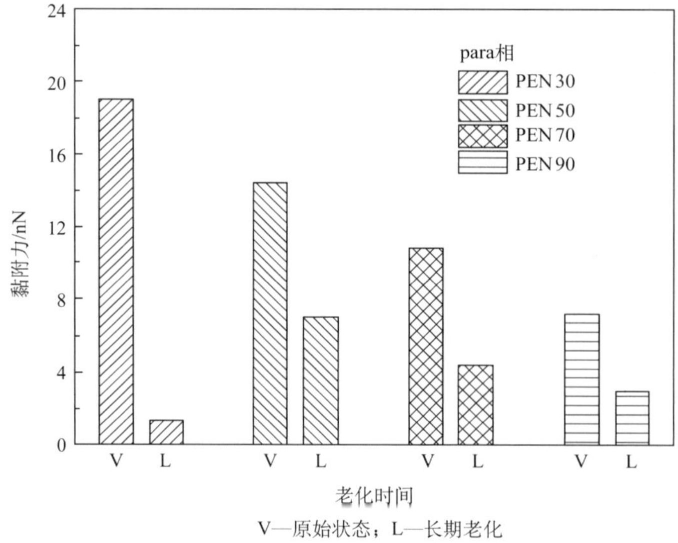

图 2-71　老化时间对不同针入度沥青中 para 相黏结性能的影响

66%，64%，53%和66%。在para相中，PEN30，PEN50，PEN70和PEN90的黏附力分别减小了93%，51%，59%和58%。可以观察到，经过长期老化后，各沥青相态的黏附力均明显下降。因此，peri相、para相和catana相都是导致长期老化的沥青黏附力下降的原因。

2.5.5 黏附力、黏聚力和黏结强度之间的关系

根据上述试验结果，我们进一步探讨了黏附力、黏聚力和黏结强度之间的关系。黏聚力是分离沥青内分子的最大力，黏附力是分离沥青与集料的最大力。而沥青-集料体系的破坏则是由较弱的作用力决定的。例如，如果黏聚力远大于黏附力，则破坏更有可能发生在集料与沥青的界面处，此时的黏结强度则由黏附力决定。如果黏附力远大于黏聚力，沥青内部更容易发生破坏，此时黏结强度则由黏聚力决定。如果黏聚力与黏附力相当，则沥青内部和界面都有可能发生破坏，黏结强度由黏附力和黏聚力共同决定。

基于上述认知，我们做了进一步探讨。首先，我们从化学成分的角度探讨了沥青在老化过程中黏聚力的变化。按沥青四组分来说，沥青由沥青质、饱和分、芳香分和胶质组成。在文献[36]和[37]中发现，沥青经过长期老化后，沥青质增加。文献[38]和[39]进一步指出，沥青质含量随老化时间的延长不断增加，而在沥青质形成过程中需要消耗一定量的芳香分[40]。当沥青发生老化，芳香分产生胶质，进而产生沥青质[41]。也就是说，老化导致沥青质与轻质组分之比增加，笔者团队研究的TLC-FID测试结果也证实了这一点。因此，当轻质组分的含量不足以分散沥青质时，沥青质将相互结合，形成网状结构[36]。沥青质的结合增加了分子间的黏聚力，使得沥青内部的分子更难分离。图2-72显示了PEN50与集料界面处的破坏类型，沥青老化前界面处只发生黏聚破坏，沥青老化后，界面处出现了部分黏附性破坏。考虑到断裂发生在薄弱环节，破坏形式由纯黏聚破坏转换成部分黏附性破坏意味着黏聚力增大。再从图2-73来看，沥青质含量

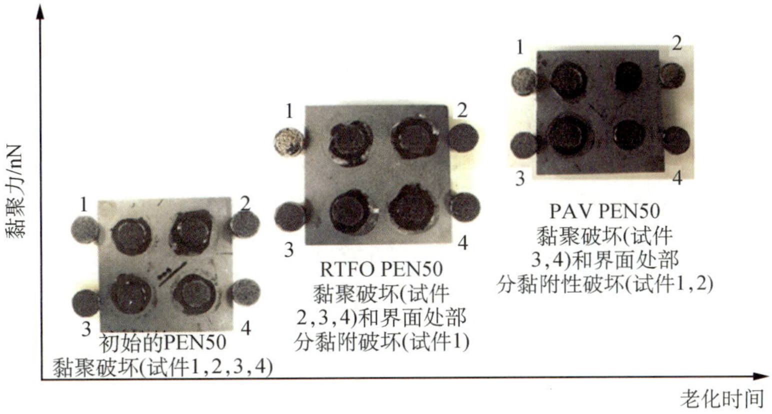

图 2-72 PEN50 的破坏模式

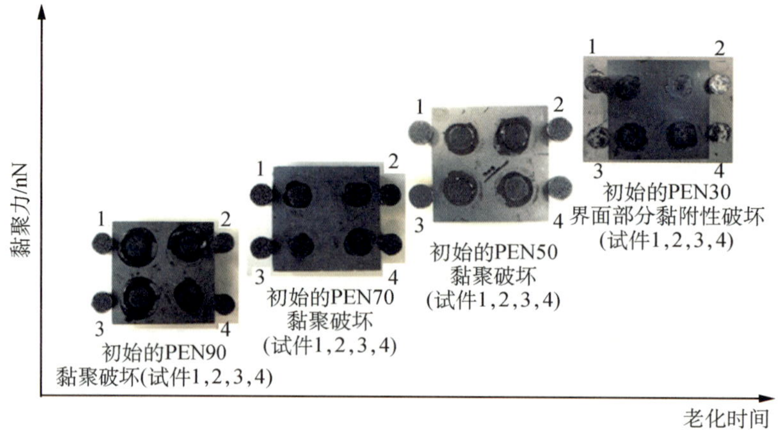

图 2-73 原始沥青的破坏模式

较低的 PEN90，PEN70 和 PEN50 出现黏聚破坏，而沥青质含量较高的 PEN30 出现黏附性破坏，说明黏聚力随着沥青质和轻质组分之比的增加而增大。根据破坏类型观察(图 2-72、图 2-73)和四组分分析(表 2-11)进一步表明，沥青老化后，沥青质和轻质组分之比增大，从而提高了黏聚力。

上述解释可以帮助我们理解图 2-65 所示的 PEN30 和 PEN50 沥青与集料黏结强度随着老化程度增加而增加的现象。但是，图 2-65 中也显示出 PEN70 和 PEN90 沥青与集料黏结强度随着老化程度增加而有所减小。具体是什么原因导致了 PEN70 和 PEN90 沥青黏结强度的下降仍然不清楚。因此，有必要在 AFM 测量的基础上，结合黏附理论来进行进一步探讨。

对于老化过程中黏附力的变化，沥青与集料之间的黏附力可以用机械理论和静电理论来解释。极性分子、电荷和润湿性是范德华力、静电力和机械咬合力的主要影响因素。一方面，沥青质具有相对较强的极性且携带永久电荷[41]。因此，老化过程中沥青质分子间作用力和静电力随沥青质含量的增加而增大。另一方面，像芳香分和饱和分这样的轻质组分非常容易渗透到集料的毛细管中，形成机械咬合力。因此，从润湿性角度来说，机械咬合力随着芳香分和饱和分的减少而减小。也就是说，在上述三种力中，只有机械咬合力会降低，特别是在沥青长期老化后。图 2-74 给出了本研究(图 2-69—图 2-72)和文献[29]~[33]得到的黏附力随沥青老化程度变化的趋势图。结果表明，随着沥青老化时间的延长，黏附力呈现出先增大后减小的趋势。由于黏附力是由分子间力、静电力和机械咬合力组成的，因此可以推断，在老化初期，分子间力和静电力的组合效应要比机械咬合力更明显。随着进一步老化，机械咬合力下降得更为明显。需要注意的是，对比图 2-73未经老化的 PEN90 和 PEN30 沥青的破坏类型可以分析出，当沥青质含量相对较低时，沥青的黏聚力小于黏附力。而在沥青质掺量增大到一定程度后，沥青质的黏聚力则比黏附力要大。

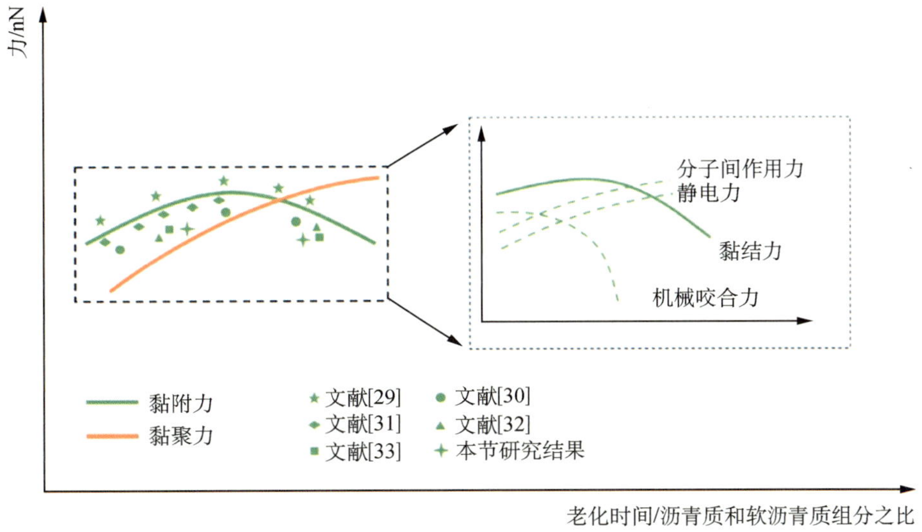

图 2-74 黏附力和黏聚力随老化时间的变化

基于以上分析，假设黏聚力随着老化时间的延长而不断增大，而黏附力则随着老化时间的延长先增大后减小。根据上述假设，并考虑到黏结强度是由较弱的作用力决定的，因此黏结强度会表现出两种不同的变化趋势，如图 2-75 所示。对所有经过短期老化的沥青而言，沥青质和软沥青质组分之比略有提高，PEN30，PEN50，PEN70 和 PEN90 分别提高了 3.12%，8.97%，16.90%和 16.04%。沥青质含量的增加促进了黏聚力和黏附力，从而提高了黏结强度。由表 2-10 和表 2-11 可知，沥青经过长期老化处理后，老化对 PEN70 和 PEN90 的影响大于 PEN30 和 PEN50。因为 PEN70 和 PEN90 的羰基指数在长期老化后的增长率（分别为 108.15%和 102.24%）大于 PEN30 和 PEN50（分别为 45.21%和 25.90%）。PEN70 和 PEN90 沥青质和软沥青质之比的增长率（分别为 56.93%和 41.70%）也高于 PEN30 和 PEN50（分别为 16.44%和 15.15%）。PEN30 和 PEN50 的化学成分变化相对较小，使得沥青质成为决定长期老化条件下黏结强度的主要因素。一方面，沥青质含量的增加使得黏聚力增大；另一方面，对于 PEN30 和 PEN50 而言，虽然沥青质含量有所增加，但是增加的含量有限，使其仍然处于黏附力的爬升阶段。这两方面原因导致随着沥青老化程度的增加，黏结强度不断增加（黏结强度由较弱的作用力决定，但此时，黏聚力和黏附力都处于爬升阶段，因此黏结强度必然增加）。图 2-75(a) 定性地描述了上述思想。但是，由于 PEN70 和 PEN90 的化学成分变化比较剧烈，起初老化程度不严重时，黏聚力和黏附力都会随着沥青质的增加而增大。但是，当老化程度进一步加深，沥青质的增加虽然仍旧提高黏聚力，但是沥青质的大量增加降低了沥青的润湿性，从而造成沥青与集料之间机械咬合力减小，对黏附力产生了更大的负面影响，即进入黏附力的减小阶段，导致长期老化后黏附力开始减小。当黏附力的减小大于黏聚力的增加时，便会出现黏结强度随着老化程度的加重开始出现减小的现象。图 2-75(b)定性地描述了上述思想。

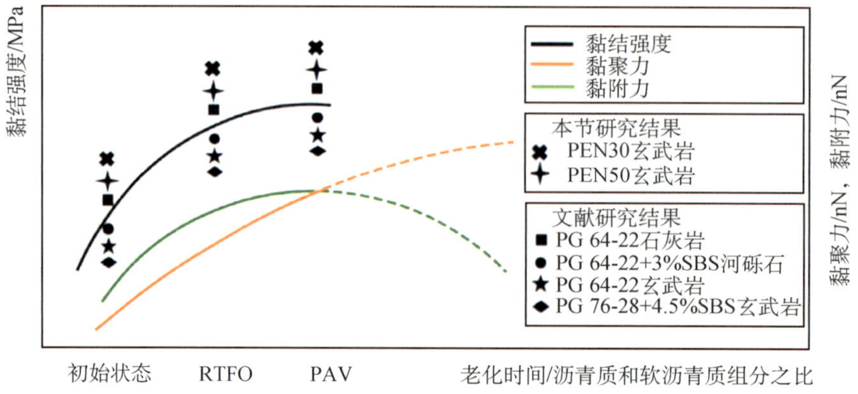

(a) 长期老化后黏结强度的变化趋势一

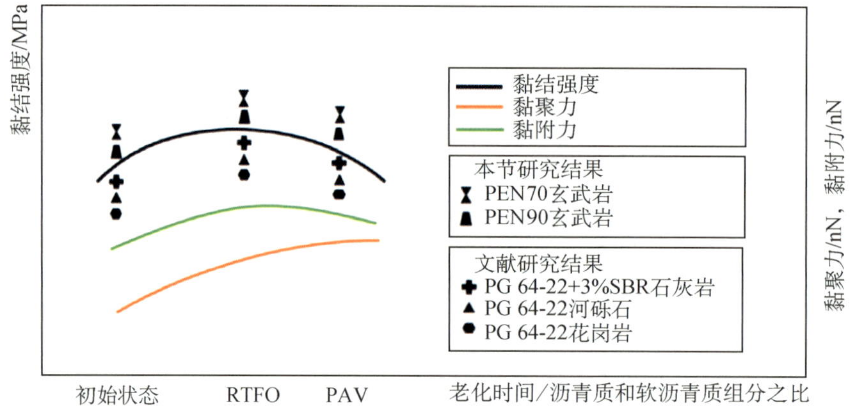

(b) 长期老化后黏结强度的变化趋势二

图 2-75 黏结强度、黏聚力及黏附力随老化时间变化的定性描述

本节通过 BBS 试验和 AFM 测试研究了老化对不同针入度沥青黏结性能的影响。本研究尝试厘清黏附力、黏聚力与黏结强度之间的关系。上述结论均是基于现有试验结果以及现有理论得到的大胆推论。在不久的将来，随着纳微观尺度界面力学试验的完善，希望可以实际测量到界面处范德华力、静电力和机械咬合力，从而定量地评价黏结强度、黏聚力与黏附力之间的关系。

2.6 小结

为了认清沥青混合料界面区的特性，就必须借助微纳米尺度试验。本章采用纳米压痕技术(NI)、原子力显微镜(AFM)、场发射扫描电镜(FESEM)与 X 射线能量分散谱仪(EDX)等微纳米尺度测试设备,开发用以研究微区特性(主要针对结构特征、化学和力学性能)的标准化测试及分析方法。

沥青混合料试件的尺寸与测试面的平整度是保证微观表征可操作性和表征结果可靠性的关键。因此,本章提出了满足微观表征技术测试要求的沥青混合料试件的制备方法。采用该方法可使试样表面粗糙度达到几十纳米,基本满足微观表征和测试的要求。在采用 NI 技术测试沥青混合料界面区力学性能时,需考虑沥青混合料在三维空间中的非均质性以及不同组分力学性质的差异性,可尝试采用位移控制加载模式对从集料到沥青砂浆的界面区域进行测试。NI 的测试结果表明,沥青混合料界面区的弹性模量值介于集料与沥青砂浆之间,界面区的宽度在 5～30 μm,不同集料种类的界面区的弹性模量和宽度各不相同。根据 FESEM 得到的二次电子图像可较好地区分集料区域与沥青砂浆区域,其中集料表面较为平整,沥青砂浆表面较为粗糙。集料与沥青砂浆相互融合渗透,不易清楚地辨识界面区的边界。进一步采用 EDX 分析化学元素含量在界面区域的分布,发现 Ca 元素和 O 元素富集在集料区域,C 元素和 S 元素主要集中在沥青砂浆区域,界面区元素浓度介于集料与沥青砂浆之间,界面区的宽度在 10～16 μm,该宽度与 NI 技术获得的界面区宽度基本一致。

最后,本章通过 BBS 试验和 AFM 测试,研究了老化对不同针入度沥青与集料之间的黏结性能影响,并试图厘清黏附力、黏聚力与黏结强度之间的关系。黏聚力是分离沥青内分子的最大力,黏附力是分离沥青与集料的最大力。而沥青-集料体系的黏结强度是由较弱的作用力决定的,即黏结强度受黏聚力和黏附力的影响。本书的研究表明,随着老化程度的加深,黏聚力也会随之增大,而黏附力则呈现先增大后减小的趋势。因此,适度老化有利于黏结强度的提高,而过度老化并不一定能提高黏结强度。短期老化后黏结强度的提高是由于黏附力和黏聚力均有所提高。而长期老化后黏结强度的下降可能是由于黏附力减小所致。上述结论均是基于现有试验结果以及现有理论得到的大胆推论,还需要大量的多尺度试验加以证明。

参考文献

[1] WANG X H, JACOBSEN S, HE J Y, et al. Application of nanoindentation testing to study of the interfacial transition zone in steel fiber reinforced mortar[J]. Cement and Concrete Research, 2009,39(8):701-715.

[2] MILLER M, BOBKO C, VANDAMME M, et al. Surface roughness criteria for cement paste nanoindentation[J]. Cement and Concrete Research, 2008,38(4): 467-476.

[3] ZHU W, BARTOS P J M. Application of depth-sensing microindentation testing to study of interfacial transition zone in reinforced concrete[J]. Cement and Concrete Research, 2000,30(8): 1299-1304.

[4] WANG X H, JACOBSEN S, LEE S F, et al. Effect of silica fume, steel fiber and ITZ on the strength and fracture behavior of mortar[J]. Materials and Structures, 2010,43(1):125-139.

[5] OLIVER W C, PHARR G M. An improved technique for determining hardness and elastic modulus using load and displacement sensing indentation experiments[J]. Journal of Materials Research, 1992,7(6):1564-1583.

[6] BAN H, KARKI P, KIM Y. Nanoindentation test integrated with numerical simulation to characterize mechanical properties of rock materials[J]. Journal of Testing and Evaluation, 2014, 42(3):787-795.

[7] VEYTSKIN Y, BOBKO C, CASTORENA C. Nanoindentation investigation of asphalt binder and mastic viscoelasticity[J]. International Journal of Pavement Engineering, 2016,17(4):363-376.

[8] ZHU W, HUGHES J J, BICANIC N, et al. Nanoindentation mapping of mechanical properties of cement paste and natural rocks[J]. Materials Characterization, 2007,58:1189-1198.

[9] MONDAL P, SHAH S P, MARKS L. A reliable technique to determine the local mechanical properties at the nanoscale for cementitious materials[J]. Cement and Concrete Research, 2007, 37(10):1440-1444.

[10] KIM J, LEE J, LEE Y, et al. Surface roughness effect in instrumented indentation: A simple contact depth model and its verificatio[J]. Journal of Materials Research, 2006,21(12):2975-2978.

[11] VELEZ K, MAXIMILIEN S, DAMIDOT D, et al. Determination by nanoindentation of elastic modulus and hardness of pure constituents of Portland cement clinker[J]. Cement and Concrete Research, 2001,31(4):555-561.

[12] GAO S, MADER E. Characterisation of interphase nanoscale property variations in glass fiber reinforced polypropylene and epoxy resin composites[J]. Composites Part A: Applied Science and Manufacturing, 2002(33):559-576.

[13] LEE S, WANG S, PHARR G M, et al. Evaluation of interphase properties in a cellulose fiber-reinforced polypropylene composite by nanoindentation and finite element analysis[J]. Composites Part A: Applied Science and Manufacturing, 2007,38(6):1517-1524.

[14] 高雪玉,杨庆生,刘志远,等.基于纳米压痕技术的碳纤维/环氧树脂复合材料各组分原位力学性能测试[J].复合材料学报,2012,29(5):209-214.

[15] 宋应登,李斌太,邢丽英.芳纶纤维/环氧树脂界面相的准静态纳米压痕研究[J].宇航材料工艺,2017,47(2):81-85.

[16] TAREFDER R, FAISAL H, SOBIEN H. Nanomechanical characterization effect of mica and aging on asphalt binder[J]. Journal of Materials in Civil Engineering, 2014,26(9):04014063.

[17] XIAO J, LI W, CORR D J, et al. Effects of interfacial transition zones on the stress-strain behavior of modeled recycled aggregate concrete[J]. Cement and Concrete Research, 2013,52: 82-99.

[18] 杨序纲.复合材料界面[M].北京:化学工业出版社,2010.

[19] 张登良.沥青路面工程手册[M].北京:人民交通出版社,2003.

[20] 严家伋.道路建筑材料[M].北京:人民交通出版社,1997.

[21] SAKULICH A R, LI V C. Nanoscale characterization of engineered cementitious composites

(ECC)[J]. Cement and Concrete Research, 2011,41(2):169-175.

[22] 陈云钢,孙振平,肖建庄.再生混凝土界面结构特点及其改善措施[J].混凝土, 2004(2): 10-13.

[23] 李立寒,张南鹭,孙大权,等.道路工程材料[M]. 5 版.北京:人民交通出版社,2010.

[24] AASHTO. Determining aspahlt binder bond strength by means of the binder bond strength (bbs) test:T361-16[S].[S.l.]:[s.n.], 2016.

[25] CANESTRARI F, CARDONE F, GRAZIANI A, et al. Adhesive and cohesive properties of asphalt-aggregate systems subjected to moisture damage[J]. Road Materials and Pavement Design, 2010,11(sup1):11-32.

[26] LV Q, HUANG W D, ZHU X Y, et al. On the investigation of self-healing behavior of bitumen and its influencing factors[J]. Materials & Design, 2017,117:7-17.

[27] YAN C, HUANG W, LV Q. Study on bond properties between RAP aggregates and virgin asphalt using Binder Bond Strength test and Fourier Transform Infrared spectroscopy[J]. Construction and Building Materials, 2014,124:1-10.

[28] AGUIAR-MOYA J P, SALAZAR-DELGADO J, BALDI-SEVILLA A, et al. Effect of aging on adhesion properties of asphalt mixtures with the use of bitumen bond strength and surface energy measurement tests[J]. Transportation Research Record: Journal of the Transportation Research Board, 2015,2505(1): 57-65.

[29] HUANG W D, LV Q, XIAO F P. Investigation of using binder bond strength test to, evaluate adhesion and self-healing properties of modified asphalt binders[J]. Construction and Building Materials, 2016,113:49-56.

[30] MASSON J F, LEBLOND V, MARGESON J. Bitumen morphologies by phase-detection atomic force microscopy[J]. Journal of Microscopy, 2010,221(1): 17-29.

[31] YU X, BURNHAM N A, TAO M. Surface microstructure of bitumen characterized by atomic force microscopy[J]. Advances in Colloid & Interface ence, 2015,218:17-33.

[32] FISCHER H R, STADLER H, ERINA N. Quantitative temperature-depending mapping of mechanical properties of bitumen at the nanoscale using the afm operated with peakforce tappingtm mode[J]. J Microsc, 2013,250(3):210-217.

[33] LYNE A L, WALLQVIST V, BIRGISSON B. Adhesive surface characteristics of bitumen binders investigated by atomic force microscopy[J]. Fuel, 2013,113:248-256.

[34] WANG M, LIU L. Investigation of microscale aging behavior of asphalt binders using atomic force microscopy[J]. Construction and Building Materials, 2017,135(15):411-419.

[35] XU M, YI J, FENG D, HUANG Y, et al. Analysis of adhesive characteristics of asphalt based on atomic force microscopy and molecular dynamics simulation [J]. Acs Applied Materials & Interfaces, 2016,8(19):12393-12403.

[36] HOFKO B, EBERHARDSTEINER L, FÜSSL J, et al. Impact of maltene and asphaltene fraction on mechanical behavior and microstructure of bitumen[J]. Material & Structures, 2015,49(3): 829-841.

[37] HOSSEINNEZHAD S, ZADSHIR M, YU X, et al. Differential effects of ultraviolet radiation and

oxidative aging on bio-modified binders[J]. Fuel, 2019,251:45-56.

[38] HENEASH U. Effect of the repeated recycling on hot mix asphalt properties[R]. University of Nottingham, 2013.

[39] ZHAO K C, WANG Y H, LI F J. Influence of ageing conditions on the chemical property changes of asphalt binders[J]. Road Materials and Pavement Design, 2019,22(3):1-29.

[40] ZAIDULLIN I M, PETROVA L M, YAKUBOV M. Variation of the composition of asphaltenes in the course of bitumen aging in the presence of antioxidants[J]. Russian Journal of Applied Chemistry, 2013,86(7):1070-1075.

[41] LESUEUR D. The colloidal structure of bitumen: consequences on the rheology and on the mechanisms of bitumen modification[J]. Advances in Colloid & Interface ence, 2009,145(1-2): 42-82.

3 沥青-集料界面分子尺度模拟研究

界面相作为复合材料的重要组成部分，它的结构与性质，以及黏结强度等因素是复合材料复合效应(1＋1＞2)形成的主要原因之一。而复合材料的破坏与失效往往也源于界面破坏与失效。作为一种典型的复合材料，沥青混合料的路用性能，尤其是抗水损坏和抵抗开裂的能力，不仅与各组成相的力学性能有关，还与沥青胶浆和集料之间的界面特性和相互作用密切相关。沥青-集料界面体系黏附理论的研究也一直是道路科研工作者致力研究、笔耕不辍的问题。随着研究的不断深入，基于黏附-剥落理论的力学理论(机械黏附理论)、化学反应理论、表面能理论、分子定向理论和静电理论等相继被提出，用以解释沥青与集料的黏附性和界面水损行为[1]。每一种理论从不同角度对沥青及集料的黏附机理给予了一定的解释，每一种理论均有其独特的作用，然而每一种理论都不能完全概括说明沥青与矿质集料间的作用机理。此外，由于试验设备和测试方法的局限性，人们对沥青-集料界面特性及水损行为的认识大多仅限于宏观层面。众所周知，材料的宏观性能与其微观结构特征密不可分。因此，为了对沥青与矿质集料界面相互作用机理和界面水损行为有一个更加清楚的认识，十分有必要从微观尺度对其进行观测和分析。

近年来，随着分子模拟方法在材料微观性能研究方面的不断发展，越来越多的学者将其应用到道路工程材料的研究中。因此，本章拟借助分子模拟手段从分子尺度的角度来研究沥青-集料界面的黏附特性和水损行为，深入理解沥青与矿质集料间的相互作用机理及沥青混合料的水损坏机理，为后续改善沥青混合料抗水损坏性能的研究提供理论基础。

3.1 分子模拟理论基础

分子动力学(Molecular Dynamic, MD)模拟，简称 MD 模拟，是基于计算机技术和理论化学而产生的一门新兴的计算机化学技术。此方法的优点是精准性高，研究不受样品制备方法和测试技术的限制，可同时获得系统的动态与热力学统计资料，可以帮助人们从微观的角度来认识物质的基本特征，是一种从分子水平对复杂体系进行研究的有效手段。MD 模拟发展至今已逾半个世纪之久，在各种体系的模拟中得到了广泛应用。本章分三部分，分别论述分子动力学的发展历史、基本理论以及分子动力学在沥青混合料界面性能研究中的应用。

3.1.1 MD 的发展历史

1957 年，Alder 和 Wainwright 率先在硬球模型下使用分子动力学方法研究了气体和液体的状态方程，开创了采用分子动力学方法研究物质宏观性质的先河。后来，人们对这一方法做了许多改进，并运用它对固体和液体做了大量研究。1964 年，Rahman 采用分子动力学系统研究了 Lennard-Jones 液体的性质，并获得了与试验结果一致的关联函数和扩散系数，这是分子动力学模拟方法上的一项突破性工作。1969 年，Verlet 提出了关于牛顿运动方程求解的 Verlet 算法，进一步推动了分子动力学的发展。1971 年，Rahman 和 Stillinger 首次把分子动力学应用到更复杂的体系中。1972 年，Less 和 Edward 等发展了微正则系综，并扩展了存在速度梯度的非正则系综。1980 年，Anderson 首先建立了正则系综的分子动力学方法，之后一些关于非平衡体系的分子动力学方法相继出现，使得非平衡体系分子动力学研究成为可能。随着非平衡体系分子动力学的建立，人们开始把分子动力学应用于表面问题的研究。1983 年，Gillan 等将分子动力学方法推广到具有温度梯度的非平衡体系，从而构造并形成了非平衡分子动力学方法体系。1984 年，Nose 和 Hoover 发展了恒温分子动力学算法。此后，分子动力学方法真正成为材料科学领域的一个重要方法。1985 年，Car 和 Parrinello 成功将密度泛函理论和分子动力学有机地结合起来，并提出 CP 方法，即第一性原理分子动力学方法。同一年，Rahman 等比较完整地报道了 Lennard-Jones 体系的薄膜生长的分子动力学模拟，随后，对这一体系的薄膜外延生长问题进行了较为详细的研究。1991 年，Cagin 和 Pettitt 进一步提出了适用于处理吸附问题的巨正则系综分子动力学方法。表 3-1 列出了分子动力学方法发展的主要历程。

表 3-1　　分子动力学方法的发展历程[2]

年份	研究者	内容
1957	Alder，Wainwright	刚性球体 MD
1964	Rahman	质点系 MD
1971	Rahman，Stillinger	刚性体系 MD
1972	Less，Edward	平衡体系 MD
1980	Anderson	正则系综 MD
1983	Gillan，Dixon	非平衡体系 MD
1984	Nose，Hoover	恒温 MD
1985	Car，Parrinello	第一性原理 MD
1991	Cagin，Pettit	巨正则系综 MD

近年来，随着计算机技术的迅速发展、计算科学研究的不断深入以及更为精确的原子间相互作用势的建立，分子动力学模拟方法成为材料计算机设计研究中的一种强有力的工具，并被广泛用于研究静态、非晶态、液态和许多其他复杂体系的结构和物性。2013 年度诺贝尔化学奖更是授予分子动力学模拟开拓者之一——Martin Karplus。

3.1.2 基本原理

根据 Born-Oppenheimer 近似(即将电子的运动和原子核的运动之间的耦合忽略),将电子的运动与原子核的运动分开处理,电子的运动用量子力学的方法进行描述,而原子核的运动用经典动力学方法处理。此时将体系中原子看成一个个可以用牛顿力学来描述其运动行为的质心,分子动力学的核心就在于求解原子的牛顿方程,即求解体系内每个粒子的运动方程,得到 N 个粒子在不同时刻的位置和速度。然后,根据统计物理规律,结合微观量(分子的坐标、速度)与宏观可观测量(如温度、压力、比热容等)的关系来研究材料性能。

建立在牛顿力学基础上,使用经验势函数来表达粒子间相互作用的分子动力学方法,被称为经典分子动力学方法(Classical MD)。经典分子动力学由于使用经验势函数,不能研究电子结构,不能得到成键性质。随着计算机性能的不断发展,越来越多的现代分子动力学方法被开发和使用。现代分子动力学方法主要指从头计算分子动力学方法(AB-Initio Molecular Dynamics)或称基于第一性原理(First Principle Theory)的分子动力学方法。此类方法不依赖于经验势函数,原子所受力是通过从头算起(第一性原理)方法得到的。本节主要介绍经典分子动力学的基本思想和相关概念。

分子动力计算中的体系为含有 N 个分子或原子的运动系统,系统的能量为系统中分子的动能与系统总势能之和,分子的总势能为分子中各原子位置的函数 $U(r_1, r_1, \cdots, r_n)$。依据经典力学,系统中任一原子 i 所受力为势能的梯度:

$$\boldsymbol{F}_i = -\nabla_i U = -\left(\boldsymbol{i}\frac{\partial}{\partial x_i} + \boldsymbol{j}\frac{\partial}{\partial y_i} + \boldsymbol{k}\frac{\partial}{\partial z_i}\right) \tag{3-1}$$

依次,由牛顿运动定律可得 i 原子的加速度为

$$\boldsymbol{a}_i = \frac{\boldsymbol{F}_i}{m_i} \tag{3-2}$$

$$\boldsymbol{a}_i = \frac{\mathrm{d}}{\mathrm{d}t}\boldsymbol{v}_i = \frac{\mathrm{d}^2}{\mathrm{d}t^2}\boldsymbol{r}_i \tag{3-3}$$

将牛顿运动定律方程式对时间积分,可预测 i 原子经过时间 t 后的速度与位置。

$$\boldsymbol{v}_i = \boldsymbol{v}_i^0 + \boldsymbol{a}_i t \tag{3-4}$$

$$\boldsymbol{r}_i = \boldsymbol{r}_i^0 + \boldsymbol{v}_i^0 t + \frac{1}{2}\boldsymbol{a}_i t^2 \tag{3-5}$$

式中,$\boldsymbol{v}$ 和 $\boldsymbol{r}$ 分别为粒子的速度与位置,带有上标“0”的为初始值。

分子动力学计算的基本原理即牛顿运动定律。先由系统中各分子位置计算系统的势能,再由式(3-1)和式(3-2)计算系统中各粒子所受的力和加速度,然后在式(3-3)—式(3-5)中令 $t=\delta t$,δt 表示一非常短的时间间隔,则可计算得到经过 δt 后各分子的位置和速度。重复上述步骤,由新的位置计算系统的势能,计算各原子所受的力及加速

度，预测再经过 δt 后各粒子的位置及速度，如此反复循环，可得到各时间下系统中分子运动的位置(运动轨迹)、速度及加速度等。

3.1.3 力场

经典 MD 是从分子力学(Molecular Mechanic, MM)发展而来的，因此它是在分子力场下进行模拟的。力场是分子动力学模拟中一个十分重要的概念，它是使用经典力学进行分子动力学模拟的基石。力场是原子分子尺度上的一种势能场，它描述着分子中原子的拓扑结构和运动特征。如前所述，要计算分子、原子所受力、速度等微观量，首先需要得到该粒子的总势能，因此，分子力场的作用和重要性不言而喻。

到目前为止，人们已经发展了多种分子力场。力场应具备的三大要素为力场的原子类型、力场的能量表达(势函数)及力场参数。

1. 力场的原子类型

力场的原子类型用于识别和标志具有不同键接方式及化学环境的原子(元素)，隐含原子质量、部分电荷(或形式电荷)、杂化类型、化学环境等信息。不同力场定义的原子力场类型各不相同，有简单的也有复杂的。

2. 力场的能量表达

力场的能量表达是力场的主要组成部分，即用一定的数学公式表达不同类型原子间存在的相互作用。由于数学公式是“唯象”的，牺牲了物理意义本身，所以不论采用什么样的数学公式计算都是对能量的近似，从而也就在不同力场中出现了有简有繁的不同的能量表达形式。无论公式形式如何，任何力场都将能量表达为两个主要作用：价键作用和非键作用。力场越精确越复杂，其包含的能量项就越多，能量的表达形式就越复杂，计算量也就越大。

目前，力场能量较为简单的表达形式往往包括键伸缩项 (U_r)、键角弯曲项(U_α)、二面角扭转项(U_θ)、范德瓦尔斯作用项(U_{vdW}) 和 Coulombic 静电作用项 (U_q)：

$$U = U_r + U_\alpha + U_\theta + U_{VdW} + U_q \tag{3-6}$$

各类型势能项的运动示意、常见势能曲线和势能表达式如表 3-2 所列。

表 3-2　常见力场作用项

作用项	示意图	势能曲线	势能表达式
键伸缩项 U_r		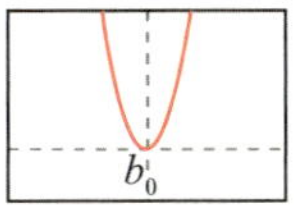	$\sum_i^{\text{bonds}} K_{b,i}(b_i - b_{0,i})^2$
键角弯曲项 U_α	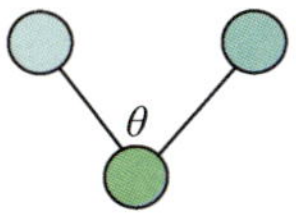	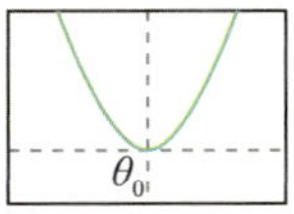	$\sum_i^{\text{bond angles}} K_{\theta,i}(\theta_i - \theta_{0,i})^2$

（续表）

作用项	示意图	势能曲线	势能表达式
二面角扭转项 U_θ	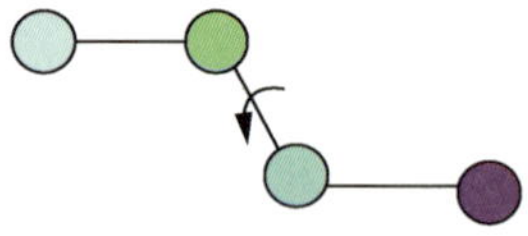	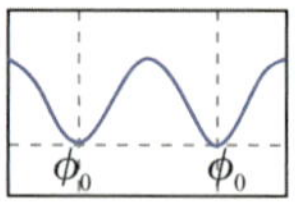	$\sum_{i}^{\text{torsion angles}} K_{\phi,i}\{1-\cos[n_i(\phi_i-\phi_{0,i})]\}$
范德瓦尔斯作用项 U_{vdW}		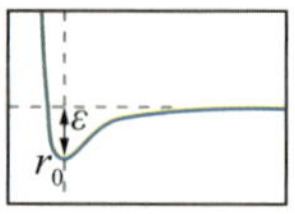	$\sum_{\text{pairs}:i,j}\left[\varepsilon_{ij}\left(\frac{r_{0,ij}}{r_{ij}}\right)^{12}-2\varepsilon_{ij}\left(\frac{r_{0,ij}}{r_{ij}}\right)^{6}\right]$
Coulombic 静电作用项 U_q		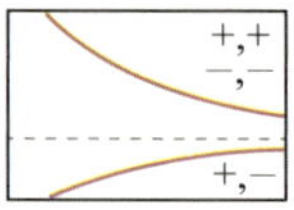	$\sum_{\text{pairs}:i,j}\left(\frac{q_iq_i}{r_{ij}}\right)$

由表 3-2 可见，分子力场包含势能函数的形式和待定参数。由于势能函数以及早先的参数优化方法都是经验性的，所以分子力场亦称为经验力场，即分子力场不存在真正正确的形式。当然，如果一种函数形式表现得比另一种形式好，只能说明这种形式更可取。

3. 力场参数

力场参数是与能量表达密不可分的公式中的参数，如力参数、参考键长、键角、原子碰撞直径等，这些参数绝大多数都有明确的物理意义，可以通过试验数据拟合及量子力学计算等方法进行参数化而得。不同力场由于势函数不同，相应的力场参数亦不同。

最常见的分子力场可分为三大类：第一代力场、第二代力场和通用力场。

第一代力场主要包括：AMBER 力场、CHARMM 力场、MMX 力场和 CVFF 力场，其最初的参数化主要基于试验结果。

第二代力场主要包括：CFF 力场、MMFF94 力场和 COMPASS(COMPASS Ⅱ)力场。第二代力场的函数表达形式比第一代力场更加复杂，并且其力场参数普遍采用了量子化学的计算结果。

通用力场主要包括：Dreiding 力场、ESFF 力场和 UFF 力场，一般均具有很好的可移植性，且适用范围较广。但由于它们在预测精度上还存在一些问题，因此并未得到广泛的应用。

不同力场各有其优点与适用范围，在进行分子力学或分子动力计算时，选择适当的力场极为重要，这往往决定了计算结果的优劣。

3.1.4 数值算法

如前所述，分子动力学模拟的核心是求解如式(3-3)—式(3-5)所示的牛顿运动方程式，以计算速度和位置。而对于多粒子体系，牛顿运动方程很难得到解析解，因此在分子动力学模拟中常使用基于有限差分思想的数值算法。有限差分的基本思想是将积分分成若干小步，每一小步的时间固定为 δt，在时间 t 时刻，作用在每个粒子的力的总和等于它与其他所有粒子的相互作用力的矢量和。根据此力，计算得到该粒子的加速度，结合 t 时刻的位置和速度，可以得到 $(t+\delta t)$ 时刻的位置和速度。依次类推，得到不同时刻的位置和速度。当前，用于求解牛顿运动方程的数值算法有 Verlet 算法、Leap-frog 算法、速度 Verlet 算法、Gear 预测-校正算法（Predictor-Corrector Method）和 Beeman 算法等。下面介绍几种常用的方法。

1. Verlet 算法

1967 年，由 Verlet 所发展的数值解法是分子动力学模拟中最重要的一类算法。这种算法运用 t 时刻的位置和速度及 $(t-\delta t)$ 时刻的位置，计算出 $(t+\delta t)$ 时刻的位置 $r(t+\delta t)$。

Verlet 将粒子的位置以 Taylor 级数展开，即

$$r_i(t+\delta t)=r_i(t)+\frac{\mathrm{d}}{\mathrm{d}t}r_i(t)\delta t+\frac{1}{2!}\frac{\mathrm{d}^2}{\mathrm{d}x^2}r_i(t)(\delta t)^2+\cdots \tag{3-7}$$

$$r_i(t-\delta t)=r_i(t)-\frac{\mathrm{d}}{\mathrm{d}t}r_i(t)\delta t+\frac{1}{2!}\frac{\mathrm{d}^2}{\mathrm{d}x^2}r_i(t)(\delta t)^2-\cdots \tag{3-8}$$

将式(3-7)与式(3-8)相加得

$$r_i(t+\delta t)=2r_i(t)-r_i(t-\delta t)+\frac{\mathrm{d}^2}{\mathrm{d}t^2}r_i(t)(\delta t)^2 \tag{3-9}$$

由牛顿运动定律 $a(t)=\frac{\mathrm{d}^2}{\mathrm{d}x^2}r_i(t)$，再结合式(3-9)，可根据 t 时刻及 $(t-\delta t)$ 时刻的位置来预测 $(t+\delta t)$ 时刻的位置。将式(3-7)与式(3-8)相减得到速度项，即：

$$v_i(t)=\frac{\mathrm{d}r_i(t)}{\mathrm{d}t}=\frac{1}{2\delta t}[r_i(t+\delta t)-r_i(t-\delta t)] \tag{3-10}$$

2. Leap-frog 算法

Hocknev 在 1970 年提出了 Leap-frog 算法，也被称为“蛙跳”算法。此方法计算速度和位置的表达式分别为

$$v_i\left(t+\frac{1}{2}\delta t\right)=v_i\left(t-\frac{1}{2}\delta t\right)+\frac{\mathrm{d}^2}{\mathrm{d}t^2}r_i(t)\delta t \tag{3-11}$$

$$r_i(t+\delta t)=r_i(t)+v_i\left(t+\frac{1}{2}\delta t\right)\delta t \tag{3-12}$$

假设已知 $v_i\left(t-\frac{1}{2}\delta t\right)$ 和 $r_i(t)$，则由式(3-11) 可计算得到$\left(t+\frac{1}{2}\delta t\right)$ 时刻的速度 $v_i(t+\frac{1}{2}\delta t)$。依次类推，时间 t 时刻的速度可由式(3-13)计算得到，即：

$$v_i(t)=\frac{1}{2}\left[v_i\left(t+\frac{1}{2}\delta t\right)+v_i\left(t-\frac{1}{2}\delta t\right)\right] \tag{3-13}$$

Leap-frog 算法相比 Verlet 算法有两个优点：它包括显速度项，并且计算量稍小。但它也有明显的缺陷：计算得到的位置与速度不是同步的，这意味着在位置一定时，Leap-frog 算法不可能同时计算动能对总能量的贡献。

3. Gear 预测-校正算法

预测-校正算法的基本思想来源于运动粒子的位移随时间的 Taylor 展开，一般分为一阶方程和二阶方程预测-校正算法。Gear 对预测-校正算法的校正因子进行了详细讨论，因此该方法又称 Gear 法，具体分为三步。

第一步，根据 Taylor 展开式，即按照以下方程，预测新的位置、速度与加速度：

$$\left.\begin{aligned}
r_i^p(t+\delta t)&=r_i(t)+v_i(t)(\delta t)+\frac{1}{2}a_i(t)(\delta t)^2+\frac{1}{6}b_i(t)(\delta t)^3+\cdots\\
v_i^p(t+\delta t)&=v_i(t)+a_i(t)(\delta t)+\frac{1}{2}b_i(t)(\delta t)^2+\cdots\\
a_i^p(t+\delta t)&=a_i(t)+b_i(t)(\delta t)+\cdots\\
b_i^p(t+\delta t)&=b_i(t)+\cdots
\end{aligned}\right\} \tag{3-14}$$

第二步，根据新预测得到 $r_i^p(t+\delta t)$ 的位置来计算$(t+\delta t)$时刻的力 $F(t+\delta t)$，然后计算加速度 $a_i^c(t+\delta t)$。计算得到的加速度再与由 Taylor 展开式预测的加速度 $a_i^p(t+\delta t)$ 进行比较。二者之差在校正步用来校正位置和速度项。通过这种校正方法可以估算预测的加速度误差为

$$\Delta a_i(t+\delta t)=a_i^c(t+\delta t)-a_i^p(t+\delta t) \tag{3-15}$$

第三步，假定预测得到的量与校正后的量的差很小，则它们互相近似成正比，以式(3-15)为依据，可得到各量的校正式为

$$\left.\begin{aligned} r_i^c(t+\delta t) &= r_i^p(t+\delta t)+c_0\Delta a_i(t+\delta t) \\ v_i^c(t+\delta t) &= v_i^p(t+\delta t)+c_1\Delta a_i(t+\delta t) \\ a_i^c(t+\delta t) &= a_i^p(t+\delta t)+c_2\Delta a_i(t+\delta t) \\ b_i^c(t+\delta t) &= b_i^p(t+\delta t)+c_3\Delta a_i(t+\delta t) \end{aligned}\right\} \tag{3-16}$$

式中，c_0，c_1，c_2，c_3 均为常数。以上各式为 Gear 的一次预测-校正法，亦可以将此计算法扩展至更高次的校正法。

4. 其他算法

Swope 在 1982 年提出了速度 Verlet 算法，该算法可以同时给出位置、速度和加速度，并且不牺牲精度。此外，Beeman 提出了与 Verlet 算法相关的 Beeman 算法，该算法运用了更精确的速度表达式。Beeman 算法可应用 3～4 倍于 Verlet 法的积分步长，而具有相同的精度，但由于其算法较复杂，所以计算量较大。

3.1.5 统计系综

系综(ensemble)是指在一定的宏观条件下，大量性质和结构完全相同的、处于各种运动状态的各自独立的系统的集合。系综概念是在 1901 年由吉布斯创立的，最初是统计力学的一个概念，是在用统计力学方法描述热力学系统的统计性规律时引入的基本概念。分子动力学的研究对象是多粒子体系，但由于受到计算机计算能力的限制，系统的粒子数目不能过多，但统计物理的规律依然成立，因此计算模拟的多粒子体系用统计物理的规律来描述。在分子动力学中，系统的一切统计特性基本都是以系综为起点推导得到的。分子动力学模拟常用到的系综有以下几种。

1. 正则系综(canonical ensemble, NVT)

正则系综，又称宏观正则系综，NVT 系综，是分子动力学方法模拟处理的典型代表。正则系综是一个粒子数(N)、体积(V)、温度(T) 和总能量守恒的系综。

2. 微正则系统(micro-cononical ensemble, NVE)

微正则系综是孤立的、保守系统的统计系综。在分子动力学模拟的过程中，系统的粒子数 (N)、体积(V) 及总能量(E) 保持不变。

3. 等温等压系综(isothermal-isobaric ensemble, NpT)

等温等压系综，即 NpT 系综，就是系统处于等温、等压的外部环境下的系综。在这种系综下，体系的粒子数(N)、压强(p) 及温度(T) 都保持不变，但其系统能量(E) 和系统体积可能存在起伏。这种系综是最常见的系综，许多分子动力学模拟都要在这个系综下进行。

4. 巨正则系综(grand canonical ensemble, μVT)

巨正则系综表示具有确定的温度 (T)、体积(V) 和化学势(μ)。系统能量(E)、压强(p) 和粒子数(N) 会在某一平均值附近有一起伏。体系是一个开放系统，系统不仅同热源有能量交换，而且可以同粒子源有粒子的交换。

实际应用中，不同的体系需要选取适当的系综，例如正则系综适用于研究定温定容且无分子数目变化的问题。系综如同统计学中的样本，样本数目越多，统计结果越佳。组成系综的系统，系综越大，所含的分子数目越多，误差越小，统计结果越佳。

3.1.6 边界条件

分子动力学模拟时，由于计算机计算能力的限制和实际问题的要求，目前只能对有限数目的粒子进行计算，这个数目相比宏观系统的粒子数显然要少得多。分子数有限带来的尺度效应通常通过选取合适的边界条件来解决。这些边界条件大致可以分为周期性边界条件与非周期性边界条件。

1. 周期性边界条件

在分子动力学模拟较大的系统时，为了消除表面效应或边界效应，使计算中系统的密度维持恒定，通常会采用周期性边界条件。以二维计算系统为例，如图 3-1 所示，图中位于中央的盒子表示所模拟的系统，其周围的盒子与模拟系统具有相同的排列及运动。所谓周期性边界条件，就是当计算系统中任一粒子移出盒外，则必有一粒子由相对的方向移入。这样的限制条件使得系统中的粒子数维持恒定，密度不变，符合实际要求。引入周期性边界条件后，就可以构造出一个准无限大的体积来代表宏观系统。

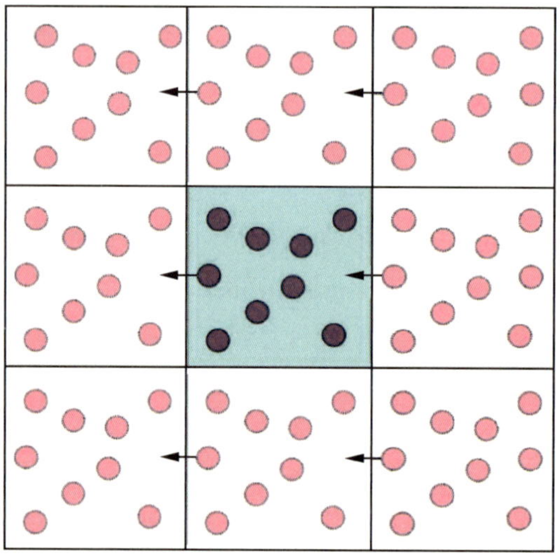

图 3-1　二维周期性系统中粒子的排列与移动

2. 非周期性边界条件

非周期性边界条件一般有自由边界、固定边界和柔性边界等边界条件。自由边界条件通常用于大型的自由分子的模拟。固定边界条件是指在所有要计算的粒子晶胞之外还要包上基层结构相同的位置固定不变的粒子，包层的厚度必须大于粒子间相互作用力的力程范围。包层部分代表了对粒子运动起作用的宏观晶体的那一部分。这种边界条件常用于对点缺陷性质的研究。柔性边界条件比固定边界条件更接近实际。它允许边界上的粒子有微小的移动，以反映内层粒子的作用力施加到它们身上时的情况。在模拟缺陷延伸的情况（如位错运动）时，常使用柔性边界条件。

3.1.7 模拟流程

分子动力学计算的基本步骤：

（1）初始位置。确定时间步长，并为系统内的粒子设置初始状态，即模拟起始时刻粒子的位置和速度。时间步长一般取 0.5～5 fs。

（2）根据确定的粒子间势函数（力场），计算粒子所受的作用力 F。

（3）求解运动方程，得到下一时刻的粒子构型（位置和速度）。

（4）若系统没有达到平衡或者没有达到开始进行统计平均的步数，则需要返回步骤（2）。

（5）达到平衡后统计所需要的各种热力学性质和结构性质，转步骤（2），如此循环直至到达结束标志。

分子动力学模拟计算的一般流程如图 3-2 所示。

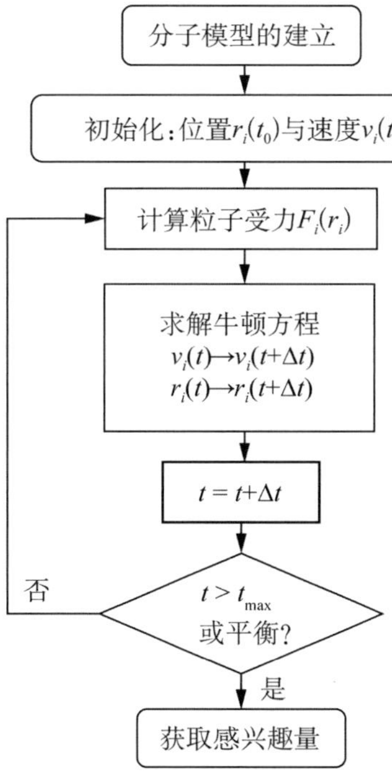

图 3-2 分子动力学模拟计算的基本流程

3.2 沥青-集料界面分子模型构建

沥青-集料界面分子模型的构建包括了沥青材料分子模型的选择与构建、矿质集料分子模型的选择与构建以及界面模型的构建。

3.2.1 常用沥青分子模型

沥青材料作为一种化学组成和化学结构十分复杂的材料，想要认识其真实的化学组成结构仍存在许多困难[3-5]。因此，在沥青材料分子模型建立的时候，想要详尽了解沥青材料的分子结构和形态几乎是不可能的。目前，对沥青材料化学组成结构的表征一般采用两种方式：一是平均分子结构，它是通过元素分析与分子量分析得到的平均分子式，主要结合核磁共振波谱、红外光谱等手段分析得到；二是组分分子结构，它是采用组分分析方法，即将沥青中物理和化学特征相近似的化合物集中为一个组分的分离方法，把沥青分离为几个组分，常用的有三组分法和四组分法，然后对每个组分进行分子组成和结构的分析。

3.2.1.1 平均分子模型

沥青材料作为一种十分复杂的烃类和非烃类的混合物，它并不存在平均分子结构。然而，从实用角度出发，正是由于沥青分子结构的复杂性才使得人们不得已用一些简单的平均结构来近似表达沥青结构，至少这样可以方便地看出不同沥青结构上的差异[4]。平均分子结构组成的概念最早是 H. I. Waterman 采用折光率-密度-分子量(n-d-M)法研究润滑油的分子结构时提出的。早年，SHRP 采用类似方法通过对常用几种沥青材料的平均分子量、元素组成及官能团等的分析，建立了常用沥青的平均分子结构[6]，如图 3-3 所示。近年来，在采用 MD 模拟研究沥青材料时，有部分学者也直接采用了 SHRP 的研究成果来建立沥青材料的分子模型。

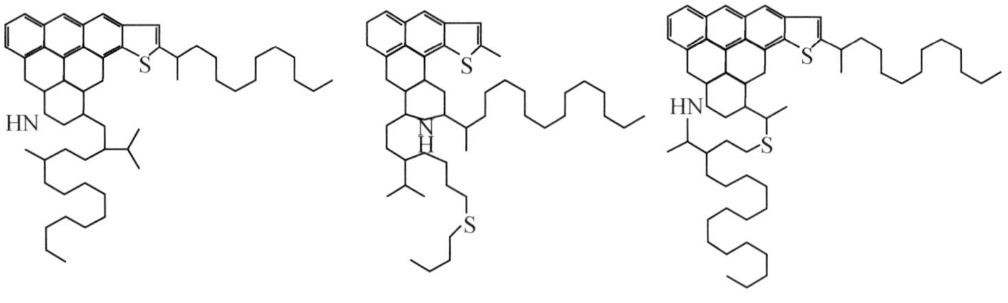

(a) AAA-1　　(b) AAK-1　　(c) AAD-1

图 3-3　SHRP 沥青平均分子结构

3.2.1.2 组分分子模型

常用的组分分子模型有三组分分子模型和四组分分子模型。

1. 三组分分子模型

三组分分子模型将沥青材料分为沥青质、树脂和油分(饱和分)三个组成部分。L. Zhang等[7,8]率先采用三组分分子模型构建了沥青材料分子模型，采用正二十二烷和1,7-二甲基萘分别代表饱和分及树脂，选用前人研究得到的两种沥青质分子代替沥青质[9,10]，如图3-4和表3-3所示。根据室内组分分析与碳氢元素比例得到三组分的比例分别是20%(沥青质)、20%(树脂)和60%(饱和分)。采用蒙特卡洛模拟方法构建了沥青材料分子模型，对其进行MD模拟以获得稳定构象。此后，一些学者借鉴L. Zhang的研究成果，采用该三组分分子模型对沥青材料进行了研究[11]。

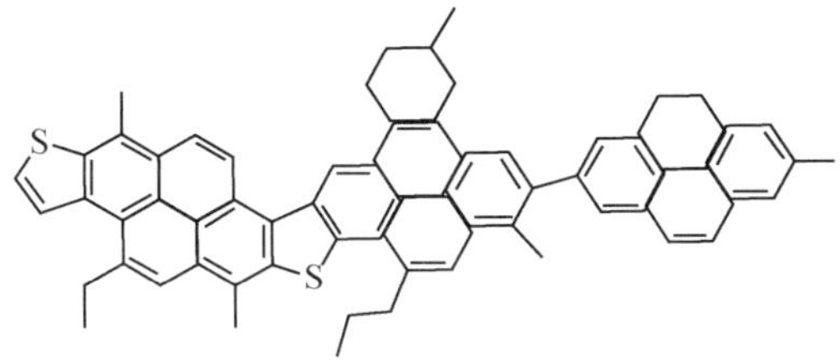

(a) 沥青质-1

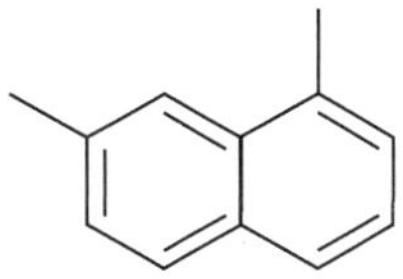

(b) 树脂

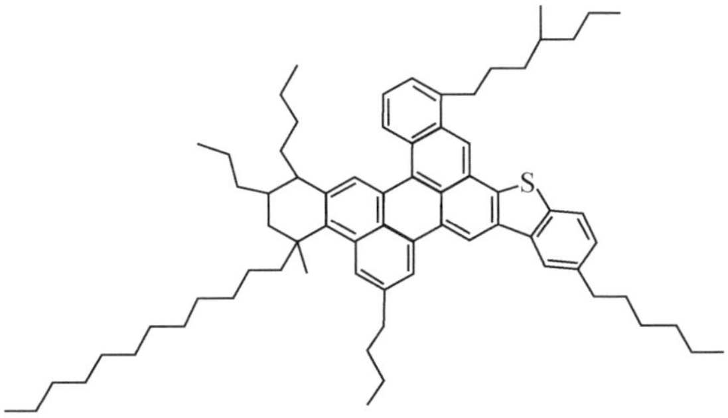

(c) 沥青质-2

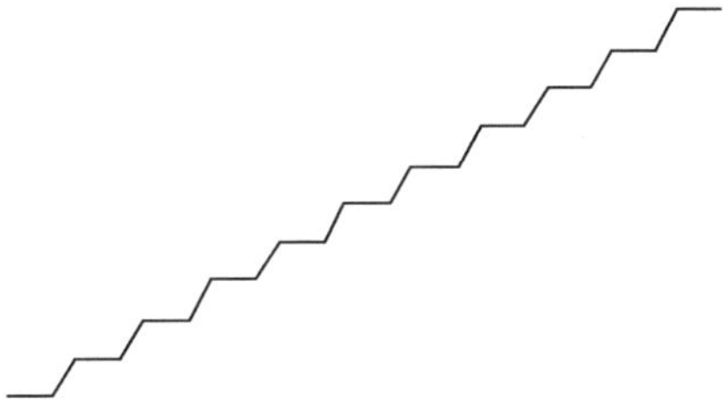

(d) 饱和分

图 3-4　三组分沥青分子模型

表 3-3　　三组分沥青分子模型

SARA组分		分子式	摩尔质量/(g·mol^{-1})	分子个数(质量比例)	
				模型-1	模型-2
饱和分		$C_{22}H_{46}$	310.6	41(59.6%)	45(59.1%)
树脂		$C_{12}H_{12}$	156.22	27(19.7%)	30(19.8%)
沥青质	沥青质-1	$C_{64}H_{52}S_2$	885.23	5(20.7%)	0(0)
	沥青质-2	$C_{72}H_{98}S$	995.636	0(0)	5(21.1%)

2. 四组分分子模型

四组分分子模型将沥青材料分为沥青质、饱和分、环烷芳香分和极性芳香分(科尔贝特)或沥青质、饱和分、胶质和芳香分(壳牌)。近年来,随着研究的不断深入,许多学者基于沥青材料四组分分析结果,提出了不同的四组分分子模型。

J. S. Hansen 等[12]提出了图 3-5 所示四组分分子模型。随后,G. Wu[13, 14]在该四组分分子模型的基础上,研究了四组分在石英表面的吸附特性。

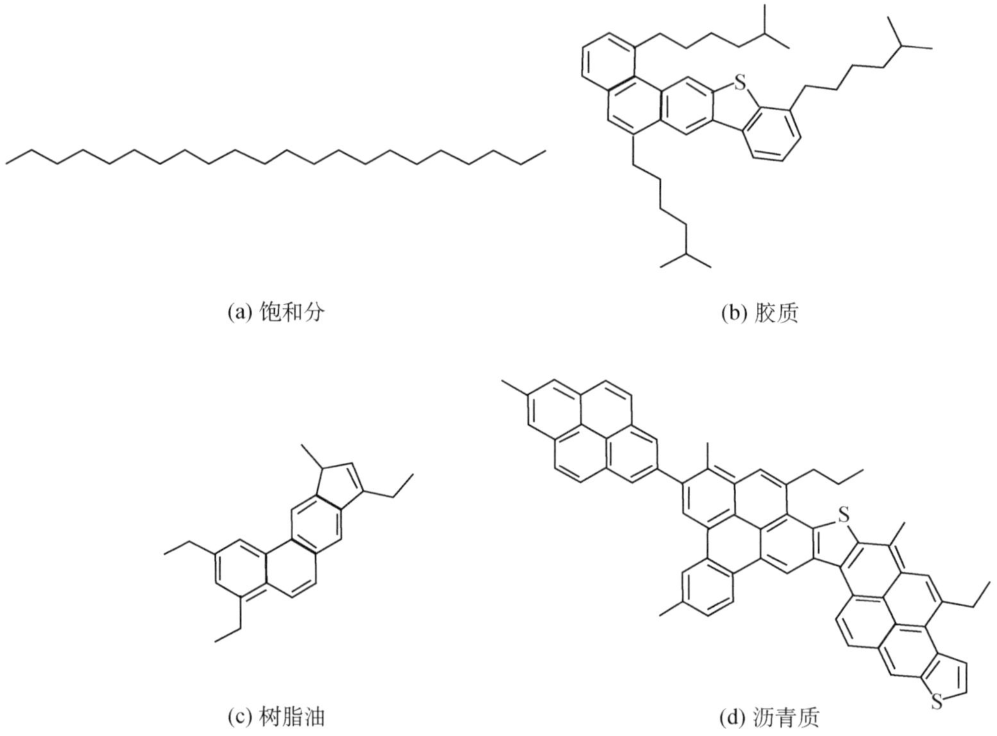

(a) 饱和分　(b) 胶质　(c) 树脂油　(d) 沥青质

图 3-5　四组分分子模型[12]

为了提高沥青分子模型的适用性,D. D. Li 和 M. L. Greenfield[15]提出了如图 3-6 所示的四组分分子模型,其中每个组分由不止一个分子表示。沥青质分子选用沥青质-噻吩(Asphaltene-thiophene)、沥青质-苯酚(Asphaltene-phenol)、沥青质-吡咯(Asphaltene-pyrrole)三种分子替代;饱和分用异三十烷(Squalane)和藿烷(Hopane)表征;环烷芳香分由全氢菲萘(Prhydrophenanthrene-naphthalene, PHPN)和二辛基环己烷萘(Dioctyl-cyclohexane-naphthalene, DOCHN)两种分子构成;极性芳香分由喹啉藿(Quinolinohopane)、硫代物(Thio-isorenieratane)、苯并噻吩(Benzobisbenzothiophene)、吡啶藿(Pyridinohopane)和三甲基苯烷(Trimethylbenzene-oxane)五种分子构成。该模型中各组分分子的比例参照室内试验得到的四组分比例及元素比例来确定。D. D. Li 和 M. L. Greenfield[15]给出了 SHRP 的 AAA-1,AAK-1 及 AAM-1 沥青各分子比例,详见表 3-4 与表 3-5。

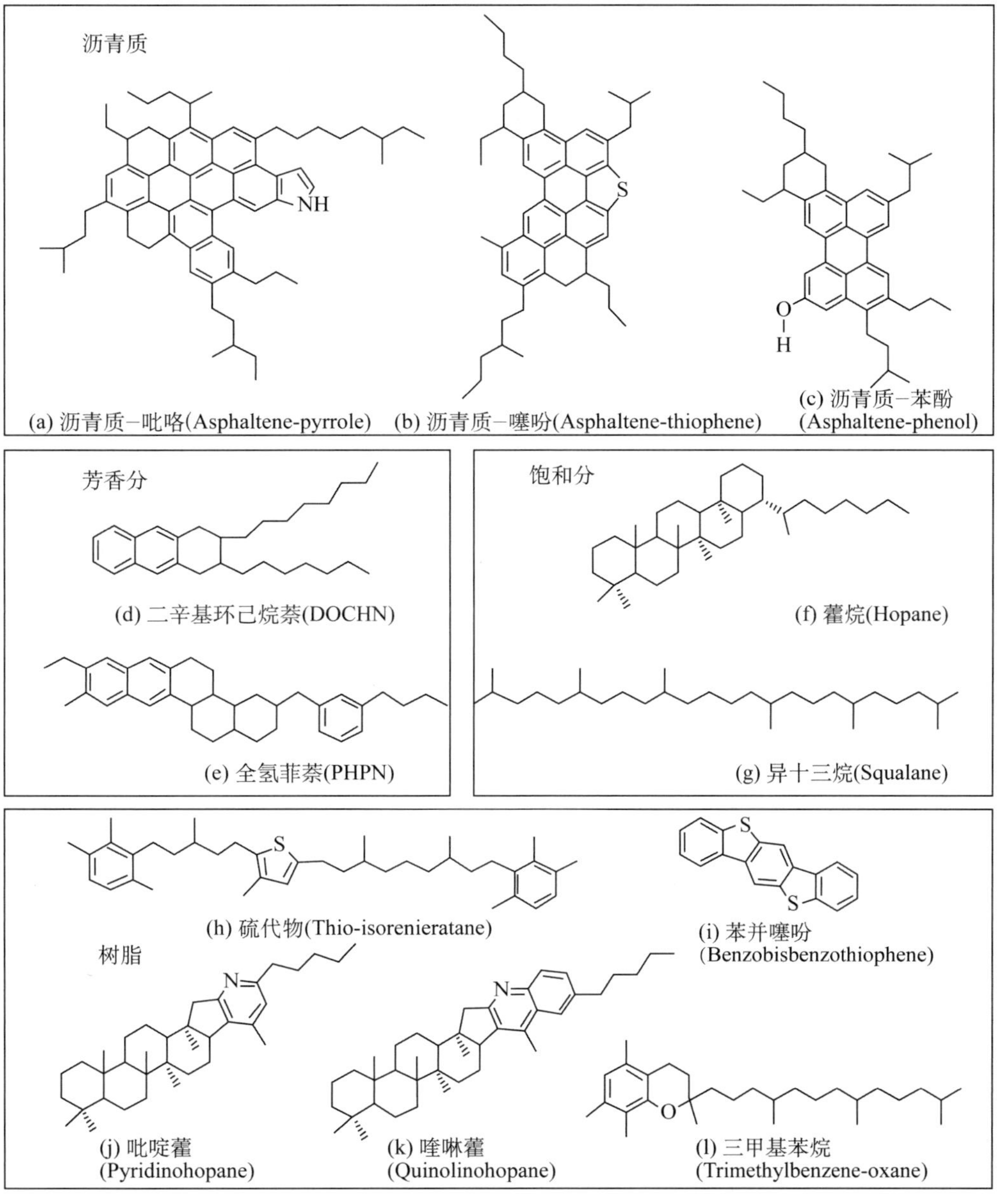

图 3-6　沥青材料十二分子模型分子结构

表 3-4　　　　十二分子四组分沥青分子模型

SARA 组分	分子	分子式	摩尔质量/(g·mol^{-1})	模型中分子个数		
				AAA-1	AAK-1	AAM-1
饱和分	Squalane	$C_{30}H_{62}$	422.9	4	2	1
	Hopane	$C_{35}H_{62}$	483.0	4	2	1

（续表）

SARA组分	分子	分子式	摩尔质量/(g·mol^{-1})	模型中分子个数		
				AAA-1	AAK-1	AAM-1
芳香分	PHPN	$C_{35}H_{44}$	464.8	11	10	20
	DOCHN	$C_{30}H_{46}$	406.8	13	10	21
胶质	Quinolinohopane	$C_{40}H_{59}N$	554.0	4	4	10
	Thio-isorenieratane	$C_{40}H_{60}S$	573.1	4	4	10
	Trimethylbenzeneoxane	$C_{29}H_{50}O$	414.8	5	4	10
	Pyridinohopane	$C_{36}H_{57}N$	530.9	4	4	10
	Benzobisbenzothiophene	$C_{18}H_{10}S_2$	290.4	15	12	4
沥青质	Phenol	$C_{42}H_{54}O$	575	3	3	1
	Pyrrole	$C_{66}H_{81}N$	888.5	2	2	1
	Thiophene	$C_{51}H_{62}S$	707.2	3	3	1

表 3-5　四组分分子模型各组分比例

模型①		沥青质/%	芳香分/%	胶质/%	饱和分/%
AAA-1	模型	16.5	38.1	30.6	10.7
	试验结果	16.2	37.3	31.8	10.6
AAK-1	模型	19.6	40.7	30.4	6.3
	试验结果	20.1	41.8	30.0	5.1
AAM-1	模型	5.1	49.9	41.1	2.1
	试验结果	4.0	50.3	41.9	1.9

注：①试验结果来自 I. V. Jones 等的研究成果[16]。

国内哈尔滨工业大学董泽蛟等学者在对沥青材料四组分分析的基础上，结合现有研究工作，选用 16 种代表性分子结构作为沥青分子模型的输入参数，构建了沥青材料分子模型，并对模型进行了验证[17, 18]。

3.2.1.3　老化沥青分子模型

沥青老化是沥青路面耐久性下降的主要内因，研究老化问题也一直被看作是提高沥青路面耐久性的关键所在。国内外学者在沥青材料老化方面也进行了长足的研究，并取得了一定的研究进展和成果。一般认为，沥青老化是一种不可逆的过程，其结果导致了沥青材料物理化学性质的改变，组织结构的衰退，最终引起性能丧失。目前认为，沥青老化的原因和形式主要有：

(1) 轻质组分的挥发。随着老化进程的加剧，沥青内部轻质油分逐渐挥发，各组分所占比重发生改变，沥青胶体结构发生转变，油分减小，胶质和沥青质增多。

(2) 氧化作用。沥青与氧气接触导致沥青内部不饱和组分被氧化，P. R. Herrington 和 J. Petersen 研究发现道路沥青氧化反应主要发生在羧基和亚砜基官能团[19, 20]。

(3) 光老化。紫外光加速光化学反应，切断沥青材料内部组分的高分子链段，即紫外老化。

(4) 气温变化的影响。气温骤变引起沥青材料内部结构的变化，从而影响着沥青材料的老化速率。

综上所述，沥青老化也就是沥青材料在光、热、氧等因素作用下产生的分子结构和胶体结构的变化。

基于上述研究，当前用于 MD 模拟的老化沥青材料分子模型主要从以下两种思路出发来构建模型：一是改变沥青材料的胶体结构，通过 SARA 组分分离试验得到老化后各组分的比例以进行建模[21]；二是改变沥青材料的分子模型，如前所述，沥青老化主要是羧基和亚砜基团的生成，如图 3-7 所示，在建模时，通过改变基质沥青各组分模型中相应的基团来构建老化沥青模型[22]。

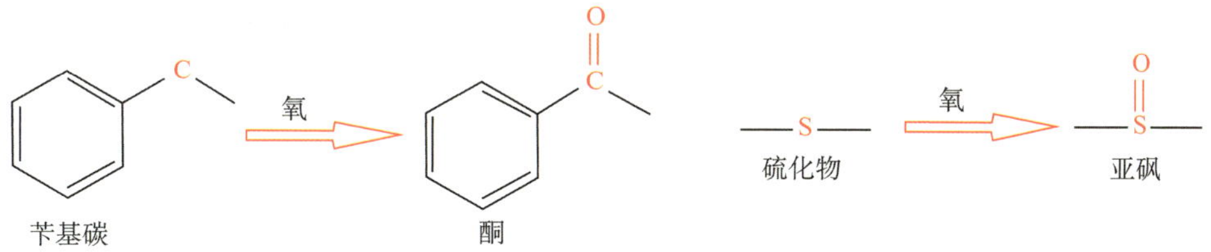

(a) 羧基的形成　　　　(b) 亚砜的形成

图 3-7　沥青材料氧化主要反应及产物

3.2.2　沥青分子模型构建与检验

3.2.2.1　基质沥青分子模型构建与检验

借鉴 D. D. Li 和 M. L. Greenfield[15] 提出的四组分分子模型（十二分子），以表 3-4中的分子比例来构建 SHRP AAA-1 型沥青材料模型。采用 Compass Ⅱ 力场，对模型进行如图 3-8 所示的动力学平衡过程。采用平衡态模型计算十二分子沥青材料的模型密度、玻璃化转变温度、内聚能密度等参数，通过与试验结果及其他学者模拟结果进行对比，从而对分子模型及 Compass Ⅱ 力场的准确性进行验证。

图 3-9 给出了 AAA-1 沥青模型尺寸及密度随模拟时间的变化过程，从图中可以看出，当模拟时长达到 500 ps 时，模型尺寸及密度趋于平缓。为了判断 500 ps 后密度结果是否趋于稳定，对 500 ps 后的密度数据进行增广迪基-富勒(Augmented Dickey-Fuller，ADF)稳定性检验，检验结果见表 3-6。从表 3-6 中可以看出，t 统计量小于 1% 水平临界检验值，即检验数据在 99% 置信区间趋于稳定。因此，对 500 ps 后的密度数据取平均值作为 AAA-1 沥青模型的密度模拟结果。

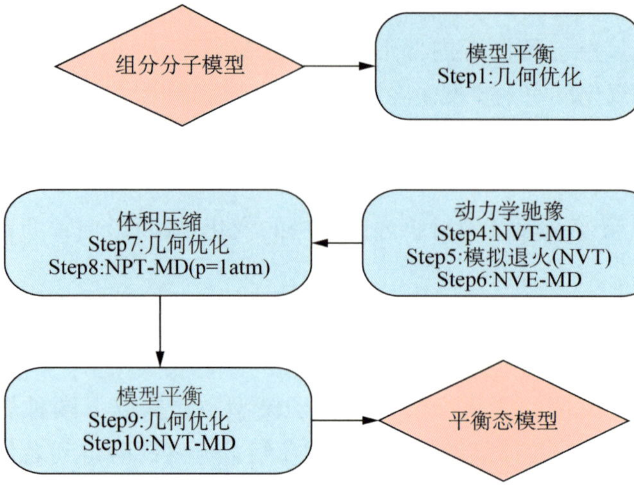

图 3-8 沥青模型动力学平衡流程

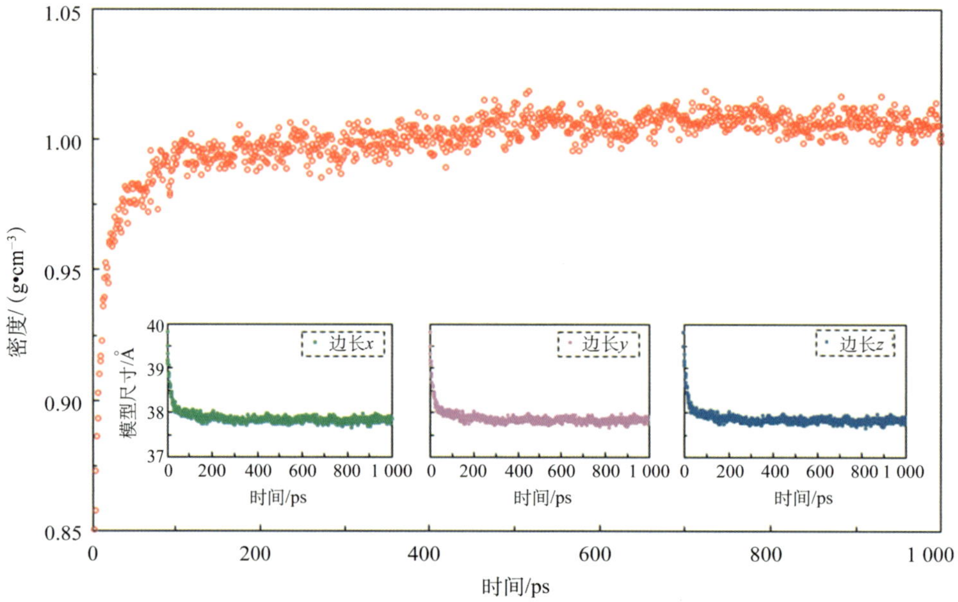

图 3-9 AAA-1 基质沥青模型尺寸和密度随模拟时间变化曲线(298.15K)

表 3-6 ADF 稳定性检验结果

检验临界值			t 统计量
1%水平	5%水平	10%水平	−10.59128
−3.443254	−2.867124	−2.569806	

图 3-10 给出了 AAA-1 沥青模型在不同温度下比体积 ($V_{specific}=1/\rho$) 的计算结果。

玻璃化转变温度作为非晶态高分子材料固有的性质，直接影响到材料的各项性能。分子动力学模拟中常以材料性质（密度、比体积等）随温度变化来计算材料的玻璃化转变温度。对图 3-10 中数据进一步分析可求得 AAA-1 沥青分子模型玻璃化转变温度，计算结果见表 3-7。

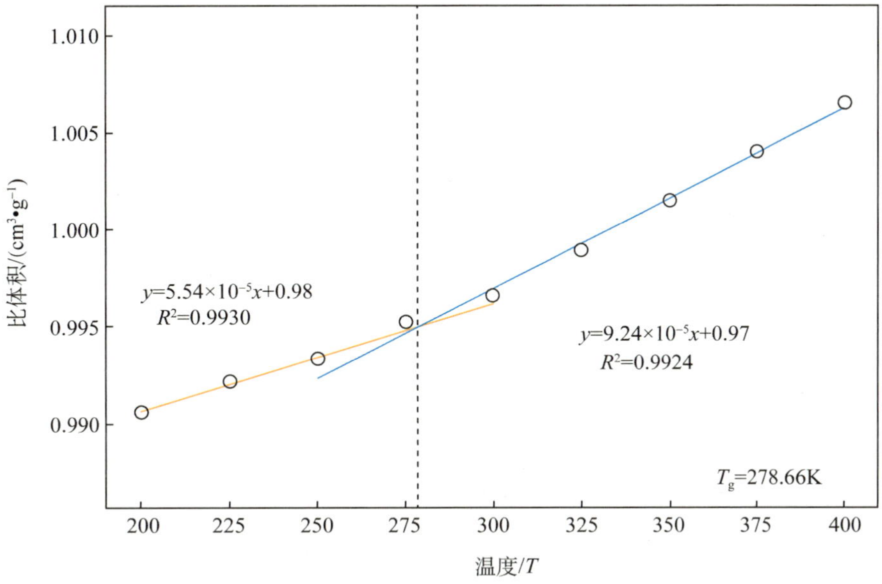

图 3-10　AAA-1 沥青模型比体积随温度变化曲线

除密度、玻璃化转变温度以外，本章还计算了沥青分子模型的内聚能密度和溶解度参数指标。内聚能定义为克服分子间作用力，将单位液体或固体分子移动到其分子间力作用范围之外所需要的能量。内聚能密度（Cohesive Energy Density，CED）表示单位体积的内聚能，CED 反映了体系内分子间作用力的大小。溶解度参数（Solubility parameter，S_p）是衡量高分子材料相容性的一项物理常数，其物理意义是材料内聚能密度的开方值。内聚能密度及溶解度参数计算公式如式（3-17）、式（3-18）及式（3-19）所示。

$$E_{coh} = -\langle E_{inter} \rangle = \langle E_{intra} \rangle - \langle E_{total} \rangle \tag{3-17}$$

$$CED = \frac{E_{coh}}{V} \tag{3-18}$$

$$S_p = \sqrt{CED} \tag{3-19}$$

式中　E_{coh}—— 内聚能；

E_{inter}—— 分子间作用能；

E_{intra}—— 分子内作用能；

E_{total}—— 体系总作用能；

V—— 模型体积。

表 3-7 列出了 AAA-1 沥青材料模型基本性质计算结果与其他学者试验及模拟结果对照。从表中可以看出，本书模拟结果与其他学者获得的参考结果具有较好的一致性。换言之，该十二分子模型及 Compass Ⅱ 力场可用于 AAA-1 沥青材料的模拟。

表 3-7　AAA-1 沥青分子模型基本性质

性能	模拟结果	参考值
密度(298.15K)/($g \cdot cm^{-3}$)	1.007	1.01～1.04[23]，0.997[24]，1.003[25]
T_g /K	278.66	248.56[26]，298.15～358.15[7]，300[27]
CED/($10^8 J \cdot m^{-3}$)	3.31	3.32[25]
S_p/[$(J/cm^{-3})^{-0.5}$]	18.19	N/A

注：T_g 为玻璃化转变温度，CED 为内聚能密度，S_p 为溶解度参数。

3.2.2.2　老化沥青分子模型构建与检验

如前所述，沥青老化即沥青材料在光、热、氧等因素作用下所产生的分子结构和胶体结构变化。当前用于 MD 模拟的老化沥青材料分子模型主要通过改变沥青材料分子模型或 SARA 组分组成进行建模。J. Pan 等[22]在十二分子沥青材料模型的基础上，给出了老化沥青分子模型，如图 3-11 所示，并以此模型研究了老化对沥青密度、黏度及体积模量等性能的影响。G. Xu 和 H. Wang[25]采用该老化模型研究了沥青老化对沥青材料愈合行为及抗水损坏行为的影响。本书在研究沥青老化对界面性能的影响时采用该十二分子老化模型，模型中各分子的数量比例与表 3-5 中一致，四组分所占比例如表 3-8所列。

表 3-8　AAA-1 基质与老化沥青四组分所占比例

模型	质量比例/%			
	沥青质	胶质	芳香分	饱和分
基质沥青	16.5	38.1	30.6	10.7
老化沥青	17.7	39.6	32.4	10.3

为了验证该老化沥青分子模型的合理性，采用前述计算方法计算了老化沥青的密度，计算结果见图 3-12。从图中可以看出该老化沥青模型密度略高于基质沥青。计算结果(1.039 g/cm^3)与试验结果及其他学者的模拟结果(1.05 g/cm^3)具有较好的一致性[25]。

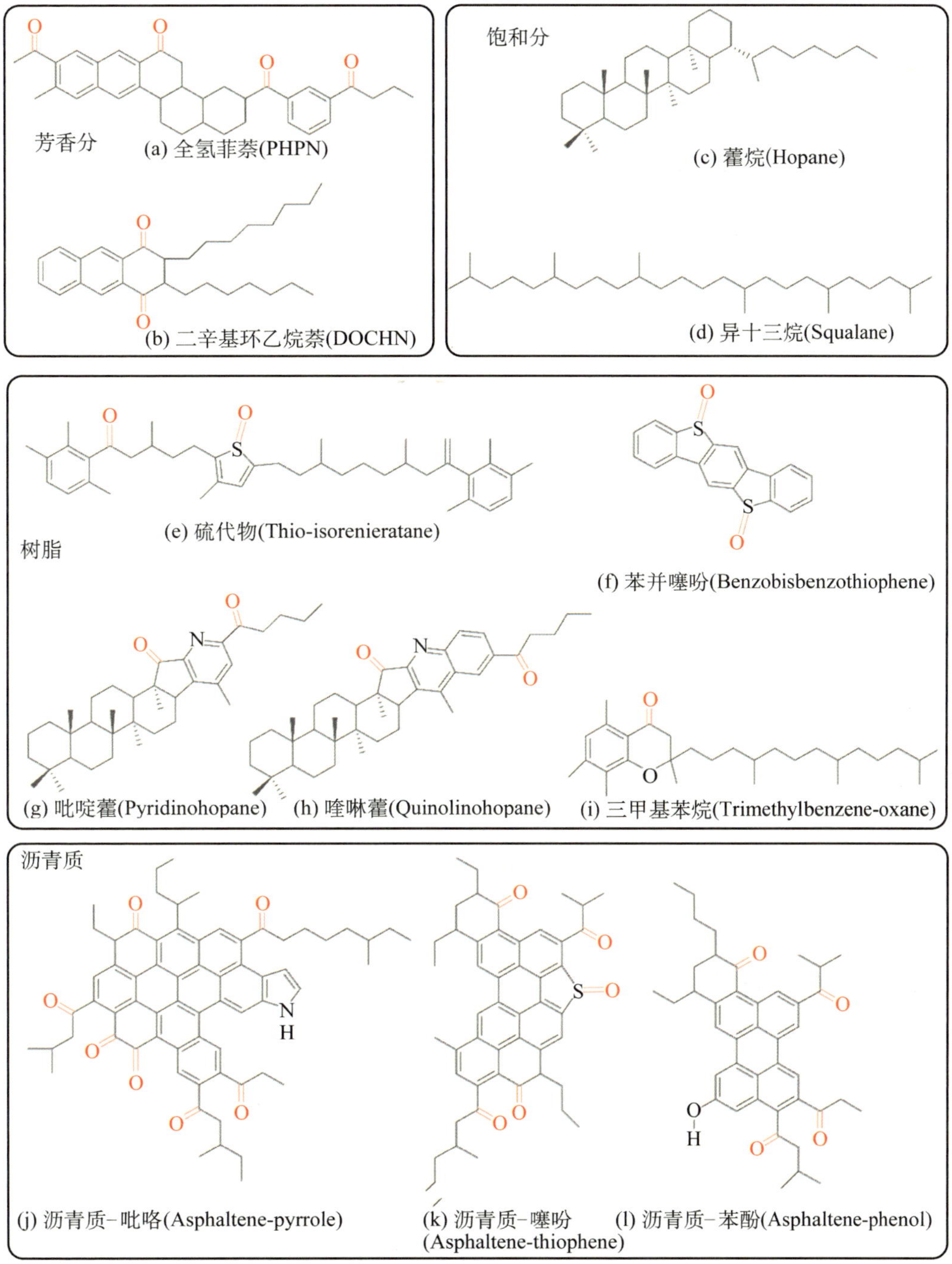

图 3-11　老化沥青材料十二分子模型分子结构

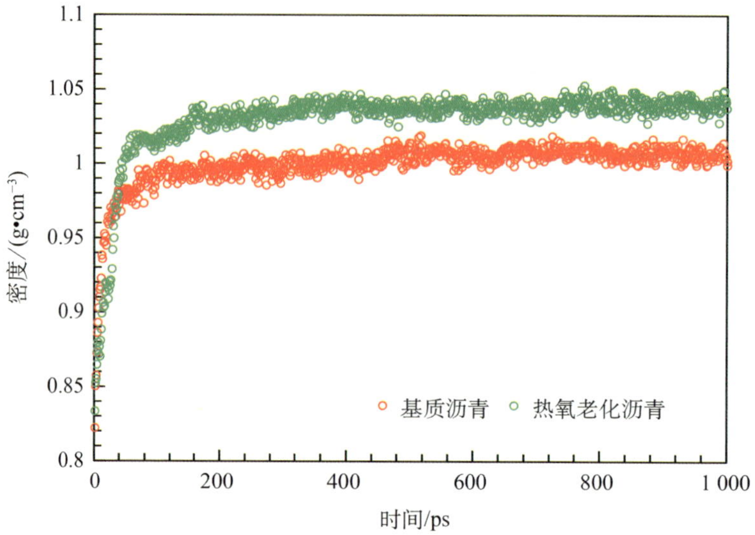

图 3-12 AAA-1 基质沥青与老化沥青分子模型密度曲线

3.2.3 矿质集料模型

与沥青材料相似,矿质集料也是一种化学组成较为复杂的混合物,其主要的化学组成成分有 SiO_2, CaO, Fe_2O_3, Al_2O_3, MgO,以及少量的 MnO, SO_3 等[5]。H. Ozkahrama[28]利用X射线荧光光谱对十余种集料的化学成分分析结果表明,常见矿质集料中各化学成分含量依次为 SiO_2, CaO, Al_2O_3, MgO, Na_2O, K_2O,其余含量较少,可忽略不计。鉴于分子动力学模拟难以构建各化学组成的混合模型,因此,在采用MD模拟建立矿质集料模型时,多采用单一矿物模型(石英、方解石等),或以矿质集料主要化学组成 SiO_2 或 CaO 等单一分子模型来表征集料。

3.2.3.1 集料表面模型构建

如前所述,常用矿质集料的化学组成主要为 SiO_2, CaO 等。因此,本小节以 α-石英晶胞构建矿质集料模型为例,介绍建模的基本流程。

1. 石英晶胞模型

晶胞是晶体结构中最小的重复单元。首先,根据 α-石英晶体晶格常数(lattice constant)($a=b=4.921$, $c=5.409$, $\alpha=\beta=90°$, $\gamma=120°$)构建 α-石英晶胞,如图 3-13(a)所示(亦可从 Material Studio 软件结构库中导入获得)。

2. 晶胞表面模型

为了研究沥青材料与集料界面的相互作用,需构建矿质集料表面模型。在研究晶体表面时通常选取解理面(cleavage plane)进行研究,这是因为解理面往往是矿物晶体结构的最低能量晶面。α-石英构象十分复杂,研究报道有 500 余种。α-石英并没有最

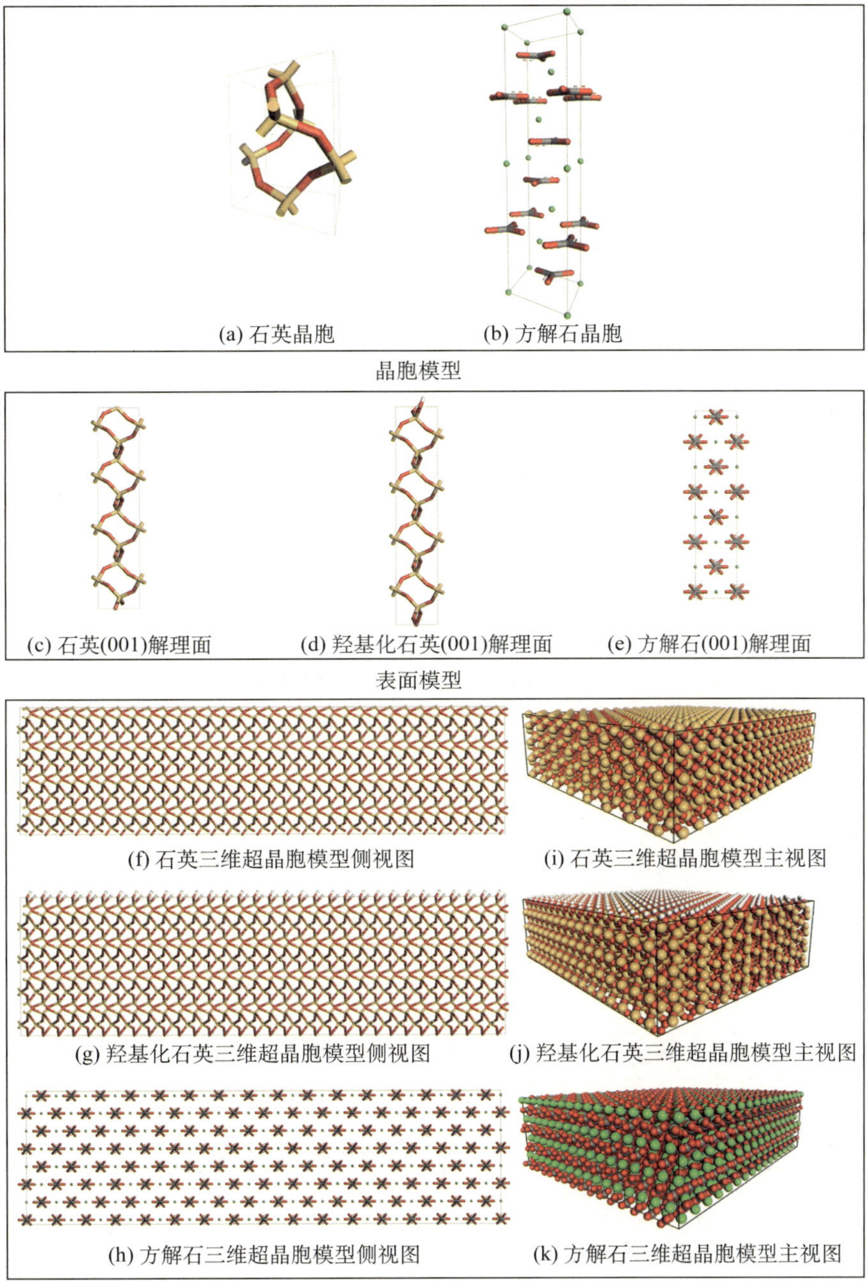

超晶胞表面模型

图 3-13　矿质集料建模

优解理面，只存在一些较优解理面，如$\{10\bar{1}1\}$，$\{01\bar{1}1\}$，$\{11\bar{2}2\}$，$\{0001\}$，$\{11\bar{2}1\}$及$\{51\bar{6}1\}$[29]。N. H. De Leeuw 等[30]研究表明$\{0001\}$解理面在石英矿物中出现得较多，为此，本节采用$\{0001\}$晶面来构建石英集料的表面模型。

采用 Material Studio 8.0 软件中 Cleave 工具切割石英晶胞产生(001)晶面。通过设置 Fractional thickness 控制模型所需厚度。随后在 Compass Ⅱ 力场下对表面模型进行能量最小化以优化表面结构,优化后的结构如图 3-13(c)所示。石英解理面暴露在空气中时,表面的不饱和原子由于与氧、水等的接触会发生羟基化反应。因此,在石英表面模型构建过程中,需对表面进行羟基化处理(不饱和硅原子加—OH,氧原子加—H),处理后的石英如图 3-13(d)所示。

3. 超晶胞模型

在上述晶胞表面模型的基础上,采用 Material Studio 8.0 软件中 Build > Supercell 工具沿 x 和 y 方向重复表面模型直至研究所需的模型尺寸,随后在模型表面添加厚度为零的真空层,将二维表面模型转化为三维周期性拓扑结构,如图 3-13(i),(j),(k)所示。Lammps 程序包同样支持简单晶体结构建模。在获取晶格常数及原子分布后,可采用 lammps 程序包进行 α-SiO_2 建模。

4. 其他集料模型

本书中集料模型主要以石英模型为主,在研究界面微观特性的相关章节中,对其他化学组成的集料模型也进行了研究,其他模型晶体结构晶格常数见表 3-9。

表 3-9　六种集料模型晶体结构晶格常数

氧化物	晶格常数					
	边长/Å①			角度/(°)		
	a	b	c	α	β	γ
SiO_2	4.921	4.921	5.409	90	90	120
Al_2O_3	4.759	4.759	12.991	90	90	120
CaO	4.8105	4.8105	4.8105	90	90	90
MgO	4.212	4.212	4.212	90	90	90
Fe_2O_3	5.0350	5.0350	13.7200	90	90	120
Na_2O	5.550	5.550	5.550	90	90	90
Calcite($CaCO_3$)	4.988	4.988	17.061	90	90	120

注:1 Å=10^{-10} m。

3.2.3.2　集料表面粗糙结构建模

众所周知,实际同质固体表面在微观上是粗糙的。关于表面粗糙结构的表征及其对材料性能影响的研究经历了一个较长的历程。1936 年,Wenzel 创造性地提出了"粗糙度因子(roughness factor)"的概念。Wenzel 以实际接触面积($S_{actual\_surface}$)与表观几何接触面积($S_{geometric\_surface}$)的比值来表征固体表面微结构的粗糙度,如式(3-20)所示:

$$\gamma = \frac{S_{actual\_surface}}{S_{geometric\_surface}} \tag{3-20}$$

在研究集料表面粗糙结构对沥青集料界面黏附特性的影响时，采用 Wenzel 粗糙度表达式对表面粗糙结构的粗糙度进行表征。拟构建具有不同粗糙度和微结构的表面粗糙结构。选取条纹状（groove）、网格状（grid）和分散凸台状（pillar）三种微结构进行研究，三种结构的示意图见图 3-14。

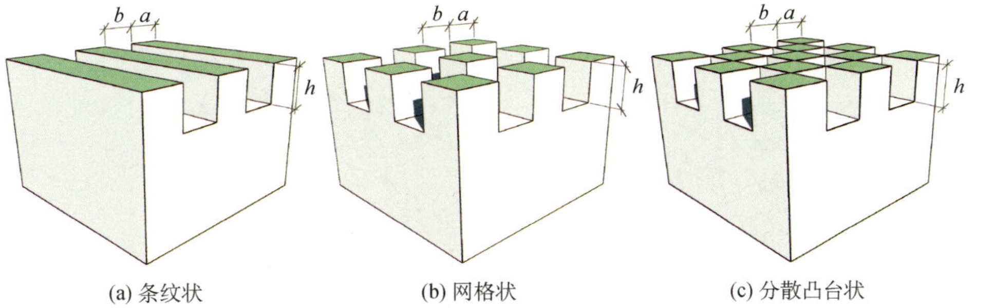

图 3-14　表面微结构示意

三种表面微结构粗糙度计算公式如式(3-21)—式(3-23)所示，式中各参数见图 3-14。

$$\gamma_{\text{groove}} = 1 + \frac{2h}{(a+b)} \tag{3-21}$$

$$\gamma_{\text{grids}} = 1 + \frac{4h}{(a+b)} \tag{3-22}$$

$$\gamma_{\text{pillars}} = 1 + \frac{4bh}{(a+b)^2} \tag{3-23}$$

本书采用 Material Studio 8.0 软件及 Lammps 程序，通过删除特定区域的原子来建立具有不同表面微结构和粗糙度的石英集料表面模型，三种粗糙构造集料模型如图 3-15所示。

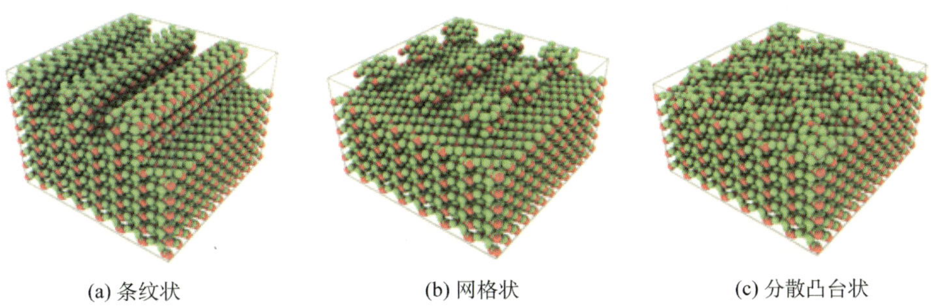

图 3-15　三种粗糙构造集料模型（模型中红色为硅原子，绿色为氧原子）

3.2.4　沥青-集料界面模型

在前述章节沥青与集料表面模型建模的基础上，采用 Material Studio 8.0 软件中的 Build layers 工具构建如图 3-16 所示包含沥青材料层和矿质集料层的沥青-集料界面模型。亦可采用 Lammps 程序包编写程序来建立该模型。

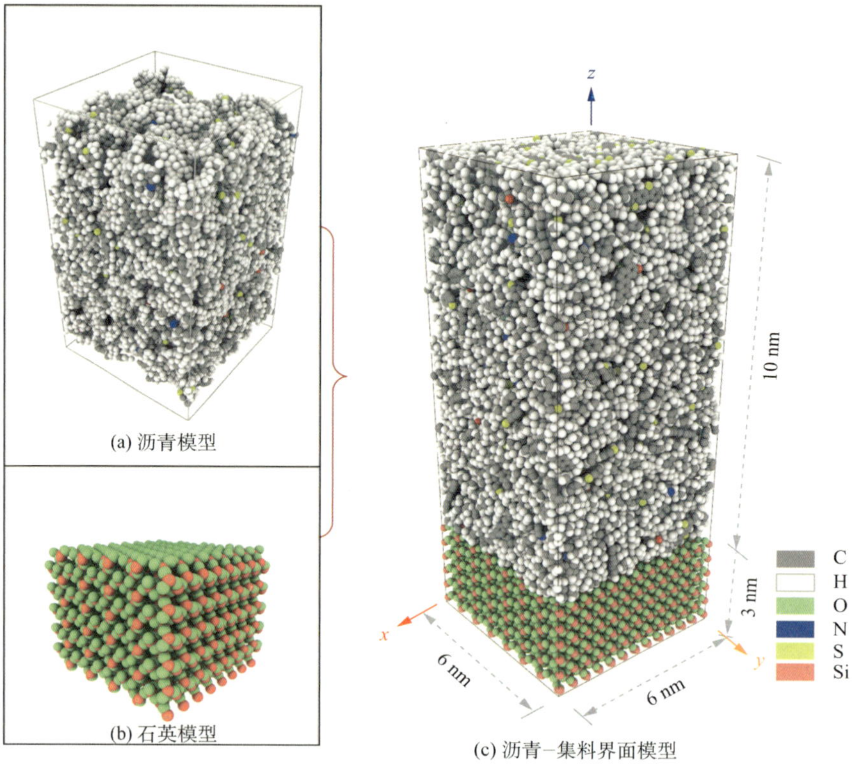

图 3-16　沥青-集料界面模型

3.3　沥青-集料界面黏附行为

分子动力学模拟为从微观尺度认识沥青-集料界面作用提供了一条有力途径。本节主要采用分子动力学来研究沥青-集料界面的微观特性。通过计算沥青与集料间的结合能(binding energy)来表征沥青分子与矿质集料间的相互作用。采用均方位移与扩散系数来表征沥青分子在集料表面吸附运动的特征。

3.3.1　界面黏附行为表征方法

本小节拟采用分子动力学模拟来研究沥青-集料界面的微观特性,分别从能量角度和分子运动角度对界面相互作用中的吸附和扩散行为进行研究。

3.3.1.1　结合能与黏附功

沥青分子与集料间的相互作用可采用结合能进行定量表征,其计算式如式(3-

24)所示：

$$E_{\text{bind}} = -E_{\text{inter}} = -[E_{\text{total}} - (E_{\text{asphalt}} + E_{\text{aggregate}})] \tag{3-24}$$

式中 E_{bind}—— 沥青与集料界面的结合能；

E_{inter}—— 沥青与集料间的相互作用能，当其值为负值时表示引力，正值表示斥力，绝对值越大，作用力越强；

E_{total}—— 沥青-集料模型完全弛豫后的总自由能；

E_{asphalt}—— 沥青模型完全弛豫后的自由能；

$E_{\text{aggregate}}$—— 集料模型完全弛豫后的自由能。

对于界面而言，黏附功可以定义为分离 α 和 β 两相之间的界面生成两个自由表面时，所需要的单位面积上的可逆功，即

$$W_{\alpha\beta} = (E_{\alpha} + E_{\beta} - E_{\alpha\beta})/A \tag{3-25}$$

式中 E_{α}，E_{β}—— 完全弛豫后 α 相和 β 相的能量；

$E_{\alpha\beta}$—— 两相界面模型的总能；

A—— 界面的面积。

也就是说，沥青与集料界面的黏附功可表述为

$$W_{\text{adhesion}} = \frac{E_{\text{bind}}}{A} \tag{3-26}$$

3.3.1.2 分子运动特征

分子动力学计算系统中的原子由起始位置不停移动，每一瞬间各原子的位置皆不相同。分子动力学以均方位移记录分子的运动轨迹，其定义为粒子位移平方的均值(Mean Square Displacement，MSD)，计算公式如下：

$$MSD = \langle | \vec{r}(t) - \vec{r}(0) |^2 \rangle \tag{3-27}$$

式中，〈…〉表示对系综进行平均，或称为对模拟时间进行平均。

根据 Einstein 扩散模型：

$$D = \lim_{i=1} \frac{1}{6Nt} \left\langle \sum_{i=1}^{N} | \boldsymbol{r}_i(t) - \boldsymbol{r}_i(0) |^2 \right\rangle \tag{3-28}$$

式中 $\boldsymbol{r}_i(t)$——t 时刻粒子 i 的位置；

t—— 运动时间；

D—— 分子扩散系数(diffusion coefficient)。

则可由均方位移得到分子扩散系数为

$$D = \frac{1}{6} \lim_{t \to \infty} \frac{\mathrm{d}MSD}{\mathrm{d}t} \tag{3-29}$$

式中的微分近似用 MSD 对时间微分的比率来代替，也就是 MSD 随时间变化曲线的斜率 a，单位为 $Å^2/\mathrm{ps}$ 或 $10^{-4}\mathrm{cm}^2/\mathrm{s}$。所以，扩散速率计算公式可以简化为

$$D = \frac{a}{6} \tag{3-30}$$

本节拟采用均方位移和扩散系数来表征沥青分子在集料表面的运动特征。

3.3.2 模拟细节

本节研究沥青-集料界面行为均采用平衡态动力学模拟。为此，首先应对所研究模型进行动力学弛豫以获得平衡态模型。参照本书 3.2.4 节的建模方法建立界面模型后，首先借助 Material Studio 8.0 软件中的 Forcite 模块 Smart 算法对模型进行几何优化，从而获得较低势能结构。随后，在 Compass Ⅱ 力场下采用较小步长(0.5 fs)对模型进行 200 ps NVT 系综动力学弛豫。在分子动力学模拟中主要通过模拟体系的能量变化范围、温度变化情况以及密度值大小，从而判断模拟体系是否已达到平衡态。一般来说，在平衡态动力学模拟中，温度和能量的波动范围要控制在 5%～10%。为此，对模型进行多次较小步长的动力学平衡以确保体系达平衡态。图 3-17 给出了沥青-集料界面

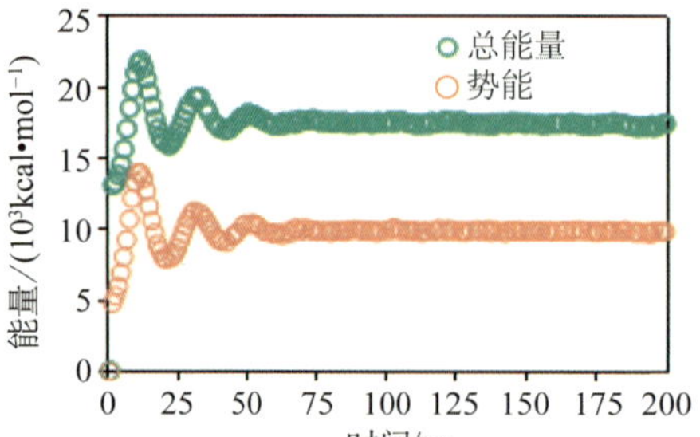

(a) 体系总能量与势能的变化趋势

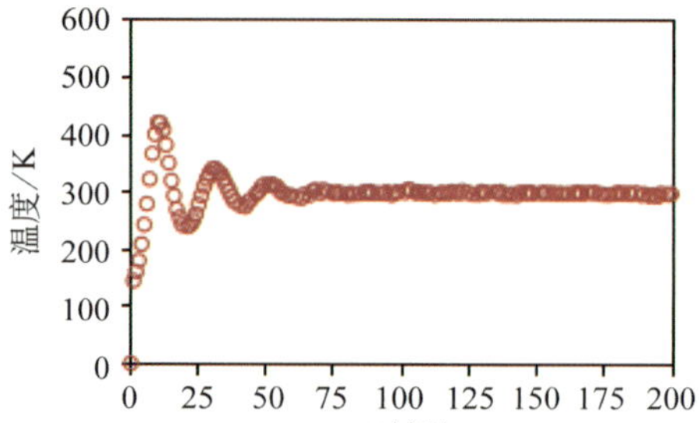

(b) 温度的变化趋势

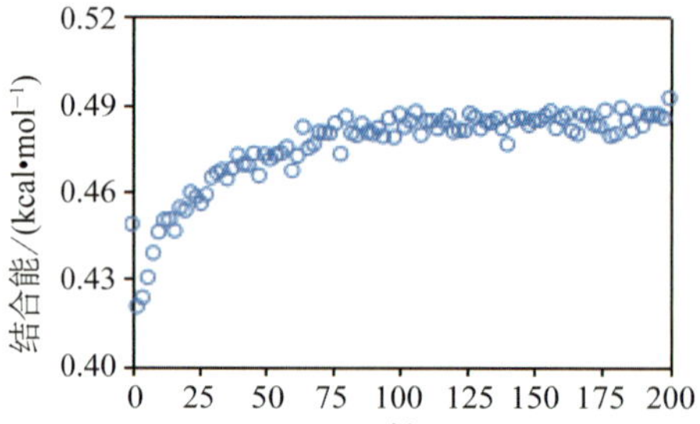

(c) 界面结合能的变化趋势

图 3-17　动力学模拟过程中界面模型各热力学指标变化趋势

(注：1 kcal=4 185.85182085 J)

模型动力学平衡过程中总能量和势能、体系温度及界面结合能的变化趋势。可以看出，该模拟体系在 100 ps 后基本达到平衡状态。最后，对弛豫后的模型在相同力场下，以 1 fs 步长进行 1 ns NVT 系综动力学平衡态模拟。以 1%采样频率采集平衡态模拟轨迹来计算感兴趣的量。

3.3.3 组分分子与集料表面结合能

本小节采用十二组分分子模型，研究了各组分分子与石英集料表面的结合能。构建图 3-18 所示分子模型。建模完成后，固定石英部分，对模型进行能量最小化及动力学平衡(NVT 系综，温度为 298.15 K，模拟时长 200 ps，模拟步长 0.5 fs)。动力学平衡的同时，以 10%采样频率保存轨迹文件。对轨迹文件进行分析，采用式(3-24)计算结合能。对计算结果进行时间平均，从而得到各分子与石英表面的结合能。

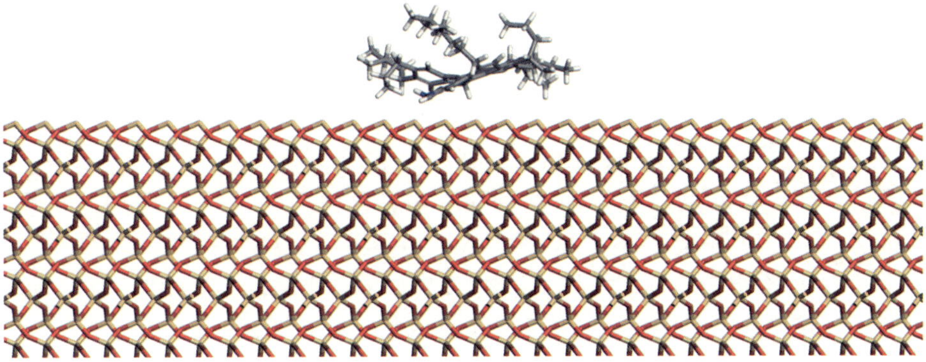

图 3-18 沥青组分分子与集料相互作用模型

图 3-19 给出了基质沥青及老化沥青各组分分子与石英表面的结合能。从图中可以看出，除部分胶质分子的结合能随着老化略有降低外，各老化沥青分子相比基质沥青分子与石英集料表面的结合能均增大(因基质沥青与老化沥青的饱和分分子一致，所以结合能未变化)。表 3-10 列出了各组分与石英界面结合能、静电力及范德华力组成情况，从表中可以看出，沥青各分子与石英表面的结合能主要以范德华力为主，静电力占比极小。

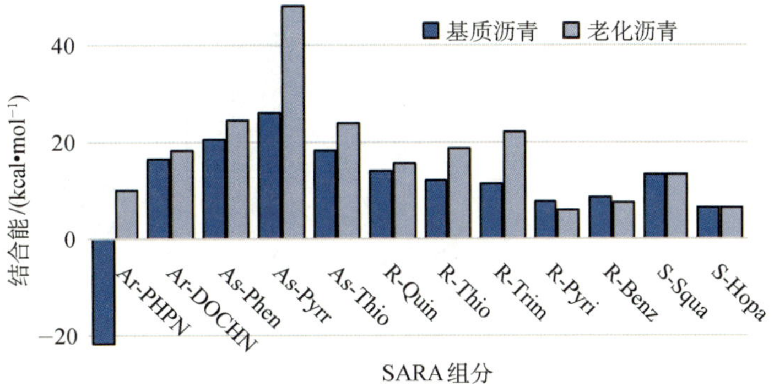

图 3-19 沥青各组分分子与石英集料的结合能

表 3-10　　沥青各组分分子与石英集料的结合能

SARA 各分子		基质沥青/(kcal·mol⁻¹)			老化沥青/(kcal·mol⁻¹)		
		总能量	静电力	范德华力	总能量	静电力	范德华力
芳香分	PHPN	−21.67	−33.56	11.89	10.02	−3.81	13.83
	DOCHN	16.53	2.83	13.69	18.28	3.42	14.86
沥青质	Phen	20.54	−0.25	20.79	24.51	−0.14	24.65
	Pyrr	26.05	−2.01	28.06	48.18	10.29	37.89
	Thio	18.30	−0.28	18.59	23.92	3.95	19.97
胶质	Quin	14.08	−0.15	14.24	15.62	0.59	15.03
	Thio	12.05	−2.03	14.08	18.70	−1.38	20.08
	Trim	11.36	−1.84	13.20	22.15	7.63	14.52
	Pyri	7.70	−2.37	10.07	5.94	−6.22	12.16
	Benz	8.59	−1.10	9.69	7.49	−2.23	9.72
饱和分	Squa	13.38	0.50	12.88	13.38	0.50	12.88
	Hopa	6.47	−1.73	8.20	6.47	−1.73	8.20

对组分分子的计算结果求平均，得到沥青四组分与石英表面的平均结合能，如图 3-20所示。从图中可以看出，对基质沥青而言，结合能的大小排序为沥青质>胶质>饱和分>芳香分。老化后，极性芳香分的结合能显著增大(由斥力变为引力)，此时结合能的大小排序为:沥青质>芳香分>胶质>饱和分。

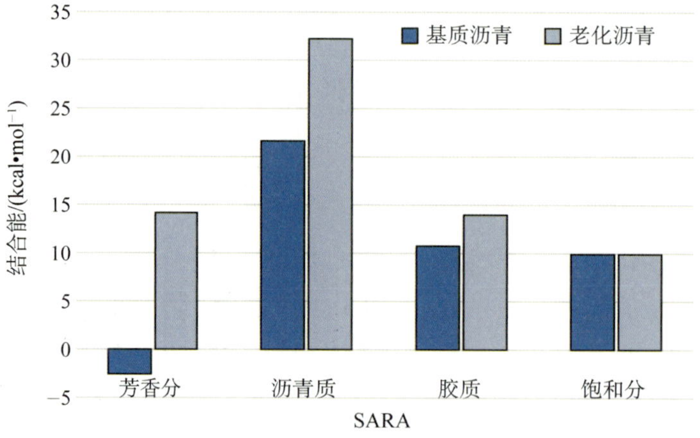

图 3-20　沥青四组分与石英表面的平均结合能

3.3.4　沥青模型与集料表面结合能

本节参考本书第 2 章的建模方法构建了 AAA-1 沥青模型与石英集料模型，组装成

图 3-21(a)所示的沥青-集料界面模型，为了避免 Z 方向周期性边界条件的影响，在沥青模型上方建立 100 Å 真空层。对模型进行 500 ps NVT 动力学平衡后[图 3-21(b)]，利用平衡态模型研究了 AAA-1 沥青模型与集料表面的吸附强弱。

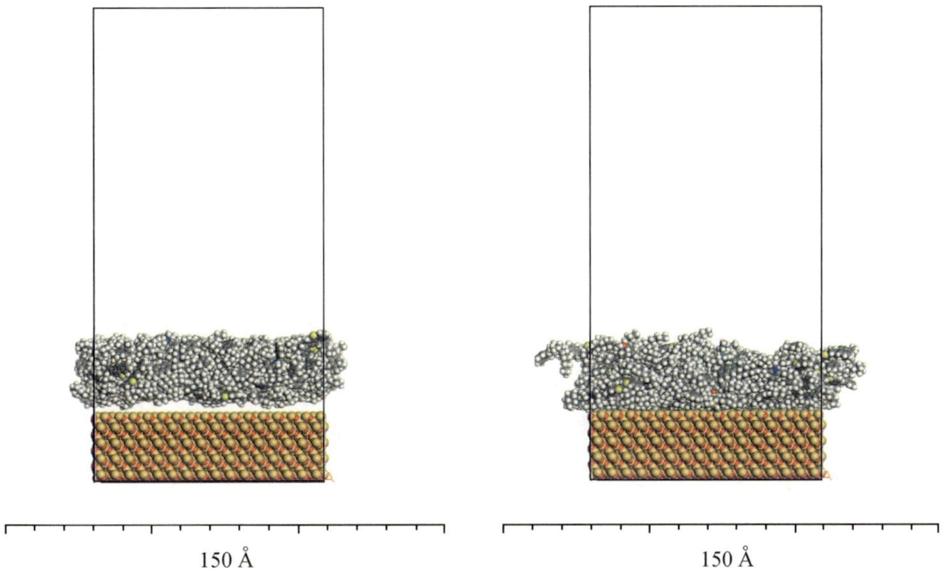

(a) 动力学平衡前　　(b) 动力学平衡后

图 3-21　AAA-1 基质沥青-石英集料界面模型

3.3.4.1　温度的影响

结合图 3-22 与表 3-11 的试验结果可以看出，基质沥青与石英集料界面的结合能以范德华力为主，库仑静电作用贡献较小。随着温度逐渐升高，可以发现沥青与石英界面的结合能逐渐降低，其中，库仑相互作用呈现出一致下降的趋势，从最初的引力逐渐变为斥力，这主要是由于温度升高使得分子运动加剧所引起的。

表 3-11　基质沥青与石英集料在不同温度下的结合能与黏附功计算结果

温度/K	结合能/(kcal·mol^{-1})			接触面积/Å^2	黏附功/(mJ·m^{-2})
	范德华力	静电力	总能量		
273.15	798.71	71.90	726.81	5344.82	103.86
298.15	792.35	35.36	756.99		103.03
323.15	746.29	−2.61	748.89		97.04
348.15	701.27	−117.93	819.20		91.19
373.15	610.08	−110.98	721.06		79.33

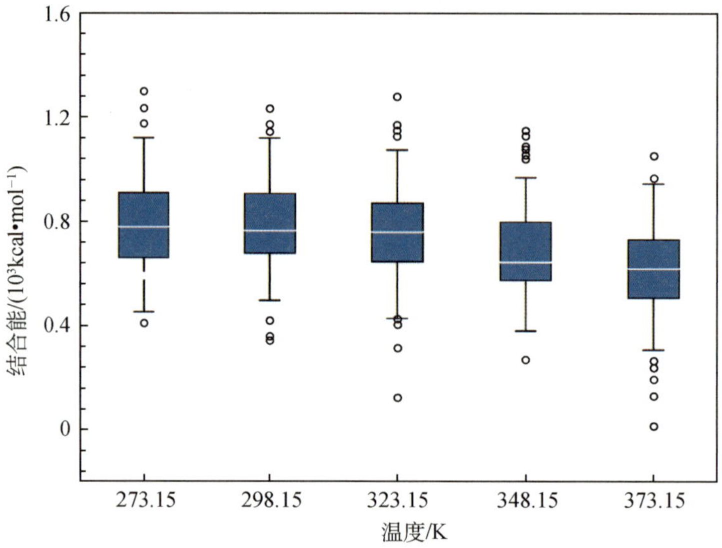

图 3-22 不同温度下基质沥青与石英集料界面的结合能

3.3.4.2 沥青老化的影响

采用类似方法计算了 AAA-1 老化沥青与石英表面的结合能,结果如表 3-12 所列。从表中可以看出,老化后沥青模型与集料界面的结合能增大至基质沥青的 1.7 倍,其中,范德华力并无太大变化,主要是静电的相互作用急剧增强。沥青分子老化后极性增强,从而增强了与集料间的静电相互作用,即沥青老化增强了沥青与矿质集料间的静电相互作用,从而提高了二者之间的黏附性能。

表 3-12 AAA-1 老化沥青与石英表面结合能

模型	结合能/(kcal • mol^{-1})			黏附功/(mJ • m^{-2})
	总能量	静电力	范德华力	
基质沥青	1 792.35	35.36	756.99	103.03
老化沥青	1 381.51	646.61	734.90	179.64

3.3.4.3 集料化学组成

本小节研究了不同集料化学组成对沥青-集料界面结合能的影响,构建了 SiO_2,CaO,MgO,Al_2O_3,Fe_2O_3 五种氧化物表面模型。计算得到 298.15K 下沥青模型与各化学组成集料的结合能及黏附功,结果见表 3-13。从表 3-13 中可以看出,五种集料化学组成中,MgO,CaO 与沥青的结合能最高,其次为 Al_2O_3 与 Fe_2O_3,SiO_2 最小。本书所得的计算规律与徐霈[31]、郭猛[32]等学者的研究结果一致。

表 3-13　　基质沥青与不同化学组成集料模型结合能及黏附功

氧化物	结合能/(kcal・mol^{-1})			接触面积/Å^2	黏附功/(mJ・m^{-2})
	总能量	静电力	范德华力		
SiO_2	792.35	35.36	756.99	5 344.82	103.86
CaO	2 265.68	44.77	2399.79	4 628.18	360.37
MgO	2 285.47	76.89	2405.69	3 546.84	471.39
Al_2O_3	2 061.45	121.04	2 279.23	4 707.32	336.51
Fe_2O_3	1 236.34	112.88	1 420.98	4 917.88	200.81

M. Horgnies[33]等学者采用 X 射线光电子能谱(XPS)、能谱仪(Energy Dispersive Spectrometer, EDS)和剥离试验研究了不同化学组成矿质集料与沥青材料界面的黏附特性。研究结果表明,以 SiO_2 和 Al_2O_3 为主要化学组成的花岗岩更容易与沥青发生黏附性破坏(adhesive failure),而以 CaO 和 MgO 等为主要化学组成的白云石表现出明显的黏聚性破坏(cohesive failure),这也说明相比于 SiO_2 和 Al_2O_3,沥青与 MgO 和 CaO 的黏附作用更强。这与本小节的研究结论相符。

3.3.5 沥青分子在集料表面的运动特征

沥青分子在集料表面的运动、吸附及扩散等特征是影响沥青-集料界面性能的重要原因。本小节拟采用均方位移及扩散系数对沥青分子在集料表面的扩散运动特征进行定量表征。

3.3.5.1 温度的影响

本小节研究不同温度下 AAA-1 基质沥青四组分在石英(SiO_2)表面的运动特征。图 3-23 给出了不同温度下,沥青材料各组分在 SiO_2 表面运动均方位移随时间变化的曲线。从图中可以看出,在 SiO_2 表面,沥青各组分运动快慢各异,饱和分运动最快,沥青质最慢,该规律对所研究的各温度皆成立。这与沥青四组分的分子量大小有很大关系,一般而言,分子量较小的分子其运动较快。此外还可以看出,运动快慢规律与各组分在 SiO_2 表面黏附功的规律一致,黏附功较强的组分,其运动速率较小,反之,其运动速率较大。

通过对各条 MSD 曲线进行线性回归得到曲线斜率,结合式(3-30)计算得到各组分在不同温度下的扩散系数如图 3-24 所示。从图中可以看出,在 SiO_2 表面,沥青各组分在各温度下(除 273.15K 略有差异外)的扩散系数呈现出:饱和分>芳香分>胶质>沥青质的规律。

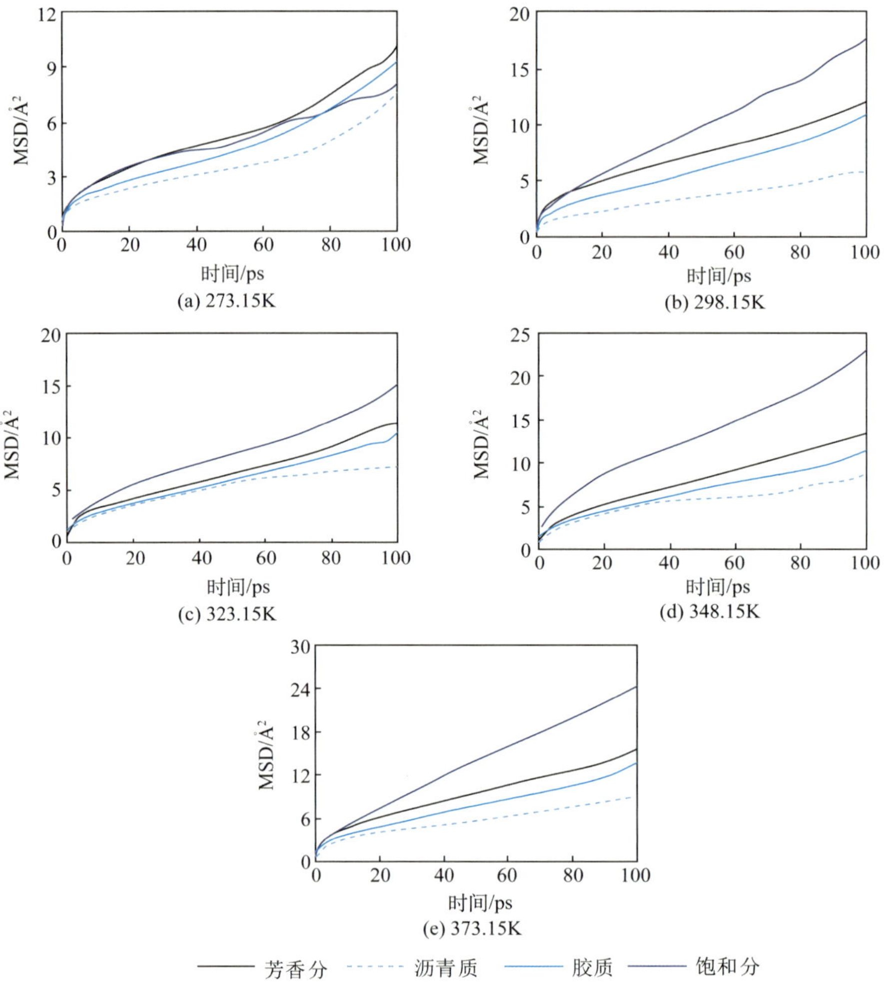

图 3-23　不同温度下沥青四组分在石英表面运动的 MSD 曲线

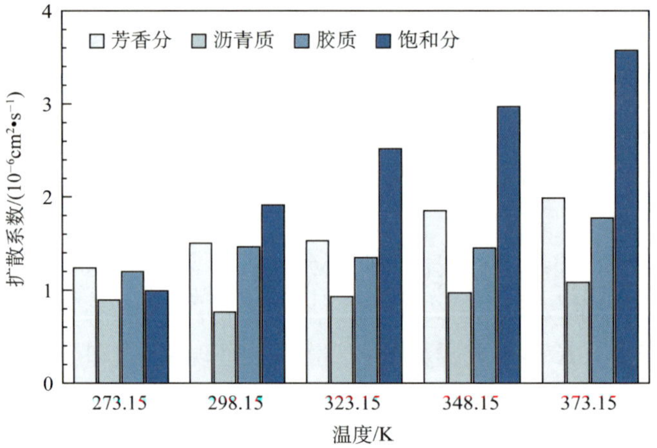

图 3-24　不同温度下沥青四组分在石英表面的扩散系数

K. Norinaga[34]和 A. B. Andrews 等[35]学者通过脉冲场梯度核磁共振和荧光相关光谱学试验手段测量了常温下沥青质的扩散系数，结果在 $2.4\times10^{-10}\sim3.5\times10^{-10}\,m^2/s$ 之间。本研究通过分子动力学模拟得到的常温下沥青各组分在 SiO_2 表面的扩散系数约为 $1.0\times10^{-10}\,m^2/s$，这与前人的试验结果具有较好的一致性，同时也说明分子动力学方法及本研究所采用的模型在研究沥青分子在集料表面的运动特征方面具有一定的合理性。

此外，从图 3-24 可以清楚地看出，随着温度的升高，各组分的扩散系数均呈现出增大的趋势。一般而言，温度对分子扩散的影响服从 Arrhenius 关系，如式(3-31)所示。

$$D = D_0 \exp\left(-\frac{E_D}{\kappa T}\right) \tag{3-31}$$

式中 D—— 扩散系数；

D_0—— 扩散指前因子(diffusion pre-exponential factor)；

E_D—— 活化能(activation energy)；

κ—— 常数，$\kappa=8.3145$ J/(mol · K)；

T—— 温度。

因此，以 $\ln D$ 对 T^{-1} 进行线性拟合，如图 3-25 所示，根据拟合结果求得扩散指前因子及扩散活化能见表 3-14。从表中可以看出，沥青各组分扩散活化能及指前因子均表现出与前述扩散系数相同的规律。活化能越高表示该组分运动对温度越敏感，从图 3-25中可以看出，饱和分与芳香分表现出了较高的温度敏感性，沥青质与胶质扩散系数受温度影响较小。

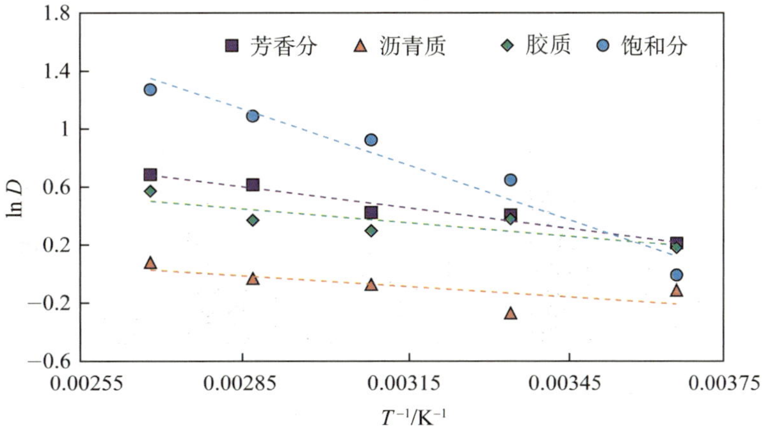

图 3-25 沥青四组分扩散系数与温度关系

表 3-14　　沥青四组分扩散系数随温度变化拟合结果

SARA 组分	拟合结果	R^2	E_D /(kJ·mol^{-1})	D_0 /(cm^2·s^{-1})
芳香分	$\ln D = 1.946 - 471.229 \times T^{-1}$	0.955	3.918	6.997
沥青质	$\ln D = 0.671 - 239.944 \times T^{-1}$	0.535	1.995	1.956
胶质	$\ln D = 1.334 - 310.541 \times T^{-1}$	0.713	2.582	3.796
饱和分	$\ln D = 4.708 - 1252.498 \times T^{-1}$	0.948	10.414	110.881

3.3.5.2　集料化学组成的影响

采用类似方法，本书分别计算了沥青四组分在 SiO_2，CaO，MgO，Al_2O_3，Fe_2O_3 五种氧化物表面模型的均方位移和扩散系数。扩散系数结果见图 3-26。由图 3-26可以看出，在 298.15K 时，各组分在 Fe_2O_3 表面的扩散系数较大，其次为 SiO_2，CaO 和 Al_2O_3，最小为 MgO。纵向对比各组分在不同化学组成集料表面的扩散系数可以发现，在 SiO_2 和 Fe_2O_3 表面，各组分的扩散系数规律仍是饱和分最大，芳香分及胶质次之，沥青质最小。这主要是由于 SiO_2 和 Fe_2O_3 与沥青四组分的交互作用相对较微弱，未能影响到各种组分扩散系数随其分子量大小排序的规律。在 CaO，MgO 和 Al_2O_3 表面，不同组分的扩散系数不如在 SiO_2 和 Fe_2O_3 表面明显。在 MgO 与 CaO 表面，由于结合能的影响，各组分扩散系数相对较小，且较接近。在 Al_2O_3 表面，各组分的扩散速率不再遵从分子量大小排序，而是呈现出极性芳香分>沥青质>胶质>饱和分的大小排序。

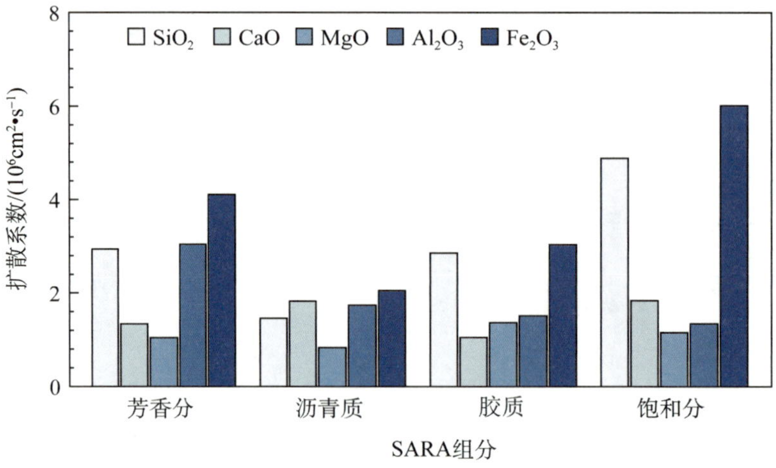

图 3-26　沥青四组分在不同化学组成集料表面扩散系数

3.4 沥青-集料界面力学行为

沥青混合料作为一种典型的复合材料，其中沥青-集料界面相的黏结强度深刻影响着沥青混合料的路用性能。沥青-集料界面黏接强度的下降或失效是导致沥青混合料水损坏的主要内因。因此，很自然地，研究沥青-集料界面相便成了科研工作者近年来笔耕不辍的课题。然而，从宏观试验角度出发的研究往往难以从错综复杂的影响因素中抽丝剥茧得到明确且一致的结论。因此，本章借助分子动力学模拟手段，以模拟微观界面拉拔试验和纳米压痕试验，从而分析不同影响因素对界面力学作用的影响。

3.4.1 界面力学行为模拟方法

3.4.1.1 界面黏结强度

沥青-集料界面相承受着来自行车荷载作用下的拉力、压力及剪应力等。作用力超过界面相强度则会产生黏附性破坏，进而发展为路面结构的松散、剥落、坑槽等病害。拉拔试验最初被用来评价涂料在基材上的附着力强度(ASTM D4541-17 Standard Test Method for Pull-Off Strength of Coatings Using Portable Adhesion Testers)。随后，AASHTO 引入拉拔试验来研究沥青胶结料的黏结强度(Binder Bond Strength, BBS)，并编制了相应规范[AASHTO T361-16 Standard Method of Test for Determining Asphalt Binder Bond Strength by Means of the Binder Bond Strength(BBS) Test]。

拉拔试验的工作原理如图 3-27 所示，通过竖向加载的作用力，沥青膜会逐渐被拉长，最终在沥青与集料界面薄弱的地方发生破坏。界面黏结强度计算公式如下：

$$P = 4F/(\pi d^2) \tag{3-32}$$

式中 P—— 最大平均拉拔强度；

F—— 实际断裂力；

d—— 拉拔头直径。

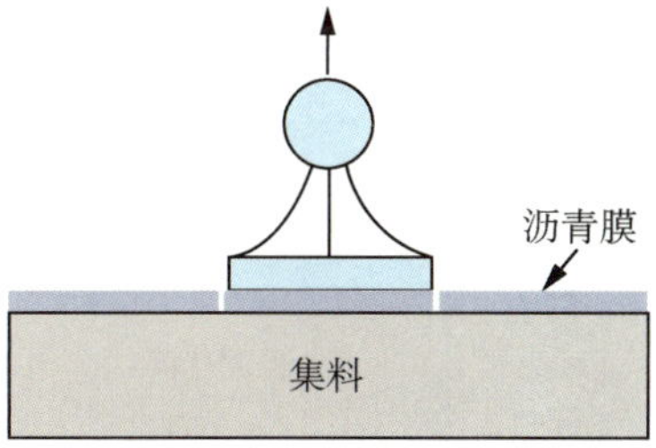

图 3-27 拉拔试验示意

本章参照宏观拉拔试验，构建图 3-28(a)所示沥青-集料界面模型，施加图 3-28(b)所示边界条件及初始条件，采集加载过程中集料层的受力，从而得到力-位移曲线，以此来计算沥青-集料界面相的黏附力大小。

在本书拉拔模拟中，首先采用 Material Studio 8.0 软件构建沥青模型层，随后采用 Material Studio 中的 Forcite 模块对沥青模型层进行几何优化和动力学平衡。采用 Lammps 程序构建与平衡态沥青模型层具有相同尺寸 (W 和D) 的石英集料模型层。待平衡态沥青模型层和石英集料模型层创建结束后，采用 Lammps 程序构建界面模型。

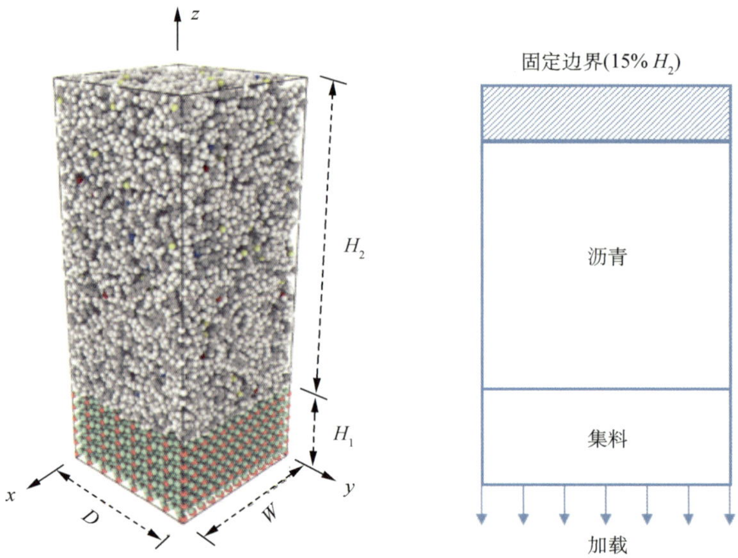

(a) 模型示意　　(b) 模拟加载及边界条件示意

图 3-28　分子模拟拉拔试验

随后，对界面模型进行能量最小化和动力学平衡以获取较优构象。建模及模型平衡基本步骤见图 3-29。

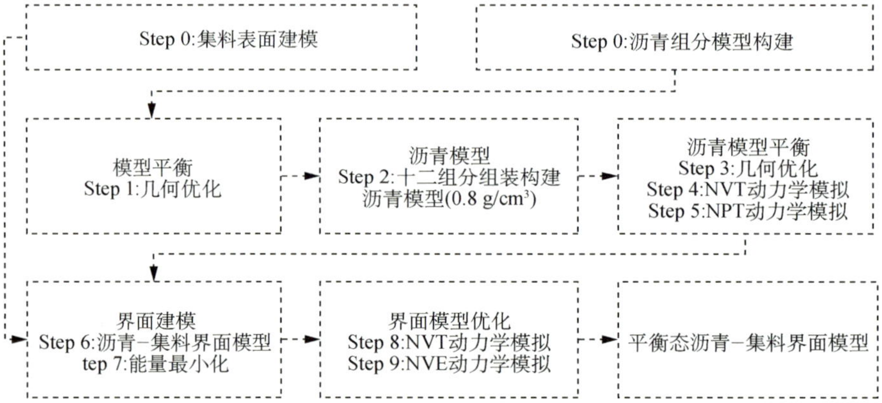

图 3-29　拉拔 MD 模拟建模及模型动力学平衡流程

鉴于 Compass Ⅱ 力场为非开源力场，无法应用于 Lammps 程序，本章模拟采用同为第二代一致性力场的 PCFF 力场。在 PCFF 力场中，总能量分为键和作用项、交叉项与非键和作用项。由前述建模流程可知，在本研究的模型中，沥青模型层与集料模型层之间无化学键作用，即只存在非键和相互作用。在 PCFF 力场中，原子 i 与原子 j 之间的非键和作用 E_{VdW} 由式(3-33)确定。

$$E_{VdW}=\varepsilon_{ij}^{0}\left[2\left(\frac{r_{ij}^{0}}{r_{ij}}\right)-3\left(\frac{r_{ij}^{0}}{r_{ij}}\right)^{6}\right]\quad (r<r_c) \tag{3-33}$$

式中 r_c—— 截断半径，在本书的拉拔模拟中，截断半径均取 12.5 Å；

r_{ij}，r_{ij}^0—— 原子 i 与原子 j 之间的瞬时距离和平衡距离。

r_{ij}^0 与 ε_{ij}^0 可根据式(3-34)与式(3-35)计算得到。

$$r_{ij}^{0}=\left[\frac{(r_i^0)^6+(r_j^0)^6}{2}\right]^{\frac{1}{6}} \tag{3-34}$$

$$\varepsilon_{ij}^{0}=2\sqrt{\varepsilon_i^0\cdot\varepsilon_j^0}\left[\frac{(r_i^0)^3\cdot(r_j^0)^3}{(r_i^0)^6+(r_j^0)^6}\right] \tag{3-35}$$

式中，石英集料层参数 ε_i^0 和 r_i^0 见表 3-15，沥青模型层参数由 Material Studio 8.0 软件分配生成，详见附录。

表 3-15　　石英集料模型非键和作用参数

原子类型	ε_i^0 /(kcal·mol^{-1})	r_i^0 /Å
Si	0.190	4.450
O	0.240	3.535

在获得平衡态沥青-集料界面模型后，进行拉拔模拟。在模拟过程中，模型各方向均采用周期性边界条件。为了避免周期性边界条件对模型在 Z 方向形变的限制，改变模型 Z 方向尺寸，在石英集料层下方添加与原模型尺寸 Z 方向长度相当的真空层。此外，为了避免石英模型内部原子运动，将石英层设置为刚体。随后，对模型进行能量最小化处理。在能量最小化后，进行 NVE 系综动力学平衡，在进行 NVE 系综动力学平衡的同时，对石英集料界面层施加恒定向下移动速度 (V_{down})，当石英集料界面层位移达到 40 Å 时，终止模拟。

在进行拉拔模拟时，以 0.1 fs 步长采集石英集料层受力，随后对所得结果以 200 个点(20 fs)为步长进行时间平均，时间平均后的力-位移散点图如图 3-30 所示。随后，采用 Savitzky-Golay 方法以 5% 采样率对时间平均后的数据做进一步平滑处理，如图 3-30(b) 中蓝色曲线所示。

常被用于研究峰值后软化现象的内聚力模型有线性模型、双线性模型、梯形模型和指数模型。从平滑后的曲线可大致观测到拉拔模拟中力的峰值出现的位置。所得力-位移曲线与准脆性材料内聚力模型(Cohesive Zone Model, CZM)较为相似[36]。G. J. Xu 等[37]采用内聚力模型对 MD 模拟所得应力-位移散点图进行拟合，在此基础上进一步获得拉拔过程中的破坏应力和黏附功，结果表明，内聚力模型可以较好地描述 MD 拉拔模拟结果。本书在前人研究的基础上，采用指数内聚力模型对 MD 模拟所得经 Savitzky-Golay

平滑处理结果进行拟合来获得界面黏结强度(BBS)和断裂能(fracture energy)。指数内聚力模型如式(3-36)所示。断裂能为拟合曲线下的面积,可由式(3-37)计算得到。

$$\sigma=\sigma_c\left(\frac{\delta}{\delta_c}\right)\exp\left(1-\frac{\delta}{\delta_c}\right) \tag{3-36}$$

$$\phi_{fe}=\int\sigma d\delta=\int_0^{\infty}\sigma_c\left(\frac{\delta}{\delta_c}\right)\exp\left(1-\frac{\delta}{\delta_c}\right)d\delta=\sigma_c\delta_c e \tag{3-37}$$

式中 σ, σ_c—— 应力与应力峰值;

δ, δ_c—— 位移与特征位移,即应力峰值时的位移量;

ϕ_{fe}—— 断裂能。

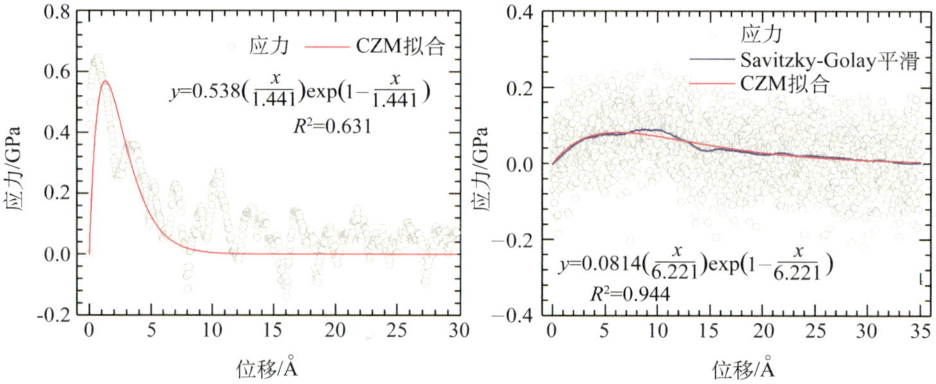

(a) 黏附性破坏 (b) 黏聚性破坏

图 3-30 分子动力学模拟拉拔试验所得力-位移曲线

3.4.1.2 AFM 黏附力

20 世纪 80 年代,IBM 公司苏黎世实验室的 Binnig 和 Rohrer 等人成功研制了世界上第一台扫描隧道显微镜(Scanning Tunneling Microscope,STM)。STM 的出现为人类从单个原子尺度研究物质表面提供了新的途径,在材料科学、表面科学等领域的研究中具有重大的意义和广阔的应用前景。扫描隧道显微镜的工作模式是通过检测针尖和样品之间隧道电流的变化来进行样品表面的性能测量,因此它并不能用于非导体材料的测量。为了弥补这一不足,1986 年 Binnig 等发明了第一台原子力显微镜(Atom Force Microscope, AFM)。

AFM 是使用一个一端固定而另一端装有针尖的弹性微悬臂来检测样品表面形貌和其他表面性质的。当针尖沿样品表面扫描时,同距离有关的针尖-样品间的相互作用力就会使微悬臂发生变形,也就是说微悬臂的形变可以作为样品-针尖相互作用力的直接度量。一束激光照射到微悬臂的背面,微悬臂将激光束反射到一个光电检测器,检测器不同象限接收到的激光强度差值同微悬臂的形变量之间存在一定的比例关系,如

图 3-31所示。AFM 是一种能显示物体表面超微结构的精密观测仪器。除了简单的表面成像，AFM 还是优异的纳观力探测仪，可以得到诸如黏附力、模量等指标。近年来，AFM 也被广泛应用于沥青材料的研究中。Y. J. Li 等[38] 采用 SiO_2，Al_2O_3 和 $CaCO_3$ 颗粒改进 AFM 针尖研究了不同颗粒与沥青材料间的黏附力，以此对沥青-集料界面间的黏附进行了研究。

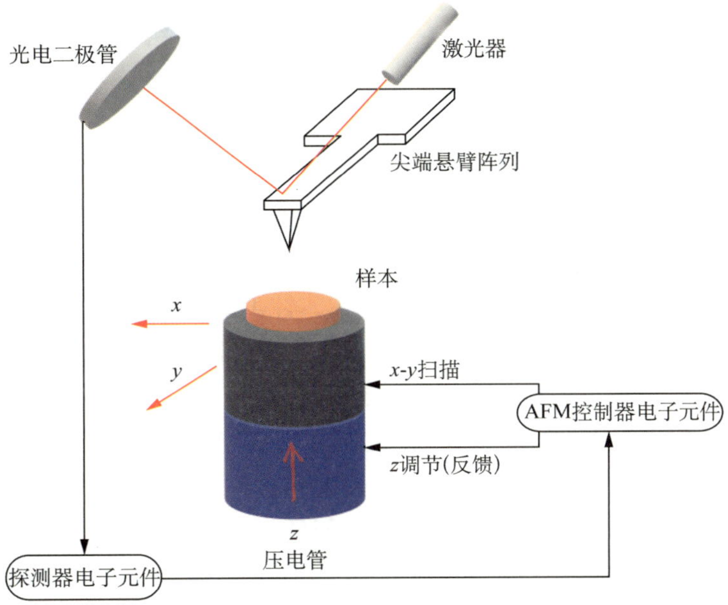

图 3-31 AFM 工作示意

本小节参照宏观 AFM 实验，采用 MD 模拟对 AFM 峰值力测试过程进行了微观模拟，测试探针与沥青模型间的黏附力。AFM 峰值力模拟分三部分进行，即构建模型、模型弛豫及峰值力模拟阶段。

1. 构建模型

AFM/nanoindentation 模拟系统包含两部分：针尖和待测基体。在本研究中，针尖采用石英等矿质集料模型，待测基体为沥青材料模型。

构建图 3-32 所示的石英椎体模型来模拟 AFM 针尖。在 AFM 试验中，由于试验条件的限制，试验所用针尖往往存在一定的磨损，因此在构建石英针尖模型时，针尖下部会被切除。

采用 Material Studio 8.0 软件中的 Amorphous cell 模块构建 AAA-1 沥青模型 Confined layer，控制沥青模型密度为 1.007 g/cm^3，模型的长宽均为 80 Å，此时沥青模型尺寸为 80 Å×80 Å×72.9 Å。随后，导出沥青模型为 Lammps 数据文件。为了在沥青模型上方构建针尖模型，在其上方构建真空层，更改模型尺寸为 80 Å×80 Å×200 Å。随后，将石英针尖模型与沥青模型组装。为了确保模型弛豫时，石英针尖与沥

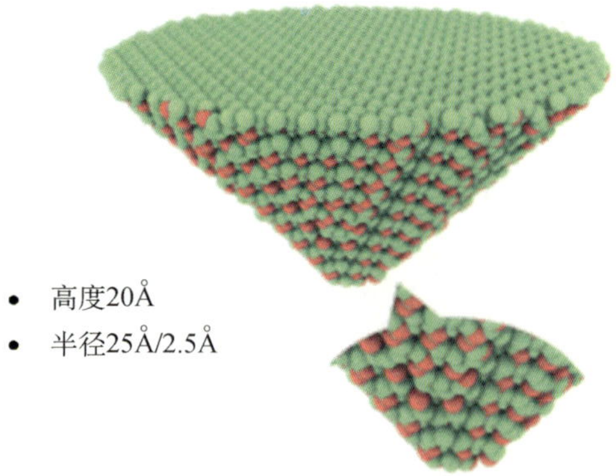

图 3-32　石英针尖模型

青模型不产生相互作用，将石英针尖置于沥青模型上方约 50 Å 处，得到图 3-33 所示模型。

2. 模型弛豫

在进行 AFM 峰值力模拟之前需要对沥青模型进行动力学弛豫以获得平衡态模型。平衡过程中，为了保证沥青基体不发生整体平动，固定沥青层下部约 20 Å 厚分子。有关模型的动力学平衡及相关细节与本书 3.4.1.1 节一致，在此不再赘述。

3. AFM 峰值力模拟

在进行 AFM 峰值力模拟时，对针尖移动的控制相关程序段算法设计流程如图 3-34所示。由于针尖的硬度远大于沥青，在 AFM 测试过程中针尖几乎无变形。因此，在模拟针尖移动时，将石英针尖设置为刚体。针尖最初放置于沥青模型上方约 50 Å 处，随后采用共轭梯度法对体系进行能量优化。优化精度为相邻迭代步之间能量波动小于 10^{-8} kcal/mol。随后，以 0.1 Å 每步长向下移动石英针尖，每次移动针尖后对体系进行优化。在模拟过程中，采集石英针尖受力用于后续分析。

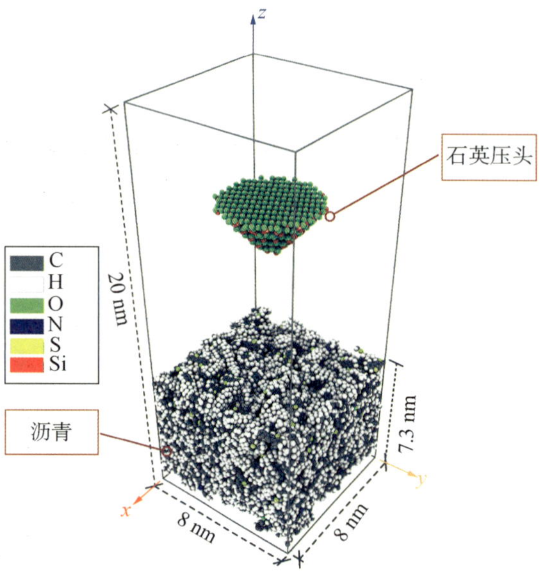

图 3-33　AFM/纳米压痕模型

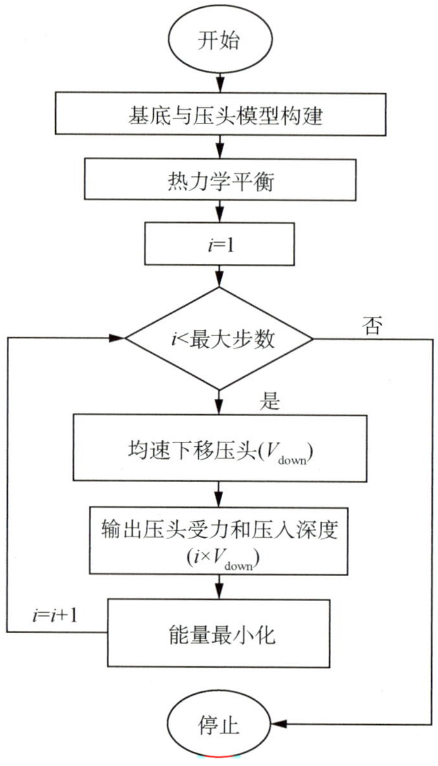

图 3-34　AFM 峰值力模拟算法流程

3.4.2 界面黏结强度

3.4.2.1 模拟参数选择

为了研究所构建模型的尺寸效应，故构建三种具有不同截面大小的模型，模型具体参数见表 3-16。以 0.005 Å/fs 的加载速率进行拉伸模拟。图 3-35 给出了不同模型尺寸拉拔模拟所得的力-位移曲线，从图中容易看出，三种模型所得破坏应力值相近，破坏均从位移达 1 Å 左右开始，即三种模型大小拉伸模拟尺寸效应并不明显。

表 3-16　　界面模型尺寸

模型	原子数	$W \times D/Å^2$	$H_2/Å$
1	20 630	40×40	100
2	34 016	50×50	100
3	47 762	60×60	100

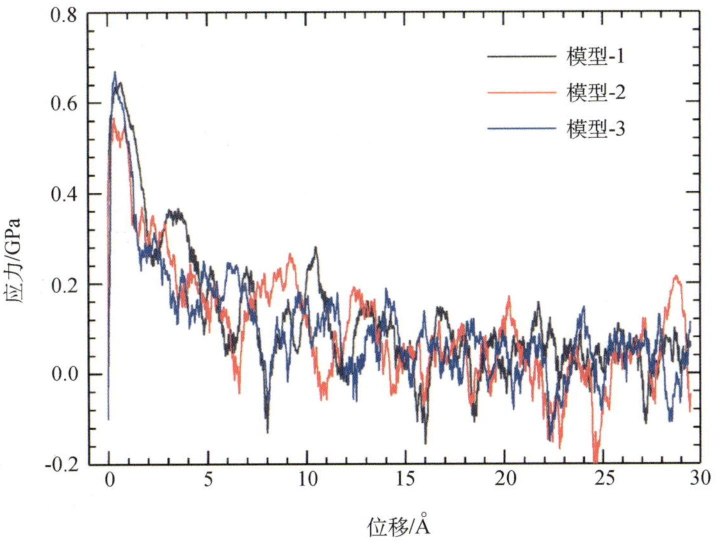

图 3-35　不同模型尺寸拉拔模拟力-位移曲线

加载速率对拉拔试验所得界面黏结强度具有一定的影响。AASHTO T361-16 规范给出的拉拔试验加载速率建议值为 0.7 MPa/s。黄卫东等学者试验研究了不同沥青膜厚度下加载速率(0.2 MPa/s，0.3 MPa/s 及 0.7 MPa/s)对拉拔强度的影响，结果表明，相同沥青膜厚度的试样所得拉拔强度随着加载速率的增大而增大[39]，如图 3-36 所示。

本书在采用分子动力学模拟微观拉拔试验以研究沥青-集料界面的黏附作用时，通过赋予集料层不同移动速率来研究不同加载速率对界面黏附作用的影响。参照前述小节的研究结果可知，三种模型尺寸对界面黏结强度结果并无显著影响，考虑到模拟时间

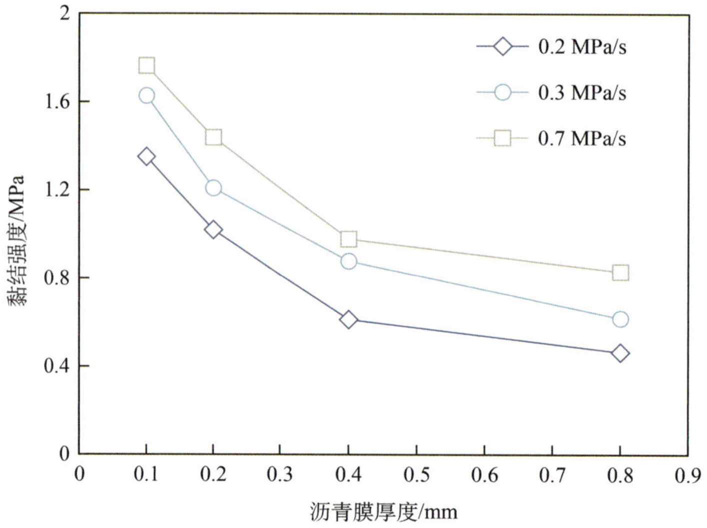

图 3-36　不同沥青膜厚度及加载速率下沥青材料黏结强度试验测试结果[39]

和计算资源有限，本小节采用的模型尺寸为 40 Å(W)×40 Å(D)×135 Å(H)。采用 6 个不同的加载速率，即 5×10^{-5} Å/fs，1×10^{-4} Å/fs，5×10^{-4} Å/fs，1×10^{-3} Å/fs，5×10^{-3} Å/fs 和 1×10^{-2} Å/fs，相应的应变率水平约为 3.7×10^{-8} s^{-1}，7.4×10^{-8} s^{-1}，3.7×10^{-9} s^{-1}，7.4×10^{-9} s^{-1}，3.7×10^{-10} s^{-1} 和 7.4×10^{-10} s^{-1}。

图 3-37 给出了不同加载速率下 MD 模拟微观拉拔试验所得经 Savitzky-Golay 平滑处理后的力-位移曲线。表 3-17 列出了 CZM 模型拟合结果及依此计算得到的界面

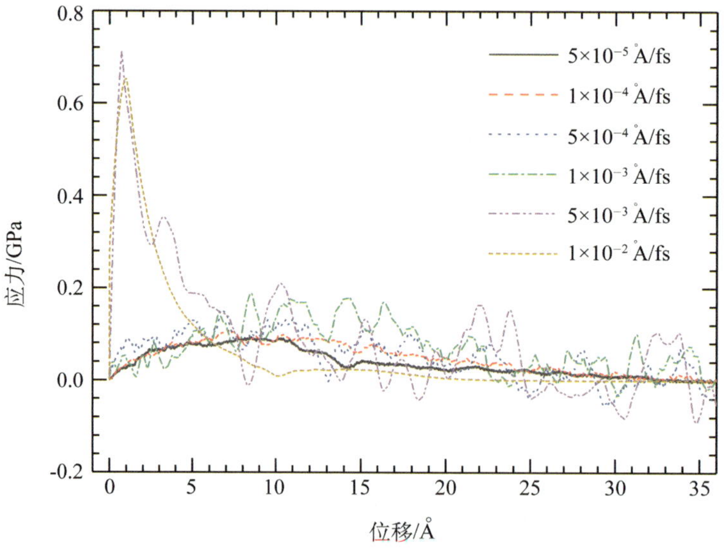

图 3-37　不同加载速率下的力-位移曲线(经 Savitzky-Golay 平滑处理后)

黏结强度和断裂能。从计算结果可以看出，随着加载速率的增大，界面黏结强度呈现出增大的趋势。值得注意的是，当加载速率小于 5×10^{-3} Å/fs 时，界面黏结强度相差不大，无显著变化，当加载速率大于 5×10^{-3} Å/fs 时，黏结强度急剧增大。为此，对不同加载速率加载破坏后的破坏模式进行了分析，如图 3-38 所示。从图中可以清楚地发现，当加载速率小于 5×10^{-3} Å/fs 时，破坏均发生在沥青材料内部，即沥青材料的黏聚性破坏，而当加载速率达到 5×10^{-3} Å/fs 时，断裂开始出现在沥青-集料界面处，即开始呈现出黏附性破坏的趋势。当加载速率达到 1×10^{-2} Å/fs 时，断裂呈现出了完全黏附破坏，也即破坏强度与破坏形态具有较大关系。黏附性破坏强度显著高于黏聚性破坏强度。此外，还可以观察到，黏附性破坏在集料层移动约 2 Å 时便开始产生，而黏聚性破坏多发生在 5～8 Å 处。

表 3-17　　不同加载速率下沥青-集料界面黏结强度和断裂能

加载速率/(Å·fs^{-1})	拟合结果	R^2	黏结强度/GPa	断裂能/(J·m^{-2})	破坏模式
5×10^{-5}	$\sigma=\frac{0.0823\delta}{6.706}\exp\left(1-\frac{\delta}{6.706}\right)$	0.944	0.0823	0.150	黏聚性
1×10^{-4}	$\sigma=\frac{0.0929\delta}{7.258}\exp\left(1-\frac{\delta}{7.258}\right)$	0.954	0.0929	0.183	黏聚性
5×10^{-4}	$\sigma=\frac{0.114\delta}{6.153}\exp\left(1-\frac{\delta}{6.153}\right)$	0.662	0.114	0.191	黏聚性
1×10^{-3}	$\sigma=\frac{0.107\delta}{7.129}\exp\left(1-\frac{\delta}{7.129}\right)$	0.461	0.107	0.207	黏聚性
5×10^{-3}	$\sigma=\frac{0.538\delta}{1.441}\exp\left(1-\frac{\delta}{1.441}\right)$	0.631	0.538	0.211	黏附性
1×10^{-2}	$\sigma=\frac{0.627\delta}{1.015}\exp\left(1-\frac{\delta}{1.015}\right)$	0.950	0.627	0.173	黏附性

3.4.2.2 试验验证

对微观模拟试验结果的验证往往是计算模拟最重要的环节。本小节将宏观拉拔试验结果与 MD 模拟结果进行对照，对模拟方法及力场的准确性进行了验证。C. Q. Yan 等[40]采用拉拔试验研究 PG64-22 沥青基质经 RTFOT 与 PAV 老化后沥青与花岗岩集料的界面黏结强度。试验结果表明，无论是干燥养生还是潮湿养生，相比基质沥青，RTFOT 与 PAV 老化均提高了沥青与花岗岩集料的界面黏结强度，如图 3-39 所示。

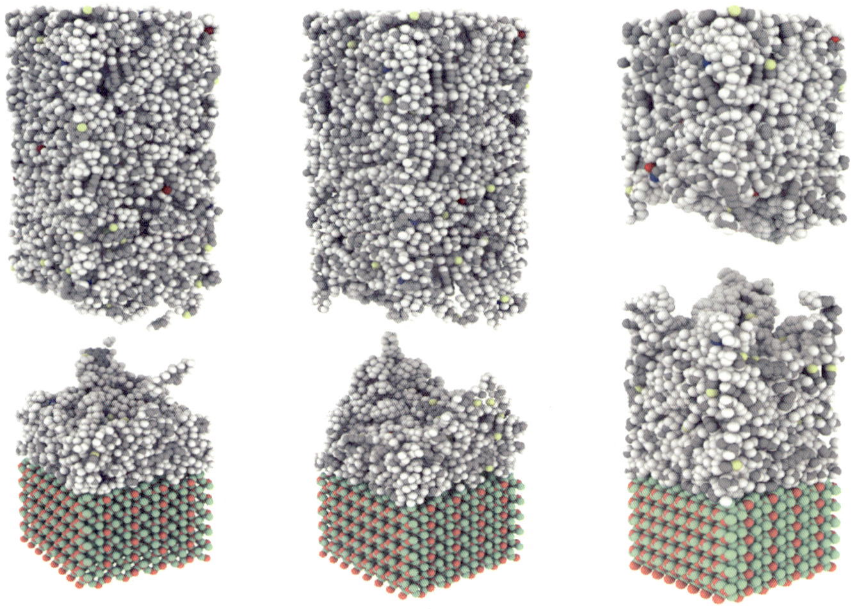

(a) 5×10^{-5} Å/fs　　(b) 1×10^{-4} Å/fs　　(c) 5×10^{-4} Å/fs

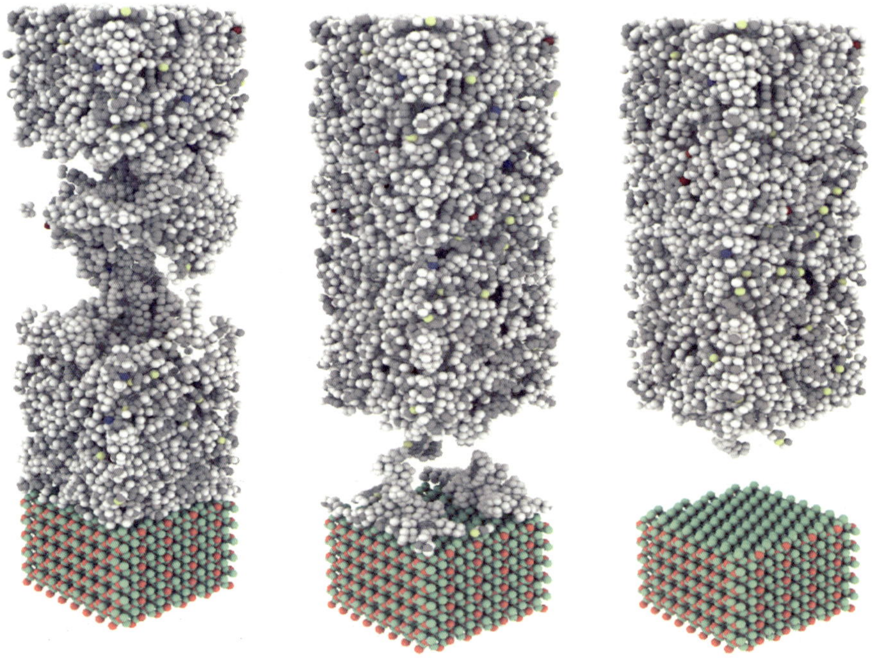

(d) 1×10^{-3} Å/fs　　(e) 5×10^{-3} Å/fs　　(f) 1×10^{-2} Å/fs

图 3-38　不同加载速率下的破坏形貌

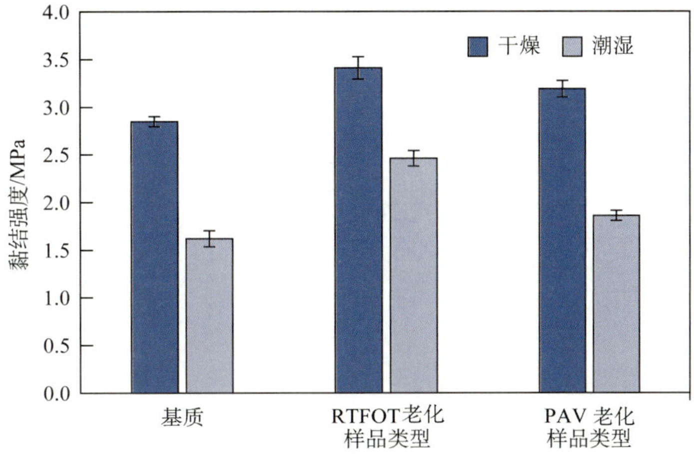

图 3-39　不同老化程度沥青与集料的界面黏结强度测试结果[40]

采用本书第 2 章的建模方法分别构建了 AAA-1，AAK-1 及 AAM-1 基质与老化沥青-石英集料界面模型（模型长宽：40 Å×40 Å）。采用前述模拟方法模拟了各模型在 298.15 K 温度下，5×10^{-3} Å/fs 加载速率下的拉拔试验。图 3-40 给出了计算得到的黏结强度与断裂能，可以看出，对于三种沥青模型而言，老化沥青与石英集料界面的黏结强度均高于基质沥青模型。MD 模拟结果与室内试验结果规律一致。值得一提的是，MD 模拟得到的界面黏结强度高于室内拉拔试验结果两个数量级，原因有二：一是相比室内试验材料，用于 MD 模拟的沥青与集料模型均为理想模型，不包含任何缺陷；二是 MD 模拟的加载速率远大于宏观试验的加载速率。

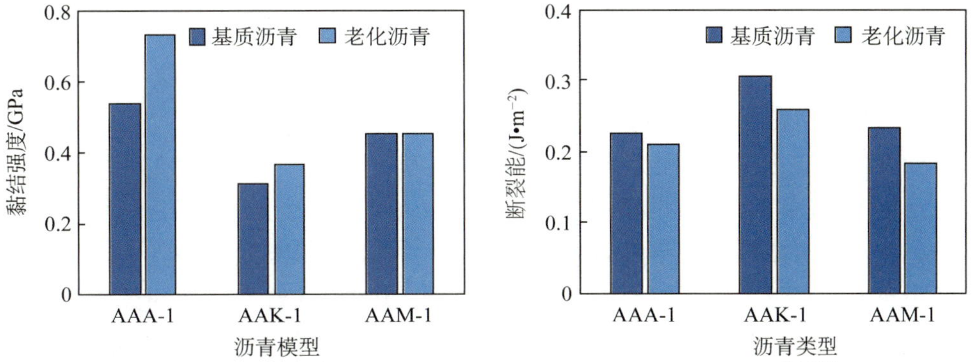

(a) 黏结强度　(b) 断裂能

图 3-40　石英集料与不同沥青间界面的拉拔强度与断裂能

3.4.2.3　界面破坏模式

如前所述，在当前的模拟中观察到两种典型的界面失效模式，即黏附性破坏和黏聚性破坏。为了更直观地观察沥青-石英界面模型在拉应力下的破坏过程，图 3-41 描绘了两种典型破坏模式下的应力-分离曲线。图 3-42 和图 3-43 分别展示了黏附性破坏和黏聚性破坏模型在图 3-41 中不同加载阶段的侧视图及相应的体积应变云图。

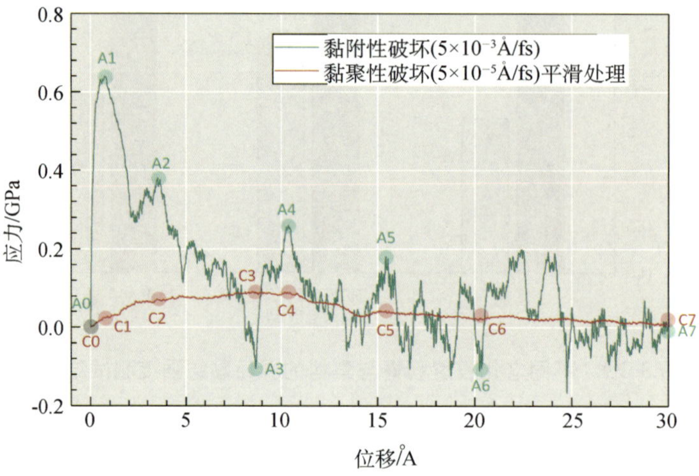

图 3-41 沥青-石英界面模型在拉应力作用下两种典型界面失效模式的应力-分离曲线（加载过程中不同阶段的模型图参见图 3-42 和图 3-43）

图 3-42 展示了黏附性破坏模式下模型的变形情况。A0 是模拟的初始阶段，此时石英模型处于平衡态。当石英基底逐渐从沥青黏合剂中移开时，由于石英基底的牵引作用，沥青会经历初始拉伸[图 3-42(b)]。相应的拉应力呈线性增加，直至达到峰值(约 630 MPa)。随着石英基底的进一步运动，沥青分子彼此滑动，导致在界面处形成小空隙[图 3-42(c)]。进一步分离可观察到大尺寸空隙的生长，这表明沥青分子链重新排列以适应变形[图 3-42(d)，(e)]。随着石英基底的不断分离，一些沥青分子与石英基底一起移动[图 3-42(f)]。随着 SiO_2 基质进一步移动，一些沥青分子保持附着在石英基底上，并与原沥青模型分离[图 3-42(g)，(h)]。

借助于体积应变云图，可以清楚地观察到变形的细节。从图 3-42 可以看出，在当前模拟尺度下，模型的体积应变是不均匀的，局部高体积应变区主要限于界面附近。在分离的早期阶段会出现一个小的高应变区域[图 3-42(b)]，然后随着进一步的分离而增长到阶段 A2，并最终变得相对稳定[图 3-42(b)]。但是，随着进一步的分离过程，体积应变的值呈单调增加趋势(图 3-43)。在界面完全分离后，仅有少量沥青分子吸附在石英基底上，因此沥青-石英体系的界面破坏可以表征为黏附性破坏。

至于黏聚性破坏模式，随着石英基底从沥青中移出，应力在 8.9 Å 处达到峰值(约 80 MPa)(图 3-41)。黏聚性破坏模式的临界分离点远大于黏附性破坏模式的临界分离点。也就是说，沥青-石英界面模型在较低的加载速率下比在较高的加载速率下会经历更大的蠕变变形。这个现象可以从模型的变形中得到证实(图 3-43)。如图 3-43 所示，不同于黏附性破坏模式，黏聚性破坏模式的损伤开始在沥青层内部形成，从而导致应力

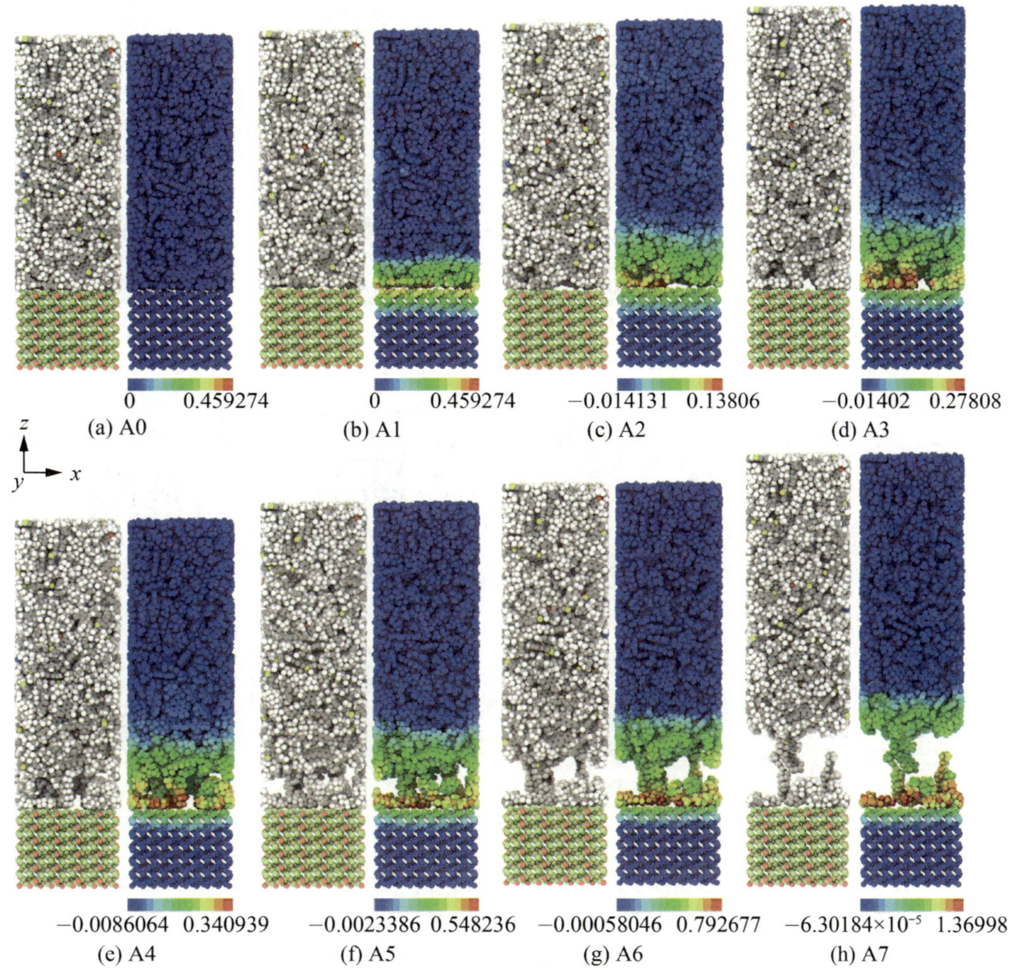

图 3-42 沥青-石英界面模型黏附性破坏模式下的形变过程

[图(a)—(h)左边分别显示了模型在不同阶段的横截面图,右边是相应的体积应变云图]

降低[图 3-43(d)]。石英基底的进一步移动导致沥青分子链完全滑移,最终导致 C7 阶段的完全分离。从体积应变云图可以发现,在初始阶段,高体积应变区域分散于低应变区域之间[图 3-43(b),(c)],而不是局限于界面。随着进一步的分离,局部应变区域开始集中在损坏区域附近,并在此处形成了空隙。

为了更好地观察这两种破坏模式的变形过程,图 3-44 描绘了整个拉伸过程中的平均体积应变。模型的平均体积应变是通过平均每个粒子中的原子应变张量获得的。对于黏附性和黏聚性破坏模式,随着拉伸过程的进行,体积应变均会增加。可以发现,黏聚性破坏模式下的平均体积应变始终大于黏附性破坏模式。

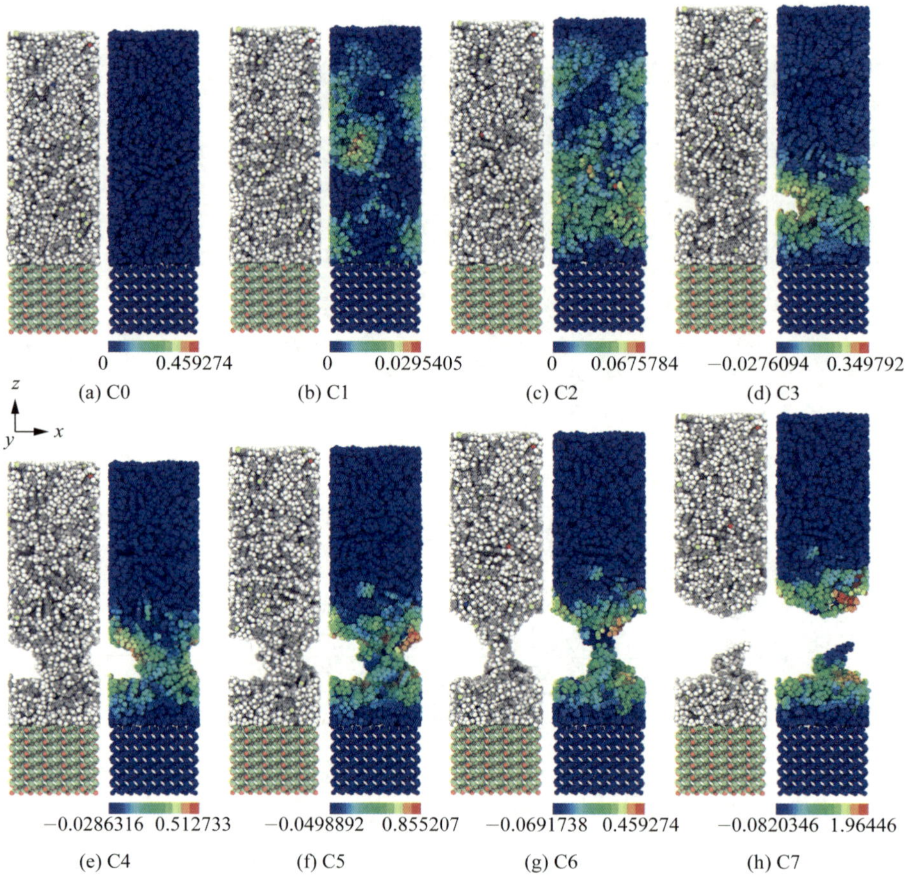

图 3-43　沥青-石英界面模型黏聚性破坏模式下的形变过程

[图(a)—(h)左边分别显示了模型在不同阶段的横截面图,右边是相应的体积应变云图]

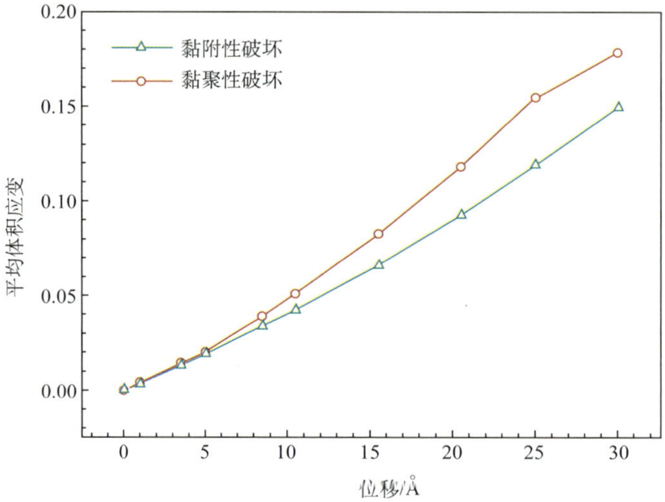

图 3-44　沥青-石英界面模型在拉伸过程中的平均体积应变

3.4.2.4 温度的影响

作为一种非晶态高分子材料，沥青材料的各项性能受温度影响较大。本小节对沥青-集料模型在不同温度下分别进行动力学平衡，随后在相应温度下进行拉拔试验模拟。本小节选取 273.15K，298.15K，353.15K 及 408.15K 四个温度，分别大致对应零度、室温、沥青软化点温度及沥青混合料碾压温度，加载速率选取 5×10^{-3} Å/fs。采用前述类似方法，对应力-分离曲线进行拟合，计算得到黏结强度与断裂能，如图 3-45 所示。可以看出，随着温度的升高，黏结强度短暂增大，在 298.15K 达到峰值后，开始逐渐减小。这可能是由于温度从零度升高至室温时，沥青分子在集料表面更好地润湿，引起黏结强度增大；而当温度继续升高时，分子运动加剧，在荷载作用下，更易于与集料发生分离，导致黏结强度减小。

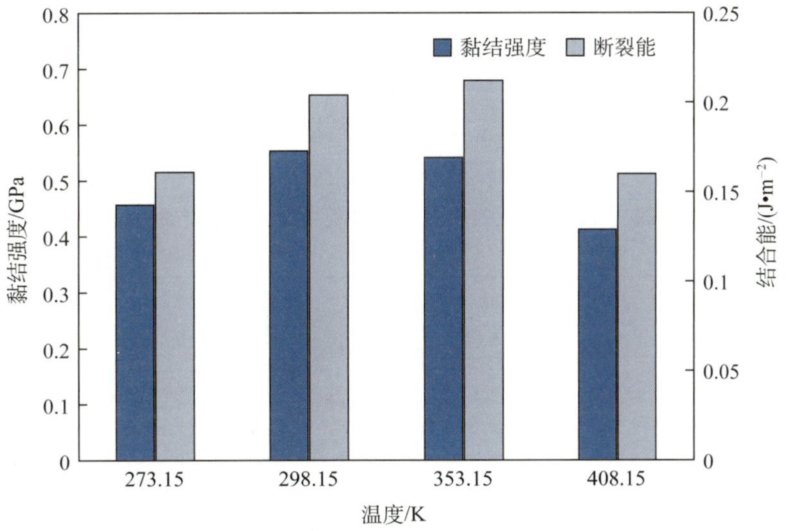

图 3-45 不同温度下沥青-集料界面黏结强度与断裂能

3.4.3 AFM 黏附力

3.4.3.1 力-位移曲线

MD 模拟 AFM 峰值力测试过程，采集 SiO_2 探针受力数据，得到力曲线如图 3-46所示。从图中可以看出，在压入阶段，随着压入深度的逐渐增大，探针受力急剧增大。当向上移动撤回探针时，探针受力瞬间降低。此外，在开始压入时，探针最初受沥青基底引力(负值)作用，随着探针与基底的逐渐接近，探针达到力平衡状态，即在该位置既不受基底引力作用也不受斥力作用，当从该位置继续向下移动则受基底斥力作用。在探针撤回阶段，探针的受力同样存在斥力与引力间的转换。

为了明确探针压入试样的深度，我们需要确定探针与基底恰好接触时的位置。对探针压入初始阶段的受力进行分析，如图 3-47 所示，可以看出，在加载初期，探针受力

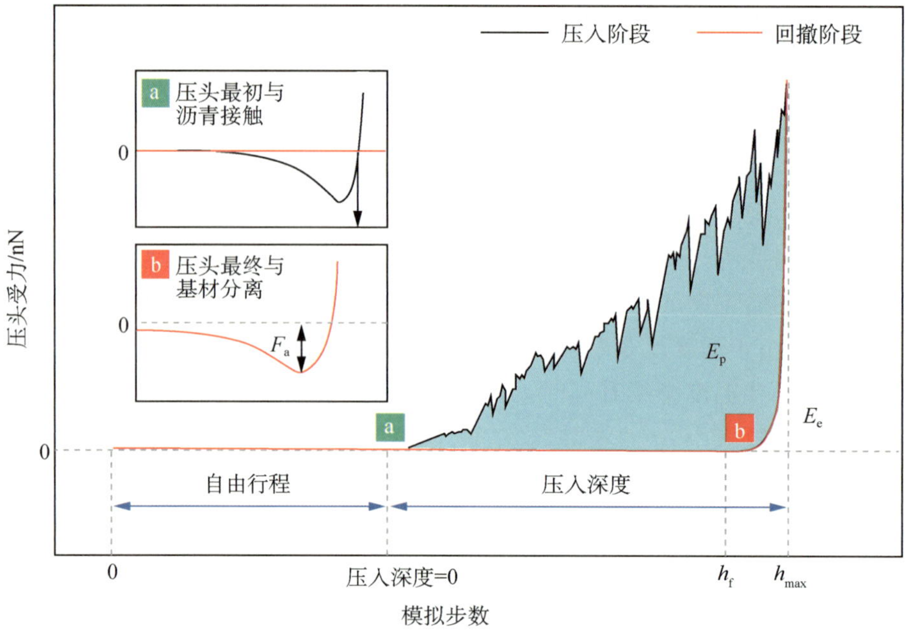

F_a—黏附力；E_p—塑性能，即压痕曲线与回撤曲线之间的面积；E_e—弹性能，即回撤曲线下的面积

图 3-46　AFM 峰值力模拟过程中针尖力变化曲线

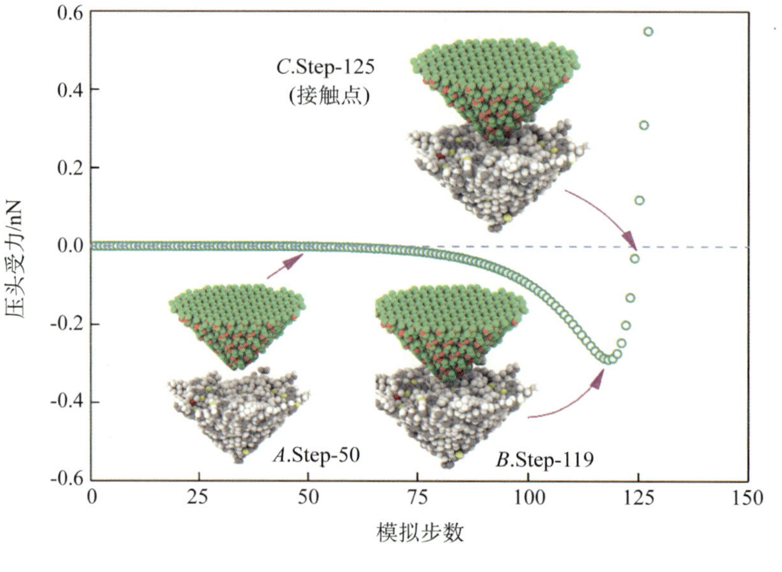

图 3-47　压入过程中针尖受力变化曲线及模型局部原子形态

降低为负值，即探针与基底之间存在引力，这也意味着探针与基底之间存在一定距离。在 119 步探针受引力达到峰值，随后开始增大，在 125 步达到平衡（受力为零）。观察 50 步、119 步以及 125 步的模型形态可以看出，50 步时探针与基底之间仍存在一定距离；当引力达到峰值时，探针已部分接触基底；在平衡态时可以看到，探针已与基底完全

接触。需要说明的是，想要准确确定探针与基底的接触位置是很困难的，统一起见，本书均以平衡位置（受力为零）作为探针与基底恰好接触的位置。

在明确了石英探针与沥青基底的初始接触位置后，就可以计算从该点开始的压痕位移作为接触深度 d。然后可以绘制出整个位移控制峰值力模拟过程的力-压入深度曲线，如图 3-48 所示。从该图可以注意到压入曲线和回撤曲线之间的差异，这表明在压痕过程中发生了塑性变形。对于不同压入深度的模拟，压痕曲线几乎重合。在压入阶段，随着压头向沥青基底中压入，力持续增大并伴有一些波动，压入曲线呈现出锯齿状。从石英压头获得的力首先增大，直到达到峰值，然后经过几步减小，力继续从下降点增大到新的高峰，然后再减小。“之”字形循环一直持续到缩进阶段结束为止。力的波动，特别是在压痕阶段的减小，可以解释为原子重新排列或分子滑移[41]。力-压入深度曲线的这种锯齿形状可能是由于沥青基底中交替发生弹性变形和塑性变形引起的。

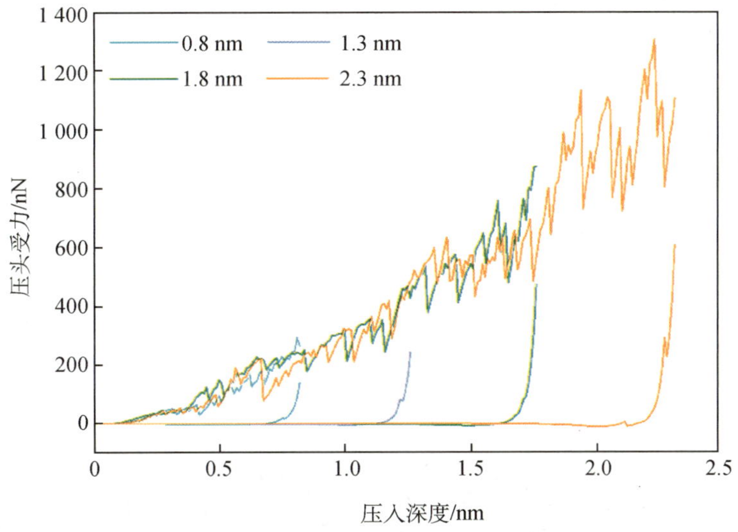

图 3-48　不同压入深度的压入和回撤曲线

在回撤阶段，石英压头失去与沥青基底上原子的接触，排斥力在初始步骤迅速减小。力经过几步减小到负值，这意味着力随着距离的增加而从排斥力变为吸引力。然后，力逐渐增大，最后消失，直到压头完全脱离沥青基材为止。因此，在缩回阶段，最小力的负值即为石英压头和沥青基底之间的黏附力。

3.4.3.2　变形过程

MD 模拟的一个好处是可以直观地观察石英压头压入过程中沥青基底的受荷变形过程。图 3-49 为压入过程中模型的剖视图和对应的剪切应变云图。可以看出，随着石英压头压入沥青基体中，压头区周围的沥青原子从初始位置移开，且主要向底部压紧。

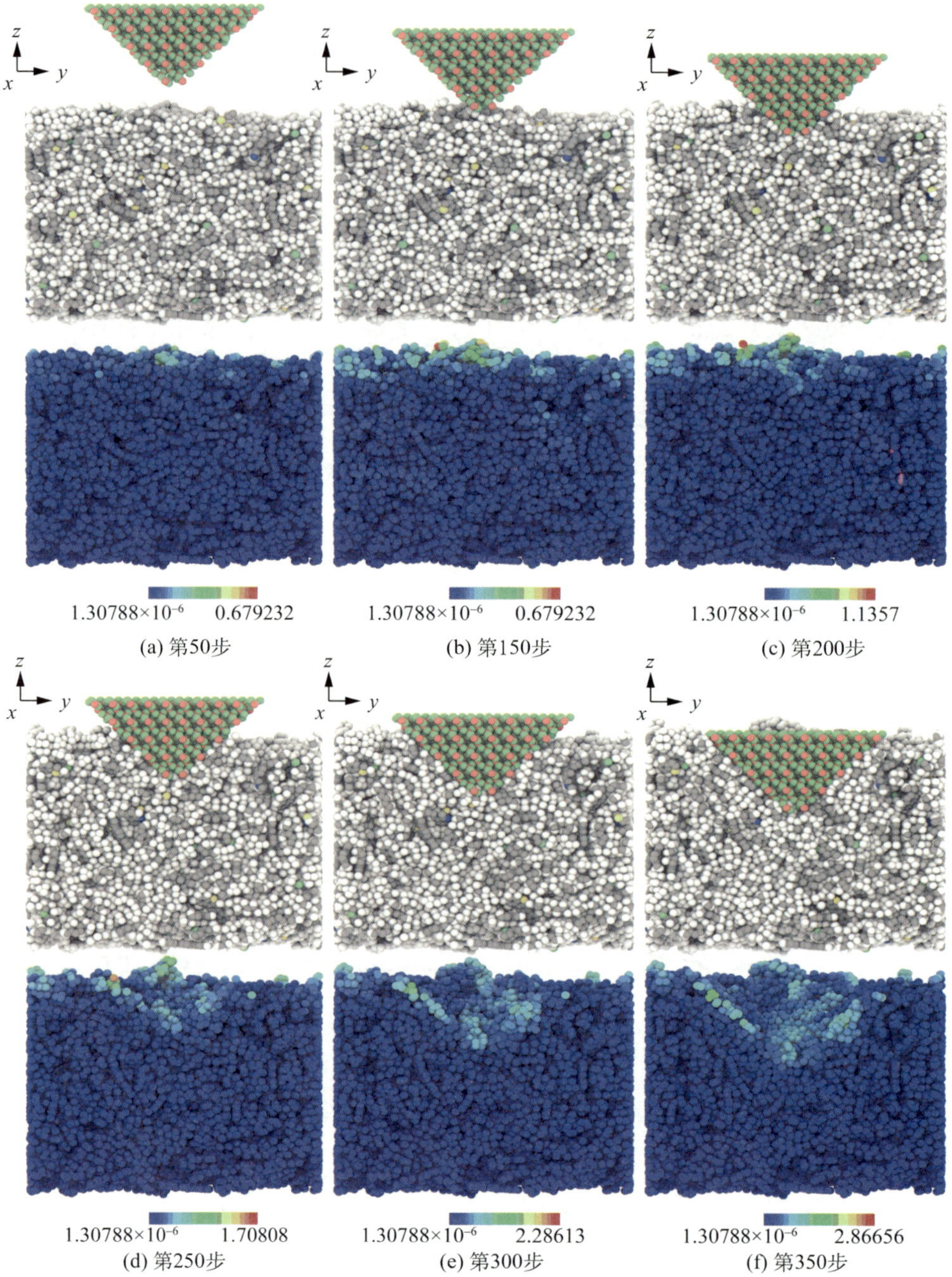

图 3-49　压入过程中不同步数时模型变形的剖视图(上方)和剪切应变云图(下方)

当压入深度逐渐增加时,与石英压头接触的沥青原子围绕压头扩散。从图 3-49(c)—(f)也可以观察到少量的原子堆积。从图 3-49 中模型的剪切应变云图可更清晰地观察到这一过程。图 3-50 展示了在不同压入深度下沥青基底原子位移矢量的剖视图。箭头指向原子运动的方向,箭头长度表征原子位移的大小。由于剪切应力的流动,压头周围会发生明显的曲线运动。当压头前进时，压痕区的原子位移保持相对对称，这反映出沥青基质的各向同性变形。随着压痕深度的增加，与压头接触的沥青原子开始移动到压头的两侧，并引起表面原子的轻微堆积。

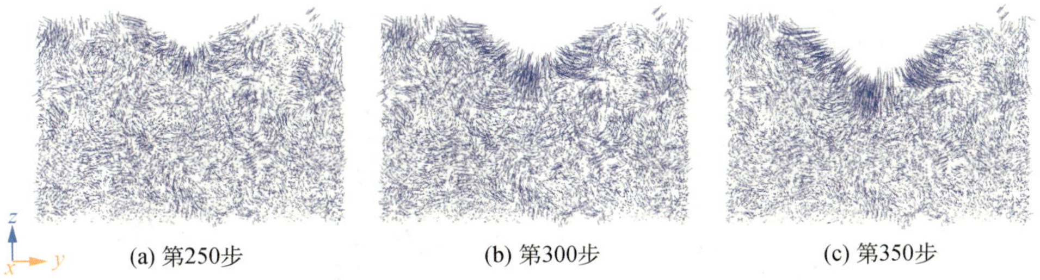

图 3-50　不同压入深度时沥青基底原子位移矢量的剖视图

3.4.3.3　AFM 黏附力

在本研究中，构造了石英压头以代表矿质集料，通过模拟宏观 AFM 峰值力测试（压痕）过程来研究沥青基底与矿质集料压头之间的黏附力。如图 3-46(b)所示，可以在压头回撤阶段从力曲线直接获得黏附力的大小。根据图 3-46(b)，回撤曲线的峰值力即是石英压头在沥青基底上的附着力。为了研究压痕深度对沥青黏附响应的影响，故模拟了不同压痕深度，包括 0.8 nm，1.3 nm，1.8 nm 和 2.3 nm。图 3-51 显示了在不同压入深度下的回撤曲线。与其他三条曲线不同，在初始撤回阶段，当压入深度为 2.3 nm 时，压头受力存在一定幅度的回升，这主要是由于沥青基底的弹性恢复。同时，黏附力随着压入深度的增加而单调增加，这主要是由于随着压头的深入，压头与沥青基底之间有更多原子的相互作用。

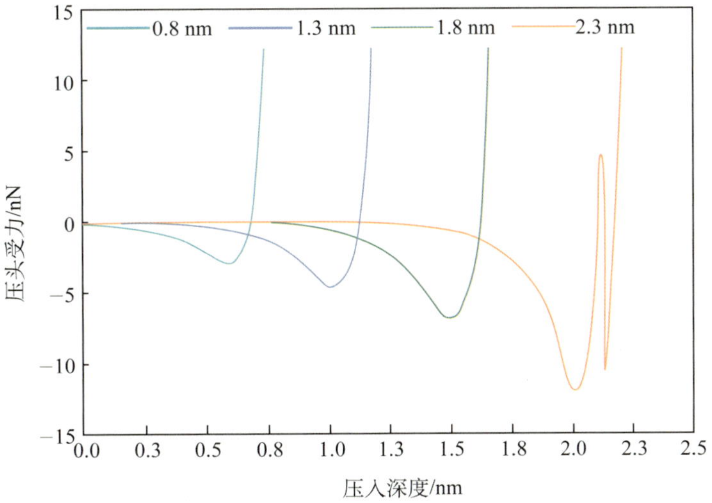

图 3-51　AFM 峰值力模拟不同压入深度时的回撤曲线

图 3-52 显示了沥青样品的 AFM-QNM 黏附力测试结果。图 3-53 描绘了上述黏附力结果的分布情况。从图 3-53 可以看出,所有样品的黏附力范围为 0.5~17 nN,即当前的 MD 模拟所获得的黏附力与试验数据较为接近。

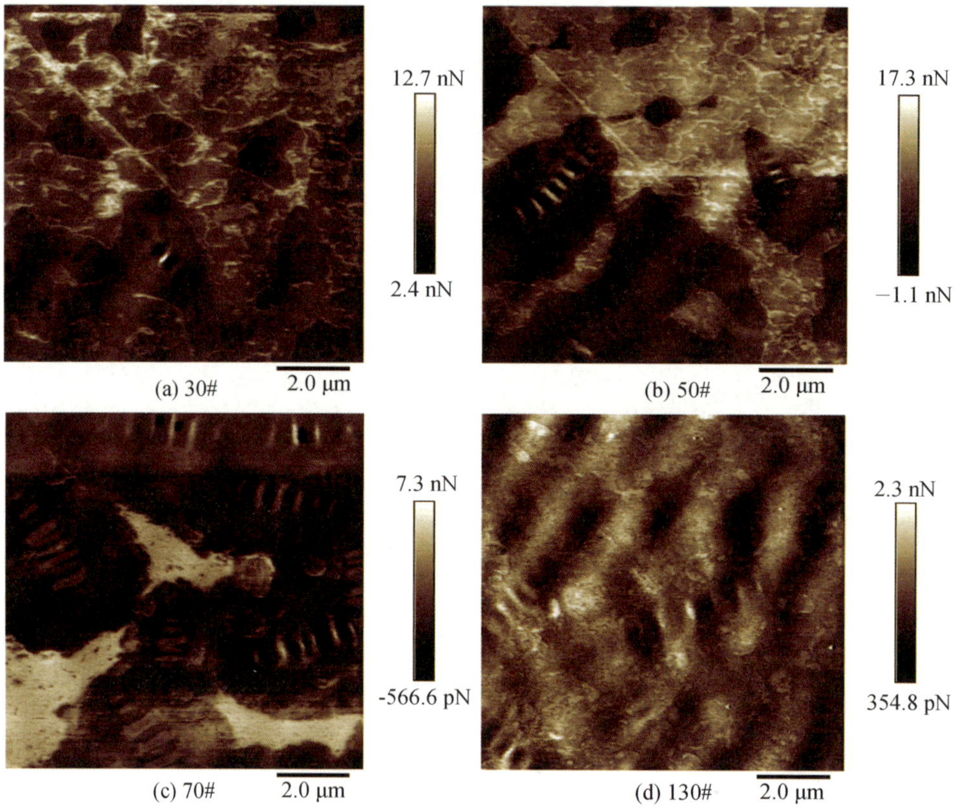

图 3-52　不同标号沥青样品 AFM 黏附力测试结果

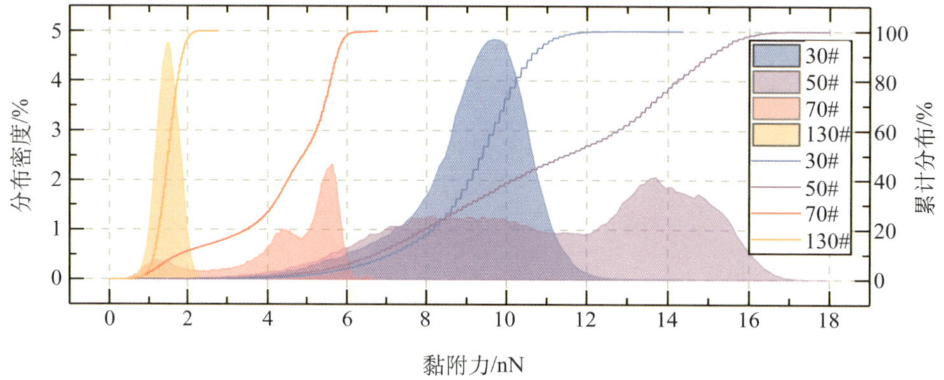

图 3-53　AFM 测试四种不同标号沥青样品的黏附力分布

图 3-54 描绘了黏附力随压入深度的变化趋势。采用幂函数来拟合黏附力 F_a 和压入深度 h 之间的关系($R^2=0.965$)为

$$F_a=2.94179h^{1.64069} \tag{3-38}$$

然后可以将黏附力除以压头的投影接触面积来计算黏附强度。锥形压头的投影接触面积随压入深度的变化可以通过以下表达式计算得到：

$$A_p=\pi(0.25+0.9h)^2 \tag{3-39}$$

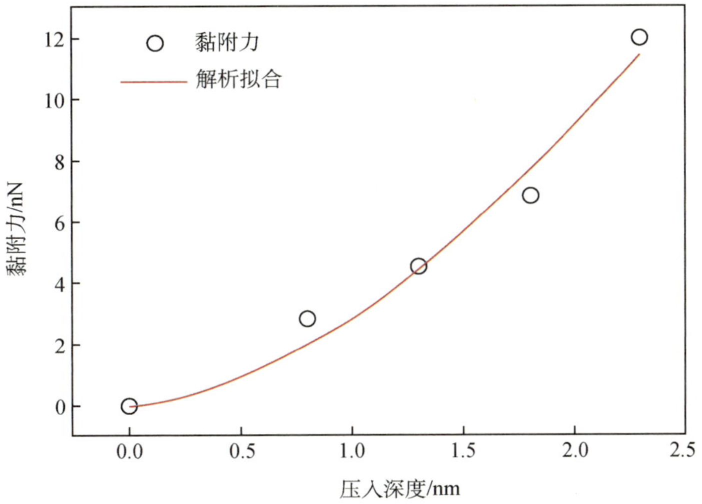

图 3-54　AFM 黏附力随压入深度的变化曲线

然后，通过将黏附力函数除以投影接触面积函数，可以方便且精确地建立黏附强度函数，如式(3-40)所示：

$$\frac{F_a}{A_p}=\frac{2.94179h^{1.64069}}{\pi(0.25+0.9h)^2} \tag{3-40}$$

图 3-55 描绘了该黏结强度模型。从该模型曲线可以看出，黏结强度最初随着压入深度的增加而增加，直到压入深度约为 1.268 nm 时，黏结强度达到峰值，然后再减小。这意味着在当前的 MD 模拟研究中存在着尺寸效应。纳米压痕实验和模拟研究中的尺寸效应通常是指硬度、弹性模量和其他力学参数随最大压入深度的减小而增大的现象[42]。根据该黏结强度模型可以观察到沥青与石英压头之间黏结强度的尺寸效应。由于黏附力函数的增长率超过了投影接触面积函数的增长率，因此很容易理解在初始压入深度时黏结强度的提高。但是，由于投影面积函数是比黏附力函数高阶的多项式，因此黏附力将达到峰值并最终降低。

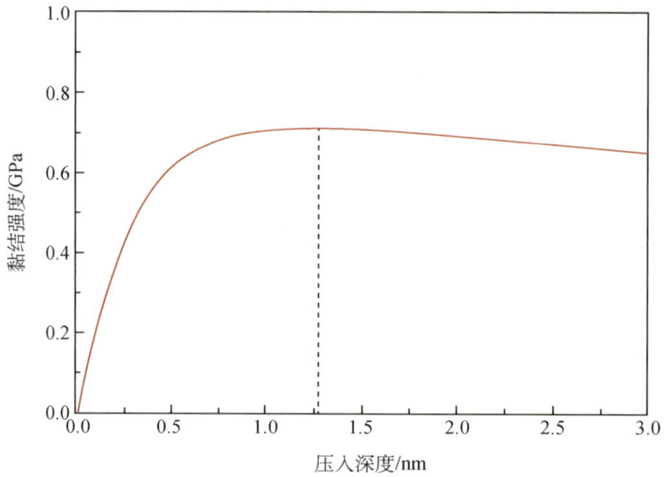

图 3-55 黏结强度随压入深度的变化趋势模型

3.5 集料表面构造对界面黏附性能的影响

集料表面一直被认为是影响沥青-集料体系黏附性能的主要因素之一。通常，具有粗糙质地的集料能够吸收更多的沥青以形成结构沥青，这有助于与沥青的良好黏结。然而，当前有关集料表面粗糙构造的研究大多集中在集料表面纹理特征的表征及其对沥青混合料整体性能的影响方面[43, 44]，只有少数研究就其对界面黏附性能的影响进行了表征。因此，确定集料表面形态和粗糙度对沥青-集料体系黏附性能的详细影响和贡献对进一步认识沥青-集料体系相互作用具有重要意义。本节构建了粗糙表面集料模型，并采用前述章节有关界面黏附行为和力学行为的研究方法，就集料表面粗糙结构对沥青-集料界面黏附性能的影响进行分析。

3.5.1 模拟细节

采用前述集料表面粗糙结构的建模方法，分别构建了 3 种不同的粗糙结构，4 个粗糙度水平的石英集料模型。模型尺寸及相应的粗糙度见表 3-18。在此基础上，构建了沥青-集料界面模型，见图 3-56。

表 3-18 不同粗糙结构石英模型尺寸参数

尺寸参数	模型							
	条纹状/分散凸台状				网格状			
a /Å	10							
b /Å	10							
h /Å	2.5	5	7.5	10	1.25	2.5	3.75	5
γ	1.25	1.5	1.75	2	1.25	1.5	1.75	2

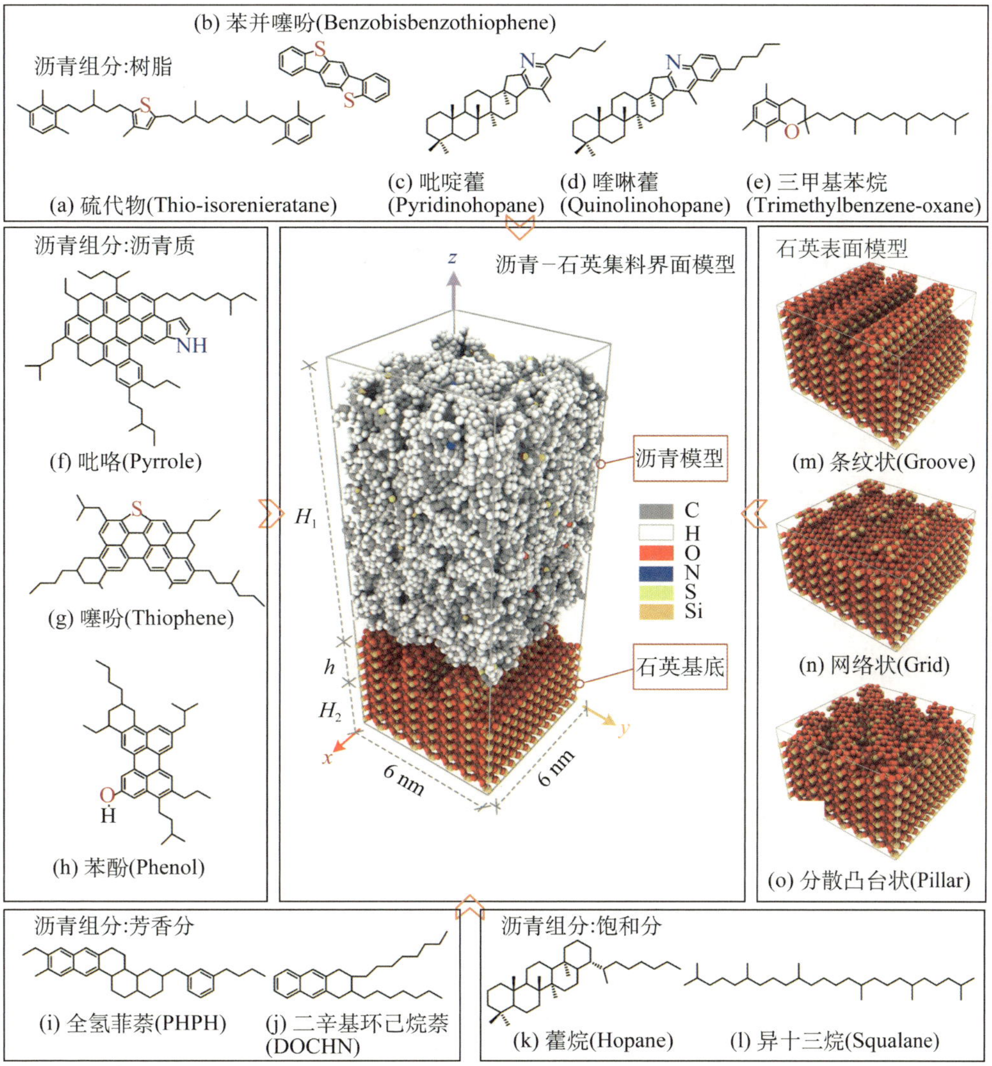

图 3-56 沥青-石英界面模型

在本小节的研究中,采用 PCFF 力场描述模型中原子间的相互作用。在建模完成后,首先使用共轭梯度法对每个生成的初始结构进行能量最小化。在能量最小化的过程中,相邻迭代之间的能量变化小于 1.0^{-8} kcal/mol,当全局力矢量的二范数(长度)小于 1.0^{-8} kcal/(mol · Å)时即达到收敛。然后,在 NVT 系综下进行 500 ps 动力学模拟使模型达到恒定温度,模拟温度为 298.15K。随后,进行 500 ps NVE 系综动力学模拟以进一步平衡模型。最后,进行 500 ps 平衡态动力学模拟,用于分析界面结合能。此外,NVE 平衡后的模型也被导出用于界面拉伸模拟,具体模拟方法如本书 3.4.1.1节所述。

3.5.2 表面粗糙结构对沥青分子的嵌锁作用

集料表面粗糙结构对沥青分子的嵌锁作用(interlock)是沥青-集料界面机械黏附作用形成的基础。本小节分别分析了不同粗糙构造粗糙度下沥青-石英集料模型在平衡态[图 3-57(a)]及拉拔模拟结束后[图 3-57(b)]沥青模型原子分布。图 3-58(a)—

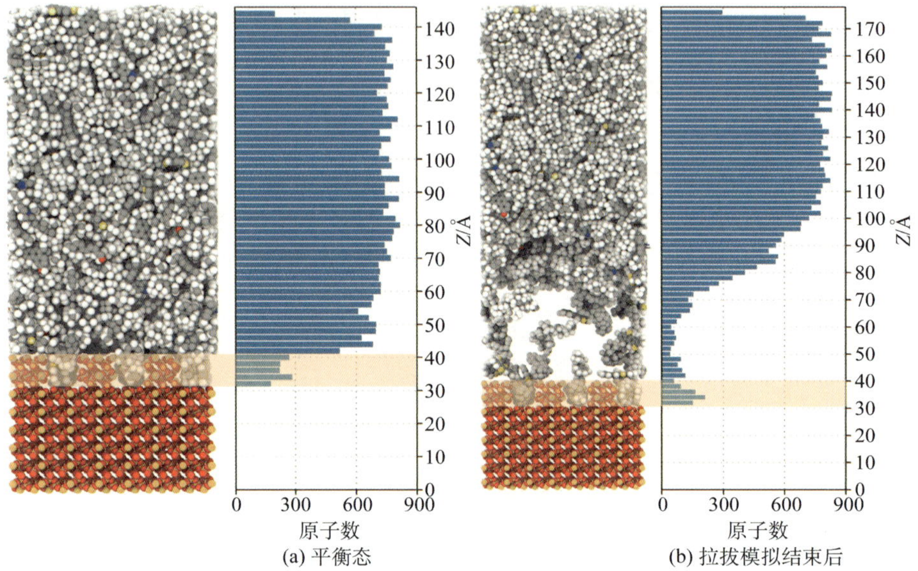

图 3-57 沥青模型原子分布

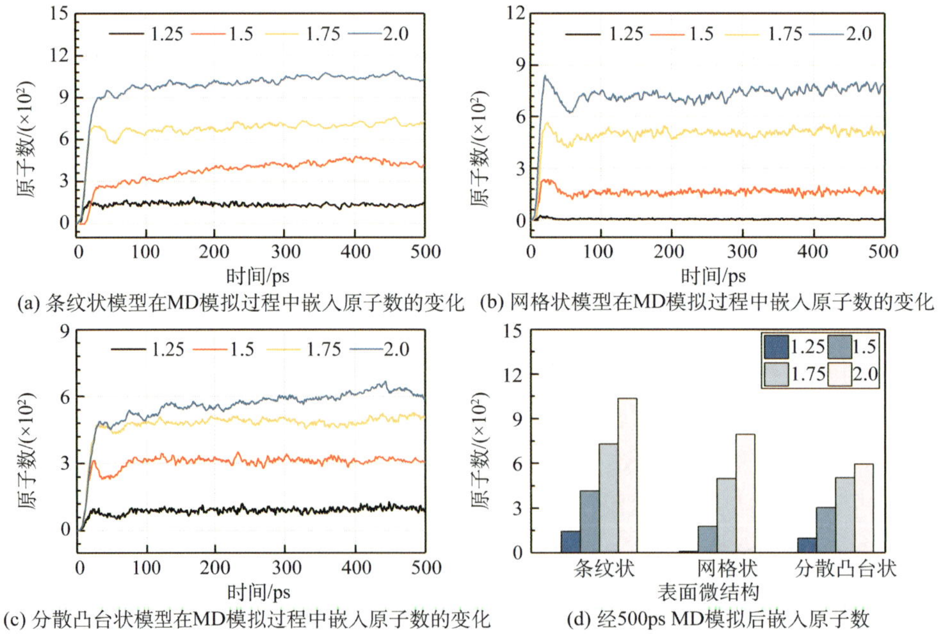

图 3-58 嵌入石英表面粗糙构造内的原子数

(c)给出了 NVT 系综动力学平衡过程中条纹状、网格状和分散凸台状石英集料模型嵌入沥青原子数的变化。从图 3-58 可以看出，在动力学模拟开始 100 ps 后，大部分模型中嵌入石英集料表面粗糙构造中的原子数目便趋于稳定。图 3-58(d)给出了经 500 ps MD 模拟后嵌入原子数，可以看出，随着表面粗糙度的增加，嵌入原子数呈现出增多的趋势。横向对比 3 种不同的粗糙构造，条纹状表面构造对沥青分子模型的嵌锁作用明显优于其他两种结构。图 3-59 给出了经拉拔模拟后嵌入表面微结构中的沥青原子数目，经拉拔模拟后嵌入的原子数目均有所下降，但条纹状表面结构仍然具备最优的嵌锁能力。

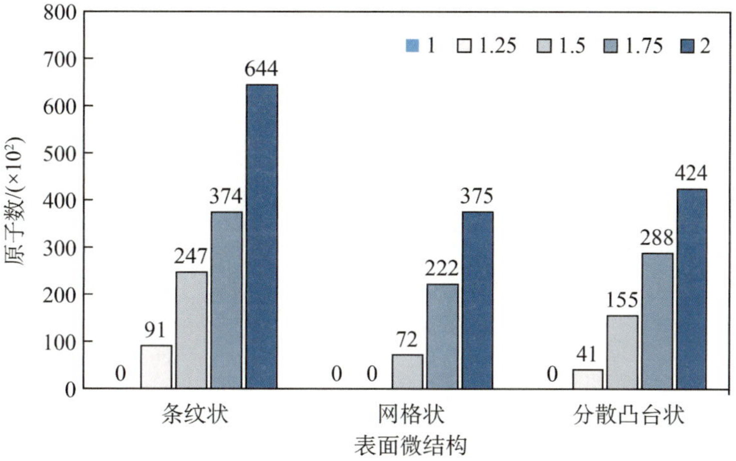

图 3-59　经拉拔模拟后嵌入表面微构造中的沥青原子数目

3.5.3　界面结合能

本小节研究了矿质集料表面粗糙结构对沥青与集料界面相互作用的影响。计算得到沥青与石英集料的界面结合能，如图 3-60 所示。从图 3-60(a)可以看出，表面粗糙结构增强了沥青与集料界面的结合能。对于 3 种不同的表面粗糙结构，一方面，界面的结合能随着集料表面粗糙度的增大均呈增大趋势；另一方面，在相同粗糙度的情况下，三种结构类型中二维分散凸台状表面粗糙结构对界面能的增强效果均优于其他两种结构。图 3-60(b)和(c)给出了不同粗糙结构不同粗糙度时界面结合能的主要组成情况。可以看出，在粗糙度为 1，即无表面粗糙结构时，沥青与集料间的结合能以范德华力为主，静电作用较小。当存在表面粗糙结构时，库仑静电作用急剧增加，并成为界面结合能的主要组成部分。这主要是由于表面粗糙结构的存在破坏了石英集料表面的晶体结构，产生不饱和带电原子。

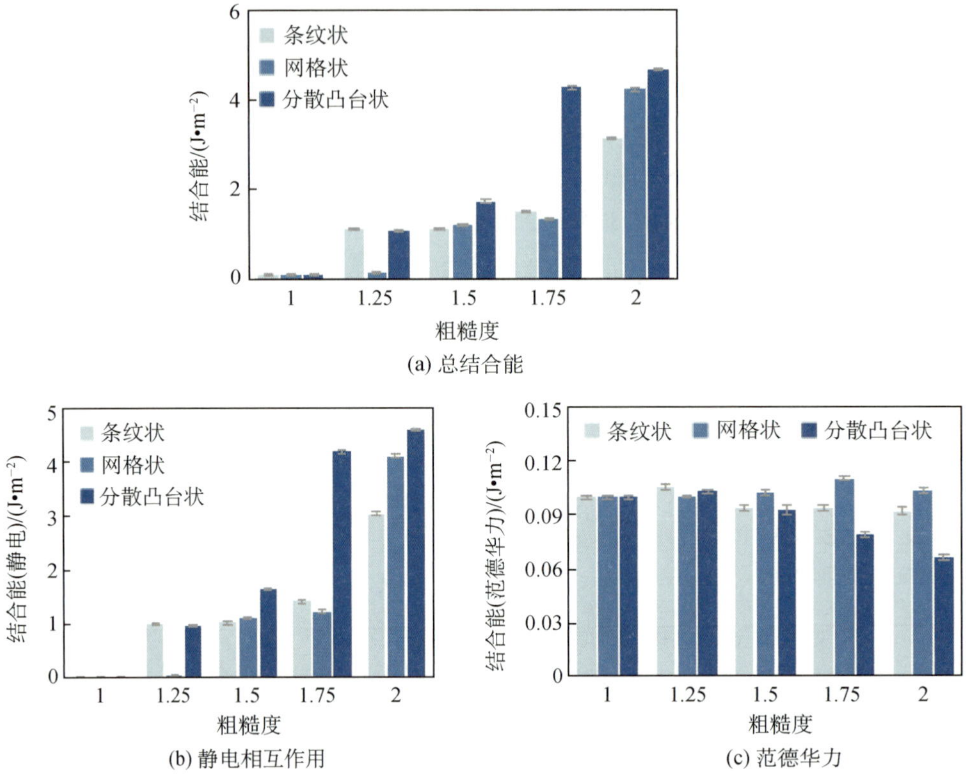

图 3-60　沥青-石英集料界面结合能

3.5.4　界面黏结强度

本小节研究了矿质集料表面粗糙结构对沥青与集料界面黏接强度的影响。图 3-61和图 3-62 分别给出了 MD 拉拔模拟不同粗糙构造粗糙度下沥青-集料界面的

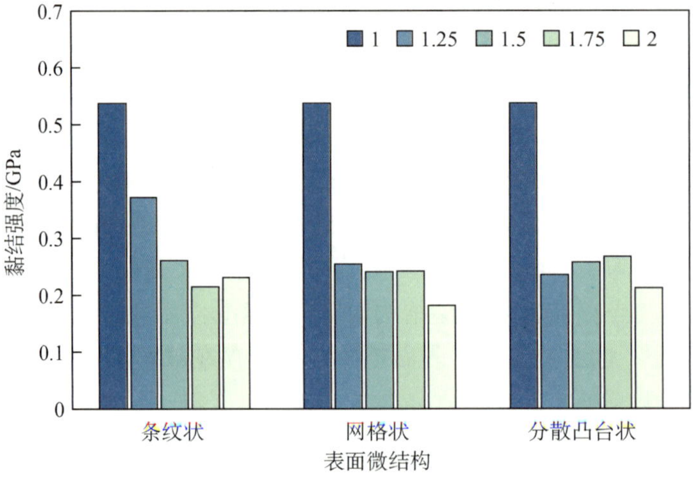

图 3-61　不同粗糙构造粗糙度下沥青-集料界面的黏结强度

黏结强度和断裂能。从这两个图中可以看出，表面粗糙构造的出现降低了界面拉拔黏结强度与断裂能。依据常识，由于界面粗糙构造对沥青材料的嵌挤、物理咬合等机械作用，沥青与集料间的界面黏结强度应该增强。而本书的模拟结果却与常识相悖，这主要是因为表面粗糙构造对沥青材料的嵌挤作用导致了沥青-集料界面在拉拔时更倾向于沥青间的黏聚性破坏，实质是沥青-集料间断裂面积减小。从图 3-63 可以看出，当集料表面存在粗糙构造时，沥青-集料界面在拉应力作用下的临界分离距离相较无粗糙构造模型有所增大。这从另一方面佐证了沥青-集料界面破坏模式随着集料表面粗糙度的增大呈现出黏聚性破坏的转变趋势。由前述研究结果可知，当温度、加载速率等影响因素不变时，表面粗糙结构的出现改变了沥青-集料界面的断裂形式，当沥青黏聚性断裂

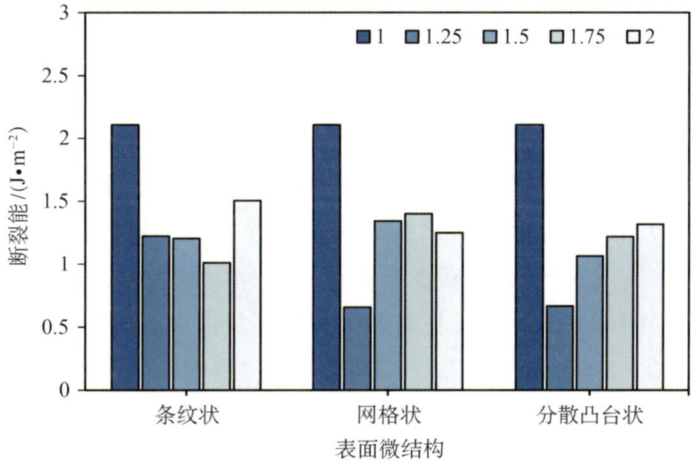

图 3-62　不同粗糙构造粗糙度下沥青-集料界面的断裂能

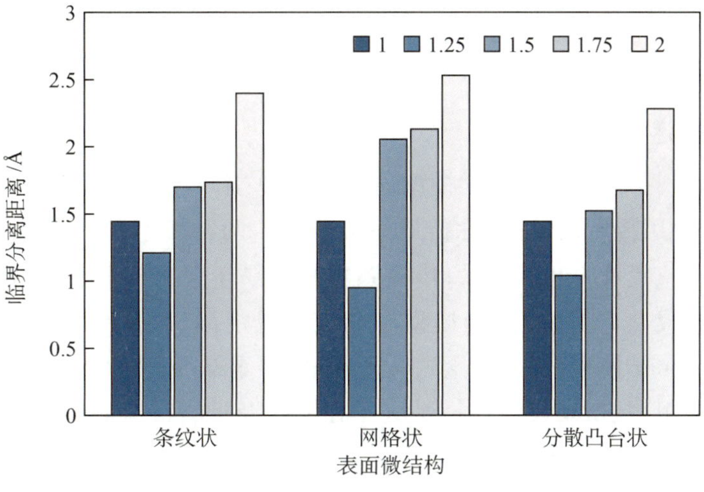

图 3-63　不同粗糙构造粗糙度下沥青-集料界面的临界分离距离

的强度小于沥青-集料界面完全黏附破坏的强度时，就可能引起界面拉拔黏结强度的降低。对于存在粗糙构造的界面模型而言，不同粗糙度不同粗糙构造的界面黏接强度是较为接近的。

3.6 水对沥青-集料界面性能劣化的影响

水损坏对混合料路用性能的影响实质上是水的进入改变了混合料中沥青与集料的界面黏附性以及胶浆的黏聚性，进而对混合料整体的力学性能产生影响。本节在前述有关沥青-集料界面黏附性研究的基础上，首先对水分子在沥青及沥青胶浆中的迁移扩散进行了研究，随后借助分子动力学模拟手段研究水对沥青-集料界面黏附性的影响。

3.6.1 水在沥青中的输运模拟

如前所述，沥青路面水损坏的主要原因是水分子进入沥青混合料内部，在外部环境和荷载的共同作用下，沥青胶浆产生内聚断裂，集料与沥青胶浆界面产生黏附断裂。D. Little等[45]认为影响沥青混合料水损坏速度和程度的关键因素有：①水分子进入沥青及沥青混合料的速度；②水分子对沥青黏聚性和黏附性能的劣化影响。因此，研究水分子在沥青混合料内部的运动情况将有助于揭示沥青混合料的水损坏机理。

N. Kringos 和 A. Scarpas[46]认为水在沥青混合料中的输运主要通过两种方式：一种是水在空隙中的渗透传递，渗透传递主要依赖混合料对水的抽吸作用及水的流速；另一种是当水进入到混合料的内部空隙后，水分子在沥青胶浆中的扩散传质。与第一种压力驱动的渗透方式不同的是，第二种扩散传质现象主要是由物质内部水分子浓度梯度引起的。运用常规试验方法测定水在沥青及沥青混合料中的扩散系数往往难以明确区分上述两种方式，为此，本小节拟采用 MD 模拟方法来研究水分子在沥青材料中的扩散传质现象。

3.6.1.1 扩散传递

用于描述宏观扩散问题的数学模型通常有两种：第一种使用扩散系数，简称扩散系数模型；第二种使用传质系数，简称传质系数模型。两种模型各有优劣，扩散系数模型易于分析浓度与位置及时间的关系；传质系数模型易于分析实验现象及结果[47]。扩散模型发展得较为成熟，描述扩散的模型有菲克扩散定律(Fick's Law)、Brochard 模型(慢速理论)、Kramer 模型(快速理论)、蠕变理论、双重蠕变理论等。本小节从连续介质模型出发，采用 MD 从微观尺度模拟水分子在沥青及沥青混合料中的扩散情况并进行解释。

1. 连续介质模型

当混合物中的不同组分存在浓度梯度时，就会发生分子扩散现象。如图 3-64 所示，假设左侧盒子粒子质量为 m_L，右侧盒子粒子质量为 m_R，盒子横截面尺寸为 $W \times H$，盒子长度为 Δx。定义单位时间单位截面上某组分通过垂直于扩散方向 x 的质量为扩散通量 J，则图 3-64 中从左侧盒子至右侧盒子与从右侧盒子至左侧盒子的通量分别为

$$J_L = P \times \frac{1}{WH} \times \frac{m_L}{\Delta t} \tag{3-41}$$

$$J_R = P \times \frac{1}{WH} \times \frac{m_R}{\Delta t} \tag{3-42}$$

式中，P 表示单位时间内粒子穿过盒子边界的概率。

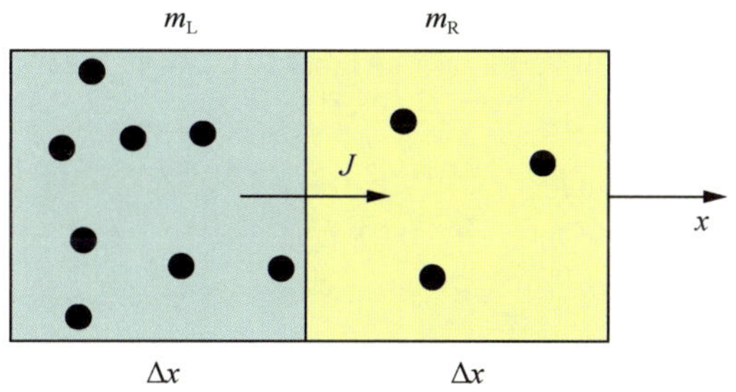

图 3-64　一维扩散示意

则有效扩散通量为

$$J = P \times \frac{1}{WH} \times \frac{1}{\Delta t} \times (m_L - m_R) \tag{3-43}$$

由于 $m = cv$，则有：

$$J = P \times \frac{1}{(WH)} \times \frac{1}{\Delta t} \times \underbrace{(c_L - c_R)}_{-\Delta c} \times \underbrace{\Delta x \times (WH)}_{V} \tag{3-44}$$

设沿 x 方向粒子质量分数随距离的变化率为 $\frac{\mathrm{d}c}{\mathrm{d}x}$，也即：

$$J = -P \frac{\mathrm{d}c}{\mathrm{d}t} \Delta x = -\frac{P}{\Delta t} \Delta x^2 \frac{\mathrm{d}c}{\mathrm{d}x} \tag{3-45}$$

令 $D = P \frac{\Delta x^2}{\Delta t}$，则有：

$$J = -D \frac{\mathrm{d}c}{\mathrm{d}x} \tag{3-46}$$

式中 D—— 扩散系数；

c—— 质量分数；

t—— 时间；

x—— 位置。

上式即为菲克第一定律(Fick's First Law)，菲克第一定律可表述为单位时间通过垂直于扩散方向的单位截面积的物质流量与该处的扩散物质浓度梯度成正比。

对于非稳态扩散，根据质量守恒原则，某微小时间段内进行微分体的溶质质量差应等于该时段内微分体内的溶质增量，从而可得：

$$\frac{\partial c}{\partial t}=D\times\left(\frac{\partial^2 c}{\partial x^2}+\frac{1}{A}\frac{\partial A}{\partial x}\frac{\partial c}{\partial x}\right) \tag{3-47}$$

当接触面积 A 为常数时，可得到一维非稳态扩散基本方程，即菲克第二定律(Fick's Second Law)：

$$\frac{\partial c}{\partial t}=D\frac{\partial^2 c}{\partial x^2} \tag{3-48}$$

2. 微观模型

由连续介质模型可知，粒子的扩散系数表征了粒子在 Δt 时间内移动 Δx^2 距离的能力。微观尺度认为扩散是由粒子自发的无规则布朗运动所引起。采用分子动力学表征粒子的运动特征，扩散系数可表征为

$$D=P\frac{\Delta r^2}{\Delta t} \tag{3-49}$$

式中 Δr^2—— 粒子移动的位移的平方；

P—— 粒子移动的方向概率，对一维模型，$P=\frac{1}{2}$(向前或向后)。

可通过粒子从起始位置开始移动足够长时间从而计算单位时间内的移动距离来表征扩散系数：

$$D=\frac{1}{2d}\lim_{t\to\infty}\frac{\mathrm{d}}{\mathrm{d}t}[\Delta r^2(t)] \tag{3-50}$$

式中，d 表示模型维度($d=1, 2, 3$)。

对所模拟体系中所有粒子取平均，有：

$$D=\frac{1}{2d}\lim_{t\to\infty}\frac{\mathrm{d}}{\mathrm{d}t}\langle\Delta r^2(t)\rangle \tag{3-51}$$

式中，$\langle \Delta r^2(t) \rangle = \dfrac{1}{N}\sum_t [\boldsymbol{r}_i(t) - \boldsymbol{r}_i(0)]^2$ 为模拟体系的均方位移（Mean Square Displacement，MSD），则对于三维模型而言，扩散系数可表示为式(3-28)，即为表征扩散的 Einstein 公式。Einstein 扩散公式认为，当模型达稳态扩散时，*MSD* 与模拟时间线性相关，此时即可通过计算体系微观均方位移来计算其扩散系数，见式(3-29)。

3.6.1.2 模型构建

本小节研究了水分子在沥青胶结料(asphalt binder)及沥青胶浆(asphalt mastic)中的扩散。在构建 AAA-1 基质沥青模型(采用图 3-65 所示模型)时，以不同质量比例(1%，3%，5%，10%，15%，20%)加入水分子。为了研究水分子在沥青胶浆中的扩散特征，构建直径为 5 Å 的石英纳米颗粒来代替矿粉颗粒。控制水分子掺量为 5%，研究了水分子在不同粉胶比沥青胶浆中的扩散。有关石英纳米颗粒的建模方法主要参照 J. H. Zhou 等[48]的建模方法，具体建模及其细节此处不再赘述。本小节模型各组分如图 3-65 所示。

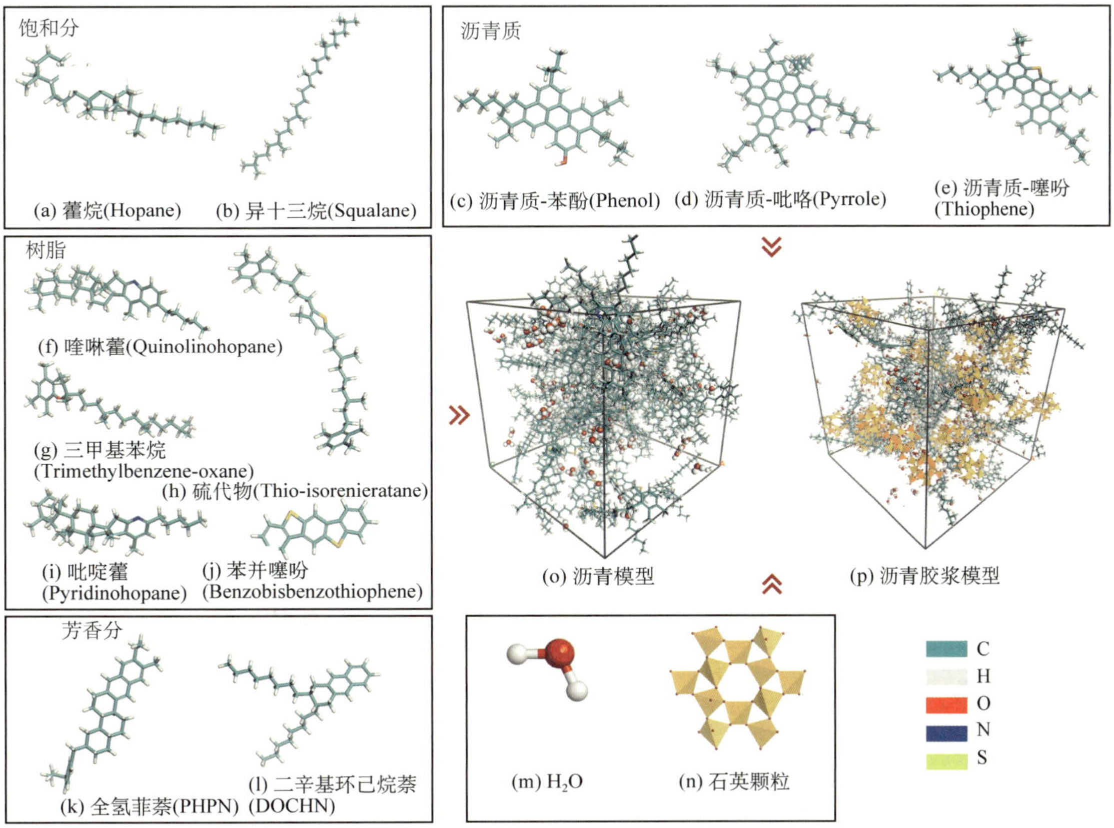

图 3-65 水在沥青材料中扩散模拟模型组成

3.6.1.3 模拟细节

为了模拟水分子在沥青材料中的扩散，需要在模拟的沥青模型内加入一定数量的水分子。本书在建模时，以一定质量比例在沥青模型中加入水分子。为了得到更加真实稳定的结构，首先对模型进行能量最小化处理以优化模型。随后，采用 Compass Ⅱ 力场，在 298.15K 下以 0.5 fs 步长对模型进行 200 ps 动力学弛豫，得到温度、能量稳定的构型，紧接着对 NVT 平衡后的模型在 101.325 kPa 和 298.15K 下进行 1 000 ps NPT 系综动力学模拟，得到体积稳定的构型。最后，对平衡态模型在 298.15K 下进行 1 000 ps NVT 系综动力学弛豫，以 1%的抽样比例保存轨迹文件。通过对轨迹文件的分析计算得到水分子在沥青模型中的扩散系数。

为了选择合适的力场，分别计算了水分子无定形晶胞模型在 Dreiding，PCFF 以及 Compass Ⅱ 力场下的密度、均方位移（Mean Square Displacement，MSD）、扩散系数（Diffusion coefficient，D）及内聚能密度（Cohesive Energy Density，CED）等参数，并与实测值进行了对照。模拟得到水分子无定形晶胞模型在常温下的密度与 *MSD* 曲线如图 3-66 所示。不同力场下水分子模型的密度，*D* 及 *CED* 预测值见表 3-19。表中给出了常温下水分子相应的实测数据，可以看到采用 Compass Ⅱ 力场的模拟数据与实测数据较为接近。因此，后续模拟均在 Compass Ⅱ 力场下进行。

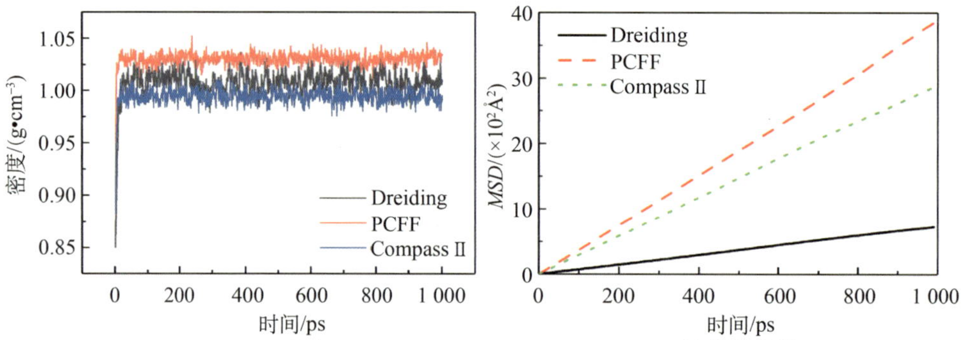

(a) 密度　　(b) 均方位移

图 3-66　水分子在不同力场下的密度与均方位移模拟结果

表 3-19　不同力场下水分子模型密度、扩散系数及内聚能密度预测值

力场	密度/(g·cm^{-3}) (298.15K，1atm)	扩散系数 *D*/(10^{-5}cm^2·s^{-1}) (298.15K)	内聚能密度 *CED* /(10^9 J·m^{-3})
Dreiding	1.009(±0.0089)	1.242	3.384(±0.0097)
PCFF	1.031(±0.0051)	6.449	2.259(±0.2901)
Compass Ⅱ	0.994(±0.0063)	4.054	2.174(±0.0096)
实验参考值	0.9970[49]	2.296～2.36[50, 51]	2.294[52]

此外，扩散系数与温度的关系可用 Arrhenius 关系表示：

$$D = D_0 \exp\left(-\frac{E_D}{R_0 T}\right) \tag{3-52}$$

式中 D_0—— 扩散常数；

E_D—— 扩散活化能；

R_0—— 摩尔气体常数。

即 $\ln D$ 与 $1/T$ 线性相关，为了进一步验证所选择 Compass Ⅱ 力场及模拟方法的准确性，对模拟结果线性关系进行考察，如图 3-67 所示。可以看到，模拟结果符合 Arrhenius 关系。这从另一个侧面对本小节的模拟方法及力场进行了验证。

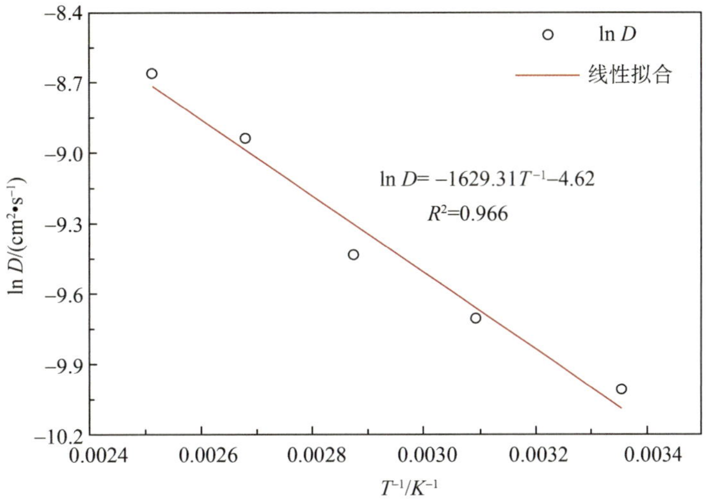

图 3-67 Arrhenius 公式中 $\ln D$ 与 T^{-1} 的线性拟合

3.6.2 水在沥青材料中的扩散特征

3.6.2.1 水分子在沥青中的扩散

计算得到不同掺量下水分子在沥青材料中的均方位移曲线，如图 3-68(a)所示。从该图中可以看出，随着水分子掺量的增加，其均方位移也随着增大。对 MSD 曲线的直线段进行拟合，计算得到各掺量下水分子的扩散系数，见表 3-20。从表 3-20 中可以看出，在水浓度为 1%，3%，5%，10%，15%和 20%的系统中，水分子的扩散系数 D 分别约为 6.625×10^{-7} cm²/s，4.177×10^{-7} cm²/s，1.292×10^{-6} cm²/s，1.051×10^{-6} cm²/s，1.556×10^{-6} cm²/s，1.232×10^{-5} cm²/s。因此，扩散系数 D 随着系统中水浓度的增加而增大，即添加的水分子越多，它们扩散的速度就越快。通常报道水分子在沥青中的扩散系数约为 $10^{-5}\sim10^{-10}$ cm²/s[53, 54]，计算得到的扩散系数值与实测值较为接近。

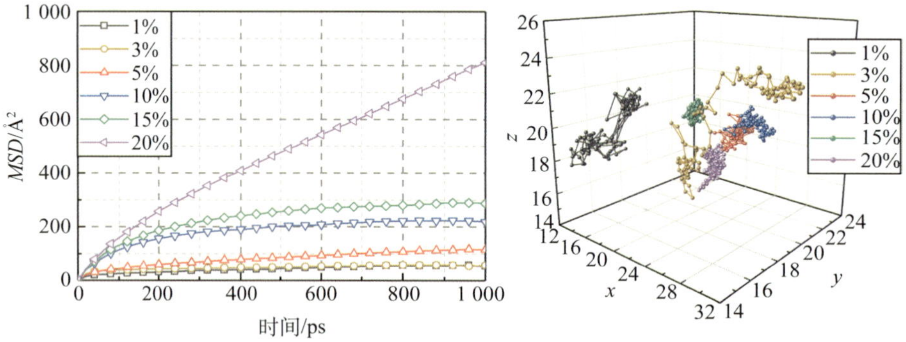

(a) 均方位移　　(b) 水分子团簇运动轨迹

图 3-68　水分子在沥青中的扩散

表 3-20　水分子在具有不同组成比的体系中的扩散系数等参数

模型	粉胶比	水分子质量比/(wt%)	密度/(g·cm^{-3})	D/($\times10^{-7}$ cm^2·s^{-1})	V_f/Å^3	自由体积分数/%
1	0	1	0.989	6.625	9 692.40	17.536
2	0	3	0.986	4.177	10 162.55	17.948
3	0	5	0.986	12.917	10 447.50	18.068
4	0.5	5	1.187	17.260	11 460.24	13.581
5	0.75	5	1.347	21.520	13 264.28	14.080
6	1.0	5	1.303	25.870	12 887.09	14.663
7	1.25	5	1.252	26.900	11 967.45	14.940
8	0	10	0.988	10.512	11 134.31	18.295
9	0	15	0.992	15.560	11 570.28	18.011
10	0	20	0.983	123.167	12 945.09	18.811

研究认为，水分子在聚合物中以两种形式存在：与聚合物以氢键缔合形式作用的“束缚水”和不与聚合物作用而存在于聚合物自由体积微孔中的“自由水”。当水分子掺量增加时，沥青内部“束缚水”趋于饱和，“自由水”增多，从而引起扩散系数的急剧增大。水分子在沥青材料中扩散的浓度依赖现象可以通过考虑水分浓度对沥青分子链结构的影响来解释。为了观察建模系统中的结构变化，图 3-69 显示了处于平衡阶段的各种水浓度下的模型示意图。可以看出，在较低水浓度下[图 3-69(a)，(b)和(c)]，水分子很好地分散在体系中，因此，水分子与沥青链结构相互作用，从而降低了其流动性；在较高水浓度下[图 3-69(d)，(e)和(f)]，水分子倾向于形成团簇。形成的团簇越大，空间越大，水分子就可以在团簇内长距离扩散而不会遇到沥青链的阻碍。因此，水主要在水团内部扩散，从而表现出较高的扩散系数。

对水分子组的质心轨迹进行分析同样可以观察到这种现象。图 3-68(b)描绘了MD 模拟过程中各种浓度的水分子的质心轨迹。对不同浓度的系统中水分子扩散轨迹的坐标范围的分析表明,水分子扩散轨迹的范围随着水浓度的增大而减小。对于水分子为 1%的系统,扩散轨迹的分布范围最广。当添加越来越多的水分子时,扩散范围变得越来越密集。在水分子掺量较低时,水分子需从一个孔跳到另一个孔进行扩散运动,从而导致水分子组质心的运动轨迹范围很大。此时,水分子的扩散渗透依赖于系统中自由体积的连通性。另外,在水分子和沥青亲水基团之间形成的氢键有效阻碍了水分子的自由运动。而在水分子掺量较高时,分散在团簇内部的水分子往往是在团簇内部自扩散。上述原因可解释在水分子掺量较低时,水分子质心运动轨迹范围广,但扩散系数较小,在水分子掺量较高时则相反的现象。

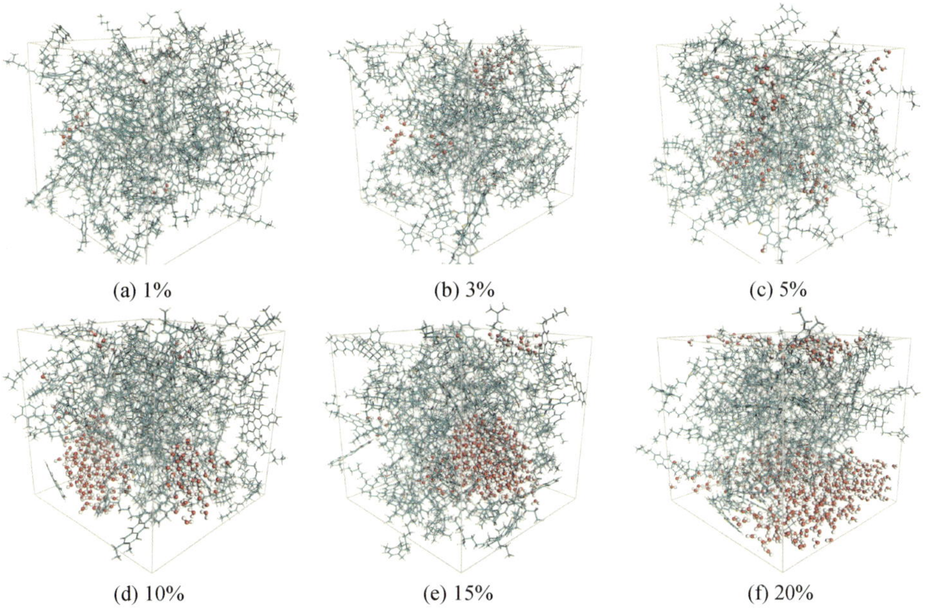

图 3-69 不同水分子掺量下模型平衡态示意

3.6.2.2 水分子在沥青胶浆中的扩散

多项研究明确了矿物填料的选择在防止沥青混合料水损害中所起的关键作用[55]。本小节考虑了填料颗粒对水分子在沥青胶浆中扩散的影响。为了分离水浓度和填料颗粒的影响,本书构建了具有不同粉胶比和固定水分子含量(5%)的沥青胶浆模型。图 3-70给出了沥青胶浆体系中 *MSD* 和水分子质心轨迹的分析结果。表 3-20 中提供了相应的扩散系数 *D* 值。*MSD* 曲线表明,水分子的扩散系数随 SiO_2 颗粒的添加而增大。上述结果的可能解释是 SiO_2 颗粒改变了沥青链的排列结构。根据之前的观察,向沥青中添加 SiO_2 颗粒会减少沥青分子间的相互作用,并增加系统中的自由体积。构型中自由体积的增加增大了水分子的扩散系数[56]。

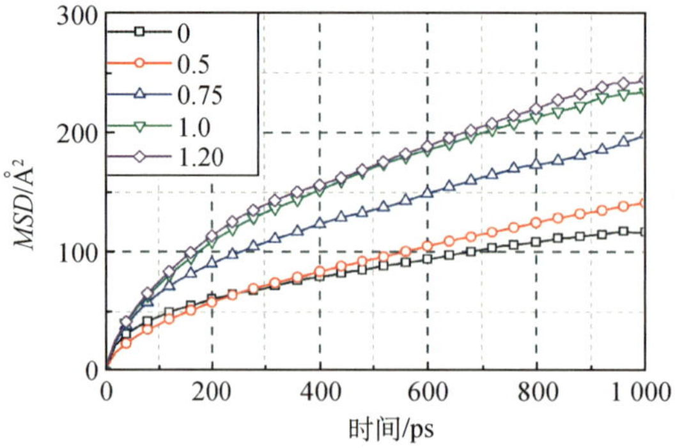

(a) *MSD*

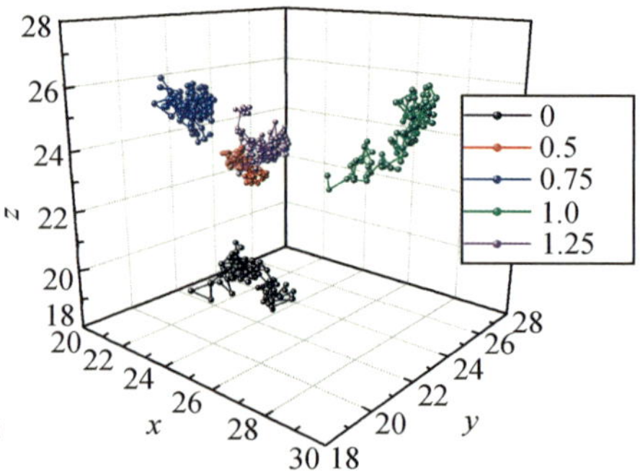

(b) 水分子团簇运动轨迹

图 3-70　水分子在沥青胶浆中的扩散

3.6.2.3　扩散机理分析

1. 自由体积理论

从自由体积理论出发衍生出许多模型来表征聚合物材料中的扩散行为。自由体积理论认为分子运输是由于自由体积的重新分布而不是由于活化作用引起的。根据该理论，扩散分子仅在其附近的局部自由体积超过某个临界值时才能从一个位置移动到另一位置。M. H. Cohen 与 D. Turnbull[57] 根据自由体积理论，建立了扩散系数 D 和聚合物自由体积分数(Fraction of Free Volume，FFV)之间的关系，如式(3-53)所示。

$$D = A\exp\left(-\frac{\gamma v^{*}}{FFV}\right) \tag{3-53}$$

式中　A—— 与传输分子的直径等几何特征相关的常数；

v^{*}—— 与传输分子的大小有关的参数；

γ—— 为防止自由体积元素的重复计数而引入的重叠因子。

在大多数情况下，上述关系可以简化为式(3-54)，其中 B 是与 v^{*} 和 γ 相关的常数。根据式(3-54)，扩散系数的自然对数($\ln D$)与 FFV 的倒数($1/FFV$)之间应存在线性关系。

$$\ln D = A - \frac{B}{FFV} \tag{3-54}$$

自由体积分数计算公式如式(3-55)所示：

$$FFV = \frac{V_{sp} - V_{o}}{V_{sp}} = \frac{V_{sp} - 1.3V_{VdW}}{V_{sp}} \tag{3-55}$$

式中　V_{sp}—— 聚合物比体积；

V_{o}—— 分子占用体积，聚合物分子链的占用体积等于 1.3 倍的范德华体积 V_{VdW}。

为了揭示水分子在沥青材料中的扩散机理，图 3-71 依据 Cohen-Turnbull 模型描绘了沥青材料中的水扩散系数 D 随 FFV 的变化关系。从图中可以看出，Cohen-Turnbull 模型可以较好地描述扩散系数 D 随 FFV 的变化关系，但是，一个线性关系不能同时适合沥青和沥青胶浆体系。需要用两个线性回归来描述两个体系中 $\ln D$ 和 $1/FFV$ 之间的关系。该结果初步表明，向沥青中添加 SiO_2 颗粒会改变 D 对 FFV 的依赖性。比较两条线性回归直线的斜率可以看出，与沥青体系相比，沥青胶浆体系中水分子扩散系数对 FFV 的依赖性更小。

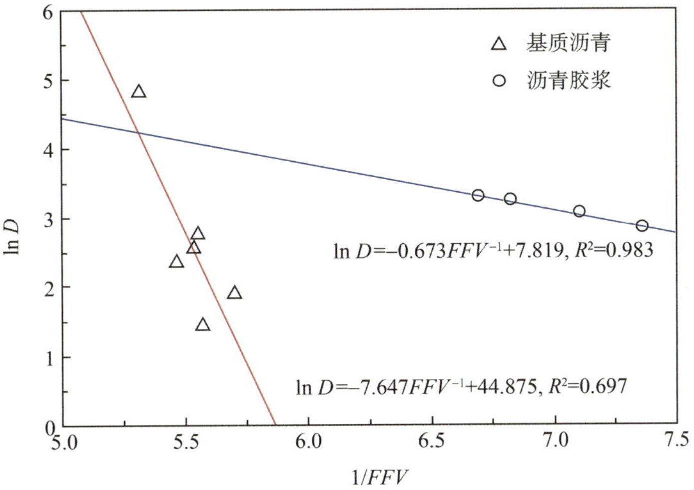

图 3-71 沥青材料中 $\ln D$ 与 FFV^{-1} 的变化关系

2. 氢键的影响

分析模型中水-水和水-沥青基团间形成氢键的可能性，可以进一步了解水分子在系统中的扩散行为。在 MD 模拟中，经常使用两个准则来确定氢键的形成，即能量准则和几何准则。在能量准则中，当一对分子相互作用能小于阈值时，定义它们之间将形成氢键。在几何准则中，氢键由两个分子的相对构型确定。在本研究中，使用几何准则来确定系统在 298.15 K 时氢键的形成。如果氢受体距离小于 2.5 Å，且供体-氢受体角小于 90°，则两个原子被认为形成氢键连接。

图 3-72(a)描绘了各种水分子浓度下沥青体系中氢键百分比的分布。在该系统中，形成了三类氢键，即水—沥青（W—A）氢键，沥青—沥青（A—A）氢键和水—水（W—W）氢键。W—W 氢键是主要成分，在该系统中至少占总氢键的 89.1%。此外，随着水分子浓度的增加，W—W 氢键的百分比单调增加。随着水浓度的增加，在沥青链上的极性基团与水分子的氢原子之间形成的 W—A 氢键的百分比下降。虽然，在沥青体系中，水分子中更容易形成氢键。可以看出，W—A 氢键对于水分子与沥青的相互作用至关重要。W—A 氢键百分比下降的趋势可以在一定程度上解释水分子扩散系数随水分子

浓度的增大而增大。因此，可以认为水分子浓度对沥青中水的扩散和结构具有相当大的影响。特别是在低浓度情况下，水分子充分分散在沥青链中，并主要与沥青分子形成氢键，而在高浓度情况下，水形成了以 W—W 氢键为主的团簇。

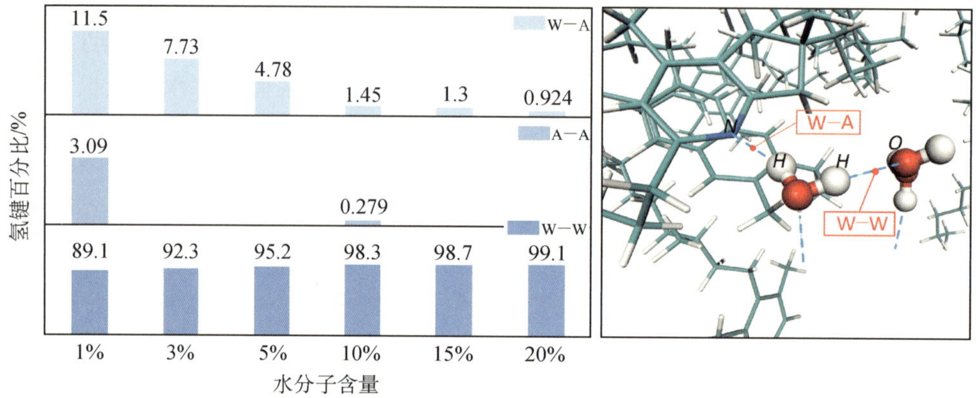

(a) 百分比分布　　(b) 氢键示意图（蓝色虚线）

图 3-72　沥青模型中不同水分子掺量下的氢键分布

图 3-73(a)描绘了各种粉胶比下，沥青胶浆体系中氢键百分比分布。在该体系中，氢键共有六类，即沥青—沥青（A—A）氢键，二氧化硅—二氧化硅（S—S）氢键，水—水（W—W）氢键，水—沥青（W—A）氢键，二氧化硅—沥青（S—A）氢键和二氧化硅—水

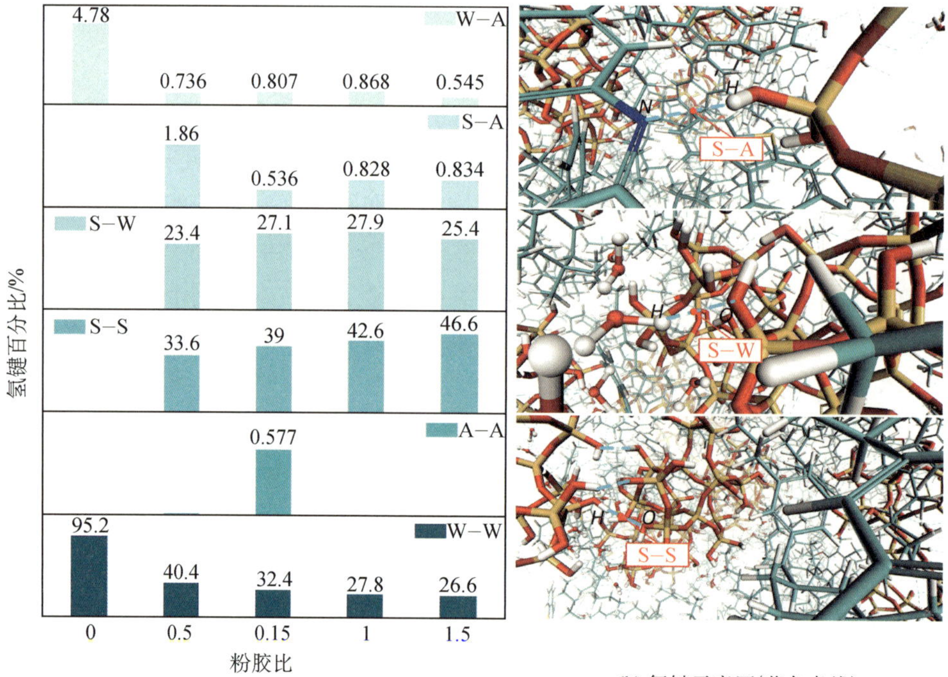

(a) 百分比分布　　(b) 氢键示意图(蓝色虚线)

图 3-73　沥青胶浆模型中不同水分子掺量下的氢键分布

(S—W)氢键[图 3-73(b)]。如图 3-73(a)所示，W—W 氢键不再是该系统的主要氢键组成。当粉胶比为 0.5 时，W—W 氢键的形成从 95.2%急剧减少至 40.4%。值得注意的是，随着粉胶比的增加，W—W 氢键百分比呈下降趋势。此外，二氧化硅颗粒的加入导致与二氧化硅基团氢键的形成，尤其是 S—S 氢键和 S—W 氢键。S—S 氢键和 S—W 氢键占沥青胶浆体系总氢键的一半以上。当粉胶比为 0.5 的二氧化硅颗粒加入时，W—A 氢键的形成从 4.78%降至 0.736%。然而，随着粉胶比的增加，观察到的变化可忽略不计。与沥青分子相比，水分子更易与二氧化硅颗粒形成氢键。该结果与以下常识相一致：相比沥青材料，水分子更容易与矿质集料相黏合。因此，二氧化硅颗粒的加入不仅引入了更多的自由体积以加速水分的扩散，而且增强了水分与沥青胶浆体系之间的亲和力。

3. 内聚能密度

内聚能定义为克服分子间作用力，将单位液体或固体分子移动到其分子间作用力作用范围之外所需要的能量。内聚能密度(Cohesive Energy Density, CED)表示单位体积的内均能，*CED* 反映了体系内分子间作用力的大小。内聚能的计算公式如式(3-17)与式(3-18)所示。高分子材料的许多性能都与其内聚能密度存在关系，如黏度、热容、玻璃化转变温度等热力学性能及剪切模量等力学性能。本小节分析了水分子对沥青材料黏聚性能的影响。各组成下，沥青材料内聚能密度如表 3-20 所列。从表中可以看出，随着水分子的添加，沥青材料分子间相互作用能降低。而分子间相互作用能的降低引起沥青材料内聚能密度的降低，即水分子的掺入降低了沥青材料的黏聚性。

P. Meares[58]关于气体在聚合物中扩散的研究表明，气体的扩散需要克服聚合物分子链段间的吸引力。因此，*CED* 是影响聚合物扩散性的因素。基于这一观察，A. Y. Alentiev和 Y. P. Yampolskii[59]提出了 *CED*, *FFV* 和 *D* 之间的关系，如式(3-56)所示。

$$\ln D = A' - B'\left(\frac{CED}{FFV}\right) \tag{3-56}$$

在本研究中，引入式(3-56)来描述沥青材料中水分子扩散系数对 *FFV* 和 *CED* 的依赖性。图 3-74 描绘了 $\ln D$ 与 CED/FFV 之间的关系。根据图 3-74(a)中显示的回归结果，考虑材料 *CED* 的模型描述沥青体系中水分子的扩散速率($R^2 = 0.73$)明显优于经典的自由体积模型($R^2 = 0.697$)。在沥青胶浆体系中，考虑到 *CED* 的模型的 R^2($R^2 = 0.953$)略小于经典的自由体积模型($R^2 = 0.983$)，但仍具有出色的适用性。因此，沥青材料中水分子的扩散系数随 *FFV* 增大而增大，随 *CED* 的减小而增大。在图 3-74(b)中，还尝试了对沥青及沥青胶浆体系合并线性拟合。尽管 R^2 相对较小，但综合考虑 *CED* 和 *FFV* 的模型，使得用一种线性关系描述沥青体系和沥青胶浆体系中水分子的扩散行为成为可能。

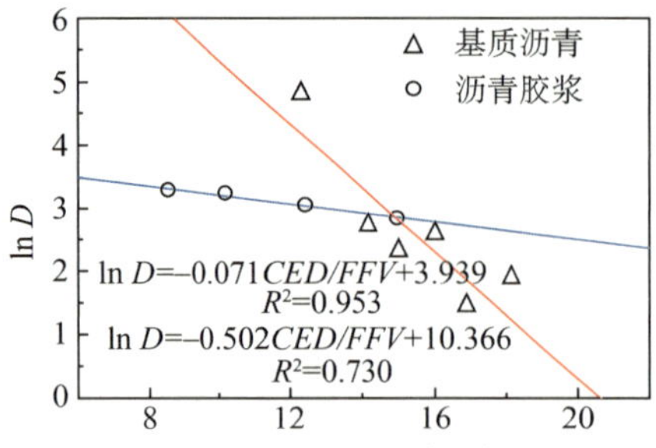

(a) 沥青与沥青胶浆体系分开拟合

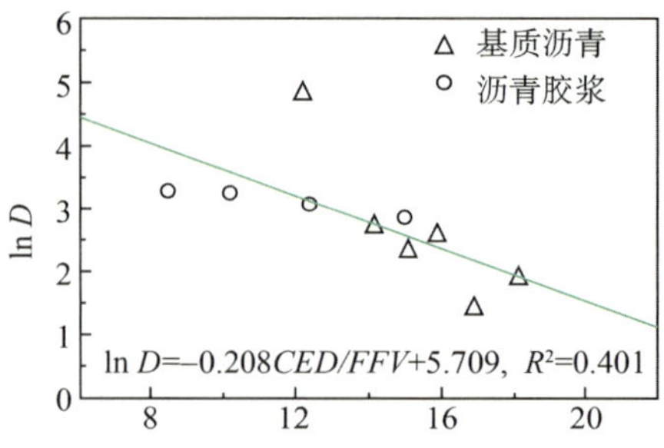

(b) 沥青与沥青胶浆合并拟合

图 3-74　ln *D* 与 *CED/FFV* 之间的关系

3.6.3　沥青-集料界面的水损坏

3.6.3.1　界面结合能

本小节采用 Material Studio 8.0 软件建立基质沥青-水-集料模型，如图 3-75(a) 所示。采用式(3-57)计算得到沥青-集料界面有水分子存在时的界面结合能。

$$E_{bind}=-\Delta E_{inter}=(\Delta E_{asphalt\text{-}water}+\Delta E_{aggregate\text{-}water}-\Delta E_{asphalt\text{-}aggregate})/2 \tag{3-57}$$

$$W_{adhesion\_w}=\frac{E_{bind}}{A} \tag{3-58}$$

式中　$\Delta E_{asphalt\text{-}water}$—— 沥青与水的相互作用能；

$\Delta E_{aggregate\text{-}water}$—— 集料与水的相互作用能；

$\Delta E_{asphalt\text{-}aggregate}$—— 沥青与集料间的相互作用能；

$W_{de\text{-}binding}$—— 水分子存在时的黏附功又被称为水对沥青-集料界面的剥离功。

图 3-75(b)给出了基质沥青-石英界面结合能随界面水分子含量的变化关系，可以清晰地看到，随着界面水分子含量的增多，界面结合能呈现出递减的趋势。表 3-21 给出了不同水分子含量时沥青与石英集料模型间界面结合能与黏附功组成情况。从表中可以看出，水分子的掺加主要降低了沥青与石英集料界面间的范德华力。

表 3-21　不同水分子含量时沥青-水-石英界面结合能与黏附功

水分子数	结合能/(kcal · mol⁻¹)			黏附功/(mJ · m⁻²)
	总能量	静电	范德华力	
0	792.35	35.36	756.99	103.03
100	640.88	−67.43	708.31	83.34
200	544.48	−152.46	696.94	70.80
500	350.06	−58.80	410.53	45.52
750	268.26	17.92	250.34	34.88
1 000	154.25	45.09	109.16	20.06

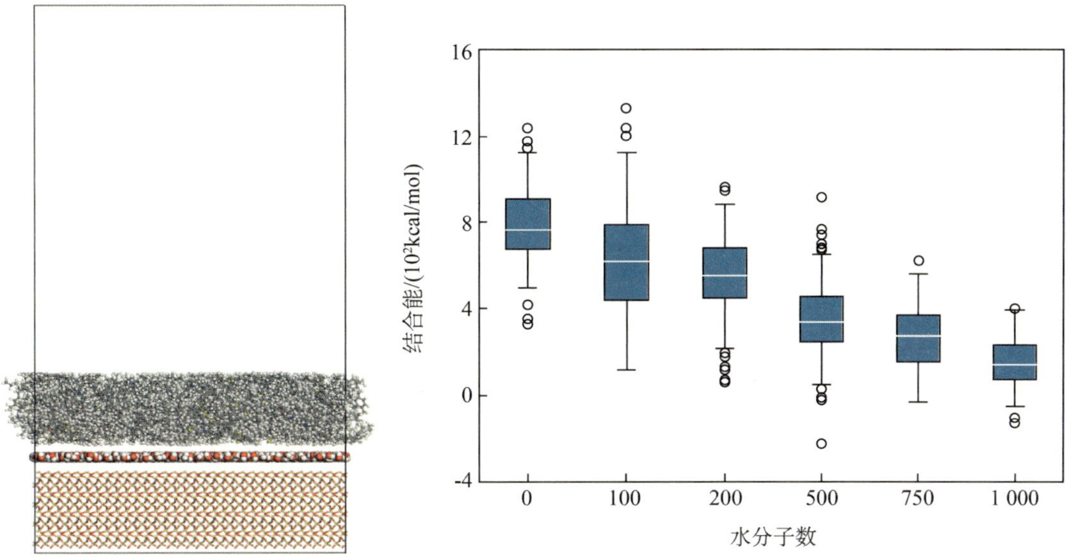

(a) 沥青-水-石英界面模型　　(b) 不同水分子作用下沥青与石英集料结合能

图 3-75　沥青-水-石英界面模型及沥青与石英集料结合能

3.6.3.2　界面黏结强度

构建沥青-水-集料界面"三明治"模型，如图 3-76 所示。采用模拟方法，模拟界面拉拔试验，得到界面拉拔力-分离曲线，经指数内聚力模型拟合后的曲线如图 3-77 所示。从图中可直观看到，随着水分子掺量的增加，界面应力峰值降低。

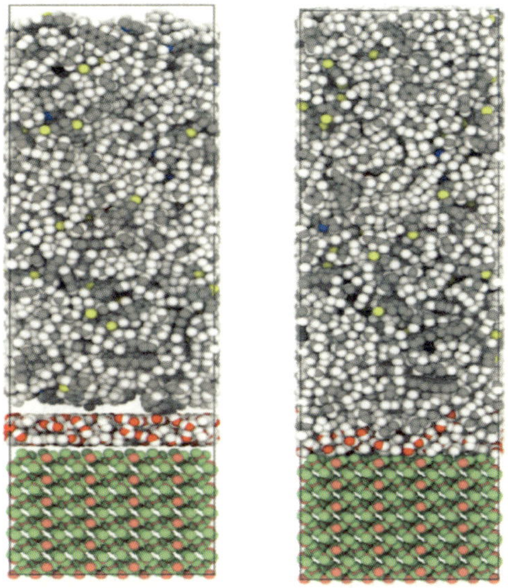

(a) 初始模型　　(b) 平衡态模型

图 3-76　沥青-水-集料三相界面模型

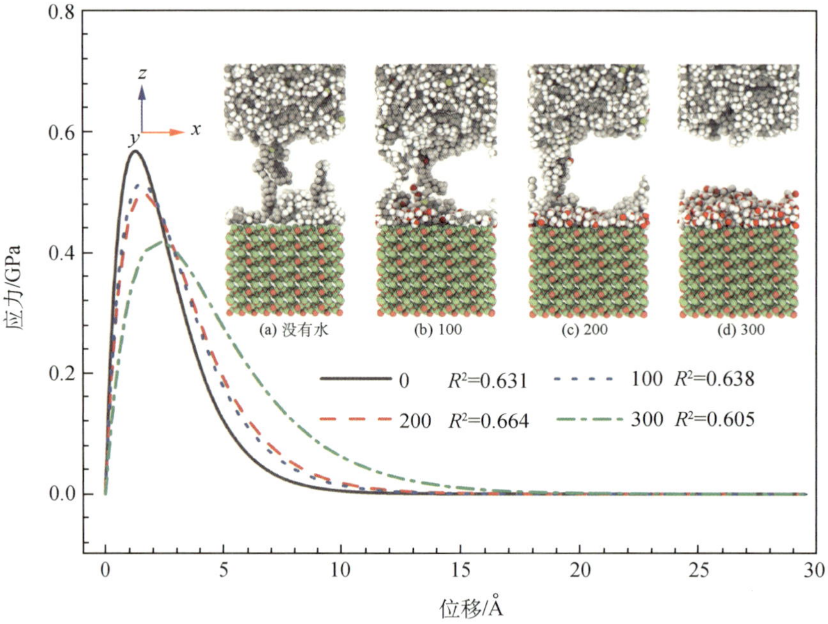

图 3-77　不同水分子掺量下沥青-集料界面拉拔模拟力-分离曲线

采用指数内聚力模型计算得到界面的黏结强度与断裂能，如表 3-22 所列。水分子的掺加降低了界面的黏结强度，但使界面断裂能增大。由于水分子的存在，应力峰值的出现相对无水分子界面模型要滞后，且峰值后软化发展较为缓慢，这也引起了界面断裂能的增大。图 3-77 同时给出了不同水分子含量界面断裂形貌示意图，从图中可以看出，在有水分子存在时，界面破坏主要发生在水分子与沥青材料界面，水分子牢固地吸附在石英集料表面，且随着水分子掺量的增多，断裂模式逐渐从黏聚-黏附复合断裂模式转变为完全黏附性破坏。

表 3-22　　不同水分子作用下沥青-集料界面黏结强度

水分子数	拟合结果	R^2	BBS/GPa	断裂能/(J·m^{-2})	破坏模式
0	$\sigma=\frac{0.567\delta}{1.288}\exp\left(1-\frac{\delta}{1.288}\right)$	0.519	0.567	0.199	黏聚-黏附性
100	$\sigma=\frac{0.497\delta}{1.639}\exp\left(1-\frac{\delta}{1.639}\right)$	0.664	0.497	0.221	黏聚-黏附性
200	$\sigma=\frac{0.515\delta}{1.553}\exp\left(1-\frac{\delta}{1.553}\right)$	0.638	0.515	0.217	黏聚-黏附性
300	$\sigma=\frac{0.418\delta}{2.286}\exp\left(1-\frac{\delta}{2.286}\right)$	0.605	0.418	0.260	黏附性

3.7 小结

本章以沥青-矿质集料界面的黏附性能以及沥青-集料界面水损为研究对象，基于分子动力学模拟方法从分子尺度对沥青与集料的黏附性以及水对沥青-集料界面黏附特性的影响进行了数值模拟。借助微观试验测试手段对分子动力学模拟计算结果进行了初步验证。本章从分子尺度对沥青-集料界面的黏附机理以及界面水损机制做出解释和验证，为后续改善沥青混合料抗水损坏性能的研究提供理论基础。

本章首先简述了分子动力学的基本理论、常用的沥青与集料分子模型及建模方法。通过比较，遴选出本研究所用分子模型，并通过计算沥青模型密度、玻璃化转变温度及内聚能密度等参数对本研究所用模型及计算方法的有效性进行了验证。分子模拟计算结果与试验实测数据相当，即建立的沥青模型性能与真实沥青具有一定的相似性，动力学计算流程及力场选择具有一定的准确性，可进行其他性能的分子动力学模拟研究。

通过计算结合能和扩散系数，分别从能量角度和分子运动角度对沥青分子在集料表面的吸附和扩散微观特性进行了研究。结果表明：沥青各组分与石英集料表面结合能大小呈现出：沥青质＞胶质＞饱和分＞芳香分的排列规律。各分子与石英集料界面的结合能以范德华力为主，静电相互作用占比极小。通过考察不同集料化学组成的影响后发现，CaO 和 MgO 表面与沥青分子的结合能较大，其次为 Fe_2O_3 和 Al_2O_3，SiO_2 最小。鉴于 MgO 和 CaO 与沥青分子间有较大的结合能，故可以进一步采用矿质集料中 MgO 和 CaO 的含量作为沥青混合料用矿质集料的评估和分类指标。沥青分子在集料表面运动特征的研究结果表明，沥青组分分子量的大小是影响其扩散的主要原因。此外，扩散系数与结合能呈负相关。当沥青组分与矿物集料之间的相互作用较弱时，沥青各组分在集料表面扩散系数的大小按其分子量的大小排序为：饱和分＞芳香分＞树脂＞沥青质。而当沥青组分与矿物集料之间的相互作用较强时，沥青各组分在集料表面扩散系数的大小则发生了改变，即沥青结合料的迁移扩散不完全取决于其分子量，而是还受到其所吸附的介质的影响。

复合材料界面力学性能是其复合效应产生的根源。为此，本章通过模拟微观拉拔试验和基于 AFM 的纳米压痕试验对沥青-集料界面力学行为进行了研究，采用沥青-集料界面拉拔黏结强度和断裂能等指标对界面力学行为进行了评价。采用指数内聚力模型对界面拉伸断裂进行了分析，讨论了加载速率、温度等影响因素。界面拉拔试验的结果表明，界面黏结强度与界面断裂模式密切相关。模拟与试验研究的数值存在一定差异，这主要是由于：①经典分子动力学模拟方法的准确性依赖于经验力场对所研究材料的兼容性；②模拟所采用的加载速率均远高于宏观试验；③模拟所采用的材料模型均为无缺陷模型。

集料表面粗糙结构的产生破坏了集料模型的晶体结构，产生不饱和带电原子，增强了沥青与集料间的静电相互作用，从而增强了界面的结合能。通过研究条纹状、网格状和分散凸台状三种粗糙结构发现，分散凸台状表面粗糙结构对界面结合能的增强效果更好。表面粗糙构造的出现降低了界面拉拔黏结强度与断裂能。表面粗糙构造对沥青材料的嵌挤作用导致沥青-集料界面在拉拔时更倾向于沥青间的黏聚性断裂破坏，实质上是沥青-集料间断裂面积减小。通过本章的研究可知，在温度、加载速率等影响因素不变时，表面粗糙结构的出现改变了沥青-集料界面的断裂形式，当沥青黏聚性断裂的强度小于沥青-集料界面完全黏附破坏的强度时，就可能引起界面拉拔黏结强度的降低。

水在沥青混合料中的输运快慢决定了沥青路面水损坏发生的速率。为此本章通过构建不同水分子含量的沥青及沥青胶浆模型，分析了水分子在其中的扩散规律。结果表明，使用考虑了沥青分子结构内聚能密度和自由体积分数的模型可以更好地描述扩散系数与模型基本参数之间的关系。此外，通过在沥青-集料界面间构建水分子，研究了水分子对界面作用的影响。另外，结果还表明，水分子在沥青-集料界面间的出现降低了沥青材料与集料间的相互作用，其中以范德华力的减小为主。界面拉拔黏结强度的结果表明，由于水分子的存在，应力峰值的出现相对无水分子界面模型滞后，且峰值后软化发展较为缓慢。水分子的掺加降低了界面的黏结强度。当有水分子存在时，界面破坏主要发生在水分子与沥青材料界面，水分子牢固地吸附在石英集料表面，且随着水分子掺量的增多，断裂模式发生了改变。

参考文献

[1] CARO S, MASAD E, BHASIN A, et al. Moisture susceptibility of asphalt mixtures, Part 1: mechanisms[J]. International Journal of Pavement Engineering, 2008,9(2):81-98.

[2] 张跃，谷景华，尚家香，等.计算材料学基础[M].北京：北京航空航天大学出版社，2007.

[3] 张金升，张银燕，夏小裕，等.沥青材料[M].北京：化学工业出版社，2009.

[4] 严家级.沥青材料性能学[M].北京：人民交通出版社，1990.

[5] 李立寒，张南鹭.道路建筑材料[M]. 4 版.北京：人民交通出版社，2004.

[6] JENNINGS P, PRIBANIC J, DESANDO M, et al. Binder characterization and evaluation by nuclear magnetic resonance spectroscopy[R]. Strategic Highway Research Program A-335, National Research Council: Washington D.C., 1993.

[7] ZHANG L Q, GREENFIELD M L. Analyzing properties of model asphalts using molecular simulation[J]. Energy & Fuels, 2007,21(3):1712-1716.

[8] ZHANG L, GREENFIELD M L. Molecular orientation in model asphalts using molecular simulation[J]. Energy & Fuels, 2007,21(2):1102-1111.

[9] GROENZIN H, MULLINS O C. Molecular size and structure of asphaltenes from various sources [J]. Energy & Fuels, 2000,14(3):677-684.

[10] ARTOK L, SU Y, HIROSE Y, et al. Structure and reactivity of petroleum-derived asphaltene[J].

Energy & Fuels, 1999,13(2):287-296.

[11] SUN D Q, LIN T B, ZHU X Y, et al. Indices for self-healing performance assessments based on molecular dynamics simulation of asphalt binders[J]. Computational Materials Science, 2016,114: 86-93.

[12] HANSEN J S, LEMARCHAND C, NIELSEN E, et al. Four-component united-atom model of bitumen[J]. The Journal of Chemical Physics, 2013,138(9):094508.

[13] WU G Z, ZHU X Z, JI H Q, et al. Molecular modeling of interactions between heavy crude oil and the soil organic matter coated quartz surface[J]. Chemosphere, 2015,119:242-249.

[14] WU G Z, HE L, CHEN D Y. Sorption and distribution of asphaltene, resin, aromatic and saturate fractions of heavy crude oil on quartz surface: molecular dynamic simulation[J]. Chemosphere, 2013,92(11):1465-1471.

[15] LI D D, GREENFIELD M L. Chemical compositions of improved model asphalt systems for molecular simulations[J]. Fuel, 2014,115:347-56.

[16] JONES IV D R. SHRP materials reference library: asphalt cements: a concise data compilation [R]. Strategic Highway Research Program, National Research Counci, Washington D.C., 1993.

[17] 王鹏,董泽蛟,谭忆秋,等.基于分子模拟的沥青蜂状结构成因探究[J].中国公路学报,2016,29(3): 9-16.

[18] WANG P, DONG Z J, Tan Y Q, et al. Investigating the interactions of the saturate, aromatic, resin, and asphaltene four fractions in asphalt binders by molecular simulations[J]. Energy & Fuels, 2015,29(1):112-121.

[19] HERRINGTON P R, PATRICK J E, BALL G F A. Oxidation of roading asphalts[J]. Industrial & engineering chemistry research, 1994,33(11):2801-2809.

[20] PETERSEN J C, HARNSBERGER P M, ROBERTSON R E. Factors affecting the kinetics and mechanisms of asphalt oxidation and the relative effects of oxidation products on age hardening[R]. United States, 1996.

[21] 许勐.基于分子动力学模拟的沥青再生剂扩散机理分析[D].哈尔滨:哈尔滨工业大学,2015.

[22] PAN J L, TAREFDER R A. Investigation of asphalt aging behaviour due to oxidation using molecular dynamics simulation[J]. Molecular Simulation, 2015,42(8):667-678.

[23] LESUEUR D. The colloidal structure of bitumen: Consequences on the rheology and on the mechanisms of bitumen modification[J]. Advances in Colloid and Interface Science, 2009,145 (1-2):42-82.

[24] KHABAZ F, KHARE R. Glass transition and molecular mobility in styrene-butadiene rubber modified asphalt[J]. The Journal of Physical Chemistry B, 2015,119(44):14261-14269.

[25] XU G J, WANG H. Molecular dynamics study of oxidative aging effect on asphalt binder properties [J]. Fuel, 2017,188:1-10.

[26] USMANI ARTHUR . Asphalt science and technology[M]. s.l.:CRC Press,1997.

[27] Engineers IOC. The Shell bitumen handbook 6th edition[J]. Quarry Management, 2015,42 (6):34.

[28] OZKAHRAMAN H T, Işık E C. The effect of chemical and mineralogical composition of aggregates on tensile adhesion strength of tiles[J]. Construction and Building Materials, 2005, 19(4):251-255.

[29] BEENA R. Molecular modeling for the design of novel performance chemicals and material[J]. Simulation of Crystals with Chemical Disorder at Lattice Sites, 2012:303-326.

[30] DE LEEUW N H, HIGGINS F M,PARKER S C. Modeling the surface structure and stability of α-quartz[J]. The Journal of Physical Chemistry B, 1999,103(8):1270-1277.

[31] 徐霈.基于分子动力学的沥青与集料界面行为虚拟实验研究[D].西安:长安大学,2013.

[32] 郭猛.沥青与矿料界面作用机理及多尺度评价方法研究[D].哈尔滨:哈尔滨工业大学,2015.

[33] HORGNIES M, DARQUE-CERETTI E, FEZAI H, et al. Influence of the interfacial composition on the adhesion between aggregates and bitumen: Investigations by EDX, XPS and peel tests[J]. International Journal of Adhesion and Adhesives, 2011,31(4):238-247.

[34] NORINAGA K, WARGARDALAM V V J, TAKASUGI S, et al. Measurement of self-diffusion coefficient of asphaltene in pyridine by pulsed field gradient spin — Echo ^{1}H NMR[J]. Energy & Fuels, 2001,15(5):1317-1318.

[35] ANDREWS A B, GUERRA R E,MULLINS O C, et al. Diffusivity of asphaltene molecules by fluorescence correlation spectroscopy[J]. The Journal of Physical Chemistry A, 2006,110(26): 8093-8097.

[36] AWASTHI A P, LAGOUDAS D C, HAMMERAND D C. Modeling of graphene-polymer interfacial mechanical behavior using molecular dynamics[J]. Modelling and Simulation in Materials Science and Engineering, 2009,17(1):015002.

[37] XU G J, WANG H. Molecular dynamics study of interfacial mechanical behavior between asphalt binder and mineral aggregate[J]. Construction and Building Materials, 2016,121:246-254.

[38] LI Y J, YANG J, TAN T. Study on adhesion between asphalt binders and aggregate minerals under ambient conditions using particle-modified atomic force microscope probes[J]. Construction and Building Materials, 2015,101:159-165.

[39] HUANG W D, LV Q, XIAO F P. Investigation of using binder bond strength test to evaluate adhesion and self-healing properties of modified asphalt binders[J]. Construction and Building Materials, 2016,113:49-56.

[40] YAN C Q, HUANG W D, LV Q. Study on bond properties between RAP aggregates and virgin asphalt using Binder Bond Strength test and Fourier Transform Infrared spectroscopy[J]. Construction and Building Materials, 2016,124:1-10.

[41] HU E L, Sun Y, ZENG F L, et al. Nanoindentation simulation of PE/POSS under different shapes of indenters[J]. Acta Mechanica Solida Sinica, 2011,24(4):365-372.

[42] PENG C, ZENG F L. A molecular simulation study to the deformation behaviors and the size effect of polyethylene during nanoindentation[J]. Computational Materials Science, 2017,137:225-232.

[43] KUANG D L, ZHANG B, JIAN Y, et al. Impact of particle morphology on aggregate-asphalt interface behavior[J]. Construction and Building Materials, 2017,132:142-149.

[44] KOUCHAKI S, ROSHANI H, PROZZI J A, et al. Evaluation of aggregates surface micro-texture using spectral analysis[J]. Construction and Building Materials, 2017,156:944-955.

[45] VASCONCELOS K, BHASIN A, LITTLE D. Measurement of water diffusion in asphalt binders using fourier transform infrared-attenuated total reflectance[J]. Transportation Research Record: Journal of the Transportation Research Board, 2010(2179):29-38.

[46] KRINGOS N, SCARPAS A. Physical and mechanical moisture susceptibility of asphaltic mixtures[J]. International Journal of Solids and Structures, 2008,45(9):2671-2685.

[47] 周池兴.聚合物流变试验与应用[M].上海:上海交通大学出版社,2003.

[48] ZHOU J H, ZHU R X, ZHOU J M, et al. Molecular dynamics simulation of diffusion of gases in pure and silica-filled poly(1-trimethylsilyl-1-propyne)[PTMSP][J]. Polymer, 2006,47(14):5206-5212.

[49] HAYNES W M. CRC handbook of chemistry and physics[M]. London: Taylor & Francis, 2012.

[50] Easteal A J, Price W E, Woolf L A. Diaphragm cell for high-temperature diffusion measurements. Tracer diffusion coefficients for water to 363K[J]. Journal of the Chemical Society, Faraday Transactions 1: Physical Chemistry in Condensed Phases, 1989,85(5):1091-1097.

[51] BECKER C R, SCHAD L R, LORENZ W J. Measurement of diffusion coefficients using a quick echo split NMR imaging technique[J]. Magnetic resonance imaging, 1994,12(8):1167-1174.

[52] WYPYCH G. Handbook of Solvents, Volume 1: Properties[M]. Chemtec Publishing, 2014.

[53] CHENG D X, LITTLE D, LYTTON R L, et al. Moisture damage evaluation of asphalt mixtures by considering both moisture diffusion and repeated-load conditions[J]. Transportation Research Record: Journal of the Transportation Research Board, 2003,1832(1):42-49.

[54] NGUYEN T, BYRD, W E, BENTZ D, et al. Development of a technique for in situ measurement of water at the asphalt/model siliceous aggregate interface[R]. U.S. Department of Commerce, National Institute of Standards and Technology, 1992.

[55] ALVAREZ A E, OVALLES E, CARO S. Assessment of the effect of mineral filler on asphalt-aggregate interfaces based on thermodynamic properties[J]. Construction and Building Materials, 2012,28(1):599-606.

[56] ZHU X Y, DU Z, LING H W, et al. Effect of filler on thermodynamic and mechanical behaviour of asphalt mastic: a MD simulation study[J]. International Journal of Pavement Engineering, 2018,21(1):1-15.

[57] COHEN M H, TURNBULL D. Molecular transport in liquids and glasses[J]. The Journal of Chemical Physics, 1959,31(5):1164-1169.

[58] MEARES P. The diffusion of gases through polyvinyl acetate1[J]. Journal of the American Chemical Society, 1954,76(13):3415-3422.

[59] ALENTIEV A Y, YAMPOLSKII Y P. Meares equation and the role of cohesion energy density in diffusion in polymers[J]. Journal of Membrane Science, 2002,206(1-2):291-306.

4 基于细观力学的沥青混合料界面效应研究

对沥青混合料性能的研究目前仍然主要采用经验与试验相结合的设计方法。这种偏重宏观角度的研究忽略了沥青混合料材料内部的复杂细观结构，因此难以揭示材料的每一组成成分在整体材料中的物理机制。实际上，沥青混合料是由沥青砂浆（其组成成分为沥青、细集料、矿粉以及外加剂等，在复合材料细观力学中被称为基体）、粗集料、空隙、微裂纹等组成的具有多相结构的材料，具有黏弹性。而且，由于组成材料的质量和构造的差异、数量比例的不同以及集料分布的随机性，会形成不同的细观结构，并呈现出不同的宏观力学性能。此外，沥青混凝土的宏观性质还不可避免地受到细观缺陷的影响，如集料界面的剥离、孔洞以及随机分布的微裂纹。因此，必须采用宏细观相结合的方法，揭示其内部结构与宏观特性之间的相互关系，才能合理优化沥青混合料的设计。

沥青混凝土在低温或荷载速率较高的状态下呈现出弹性特征，如在极端的低温条件下，沥青混凝土的弹性模量同水泥混凝土的弹性模量比较接近[1]。但在常规条件下，沥青混凝土具有热流变特性，是一种典型的黏弹性材料，其应力-应变关系不仅与时间有关，且与温度有关。这种显著的流动变形能力使得沥青混凝土可能在车轮荷载作用下产生不完全恢复的变形，导致疲劳破坏、车辙或者剪切引起的推移拥包。目前，针对沥青混合料的弹性及黏弹性细观力学模型的研究较少，现有的模型也都是建立在两相（沥青砂浆、粗集料）或是三相（沥青砂浆、粗集料、空隙）的沥青混合料复合材料的基础上。过于简单的假设使得理论与实际设计参数（如集料级配、沥青含量、不同粒径集料的含量、混合料密度、空隙率等）存在一定误差。实际上，从沥青混合料的组成结构来看，应将其视为以不同粒径大小的粗集料为分散相而分散在沥青砂浆介质中，同时沥青砂浆是以细集料为分散相分散在沥青胶浆中的一种多极空间网状结构的分散系[2]。因此，需要建立一种多相的颗粒增强的细观模型来模拟沥青混合料的细观结构。

此外，沥青混合料由于受到施工工艺、温度、集料形状及表面构造、沥青胶浆的黏性、老化等多方面因素的影响，使得沥青砂浆与集料之间往往并不是完美黏结，而存在着非理想界面状态。该界面的性质对沥青混合料的整体强度、高温稳定性、低温抗裂性以及抗水损害性能都有很大的影响。然而，目前现有的利用细观力学方法预估沥青混合料宏观性质的模型大多未考虑界面层的影响，尤其缺少关于沥青砂浆与集料存在弱界面状态时的细观模型。因此，在建立沥青混合料细观力学模型时需要考虑沥青砂浆与粗集料之间界面的影响。

本章将论述如何构建一种多相的颗粒增强细观力学模型，以建立沥青混合料的内部细观参数（如集料级配、沥青含量、不同粒径集料的含量、混合料密度、空隙率、空隙大小、界面层等）与其宏观性能之间的联系。由于涉及复合材料细观力学的方法，因此，本章会借用细观力学中的专业术语，如基体、夹杂和弱界面的概念。其中，基体实际对应的是沥青混合料中的沥青砂浆，而夹杂对应粗集料、空隙、微裂纹等。

4.1 复合材料细观力学简介

细观力学的主要任务是建立非均质材料宏观有效性质与材料细观结构各参数之间的定量关系，并以此优化材料设计[3]。近几年来，由于大量新型材料和人工合成的复合材料的广泛应用，细观力学得到了较快发展，并成为近十年来固体力学研究的热点问题之一。其基本思路是首先确定复合材料的基本细观参数，包括夹杂的体分比、夹杂形状、取向、各相材料的性质(如模量)等。其次，建立代表单元在均匀宏观边界荷载作用下的细观应力或平均应变在各个代表单元内与宏观荷载的关系，即建立局部化关系。最后，将一个非均质的材料单元用一个平均意义上和它等效的均质材料单元来代替。J. D. Eshelby[4, 5]最早提出了这种近似求解方案，并证明了当本征应变均匀或外载均匀时，椭球颗粒内部的弹性场也是均匀的，同时给出了 Eshelby 张量，为后来提出的许多近似解法奠定了理论基础。W. Voigt[6]和 A. Z. Reuss[7]根据应变等效和应力等效的方法给出了 Voigt-Reuss 上下限；R. Hill[8]证明了根据最小势能原理及最小余能原理同样能够得到一致的上下限。Z. Hashin 和 S. Shtrikman[9]采用变分法研究了应变能的极值条件，给出了多相复合材料的 Hashin-Shtrikman 上下限。Voigt-Reuss 上下限比 Hashin-Shtrikman 上下限更宽。一般认为，对于各向同性的复合材料，任何计算方法得到的结果都应当满足 Hashin-Shtrikman 上下限。以下将回顾一些比较经典的预测复合材料有效性质的近似解析方法，并总结复合材料界面效应的细观研究成果。

4.1.1 复合材料有效性质的近似解析方法

1. *稀疏方法*[3]

稀疏方法是将材料置于无限大的基体材料内，并且远处作用的应变与作用在复合材料代表单元上的应变相同，在建立局部化关系时忽略夹杂和夹杂之间的相互影响。因此，稀疏方法一般只适用于夹杂体分比较小的情况(大约小于 5%)。利用稀疏法得到对复合材料弹性模量的预测表达式为

$$\bar{\boldsymbol{C}} = \boldsymbol{C}_0 + \sum_{r=1}^{N-1} f_r [(\boldsymbol{C}_r - \boldsymbol{C}_0)^{-1} + \boldsymbol{P}_r]^{-1} \tag{4-1}$$

式中 $\bar{\boldsymbol{C}}$—— 宏观有效弹性张量；

$\boldsymbol{C}_0$—— 基体的弹性张量；

$\boldsymbol{C}_r$—— 第 r 类夹杂的弹性张量；

f_r—— 第 r 类夹杂所占的体分比；

$\boldsymbol{P}_r$—— 第 r 类夹杂的集中系数张量。

2. Mori-Tanaka(MT)法

T. Mori 和 K. Tanaka 提出了 MT 法[10]，并由 Y. Benveniste[11]，M. Taya 和 T. W.

Chou[12]，G. J. Weng[13]等加以完善。该方法考虑了夹杂之间的相互影响，认为由于其他夹杂的存在，具体作用在某个夹杂周围的应变将有别于远处作用的宏观应变 $\bar{\varepsilon}$。一般认为，MT 方法适用于中等夹杂的体分比情况(如小于 30%)。利用 MT 法得到的复合材料有效模量的预测表达式为

$$\left.\begin{aligned} \bar{\boldsymbol{C}} &= \boldsymbol{C}_0 + \sum_{r=1}^{N-1} f_r (\boldsymbol{C}_r - \boldsymbol{C}_0) \boldsymbol{T}_r \left(f_0 \boldsymbol{I} + \sum_{j=1}^{N-1} f_j \boldsymbol{T}_j \right)^{-1} \\ \boldsymbol{T}_r &= [\boldsymbol{I} + \boldsymbol{P}_r (\boldsymbol{C}_r - \boldsymbol{C}_0)]^{-1} \end{aligned}\right\} \tag{4-2}$$

式中，f_0 为基体所占的体分比。

3. 广义自洽法(GSCM)

GSCM 是由 R. M. Christensen 和 K.H. Lo[14]提出，将复合材料视为夹杂-基体-等效介质的三相模型，认为夹杂周围具有一层基体并和这层基体一起构成一个简单构型，然后将这个构型置于一个未知待求的等效介质中。颗粒夹杂周围基体层大小的选取要使得颗粒的体积与这个构型的体积比为复合材料中该颗粒的体积百分比[3]。这种方法无法采用 Eshelby 等效夹杂方法，只能用弹性力学方法针对具体问题进行求解，目前只有球形和长纤维型夹杂的单夹杂问题的精确解析表达式。

4. 微分法(DM)

DM 法的概念由 R. A. Roscoe[15]在研究悬浊液的性质时首先提出，并由 S. S. Boucher[16]和 R. Mclaughlin[17]发展完善。该方法解决了高浓度夹杂的相互作用问题，但只能用于含有同类夹杂的复合材料有效性能的计算。该方法可通过“存取”的思路来实现，即“存取”之前的复合材料被看成新复合材料的基体，有效模量为 $\bar{\boldsymbol{C}}(f_1)$，加入体积 d$V$ 的夹杂后形成又一新的复合材料，其有效模量为 $\bar{\boldsymbol{C}}_1(f_1 + \mathrm{d}f_1)$。这个“存取”过程夹杂的体分比为$\frac{\mathrm{d}V}{V}$，可以建立以下关系：

$$\frac{\bar{\boldsymbol{C}}}{\mathrm{d}f_1} = \frac{1}{1-f_1}[(\boldsymbol{C}_1 - \bar{\boldsymbol{C}}) + \bar{\boldsymbol{P}}_1]^{-1} \tag{4-3}$$

式中，$\bar{\boldsymbol{P}}_1$ 是将未知复合材料当作基体时夹杂的集中系数张量。

除了上述详细介绍的几种典型的有效介质近似求解方法外，Y. Budiansky[18]和 J. R. Hill[19]提出了自洽方法(SCM)，Q. S. Zheng 和 D. X. Du[20]提出了相互作用直推解法(IDD)，A. Bensoussan等[21]提出了二尺度展开法等。为了进一步完善现有方法中存在的各种不足，A. N. Norris[22]，R. W. Zimmerman[23]，G. T. Kuster 和 M. N. Toksoz[24]，S. Nemat-Nasser 和 M. Lori[25]，G. J. Dvorak 和 J. L. Teply[26]，J. Aboudi[27]，Y. Huang 等[28]，T. Mura 等[29]都对有效介质的近似求解方法做了深入研究。

4.1.2 复合材料界面效应的细观力学研究

目前，针对复合材料理想界面的宏观有效性质的预测方法相对成熟。但是，根据过去的经验来看，利用理想界面的模型并不能很好地描述复合材料的物理特性。例如，具有高强度纤维的复合材料在受到疲劳荷载作用时，就很容易产生界面的剥离。因此，近几年来，研究者越来越重视复合材料界面效应的研究。

一般可以将复合材料的界面效应用两种解析模型来进行表述。首先是 L. J. Broutman 和 B. D. Agarwal[30] 提出的中间层模型，即假设集料与基体中间存在具有一定厚度的第三种介质，并假设这种介质与其他两种介质之间都是完美黏结的。一般认为，R. M. Christensen 和 K. H. Lo[31] 提出的广义自洽方法就能很好地解释这种具有三层介质的解析模型。S. Nie 和 C. Basaran[32] 利用广义自洽模型研究了中间层厚度及弹性性质对复合材料的影响，并与试验结果进行了比较。F. Xun 等[33] 也在这方面做了大量研究工作，例如研究了具有弱界面的非均匀微极介质的有效性质分析。至于数值模拟方面，有许多关于利用有限元法模拟二维复合材料的弹性问题的研究[34-36]，往往都是采用单胞模型，且由于中间层一般很薄，因此需要划分非常细的网格。这样，有限元法很难实现自由度大得多夹杂复合材料的数值模拟。边界元法因为只在边界上划分单元，因此能够迅速减少单元数量，再结合近几年提出的各种解决奇异积分的方法，尤其是 J. F. Luo 等[37] 提出的近奇异积分项的展开与坐标变化的方法可以有效地处理近奇异积分的问题，使得边界元法能够处理具有细观甚至纳米尺度的薄体结构。X. L. Chen 和 Y. J. Liu[38] 及 Y. J. Liu 等[39] 就曾用边界元法讨论了具有单胞和矩形阵列构型的颗粒增强复合材料的力学特性，其中将中间层模型模拟为等厚度和不均匀厚度两种情形。Z. H. Yao 等[40] 利用相似子域法给出了求解具有一定厚度中间层的边界元求解形式，但没有具体的数值算例。

另一种解析模型由 F. Lene 和 D. Leguillon[41] 提出，并假设集料与基体中间存在一层不计厚度的弹簧层，即在界面上应力连续而位移不连续，位移存在着一种从集料到基体的间断；位移间断与界面上的应力之间存在线性关系。不少研究者基于这种模型对复合材料界面效应进行了研究。如 S. Shibata 等[42] 给出了界面处具有滑移性质的 Eshelby 张量；J. M. Qu[43] 给出了当弹簧刚度远小于基体材料时的 Eshelby 张量一阶显性表达式，并对 Mori-Tanaka 方法进行了修正；Z. J. Gao[44] 给出了二维情况下圆形夹杂的 Eshelby 张量的封闭解的形式，并讨论了这种模型的适用条件；J. D. Achenbach 和 H. Zhu[45] 通过将弹簧层效应计入集料的弹性性质中，从而给出了简单预测弹性模量的近似公式；Z. Hashin[46, 47] 通过变分方法以及简单的平均化方法给出了预测复合材料有效性质的公式；J. Z. Tong 等[48] 利用微分几何方法，将 Z. Hashin 的方法推广到了旋转椭球夹杂的有效弹性模量预估中。对于这种模型，也有很多的研究者尝试从数值模拟的角度进行研究。J. D. Achenbach 和 H. Zhu[45, 49] 在这方面做了很多工作，他们利用边界元法研究了具有矩形阵列、六边形阵列以及纤维群的界面效应问题，以及单胞模型的开裂问题；S. N. Gulrajani 和 S. Mukherjee[50]同样利用边界元法对具有六边形阵列的复合材料的结构设计优化以及界面层敏感性进行分析；L. Y. Pan 等[51]利用单胞模型研究了颗粒增强复合材料的界面效应，并建立了可供参考的数据库；L. Benabou 等[52]利用有限元法模拟了单胞模型的界面特性。

以上提出的各种弱界面的细观力学模型，在一定程度上能够预测具有单夹杂的复合材料宏观有效性能。然而，由于沥青混合料具有多种类型的夹杂，上述细观力学预测模型并不完全适用，所以有必要寻找一个适用于描述沥青混凝土力学行为且在工程中切实可行的细观力学模型。此外，以上的数值模拟方法因为受到计算量的限制都建立在单胞模型的基础上，而忽略了集料之间相互作用的影响，尤其是弹簧界面层模型，在实际数值模拟中由于在界面某些部位出现压应力，会出现不符合实际的材料重叠现象。因此，在出现压应力的界面部分就须采用位移连续性假设。对于一个真实的复合材料，应力分布取决于很多因素，如荷载形式、集料的几何特征、集料与基体的材料性质以及集料的分布状况等，而简单地采用单胞模型进行数值模拟往往会忽略这些影响，从而不能反映出真实情况。

4.2 基于细观力学的多夹杂复合材料有效性能预测

4.2.1 预测模型

建立复合材料的有效性质与细观结构参数的关联是复合材料结构分析及优化的基础。目前，较为经典的均匀化方法有夹杂模型法、直接方法和二尺度展开法等。然而，这些方法都不适用于具有高体积比的多类夹杂问题。本节基于广义自洽模型，结合多步骤方法，给出预测多夹杂颗粒材料的细观力学模型。

为了方便分析，首先建立两层嵌入式模型，即将每一粒径的夹杂视作由一定厚度的基体包裹的圆形夹杂埋入无限大的等效复合介质中，具体见图 4-1。

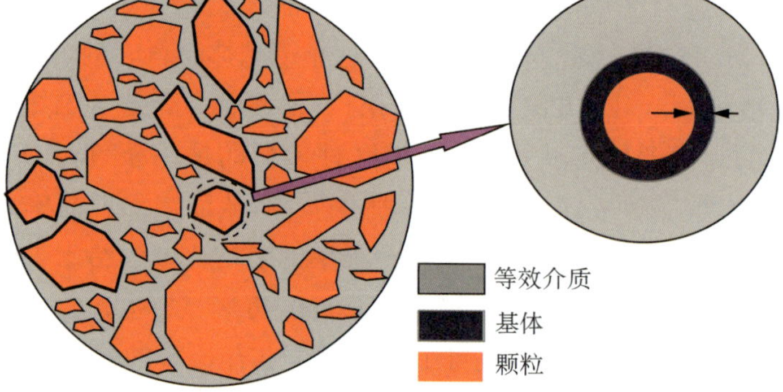

图 4-1 基于复合材料细观力学的两层嵌入式模型

4.2.2 有效弹性模量

由上述简单的细观力学模型，Y. Q. Li 和 J. B. Metcalf[53]通过在 $r=c$，$r=b$ 及 $r=a$ 的边界上施加均匀的径向应力 P，P_0 及 P_1（图 4-2），基于弹性理论（如 S. P. Timoshenko 和 J. N. Goodier[54]），根据总变形能相等的原则，得到复合材料的有效弹性模量 $E_0(a)$：

$$E_0(a)=\frac{E_1(1-f)(1-\nu_0)}{x_1-\dfrac{4E_2f}{E_1(1-f)(1-\nu_2)+E_2x_2}} \tag{4-4}$$

其中，

$$x_1=f(1+v_1)+(1-v_1)；\ x_2=(1+v_1)+f(1-v_1)$$

式中 ν_0，ν_1，ν_2—— 复合材料的等效泊松比、基体及夹杂的泊松比；

E_0，E_1，E_2—— 复合材料的等效介质、基体及夹杂的弹性模量；

a—— 夹杂半径；

b—— 基体与夹杂半径之和；

f—— 夹杂的体分比，需满足夹杂与基体外边界所围成的体积比恰好是复合材料的夹杂体积分数，对于二维问题有以下表达式：

$$b=\frac{a}{\sqrt{f}} \tag{4-5}$$

在式(4-4)和式(4-5)中，E_1，E_2，ν_1，ν_2，a，b 可根据复合材料的性能直接给出，但 ν_0 仍未知。在 Y. Q. Li 和 J. B. Metcalf[53]的分析中，假设基体和夹杂以及复合材料的泊松比都相等，因此由式(4-4)就可以完全确定复合材料的有效弹性模量 E_0。但在某些情形下，这三者之间的泊松比可能会有较大区别，为此在本书 4.3.3 节中将根据文献[54]的内容，再导出一个关系式，从而可以联立求解弹性模量和泊松比。

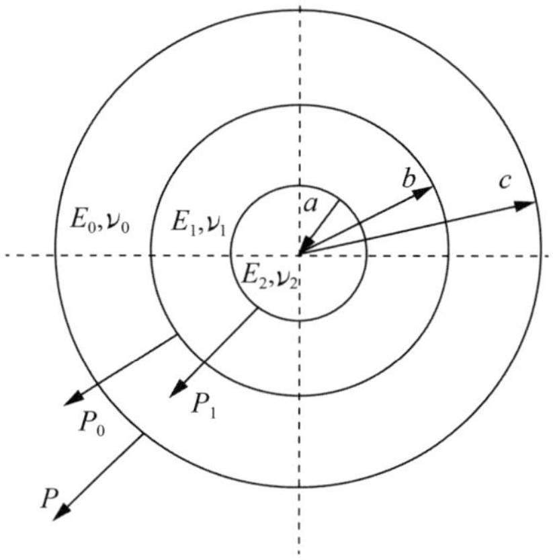

图 4-2 弹性模量预测细观模型

4.2.3 有效剪切模量

基于两层嵌入式模型，通过在 $r=c$，$r=b$ 及 $r=a$ 的边界上施加均匀的法向正应力 σ_r 及剪应力 $\tau_{r\theta}$（图 4-3），可以导出有效剪切模量 $\mu_0(a)$ 的计算公式[54]：

$$\left[\frac{\mu_0(a)}{\mu_1}\right]^2 A+\left[\frac{\mu_0(a)}{\mu_1}\right] B+D=0 \tag{4-6}$$

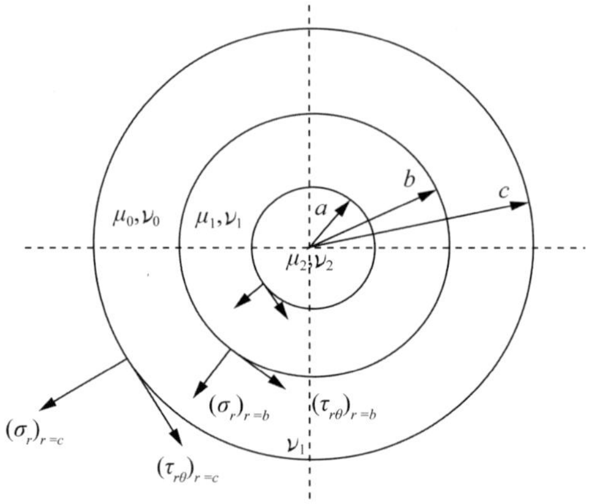

图 4-3　剪切模量预测细观模型

其中

$$\begin{aligned}A= & 3f(1-f)^2\left(\frac{\mu_2}{\mu_1-1}\right)\left(\frac{\mu_2}{\mu_1+\eta_2}\right)+\left\{\left(\frac{\mu_2}{\mu_1}\right)\eta_1+\eta_2\eta_1-\right. \\ & \left.\left[\left(\frac{\mu_2}{\mu_1}\right)\eta_1-\eta_2\right]f^3\right\}\left\{f\eta_1\left(\frac{\mu_2}{\mu_1-1}\right)-\left[\left(\frac{\mu_2}{\mu_1}\right)\eta_1+1\right]\right\}+ \\ & (\eta_1+1)f\left(\frac{\mu_2}{\mu_1-1}\right)\left\{\frac{\mu_2}{\mu_1+\eta_2}+\left[\left(\frac{\mu_2}{\mu_1}\right)\eta_1-\eta_2\right]f^3\right\}\end{aligned} \tag{4-7}$$

$$\begin{aligned}B= & -6f(1-f)^2\left(\frac{\mu_2}{\mu_1-1}\right)\left(\frac{\mu_2}{\mu_1+\eta_2}\right)+\left[\left(\frac{\mu_2}{\mu_1}\right)\eta_1+\right. \\ & \left.\left(\frac{\mu_2}{\mu_1-1}\right)f+1\right]\left\{\left(\frac{\mu_2}{\mu_1+\eta_2}\right)(\eta_1-1)-2\left[\left(\frac{\mu_2}{\mu_1}\right)\eta_1-\eta_2\right]f^3\right\}+ \\ & (\eta_1+1)f\left(\frac{\mu_2}{\mu_1-1}\right)\left\{\frac{\mu_2}{\mu_1+\eta_2}+\left[\left(\frac{\mu_2}{\mu_1}\right)\eta_1-\eta_2\right]f^3\right\}\end{aligned} \tag{4-8}$$

$$\begin{aligned}D= & 3f(1-f)^2\left(\frac{\mu_2}{\mu_1-1}\right)\left(\frac{\mu_2}{\mu_1+\eta_2}\right)+\left[\left(\frac{\mu_2}{\mu_1}\right)\eta_1+\right. \\ & \left.\left(\frac{\mu_2}{\mu_1-1}\right)f+1\right]\left\{\frac{\mu_2}{\mu_1+\eta_2}+\left[\left(\frac{\mu_2}{\mu_1}\right)\eta_1-\eta_2\right]f^3\right\}\end{aligned} \tag{4-9}$$

$$\eta_1 = 3 - 4\nu_1,\ \eta_2 = 3 - 4\nu_2 \tag{4-10}$$

此处，μ_0，μ_1 和 μ_2 分别为等效介质、基体及夹杂的剪切模量。通过求解式(4-6)得到复合材料的有效剪切模量后，可根据弹性常数之间的相互关系得到：

$$\nu_0 = \frac{E_0(a)}{2\mu_0(a)} - 1 \tag{4-11}$$

这样，将式(4-11)代入式(4-4)便能计算得到单夹杂复合材料的弹性模量 $E_0(a)$。

4.2.4 多步骤多相细观力学模型[55]

以上求解得到单夹杂复合材料的弹性模量。对于存在多种不同形状和尺寸的多类夹杂的复合材料问题，如沥青混凝土，采用多步骤模型可以分步处理每一类夹杂，并分步计算复合材料的弹性模量。该方法相当于微分法的离散格式，便于计算机编程和计算。多相夹杂问题分步格式的主要思想是：假设有 n 类夹杂，首先向基体材料（弹性张量为 $\boldsymbol{C}_0$，由弹性模量 E 和泊松比 ν 完全确定）中投入第一类夹杂（弹性张量为 $\boldsymbol{C}_1$），然后使用式(4-4)—式(4-11)进行均匀化，得到弹性张量 $\bar{\boldsymbol{C}}_1$。用均匀化后的复合材料作为新的基体（弹性张量为 $\bar{\boldsymbol{C}}_1$），再投入另一类夹杂（弹性张量为 $\boldsymbol{C}_2$），再次使用式(4-4)—式(4-11)进行均匀化得到新的弹性张量 $\bar{\boldsymbol{C}}_2$。此过程一直进行下去，直到将所有的夹杂类型投放完毕。最后得到的弹性张量就是多夹杂复合材料的宏观性能（弹性张量为 $\bar{\boldsymbol{C}}_n$）。具体过程见图 4-4。

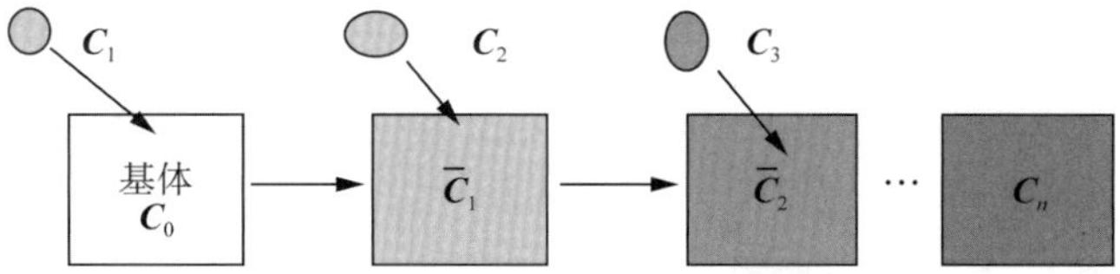

图 4-4 多步骤方法示意

在第一次投放夹杂时，第一类夹杂的体分比为真实的体分比。

$$f_1 = \frac{V_1}{V_0 + V_1} \tag{4-12}$$

假设分步格式的过程已经进行了 $(i-1)$ 次，第 i 类夹杂的体分比为随动体分比 f'_i，定义为

$$f'_i = \frac{V_i}{V_0 + V_1 + \cdots + V_i} \tag{4-13}$$

式中，V_i 为第 i 类夹杂的体积。值得注意的是，当第$(i+1)$类夹杂为空隙时，其相应的弹性张量 $\boldsymbol{C}_{i+1}$ 为 0。

4.3 具有弹簧型界面的三维多夹杂复合材料细观力学解析模型

4.3.1 细观力学模型描述

与本书 4.2.1 节给出的模型类似，首先建立三维两层嵌入式细观力学模型，即将每一种具有相同粒径的夹杂视作由一定厚度的基体包裹的圆形夹杂埋入无限大的等效复合介质中。同时，为了考虑弱界面的影响，在夹杂与基体的交界面处引入线弹簧型界面模型，如图 4-5 所示。该模型假设界面层厚度为零，界面两侧应力连续，但把弱界面的作用模拟为界面两侧的位移间断，这种位移间断包括界面处的切向滑移和法向分离。进一步假设界面位移间断量与应力呈线性关系，即有：

$$\sigma_r^m = \sigma_r^f = k_r(u_r^m - u_r^f) \tag{4-14}$$

$$\tau_{r\theta}^m = \tau_{r\theta}^f = k_\theta(u_\theta^m - u_\theta^f) \tag{4-15}$$

$$\tau_{r\varphi}^m = \tau_{r\varphi}^f = k_\varphi(u_\varphi^m - u_\varphi^f) \tag{4-16}$$

式中 σ_r^m，$\tau_{r\theta}^m$，$\tau_{r\varphi}^m$—— 基体对夹杂施加的应力；

σ_r^f，$\tau_{r\theta}^f$，$\tau_{r\varphi}^f$—— 夹杂对基体施加的应力；

u_r^m，u_θ^m，u_φ^m—— 基体在界面处的位移；

u_r^f，u_θ^f，u_φ^f—— 夹杂在界面处的位移；

k_r，k_θ，k_φ——弹簧界面的刚度参数。

当 k_r，k_θ，k_φ 变成无穷大时，界面处不会发生位移突变，这表明在基体和夹杂之间存在着完好黏结的界面；但是当 k_r，k_θ，k_φ 都等于零时，界面牵引力就会消失，夹杂将失去承载能力，这意味着夹杂完全脱离了基体。

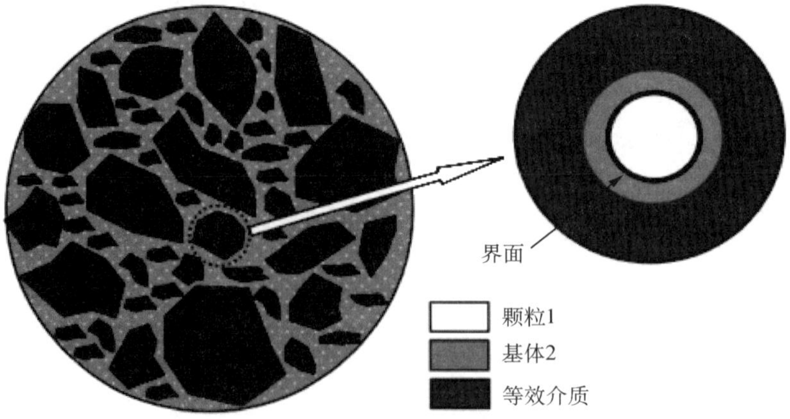

图 4-5　具有弹簧型弱界面的复合材料两层嵌入式模型

实际上三个刚度参数往往是处在以上两种极端状态之间的，这表明夹杂与基体间存在弱界面。

为了确定复合材料的有效弹性性质，在图 4-6 所示的模型边界处施加均匀分布的径向拉伸应力或剪切应力。在图 4-7 中，a 是夹杂颗粒的半径，$(b-a)$ 是基体厚度，$(c-b)$ 是周围等效介质的厚度。参数 E_1，ν_1，μ_1 和 E_2，ν_2，μ_2 以及 $E_0(a)$，ν_0，$\mu_0(a)$ 分别表示基体、夹杂和等效介质的杨氏模量、泊松比和剪切模量。u_{0c} 表示在外边界 $r=c$ 处的位移，u_{0b} 和 u_{1b} 是两相在边界 $r=b$ 处的位移，u_{1a} 和 u_{2a} 是两相在边界 $r=a$ 处的位移，u_c 是宏观均匀介质在边界 $r=c$ 处的位移。以下几小节将给出单相颗粒增强复合材料有效弹性模量和有效剪切模量的计算公式。

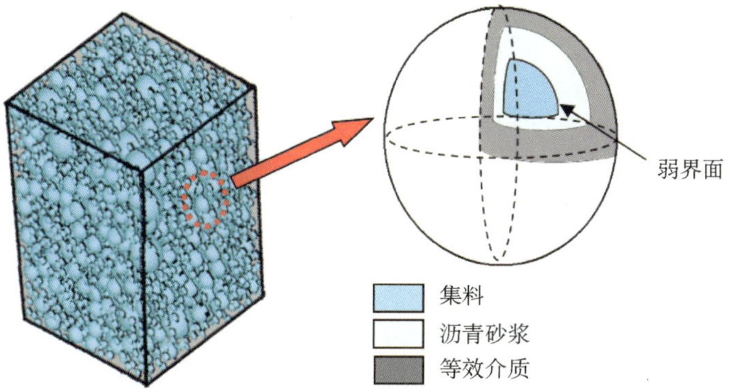

图 4-6　具有不完好界面的 3D 细观力学模型

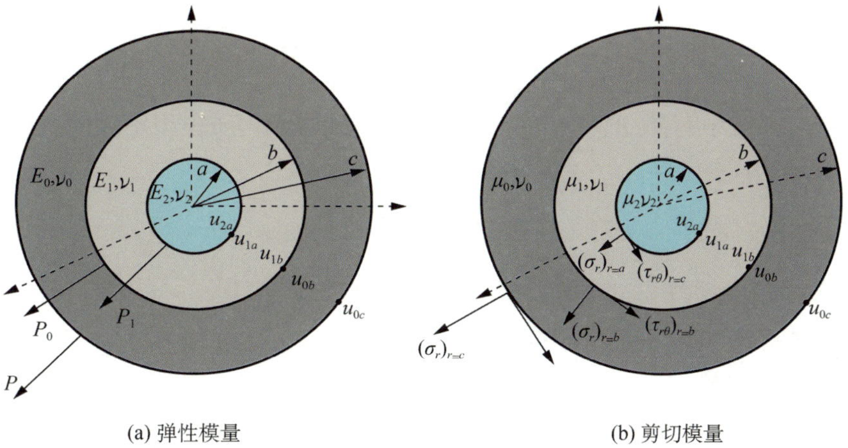

图 4-7　用于分析沥青混合料弹性模量和剪切模量的 3D 两层内置模型

4.3.2 有效杨氏模量公式

为了获得具有弱界面的有效弹性模量，分别在边界 $r=c$，$r=b$ 和 $r=a$ 处施加均匀的径向应力 P，P_0 和 P_1，如图 4-7(a)所示。总的来说，根据弹性理论[54]，边界和界面处（$r=a$，$r=b$，$r=c$）的位移表示如下：

$$u_{0c}=\frac{1}{E_0}\left[\frac{1+\nu_0}{2}\frac{b^3(P-P_0)}{(c^3-b^3)}c+(1-2\nu_0)\frac{Pc^3-P_0b^3}{c^3-b^3}c\right] \tag{4-17}$$

$$u_{0b}=\frac{1}{E_0}\left[\frac{1+\nu_0}{2}\frac{c^3(P-P_0)}{(c^3-b^3)}b+(1-2\nu_0)\frac{Pc^3-P_0b^3}{c^3-b^3}b\right] \tag{4-18}$$

$$u_{1b}=\frac{1}{E_1}\left[\frac{1+\nu_1}{2}\frac{a^3(P_0-P_1)}{b^3-a^3}b+(1-2\nu_1)\frac{P_0b^3-P_1a^3}{b^3-a^3}b\right] \tag{4-19}$$

$$u_{1a}=\frac{1}{E_1}\left[\frac{1+\nu_1}{2}\frac{b^3(P_0-P_1)}{b^3-a^3}a+(1-2\nu_1)\frac{P_0b^3-P_1a^3}{b^3-a^3}a\right] \tag{4-20}$$

$$u_{2a}=\frac{1-2\nu_2}{E_2}P_1a \tag{4-21}$$

$$u_c=\frac{1-2\nu_0}{E_0}Pc \tag{4-22}$$

由于将基体与夹杂间界面模拟为弹簧层界面,并且认为基体与等效介质之间的界面黏结是完好的,则可以得到以下边界条件：

$$u_{0b}=u_{1b} \tag{4-23}$$

$$(\sigma_r)_{r=a}=k\Delta u=k(u_{1a}-u_{2a})=P_1 \tag{4-24}$$

根据连续介质中存储的总应变能 U_{mac} 应等于细观非均质模型中存储的应变能 U_{mic} 的观点[31],以下关系成立：

$$U_{\text{mic}}=U_{\text{mac}} \tag{4-25}$$

将式(4-17)—式(4-22)代入式(4-23)—式(4-25),并令 $c\to\infty$,即可得到有效弹性模量 $E_0(a)$ 的表达式：

$$E_0(a)=\frac{E_1(1-2\nu_0)(1-n)}{x_1-\dfrac{9akE_2n(1-\nu_1)^2}{4akE_1(1-n)(1-2\nu_2)+4akE_2x_2+4(1-n)E_1E_2}} \tag{4-26}$$

其中

$$n=\frac{a^3}{b^3},\quad x_1=\frac{1}{2}n(1+\nu_1)+(1-2\nu_1),\quad x_2=\frac{1}{2}(1+\nu_1)+n(1-2\nu_1) \tag{4-27}$$

由式(4-26)可知，颗粒增强复合材料的有效弹性模量与基体和夹杂的弹性性能、夹杂的尺寸及其体积分数以及界面弹性刚度有关。然而，由于泊松比仍然未知，还不能直接用式(4-26)计算出复合材料的有效弹性常数，因此应该推导一个附加方程来获得其他有效弹性常数。

4.3.3 有效剪切模量公式

通过在每层边界上施加法向力和剪切力[图 4-7(b)]，可以将 3D 问题平衡方程弹性解的一般形式写为[56]

$$\left.\begin{aligned} u_{re} &= \left(D_1 r + \frac{3D_3}{r^4} + \frac{5-4\nu_0}{1-2\nu_0}\frac{D_4}{r^2}\right)\sin^2 2\theta\cos 2\phi \\ u_{\theta e} &= \left(D_1 r - \frac{2D_3}{r^4} + \frac{2D_4}{r^2}\right)\sin\theta\cos\theta\cos 2\phi \\ u_{\phi e} &= -\left(D_1 r - \frac{2D_3}{r^4} + \frac{2D_4}{r^2}\right)\sin\theta\sin 2\phi \end{aligned}\right\}\quad (r \geqslant b) \tag{4-28}$$

$$\left.\begin{aligned} u_{rm} &= \left(B_1 r - \frac{6\nu_1}{1-2\nu_1}B_2 r^3 + \frac{3B_3}{r^4} + \frac{5-4\nu_1}{1-2\nu_1}\frac{B_4}{r^2}\right)\sin^2 2\theta\cos 2\phi \\ u_{\theta m} &= \left(B_1 r - \frac{7-4\nu_1}{1-2\nu_1}B_2 r^3 - \frac{2B_3}{r^4} + \frac{2B_4}{r^2}\right)\sin\theta\cos\theta\cos 2\phi \\ u_{\phi m} &= -\left(B_1 r - \frac{7-4\nu_1}{1-2\nu_1}B_2 r^3 - \frac{2B_3}{r^4} + \frac{2B_4}{r^2}\right)\sin\theta\sin 2\phi \end{aligned}\right\}\quad (a \leqslant r \leqslant b) \tag{4-29}$$

$$\left.\begin{aligned} u_{rf} &= \left(A_1 r - \frac{6\nu_2}{1-2\nu_2}A_2 r^3\right)\sin^2 2\theta\cos 2\phi \\ u_{\theta f} &= \left(A_1 r - \frac{7-4\nu_2}{1-2\nu_2}A_2 r^3\right)\sin\theta\cos\theta\cos 2\phi \\ u_{\phi f} &= -\left(A_1 r - \frac{7-4\nu_2}{1-2\nu_2}A_2 r^3\right)\sin\theta\sin 2\phi \end{aligned}\right\}\quad (0 \leqslant r \leqslant a) \tag{4-30}$$

式中，A_1，A_2，B_1，B_2，B_3，B_4，D_1，D_3 和 D_4 是根据两个界面的边界条件确定的常数。同样，基于基体和等效介质之间的界面处应力和位移的连续性，以及基体和夹杂之间的弹簧界面，得出以下公式：

$$u_r^{0b} = u_r^{1b}，u_\theta^{0b} = u_\theta^{1b} \tag{4-31}$$

$$\sigma_r^{0b}=\sigma_r^{1b},\ \tau_{r\theta}^{0b}=\tau_{r\theta}^{1b} \tag{4-32}$$

$$\sigma_r^{1a}=\sigma_r^{2a}=k_r(u_r^{1a}-u_r^{2a}) \tag{4-33}$$

$$\tau_{r\theta}^{1a}=\tau_{r\theta}^{2a}=k_\theta(u_\theta^{1a}-u_\theta^{2a}) \tag{4-34}$$

由式(4-28)—式(4-34)可得以下 8 个等式：

$$B_1 b-\frac{6\nu_1}{1-2\nu_1}B_2 b^3+\frac{3B_3}{b^4}+\frac{5-4\nu_1}{1-2\nu_1}\frac{B_4}{b^2}=D_1 b+\frac{3D_3}{b^4}+\frac{5-4\nu_0}{1-2\nu_0}\frac{D_4}{b^2} \tag{4-35}$$

$$B_1 b-\frac{7-4\nu_1}{1-2\nu_1}B_2 b^3-\frac{2B_3}{b^4}+\frac{2B_4}{b^2}=D_1 b-\frac{2D_3}{b^4}+\frac{2D_4}{b^2} \tag{4-36}$$

$$\begin{aligned}&3\lambda_1\left(7B_2 b^2-\frac{2B_4}{b^3}\right)+2\mu_1\left[B_1-\frac{18\nu_1}{1-2\nu_1}B_2 b^2-\frac{12B_3}{b^5}-\frac{2(5-4\nu_1)}{1-2\nu_1}\frac{B_4}{b^3}\right]\\&=-\frac{6\lambda_0 D_4}{b^3}+2\mu_0\left[D_1-\frac{12D_3}{b^5}-\frac{2(5-4\nu_0)}{1-2\nu_0}\frac{D_4}{b^3}\right]\end{aligned} \tag{4-37}$$

$$\mu_1\left[B_1-\frac{7+2\nu_1}{1-2\nu_1}B_2 b^2+\frac{8B_3}{b^5}+\frac{2(1+\nu_1)}{1-2\nu_1}\frac{B_4}{b^3}\right]=\mu_0\left[D_1+\frac{8D_3}{b^5}+\frac{2(1+\nu_0)}{1-2\nu_0}\frac{D_4}{b^3}\right] \tag{4-38}$$

$$\begin{aligned}&21\lambda_2 A_2 a^2+2\mu_2\left(A_1-\frac{18\nu_2}{1-2\nu_2}A_2 a^2\right)\\&=3\lambda_1\left(7B_2 a^2-\frac{2B_4}{a^3}\right)+2\mu_1\left[B_1-\frac{18\nu_1}{1-2\nu_1}B_2 a^2-\frac{12B_3}{a^5}-\frac{2(5-4\nu_1)}{1-2\nu_1}\frac{B_4}{a^3}\right]\end{aligned} \tag{4-39}$$

$$\mu_2\left(A_1-\frac{7+2\nu_2}{1-2\nu_2}A_2 a^2\right)=\mu_1\left[B_1-\frac{7+2\nu_1}{1-2\nu_1}B_2 a^2+\frac{8B_3}{a^5}+\frac{2(1+\nu_1)}{1-2\nu_1}\frac{B_4}{a^3}\right] \tag{4-40}$$

$$\begin{aligned}&21\lambda_2 A_2 a^2+2\mu_2\left(A_1-\frac{18\nu_2}{1-2\nu_2}A_2 a^2\right)\\&=k_r\left(B_1 a-\frac{6\nu_1}{1-2\nu_1}B_2 a^3+\frac{3B_3}{a^4}+\frac{5-4\nu_1}{1-2\nu_1}\frac{B_4}{a^2}-A_1 a+\frac{6\nu_2}{1-2\nu_2}A_2 a^3\right)\end{aligned} \tag{4-41}$$

$$\begin{aligned}&\mu_2\left(A_1-\frac{7+2\nu_2}{1-2\nu_2}A_2 a^2\right)\\&=k_\theta\left(B_1 a-\frac{7-4\nu_1}{1-2\nu_1}B_2 a^3-\frac{2B_3}{a^4}+\frac{2B_4}{a^2}-A_1 a+\frac{7-4\nu_2}{1-2\nu_2}A_2 a^3\right)\end{aligned} \tag{4-42}$$

式中，λ_1 和 λ_2 是基体和夹杂的 Lame 常量。

由式(4-25)可得：

$$\int_s [\sigma_r^c u_{re} + \tau_{r\theta}^c u_{\theta e} + \tau_{r\phi}^c u_{\phi e} - \sigma_{re} u_r^c - \tau_{r\theta e} u_\theta^c - \tau_{r\phi e} u_\phi^c] \mathrm{d}s = 0 \tag{4-43}$$

求得：

$$D_4 = 0 \tag{4-44}$$

用式(4-35)—式(4-42)求解 D_4 可得：

$$D_4(g^*) = Ag^{*2} + 2Bg^* + D = 0 \tag{4-45}$$

其中，$g^* = \dfrac{\mu_0(a)}{\mu_1}$，参数 A，B 和 D 可由以下公式求得：

$$\left.\begin{aligned} A &= \frac{1}{2}[D_4(1) + D_4(-1)] - D_4(0) \\ B &= \frac{1}{4}[D_4(1) - D_4(-1)] \\ D &= D_4(0) \end{aligned}\right\} \tag{4-46}$$

最后，可得到复合材料的有效剪切模量计算方程：

$$\left[\frac{\mu_0(a)}{\mu_1}\right]^2 A + \left[\frac{\mu_0(a)}{\mu_1}\right] B + D = 0 \tag{4-47}$$

由式(4-47)可以很容易求得有效剪切模量 $\mu_0(a)$。结合式(4-26)可得到与特定颗粒尺寸对应的有效弹性性能。

至此便全部求得了弹性问题的两个有效弹性常数。需要注意的是，这里只给出了单相夹杂的宏观等效性质的预测公式，对于具有多种不同类型的夹杂问题，仍需采用本书 4.2.4 节给出的多步骤的思想进行预测。

4.4 具有黏弹性弱界面的黏弹性复合材料细观力学模型

4.4.1 模型的建立

为了研究具有黏弹性弱界面的复合材料线黏弹性(Linear Viscoelasticity, LVE)行为，本节建立了一个细观力学模型，该模型可以描述为一个黏弹性区域内嵌入了 N 个随机分布的不同尺寸的弹性球形颗粒。对于弹性问题，可以通过无厚度的弹簧层模型来模拟界面，也可以考虑基体和颗粒之间存在具有指定厚度的第三种材料。然而，对于 LVE 材料，界面将呈现明显的黏弹性特征。因此引入了 Kelvin-Voigt 黏弹性界面模型。

Kelvin-Voigt 黏弹性界面认为夹杂与基体之间存在厚度不确定的一个极薄的界面区，即夹杂和基体是通过一个线性弹簧和一个线性缓冲器并联的体系黏结在一起的。在这个模型中，界面处的力仍然保持连续性，但存在位移的阶跃。因此，有：

$$\sigma_r^m = \sigma_r^i,\ \tau_{r\theta}^m = \tau_{r\theta}^i \tag{4-48}$$

$$u_r^m = u_r^i + \Delta u_r,\ u_\theta^m = u_\theta^i + \Delta u_\theta \tag{4-49}$$

式中 σ_r^m，$\tau_{r\theta}^m$—— 基体对夹杂施加的应力；

σ_r^i，$\tau_{r\theta}^i$—— 夹杂对基体施加的应力；

u_r^m，u_θ^m—— 基体在界面处的位移；

u_r^i，u_θ^i—— 夹杂在界面处的位移；

Δu_r，Δu_θ—— 界面处的相对滑动位移。

进一步假设应力和滑动位移服从 Kelvin-Voigt 黏弹性定律，即：

$$\sigma_r^m = k_{0r}\Delta u_r + k_{1r}\frac{\partial \Delta u_r}{\partial t} \tag{4-50}$$

$$\tau_{r\theta}^m = k_{0\theta}\Delta u_\theta + k_{1\theta}\frac{\partial \Delta u_\theta}{\partial t} \tag{4-51}$$

式中 $\frac{\partial \Delta u_r}{\partial t}$，$\frac{\partial \Delta u_\theta}{\partial t}$—— 滑动速度。

k_{0r}，$k_{0\theta}$ 和 k_{1r}，$k_{1\theta}$—— 黏弹性界面在 r-和 θ-方向的弹簧常数和黏度系数，当 $k_{0r}=k_{0\theta}=0$ 时，得到了黏性模型，该模型可用来调整复合材料在冲击荷载作用下的力学性能，以达到能量耗散的目的；当 $k_{1r}=k_{1\theta}=0$ 时，本构关系退化为线性弹簧模型，此时界面响应与时间变量无关。

因此，黏性模型和线性弹簧模型都是 Kelvin-Voigt 模型的特例。注意，对于一个完美的黏接界面而言，k_{0r}，$k_{0\theta}$ 和 k_{1r}，$k_{1\theta}$ 都变成无穷大。相反，如果颗粒完全脱离基体，k_{0r}，$k_{0\theta}$ 和 k_{1r}，$k_{1\theta}$ 都等于零，颗粒丧失全部的承载能力。

为了简化上述方程，令下列界面常数的值相等：

$$k_{0r}=k_{0\theta}=k_0,\ k_{1r}=k_{1\theta}=k_1 \tag{4-52}$$

至此便建立了黏弹性界面多夹杂 LVE 材料的细观力学模型，如图 4-8 所示。

4.4.2 单相颗粒增强线黏弹性复合材料有效性能的解析实现

首先在拉普拉斯域中进行讨论。由于界面有其自身的刚度，夹杂颗粒的弹性模量 E_f 和泊松比 ν_f 应替换为有效弹性常数 $\widetilde{E}_f(s)$ 和泊松比 $\widetilde{\nu}_f(s)$，此时有效弹性常数将界

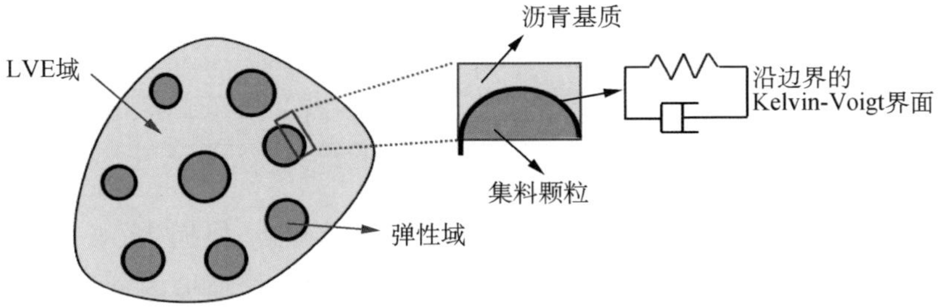

图 4-8 多夹杂 LVE 材料的细观力学模型

面的弹簧常数和黏度系数的影响计入其内，这里 s 是转换系数。为了计算 $\widetilde{E}_f(s)$ 和 $\widetilde{\nu}_f(s)$，建立了如图 4-9(a)和(b)所示的两个模型。图 4-9(a)显示了在径向应力 $\sigma_r=1$ 作用下，具有周向 Kelvin-Voigt 界面层[每单位长度的界面常数为 $(k_0+k_1 s)$]的圆柱体结构。在拉普拉斯域中 $r=a$ 处的径向位移可写成：

$$u_r=\frac{1-\nu_f^2}{E_f}\left(1-\frac{\nu_f}{1-\nu_f}\right)a+\frac{1}{k_0+k_1 s} \tag{4-53}$$

对于没有 Kelvin-Voigt 层，但为 $\widetilde{E}_f(s)$ 和 $\widetilde{\nu}_f(s)$ 的圆柱体，拉普拉斯域中 $r=a$ 处的径向位移可以用另一种形式表示为

$$\bar{u}_r=\frac{1-\widetilde{\nu}_f^2}{\widetilde{E}_f}\left(1-\frac{\widetilde{\nu}_f}{1-\widetilde{\nu}_f}\right)a \tag{4-54}$$

由于 $u_r=\bar{u}_r$，则有：

$$\frac{1-\nu_f^2}{E_f}\left(1-\frac{\nu_f}{1-\nu_f}\right)a+\frac{1}{k_0+k_1 s}=\frac{1-\widetilde{\nu}_f^2}{\widetilde{E}_f}\left(1-\frac{\widetilde{\nu}_f}{1-\widetilde{\nu}_f}\right)a \tag{4-55}$$

同理，图 4-9(b)在圆柱体边界上横向布置单位长度的弹簧层，其弹簧系数为 $(k_0+k_1 s)$。并假设有沿圆周线性分布的体力 $f_\theta=-4r$，则在 $r=a$ 处施加沿圆周均匀分布的剪切应力 $\sigma_{r\theta}=a^2$ 与该体力平衡。因此得到以下关系式：

$$\frac{a^3}{2G_f}+\frac{a}{k_0+k_1 s}=\frac{a^3}{2\widetilde{G}_f} \tag{4-56}$$

式中 G_f —— 夹杂颗粒的剪切模量；

$\widetilde{G}_f$ ——拉普拉斯域内夹杂颗粒的有效剪切模量，该有效剪切模量已经考虑了界面效应。

通过求解式(4-55)和式(4-56)，并根据弹性常数之间的关系，可得到拉普拉斯域中颗粒的剪切模量和体积模量，如下所示：

$$\widetilde{G}_f(s)=\frac{aG_f(k_0+k_1s)}{a(k_0+k_1s)+2G_f} \tag{4-57}$$

$$\widetilde{K}_f(s)=\frac{aG_f(k_0+k_1s)[a(k_0+k_1s)(1+\nu_f)+2G_f]}{[a(k_0+k_1s)+2G_f][a(k_0+k_1s)(1-\nu_f)+2G_f]} \tag{4-58}$$

假设在黏弹性复合材料内有大量随机分布的圆形夹杂，根据 Mori-Tanka 方法，具有圆形夹杂的复合材料有效剪切模量及体积模量的在拉普拉斯域内预测公式为

$$\widetilde{G}(s)=\widetilde{G}_{\mathrm{m}}\left[1+\frac{2f}{(1-f)(K_{\mathrm{m}}+2\widetilde{G}_{\mathrm{m}})/(K_{\mathrm{m}}+\widetilde{G}_{\mathrm{m}})+2\widetilde{G}_{\mathrm{m}}/(\widetilde{G}_f-\widetilde{G}_{\mathrm{m}})}\right] \tag{4-59}$$

$$\widetilde{K}(s)=K_{\mathrm{m}}\left[1+\frac{f}{(1-f)K_{\mathrm{m}}/(K_{\mathrm{m}}+\widetilde{G}_{\mathrm{m}})+K_{\mathrm{m}}/(\widetilde{K}_f-K_{\mathrm{m}})}\right] \tag{4-60}$$

式中 $\widetilde{G}(s)$，$\widetilde{K}(s)$——拉普拉斯域中 LVE 复合材料的有效剪切松弛模量和体积模量；

K_{m}——基体的体积模量；

$\widetilde{G}_{\mathrm{m}}(s)$——拉普拉斯域基体的剪切松弛模量；

f——颗粒的体积分数。

需要注意的是，对于黏弹性问题，很多情况下可以假设材料弹性膨胀，因此其体积模量 K 为常量，而基体的剪切松弛模量 $\widetilde{G}_{\mathrm{m}}(s)$ 通常与时间有关。

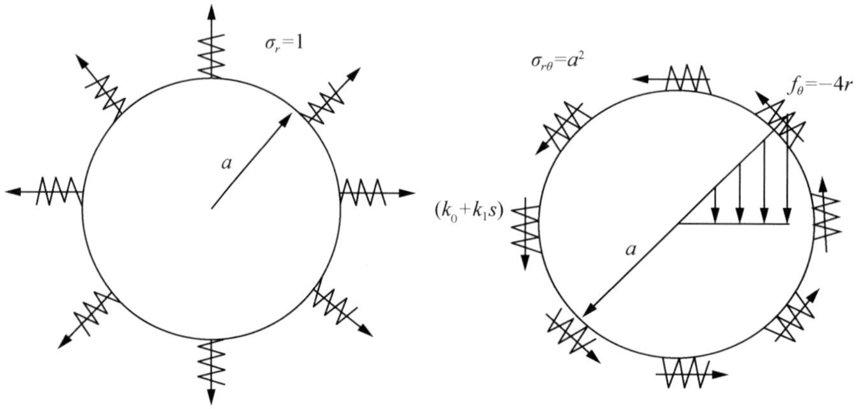

(a) 径向荷载　　　　(b) 周向荷载

图 4-9　拉普拉斯域中集料颗粒模量的计算模型

处理线性黏弹性问题最常用的方法是拉普拉斯变换法。这种方法建立了黏弹性问题和弹性问题之间的对应关系。当弛豫时间谱或延迟时间谱是离散谱的情况下，线性黏弹性体的本构方程可以写成如下微分形式：

$$\widetilde{P}S_{ij}=\widetilde{Q}e_{ij} \tag{4-61}$$

式中 $\widetilde{P}$，$\widetilde{Q}$—— 时间微分算子；

S_{ij}，e_{ij}—— 应力张量和应变偏张量。

在外力作用下，黏弹性材料表现出三种应变：弹性应变、延迟弹性应变和黏性应变。弹性应变具有瞬时性和可恢复性，延迟弹性应变具有时效性和可恢复性，黏性应变具有时效性和不可恢复性。由于黏弹性固体偏离了理想的胡克体或理想牛顿体，可以用这种流变模型近似地描述真实材料的蠕变、松弛或迟滞现象。为了研究不同黏弹性模型对沥青基复合材料蠕变行为的影响，选择了两种流变模型。一种是双 Voigt+one 弹簧模型[图 4-10(a)]，它将两个开尔文链和一个弹簧串联在一起。这种流变模型可以描述具有瞬时弹性和延迟弹性的物体，能很好地拟合试验曲线。另一种是 Burgers 模型[图 4-10(b)]，它将开尔文链和 Maxwell 链串联起来。因此，它会出现瞬时弹性应变、不可逆蠕变应变和延迟弹性应变。

双 Voigt+one 弹簧模型和 Burgers 模型的微分算子 $\widetilde{P}(s)$ 和 $\widetilde{Q}(s)$ 分别是：

$$\left.\begin{aligned}\widetilde{P}(s)&=1+\frac{E_1\eta_2+E_2\eta_1+E_0\eta_1+E_0\eta_2}{E_1E_2+E_1E_0+E_0E_2}s+\frac{\eta_1\eta_2}{E_1E_2+E_1E_0+E_0E_2}s^2\\ \widetilde{Q}(s)&=\frac{E_0E_1E_2}{E_1E_2+E_1E_0+E_0E_2}+\frac{E_0E_1\eta_2+E_0E_2\eta_1}{E_1E_2+E_1E_0+E_0E_2}s+\frac{E_0\eta_1\eta_2}{E_1E_2+E_1E_0+E_0E_2}s^2\end{aligned}\right\} \tag{4-62}$$

$$\widetilde{P}(s)=1+\left(\frac{\eta_1}{E_1}+\frac{\eta_1+\eta_2}{E_2}\right)s+\frac{\eta_1\eta_2}{E_1E_2}s^2,\ \widetilde{Q}(s)=\eta_1 s+\frac{\eta_1\eta_2}{E_2}s^2 \tag{4-63}$$

式中 E_0，E_1，E_2—— 弹性参数；

η_1，η_2—— 待测的黏性参数。

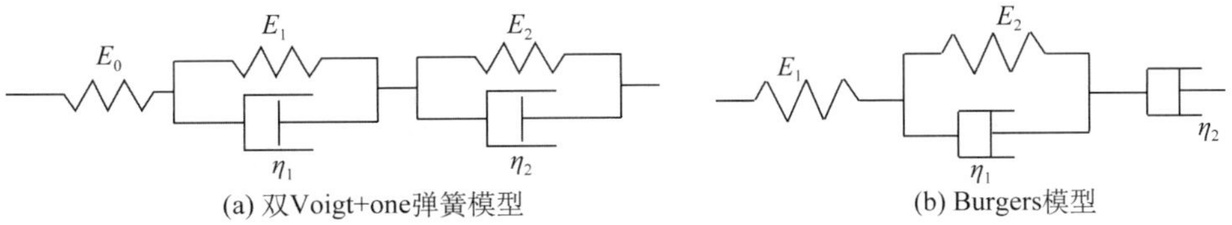

图 4-10 线性黏弹性流变模型

根据式(4-61)，基体 $\widetilde{G}_m(s)$ 的剪切松弛模量为

$$\widetilde{G}_m(s)=\frac{\widetilde{Q}(s)}{2\widetilde{P}(s)} \tag{4-64}$$

因此，为了预测复合材料的蠕变行为，首先测试基体的时变蠕变行为。通过对试验结果的拟合，可以得到式(4-62)中的 5 个模型参数或式(4-63)中的 4 个模型参数，然后

将它们作为式(4-59)和式(4-60)的输入参数。如前所述，蠕变是材料在恒定应力下随时间的缓慢变形。这种变形的速率取决于材料特性、作用时间、温度和施加的荷载。因此，可以用式(4-65)进行描述：

$$J(t)=\frac{\varepsilon(t)}{\bar{\sigma}} \tag{4-65}$$

式中 $J(t)$—— 蠕变柔量，其定义为单位阶跃应力作用产生的时间应变函数；

$\bar{\sigma}$—— 施加到对边的压应力；

$\varepsilon(t)$—— 复合材料沿压缩方向的平均应变，可在拉普拉斯域中获得，如式(4-66)所示：

$$\varepsilon(s)=\frac{\bar{\sigma}}{s\widetilde{E}(s)} \tag{4-66}$$

式中，$\widetilde{E}(s)$ 是拉普拉斯域中单相颗粒增强(具有特定粒径)LVE 材料的有效松弛模量，可根据式(4-59)和式(4-60)推导得到。将式(4-65)中的解通过拉普拉斯逆变换回到时域，最后就可以得到多夹杂黏弹性复合材料的蠕变柔量，即 $J(t)$。

4.4.3 模型验证

通过以下算例验证所提出的细观力学方法的精度。该算例是随机分布的圆形弹性颗粒(E_f=100 MPa，f=0.3)嵌入黏弹性域，采用 Burgers 模型建模，见图 4-11。黏弹性区域的 Burgers 模型参数如下：E_1=2.328 MPa，E_2=1.389 MPa；η_1=752.516 MPa·s，η_2=31.549 MPa·s。

在图 4-11 中将预测结果与数值计算结果(边界元法)进行了比较，其中考虑了 4 个不同的界面参数 $k_0=k_1$=0.1，1，10 和 10^8。计算结果与数值解吻合得很好。这表明本章提出的方法可以很好地预测具有弱黏弹性界面的颗粒增强复合材料的蠕变行为。

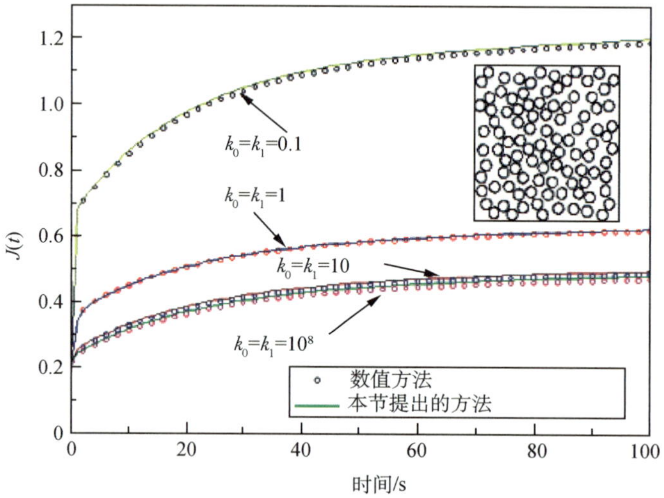

图 4-11 数值解与解析解的蠕变柔度比较

4.4.4 多相颗粒增强线黏弹性复合材料的有效性能预测

到目前为止已经获得了一种特定粒径的单相 LVE 复合材料的蠕变特性预测方法。为了推导多相颗粒增强复合材料的宏观力学性能，整体蠕变柔度 $J_{tot}(t)$ 的公式可以写成如下形式[57-60]：

$$J_{tot}(t)=\frac{1}{2}\sum_{i=1}^{N-1}\left[J(t,d_i)+J(t,d_{i+1})\right]\left[f(d_i)-f(d_{i+1})\right] \tag{4-67}$$

式中 $J(t,d_i)$，$J(t,d_{i+1})$—— 对应于粒径 d_i 和 d_{i+1} 的蠕变柔量；

$f(d_i)$，$f(d_{i+1})$—— 通过 i 号和 $(i+1)$ 号筛的夹杂颗粒的体积分数；

N—— 筛分分析试验中的颗粒尺寸等级总数。

4.5 细观力学模型在沥青混合料性能预测中的应用

4.5.1 沥青混合料弹性性能的预测

沥青混合料具有黏弹性性质，其应力-应变关系与时间、温度有关。但是，当温度较低且荷载速率较高时，沥青混合料也可以近似认为是弹性体。事实上，在工程实际中也通常引进这一假设，并运用于沥青混合料的设计，以及用来预测在荷载作用下的路面力学响应。因此，可以说弹性模量是沥青混合料的关键材料参数之一。以下将基于细观力学模型及快速多极边界元算法对沥青混合料的弹性模量进行预测，并与试验结果进行比较。

4.5.1.1 多步骤多相细观力学方法

如本书 4.3 节所述，由于有效弹性模量 $E_0(a)$ 和有效剪切模量 $\mu_0(a)$ 的计算公式均取决于集料的尺寸，这说明通过这两个公式只能得出具有特定集料尺寸 a 的单相颗粒增强复合材料的弹性性能。而沥青混合料是由不同尺寸的集料所组成的。因此，采用本书 4.2 节所述的多步骤多相细观力学方法来推导沥青混合料的整体有效性能。多步骤多相细观力学方法非常适合分析包含不同形状和不同尺寸夹杂的多相复合材料，其主要原理是单独处理每类集料，并在每个步骤中计算出相应的弹性模量。图 4-12是使用多步骤多相细观力学方法预测沥青混合料弹性模量的流程图。先将各种集料投入沥青砂浆中，然后用式(4-26)和式(4-27)均化。操作完所有步骤之后最终的值就是沥青混合料的弹性模量。执行多步骤法时应根据通过的筛孔尺寸将集料分为 N 种不同的类型。此外还可以在沥青混合料的弹性模量预测模型中加入空隙的影响。首先，将空隙视为一种特殊的集料，设其模量等于零，然后将其放入均匀介质中形成新的介质，再通过式(4-26)和式(4-47)进行均质化，最后即可获得考虑空隙的沥青混合料有效弹性模量。其中，第一类集料的体积分数和其他几种集料的随动体积分数的计算方法可以参考本书 4.3 节。

4.5.1.2 材料参数

由图 4-12 可知，为了预测沥青混合料的弹性模量，需要几个输入参数，如：集料级配、油石比、孔隙率、各种集料和沥青的密度、沥青砂浆和集料的弹性模量和泊松比等。本节考虑了有着不同细观结构和最大集料粒径的四种沥青混合料。第 1 类是具有悬浮密实结构的开级配超薄沥青混合料(UTAC10-Open)，其最大粒径为9.5 mm；第 2 类是具有骨架密实结构的间断级配超薄沥青混合料(UTAC10-Gap)，最大粒径为 9.5 mm；第 3 类是多碎石沥青混合料(SAC-13)，其细观结构介于悬浮密实和骨架密实之间，最大粒径为 13.2 mm；第 4 类是高性能沥青混合料(SUP-13)，细观结构为悬浮密实结构，最大粒径为 13.2 mm。表 4-1 给出了这四种混合料的集料级配。

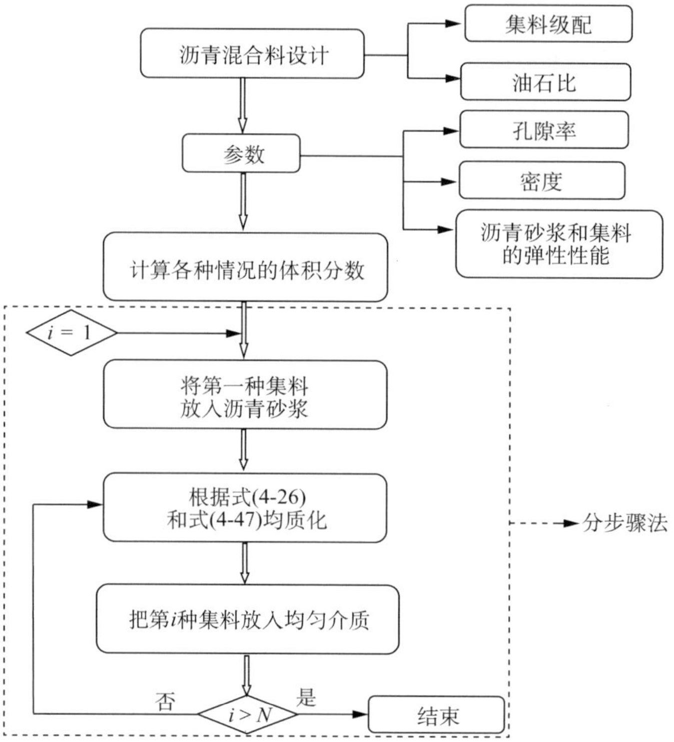

图 4-12 预测沥青混合料弹性模量流程

表 4-1 四种沥青混合料的级配

筛孔尺寸/mm	UTAC10-Open		UTAC10-Gap		SAC-13		SUP-13	
	范围/%	通过率/%	范围/%	通过率/%	范围/%	通过率/%	范围/%	通过率/%
16					100	100	100	100
13.2	100	100	100	100	95～100	97.5	95～100	97.5

（续表）

筛孔尺寸/mm	UTAC10-Open		UTAC10-Gap		SAC-13		SUP-13	
	范围/%	通过率/%	范围/%	通过率/%	范围/%	通过率/%	范围/%	通过率/%
9.5	90～100	95	90～100	95	66～74	70	74～86	80
4.75	30～40	35	30～40	35	30～40	35	46～58	52
2.36	23～32	27.5	30～40	35	23～32	27.5	28～39	33.5
1.18	17～25	21	22～30	26	17～25	21	17～26	21.5
0.6	13～20	16.5	16～23	19.5	13～20	16.5	10～19	14.5
0.3	10～16	13	11～17	14	10～16	13	6～16	11
0.15	8～13	10.5	8～13	10.5	8～13	10.5	4～11	7.5
0.075	6～10	8	6～10	8	6～10	8	3～7	5

表 4-2 给出了在预测沥青混合料弹性性能时需要输入的参数。表 4-3 给出了各类集料和沥青的密度。基于表 4-3 给出的参数，可以进一步给出沥青砂浆和各类粗集料（粒径大于 2.36 mm）的体积分数，计算结果列于表 4-3。需要注意的是，本书中的沥青砂浆由沥青、空隙和能够通过 2.36 mm 筛孔的细集料组成。已有研究证明沥青砂浆的泊松比对沥青混合料的宏观力学特性影响不大，所以设其为 0.4。沥青砂浆的弹性模量取决于沥青混合料的种类，根据美国国家公路与运输协会标准《测定沥青混合物弹性模量的标准试验方法》（*Standard Test Method for Determining the Resillent Modulus of Bituminous Mixtures by Indirect Tension*）（AASHTO TP31-94）可测得其弹性模量。

表 4-2　四种沥青混合料的测试结果

类型	空隙率/%	油石比/%	集料弹性模量/GPa	集料泊松比
UTAC10-Open	5.30	4.4	40	0.2
UTAC10-Gap	5.67	4.3		
SAC-13	5.90	4.5		
Sup-13	5.85	4.5		

表 4-3　粗集料和沥青的密度和体积分数

筛孔尺寸/mm	密度/(g·cm^{-3})	体积分数			
		UTAC10-Open	UTAC10-Gap	SAC-13	SUP-13
13.2	2.850	—	—	0.056078	0.048770
9.5	2.852	0.106766	0.091220	0.381350	0.254371

（续表）

筛孔尺寸/mm	密度/($g \cdot cm^{-3}$)	体积分数			
		UTAC10-Open	UTAC10-Gap	SAC-13	SUP-13
4.75	2.858	0.561115	0.522065	0.326298	0.288833
2.36	2.680	0.069592	—	0.069391	0.169098
1.18	2.651	—	—	—	—
0.6	2.615				
0.3	2.567				
0.15	2.559				
0.075	2.563				
<0.075	2.784				
沥青	1.022				

4.5.1.3 沥青砂浆-集料界面对沥青混合料弹性模量的影响

为了考虑界面对沥青混合料弹性性能的影响，首先将界面常数 k_r 和 k_θ 除以 (μ_1/a)，使其变为无量纲常数，即：

$$k_r/(\mu_1/a)=k_\theta/(\mu_1/a)=k \tag{4-68}$$

图 4-13 给出了沥青砂浆弹性模量和界面对四种沥青混合料弹性性能的影响。另外，四种沥青混合料弹性模量的实验室测试结果也标注于图中。通过比较测试结果和预测结果可知，对于 SAC-13，当 $k=20$ 时预测结果与试验结果最为接近；对于 SUP-13 和 UTAC10-Open，当 $k=10$ 时预测结果与试验结果最为接近；对于 UTAC10-Gap，当 $k=30$ 时预测结果与试验结果最为接近。这意味着在大多数情况下将沥青砂浆与集料之间的黏结视为完美黏结是不够准确的。事实上，由于集料的表面质量、沥青材料性能以及压实等问题，包裹集料的界面层往往较弱。

图 4-13 还给出了沥青砂浆对沥青混合料弹性性能的影响。由图 4-13 可知，随着沥青砂浆弹性模量 (E_1) 的增大，沥青混合料的弹性模量(E_{eff}) 也会相应增大。然而，$k=1$ 时的增长率明显小于 $k=10^8$ 时的增长率，这说明当界面很弱时，沥青砂浆弹性模量 (E_1) 的增大对沥青混合料整体弹性性能没有很大影响。

本研究的重点是获得一个 3D 两层嵌入式细观力学分析模型，以研究沥青砂浆和集料之间界面对沥青混合料弹性性能的影响。这一推导过程比之前开发的 2D 细观力学模型要复杂得多，但是结果更准确。为了证明这一点，图 4-14 将之前的研究结果与本章结果做了对比，图中展示的沥青混合料类型是 UTAC10-Gap 且 $k=30$，可以看到试验测试结果和 3D 模型计算结果更加吻合。对于其他三种沥青混合料都可得到相似的结果。

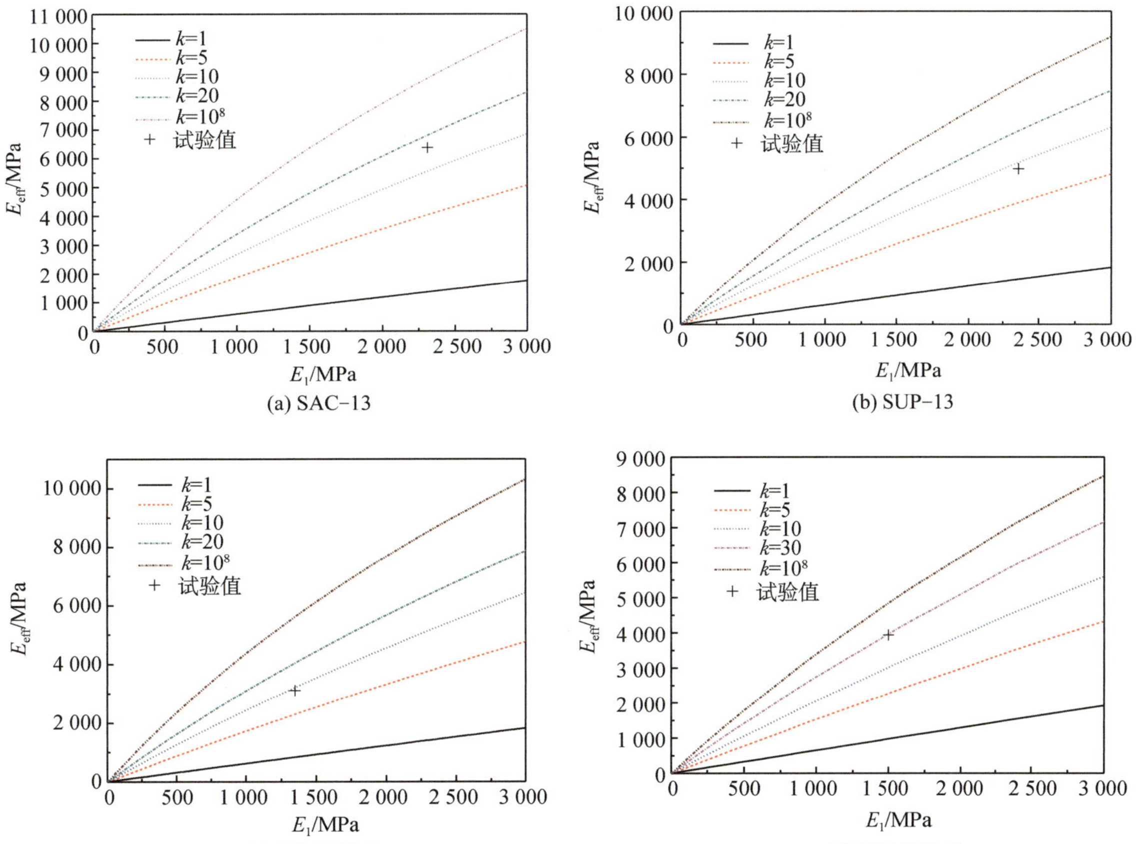

(a) SAC-13　(b) SUP-13　(c) UCAT10-Open　(d) UTAC10-Gap

图 4-13　沥青砂浆弹性模量和界面对四种沥青混合料的影响

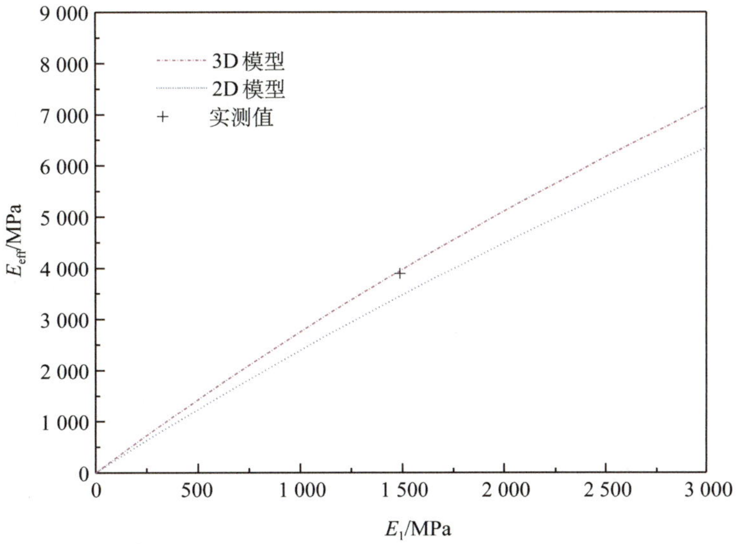

图 4-14　2D 模型和 3D 模型对比

4.5.1.4 界面对四种沥青混合料的影响

在表 4-4 中，计算了与理想界面（$k=10^8$）相比，当界面黏结性能有一定程度衰减时，沥青混合料弹性模量的衰减程度。其中，界面衰减程度用以下公式计算：($E_{eff} \mid k=100$ or 20 or 10 or 5 or $1-E_{eff} \mid k=10^8)/E_{eff} \mid k=10^8 \times 100\%$，$E_{eff}$ 为沥青混合料在某一界面条件下的弹性模量。通过细观力学模型计算可以得到以下结论：$k=100$ 时与理想界面（$k=10^8$ 时可认为沥青砂浆和集料间的黏结界面是理想的，此时在力的作用下不会产生集料与沥青砂浆的剥离）相比，沥青混合料弹性模量数值仅减小大概 5%。然而，随着界面常数 k 的减小，沥青混合料弹性模量的数值会迅速减小。尤其是 $k=1$ 时，与 $k=10^8$ 时相比，四种沥青混合料的减小百分比达到了 80%左右，这意味着四种沥青混合料的弹性模量甚至比沥青砂浆的弹性模量还要小。因此，沥青混合料甚至会比没有颗粒增强的复合材料还要软，这说明刚性集料在弱界面的包围下难以发挥其刚性作用。

表 4-4　与理想界面（$k=10^8$）相比四种材料的减小百分比

类型	UTAC10-Open	UTAC10-Gap	SAC-13	SUP-13
$k=100$	6%	5%	5%	4%
$k=20$	24%	21%	21%	19%
$k=10$	38%	34%	35%	31%
$k=5$	54%	49%	52%	48%
$k=1$	82%	77%	83%	80%

为了进一步证明以上观点，图 4-15 展示了界面常数 k 对四种沥青混合料的 E_{eff} 的影响。由图可知，k 对 E_{eff} 的影响可以分成三种状态。状态一，$0<k<1$，随着 k 的增大，E_{eff} 缓慢增大，并且其数值几乎比沥青砂浆弹性模量的数值还要小，这说明当界面趋近于零时，集料逐渐等价于空隙。另外，当界面处于相对较弱的状态时，沥青砂浆和集料对沥青混合料整体刚度的贡献都很有限。状态二，$1<k<100$，随着 k 的增大，E_{eff} 迅速增大，这意味着沥青砂浆和集料都开始发挥作用，尤其是集料开始作为增强材料发挥其功能。另外还可以看到 SAC-13 对界面的不完好程度最敏感，其次是 SUP-13，再次是 UTAC10-Open，最后是 UTAC10-Gap，这与它们的最大粒径和含量比是相关的。进一步得到以下结论：减小最大粒径和优化集料颗粒尺寸分布可以降低弱黏结界面的影响。状态三，$100<k<\infty$，随着 k 的增大，E_{eff} 增长很小，这说明实际上不需要让集料和沥青砂浆间拥有非常完美的界面，相对强的界面就足以很好地确保沥青混合料的整体刚度。在状态一中还有一个有趣的现象，SUP-13 的 E_{eff} 比 SAC-13 的要大，而 UTAC10-Gap 的 E_{eff} 比 UTAC10-Open 的大。然而，在状态三，它们的大小情况是完全相反的。实际上，根据四种沥青混合料的细观结构，可以很轻易地得出状态三的结果。然而，出现状态一结果的原因可能是弱界面会破坏沥青混合料的细观结构。

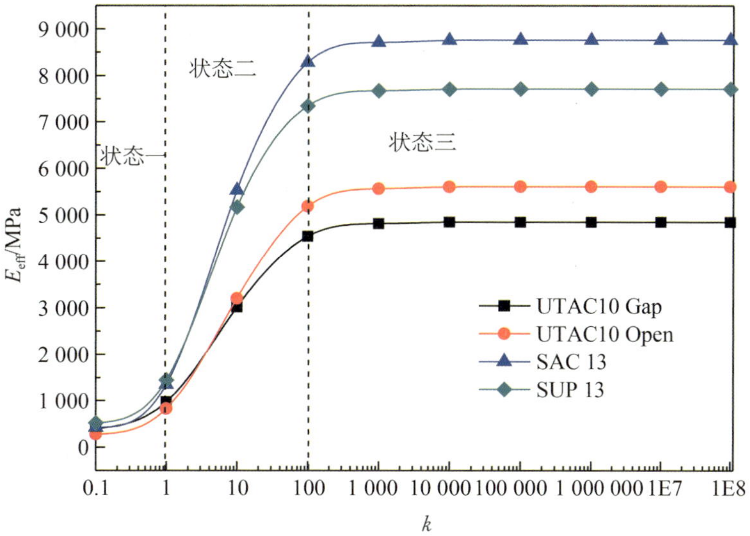

图 4-15　界面对四种沥青混合料的影响

4.5.1.5　界面和集料弹性模量的影响

图 4-16 给出了界面和集料的弹性模量对四种沥青混合料的影响，这里给出 $k=10$ 和 $k=10^8$ 两种情况。$k=10$ 和 $k=10^8$ 表现出了相同的增加趋势。从图中可以发现，随着集料弹性模量(E_2)的增大，E_{eff} 迅速增大。但是当 $E_2/E_1=20$ 时，增长率将减小，此时 E_2 的值约在 40 GPa。图 4-17 给出了界面常数和集料-沥青砂浆模量比的大小对SUP-13弹性性能的影响。对于较弱的界面，提高集料的刚度无法改善沥青混合料的整体弹性性能。但是，对于相对强的界面，情况恰恰相反，集料的刚度确实对沥青混合料的整体性能有很大影响。

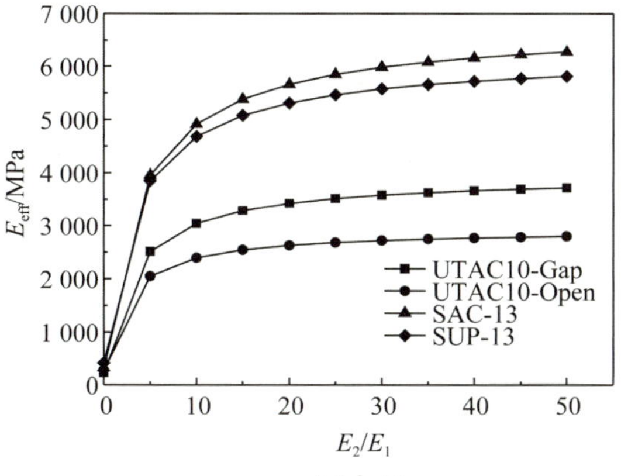

(a) k=10

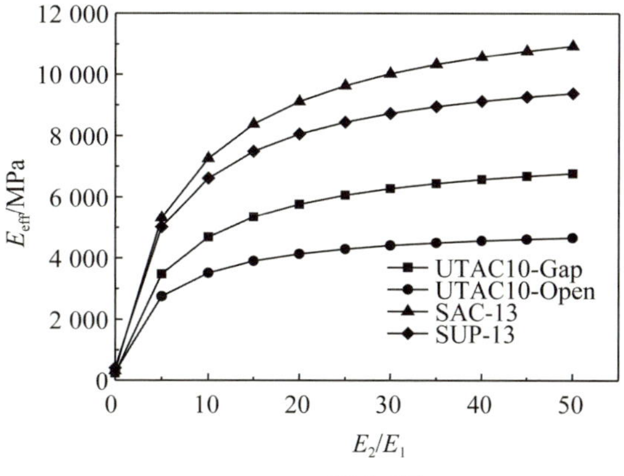

(b) k=10^8

图 4-16　界面和集料弹性模量对四种沥青混合料的影响

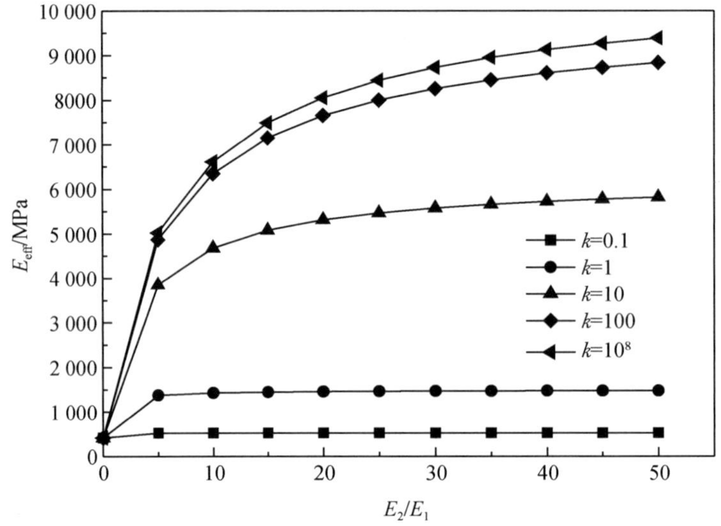

图 4-17　界面和集料弹性模量对 SUP-13 的影响

4.5.1.6　空隙和界面的影响

进一步考虑空隙和界面对沥青混合料弹性性能的影响。图 4-18 给出了界面和空隙对四种沥青混合料的影响。随着空隙的增加，四种沥青混合料的 E_{eff} 都呈现出明显的减小趋势。图 4-19 给出了不同数值的界面常数和空隙对 UTAC10-Gap 弹性性能的影响。尽管在界面常数不同的情况下，四种沥青混合料 E_{eff} 都随着空隙的增加而呈减小趋势，但是与具有较弱界面的沥青混合料相比，具有理想界面的沥青混合料似乎对空隙更为敏感，主要原因是集料从未作为增强材料发挥作用，并且当界面非常弱时，甚至可以将其视为一种空隙。

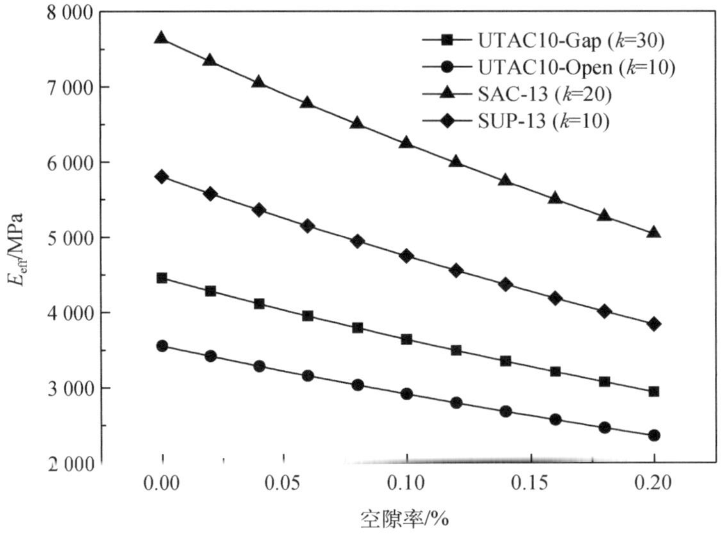

图 4-18　界面和空隙对四种沥青混合料的影响

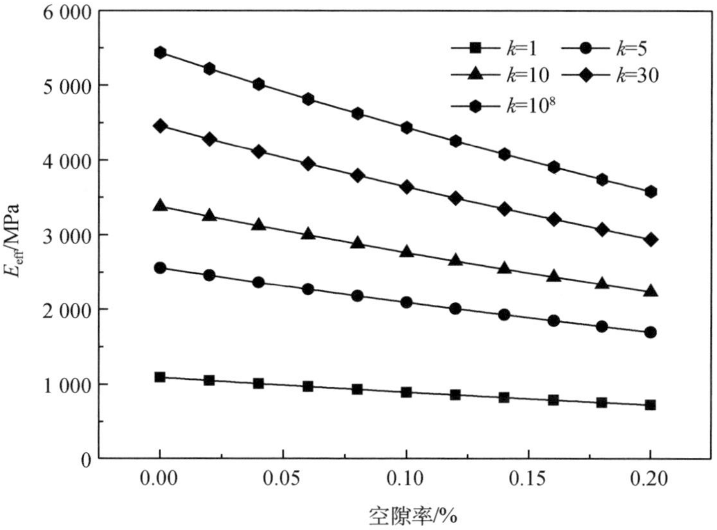

图 4-19 不同的界面常数和空隙对 UTAC10-Gap 的影响

4.5.2 沥青混合料蠕变性能的预测

沥青混合料可视为一种典型的沥青基多夹杂黏弹性复合材料，其成分包括不同粒径和形状的粗集料、沥青砂浆（由沥青结合料、通过 2.36 mm 筛分的细集料和外加剂组成）和空隙等。影响界面条件的因素有很多，如组分之间的化学反应、不光滑的集料表面构造、不规则集料形状、难以充分混合和压实等。因此，沥青砂浆与集料之间的界面并不是一种理想的界面。为了验证所建立的多相颗粒增强 LVE 材料细观蠕变模型，并观察界面缺陷对 LVE 材料蠕变行为的影响，试验制备了三种不同细观结构的沥青混凝土，分别是 UTAC10-Open（开级配超薄 AC）、UTAC10-Gap（间断级配超薄 AC）和 SAC-13（碎石 AC）。所使用的材料参数与本书 4.5.1.2 节中所述一致。空隙率对沥青混凝土的蠕变性能有很大的影响。一般而言，蠕变值随空隙率的增加而增大。三种沥青混合料的空隙率分别为 5.3%，5.67%和 5.9%。

要采用沥青基 LVE 材料的细观蠕变模型进行蠕变性能预测，首先要确定弹性集料和黏弹性沥青砂浆的材料参数和各组分的体积分数，见表 4-5。粗集料和沥青砂浆的体积分数可根据其密度和级配计算。假设集料的弹性模量为 40 GPa，泊松比为 0.2[61]。

表 4-5　　三种沥青混合料的体积分数

筛孔尺寸/mm	体积分数/%		
	UTAC10-Open	UTAC10-Gap	SAC-13
13.2	—	—	0.020467
9.5	0.041286	0.041144	0.224982

（续表）

<table>
<tr><th rowspan="2">筛孔尺寸/mm</th><th colspan="3">体积分数/%</th></tr>
<tr><th>UTAC10-Open</th><th>UTAC10-Gap</th><th>SAC-13</th></tr>
<tr><td>4.75</td><td>0.494396</td><td>0.492692</td><td>0.28574</td></tr>
<tr><td>2.36</td><td>0.065904</td><td>—</td><td>0.065297</td></tr>
<tr><td>1.18</td><td rowspan="7">0.345414</td><td rowspan="7">0.409464</td><td rowspan="7">0.344514</td></tr>
<tr><td>0.6</td></tr>
<tr><td>0.3</td></tr>
<tr><td>0.15</td></tr>
<tr><td>0.075</td></tr>
<tr><td><0.075</td></tr>
<tr><td>沥青</td></tr>
</table>

本节以《公路工程沥青及沥青混合料实验规程》（JTG E20—2011）中 T0728—2000[62]沥青混合料弯曲蠕变试验为基础，采用应力保持不变的杠杆式加载方法来测定沥青砂浆随时间变化的蠕变柔量，选择的试验温度为 30 ℃，以恒温水浴保温。采用的试验仪器见图 4-20。

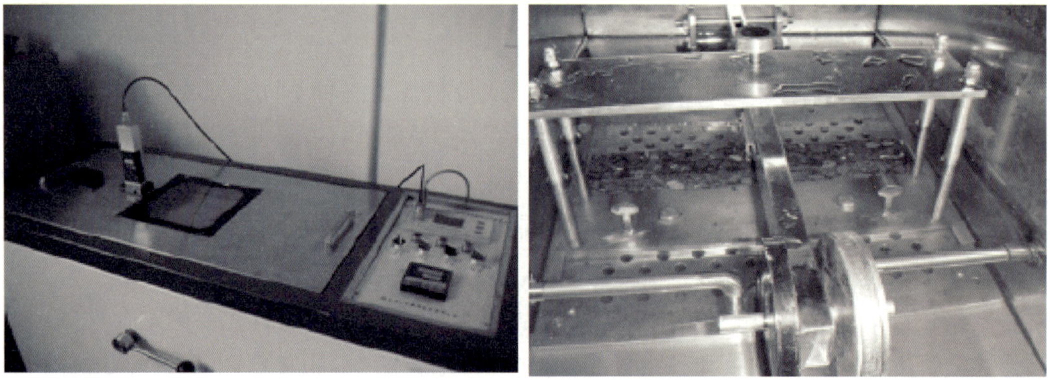

(a) 蠕变仪　　(b) 恒载施压杠杆

图 4-20　试验装置

根据规范规定，利用等应力加载的小梁弯曲试验（即沥青混合料蠕变试验）测定沥青混合料蠕变柔量时，加载值取极限弯拉荷载的 1/10。因此，可参考规范测定试件的极限弯拉荷载，并通过计算得到跨中所加荷载大小，见表 4-6。

表 4-6　沥青混合料砂浆蠕变试验加载水平

级配类型	跨中所加荷载/N
SAC-13	21.42
UTAC-10	60.62
UTACWD-10	50.82

图 4-21 给出了根据试验结果计算得到的沥青砂浆随时间变化的蠕变柔量曲线。利用双 Voigt＋one 弹簧模型和 Burgers 模型对上述试验结果进行拟合，可求得相应的黏弹性参数，见表 4-7 和表 4-8。

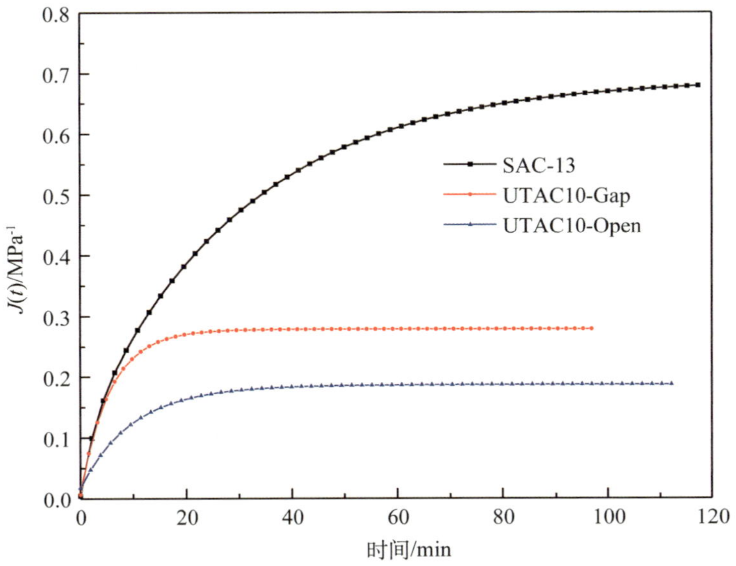

图 4-21　三种级配的沥青砂浆蠕变柔量曲线

表 4-7　双 Voigt＋one 弹簧模型沥青玛蹄脂的材料参数

种类	E_0 /MPa	E_1 /MPa	E_2 /MPa	η_1 /(MPa · min)	η_2 /(MPa · min)
SAC-13	186.91 58 879	10.670 08 109	1.6032 57 820	28.108 72 813	71.321 48 526
UTAC10-Open	59.382 42 280	137.74 10 468	6.1421 28 862	3 105.1 87 328	59.357 41 048
UTAC10-Gap	76.687 11 656	7.6763 6 447	29.761 90 476	827.14 301 067	392.41 488 095

表 4-8　Burger 模型沥青玛蹄脂的材料参数

种类	E_0 /MPa	E_1 /MPa	η_0 /(MPa · min)	η_1 /(MPa · min)
SAC-13	24.83855	2.44846	442.4779	54.14688
UTAC10-Open	58.54801	5.93331	100 000	58.81227
UTAC10-Gap	71.58196	17.17623	1 851.852	349.8851

4.5.2.1　沥青砂浆对沥青混合料黏弹性的影响

图 4-22 给出了基于双 Voigt+one 弹簧模型的预测结果与试验值的比较。可以看出，当 $k_0=k_1=1\ 000$ 时，预测结果与试验结果有相似的上升趋势。特别是对于 SAC-13 型而言，预测曲线与试验曲线吻合较好。然而，对于 UTAC10-Open，预测曲线的稳定部分比试验曲线出现得更早，持续时间更长。这些偏差可能是由于沥青混合料的非线性响应特性造成的。此外，从图 4-22 中还可以看出，当集料与沥青砂浆完美黏结时(即 k_0 和 k_1 接近无穷大)蠕变值很小。然而，当集料与沥青砂浆之间的界面较弱时，k_0 和 k_1 值逐渐减小，蠕变值相应增大。结果表明，集料与沥青砂浆之间存在较弱的界面黏结可能加速沥青砂浆的蠕变，因为刚性集料被弱界面包围，其表现的力学行为更类似于柔性集料。另外，$k_0=k_1=0.1$ 的蠕变曲线与 $k_0=k_1=10$ 的蠕变曲线非常接近，因为二者都属于弱界面，在这种情况下，集料已起不到增强材料的作用。

结合图 4-21 和图 4-22，结果表明，预测结果的有效性很大程度上取决于沥青砂浆蠕变柔量实测数据的准确性。也就是说，沥青砂浆的黏弹性行为对沥青混合料的整体力学性能有很大影响。从图 4-21 和图 4-22 中也可以看到，沥青混合料和沥青砂浆具有几乎相同的蠕变趋势。另外，如果沥青砂浆容易蠕变，那么沥青混合料也很容易蠕

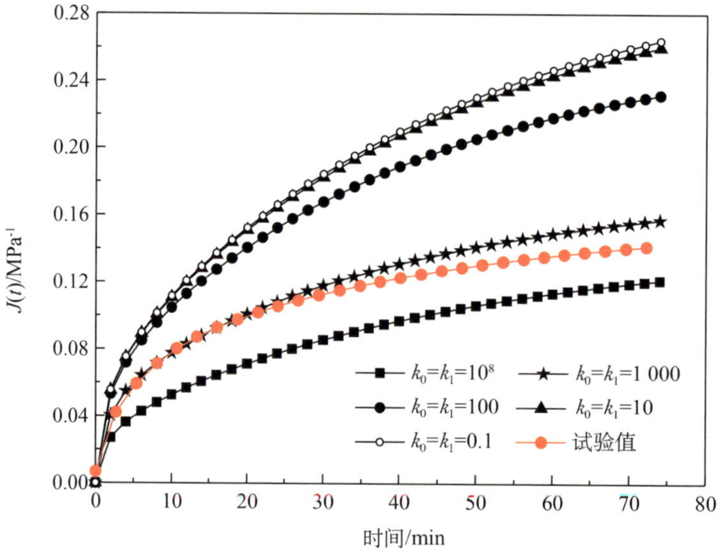

(a) SAC-13

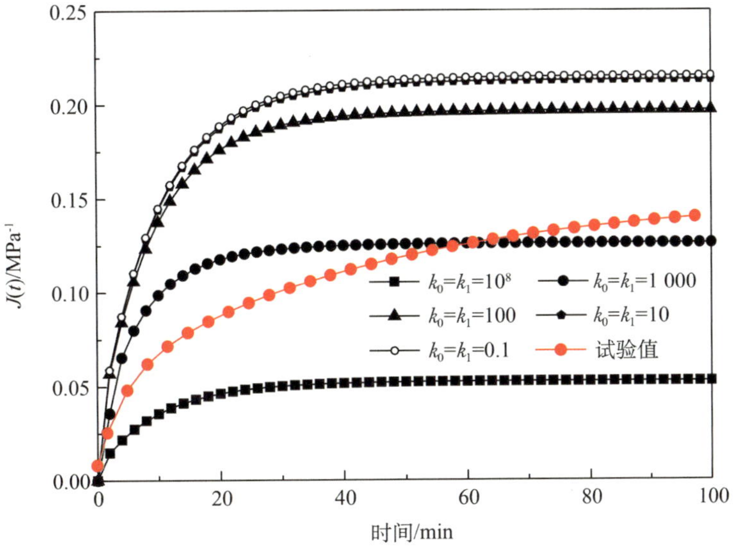

(b) UTAC10-Open

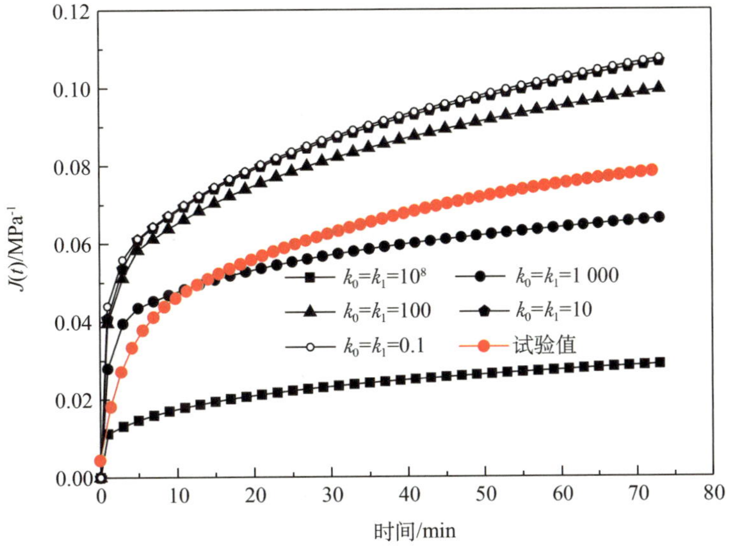

(c) UTAC10-Gap

图 4-22 预测结果与试验值的比较

变。例如，不同类型的沥青混合料按蠕变难易程度降序排列，首先是 SAC-13，然后是 UTAC10-Open，最后是 UTAC10-Gap，这与相应类型的沥青砂浆的蠕变顺序相同。另外，如果沥青砂浆较早出现稳定阶段，相应地沥青混合料也提前进入稳定阶段。因此，想要优化沥青混合料的蠕变性能，首先要对沥青砂浆的蠕变特性进行优化。

图 4-23 给出了两种不同流变模型的比较，即双 Voigt+one 弹簧模型和 Burgers 模型。这里仅以 SAC-13 为例。从图 4-23 中可以看出，这两种黏弹性模型的差别并不是

很明显,它们的平均差异小于5%。UTAC10-Open和UTAC10-Gap也可以得出相同的结论。因此,为了简洁起见,仍然推荐使用双Voigt+one弹簧模型,因为它与试验结果拟合得更好。

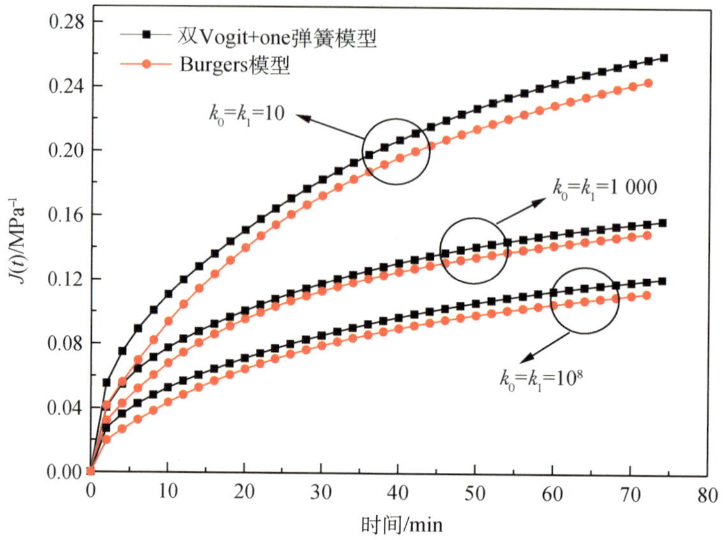

图 4-23 两种不同流变模型的比较

4.5.2.2 黏弹性非理想界面的影响

利用上述细观力学的方法,还计算了不同非理想界面参数下三种沥青混合料在 $t=60$ min时的蠕变值,如图4-24所示。结果表明,SAC-13, UTAC10-Open和UTAC10-Gap的最大蠕变值(对应于较弱的界面)与最小蠕变值(对应于基本理想的界面)的比值分别为1.2, 3.1和2.7,表明蠕变行为对 k_0 和 k_1 更为敏感。此外,非理想界面对沥青混合料蠕变行为的影响可以分为五个区。

Ⅰ区对应于弱界面($k_0<10$, $k_1<10$),在Ⅰ区内蠕变值达到最大值。当集料与沥青砂浆几乎完全脱黏,蠕变值不再随界面参数的减小而增大,这表明刚性集料不再起到增强材料的作用。

Ⅱ区对应于 $k_0>100$ 和 $k_1<10$,在该区,蠕变值随 k 值的增大而缓慢减小,即刚性集料被相对较弱的界面包围,其表现更接近柔性集料。

Ⅲ区对应于 $100<k_0$ 和 $k_1<10\ 000$,在该区,随着 k_0 和 k_1 的增大,蠕变值迅速减小,说明界面越强,集料与沥青砂浆的相互作用越紧密。因此,刚性集料将有更多的机会对沥青混合料的整体性能做出贡献。

Ⅳ区对应于介于 10^4 和 10^5 之间的 k_0 和 k_1 值,在此区域内,蠕变值再次随 k_0 和 k_1 的增大而缓慢减小,表明界面的微弱缺陷不会对材料性能产生显著影响。

Ⅴ区对应于一个非常强的界面(界面参数值大于 10^5),在此区域内,蠕变值达到最小值。蠕变值不再随界面参数的增大而减小,这表明一个刚性集料被一个相对理想的界面所包围，其行为不会类似于一个刚度更大的集料。

软弱界面会导致沥青混合料的性能变差，但当 k_0 和 k_1 达到特定的大值时，界面的增强对沥青混合料的整体性能影响并不大。

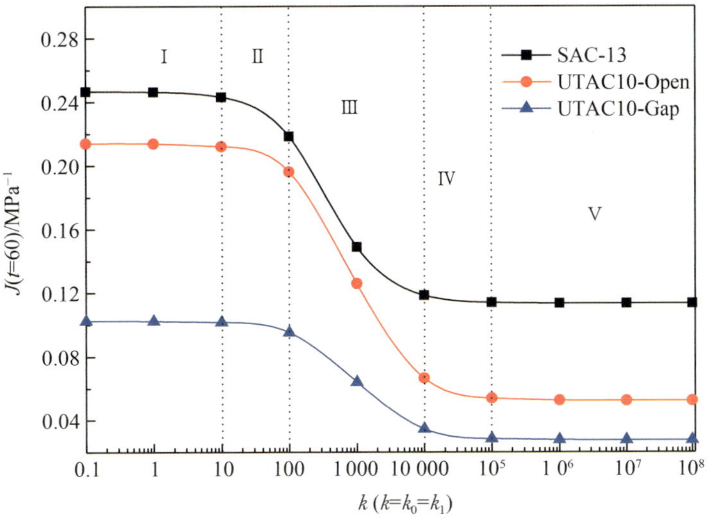

图 4-24 黏弹性非理想界面对沥青混合料蠕变行为的影响

蠕变柔量随 k_0 和 k_1 的变化如图 4-25 所示。随着 k_0 和 k_1 的增大，蠕变柔量显著减小。一般来说，黏度系数或弹簧常数越大，界面蠕变越困难。因此，黏度系数较大或弹簧常数较大的界面将使沥青混合料具有更高的抗蠕变和抗松弛性能。当黏度系数或弹簧常数足够大时，界面的状态将趋于理想状态。这就是当 $k_0 \to \infty$ 或 $k_1 \to \infty$ 时，蠕变柔量收敛到对应的固定值的原因。

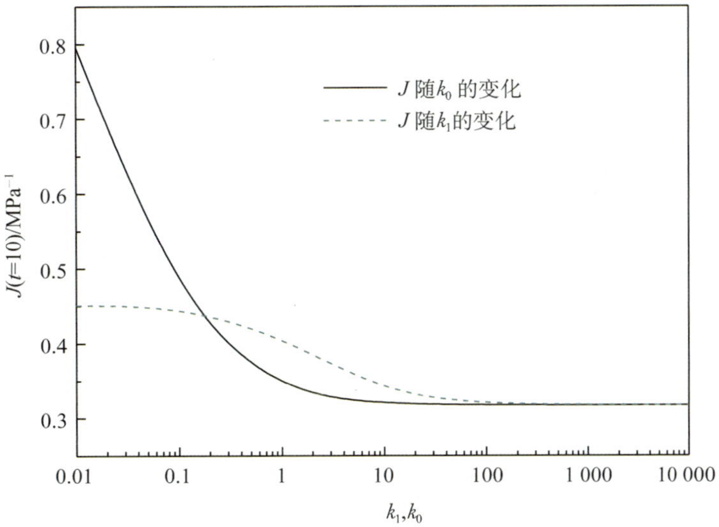

图 4-25 蠕变柔量随 k_0 和 k_1 的变化

4.5.2.3 集料模量的影响

集料的尺寸、形状、表面纹理、体积分数和力学特性对沥青混合料的宏观力学行为有很大的影响。图 4-26 显示了 $t=100$ min 时，集料在不同界面参数值下的蠕变柔量与剪切模量的关系。可以看出，在强界面（$k_0=k_1=10^8$ 和 $k_0=k_1=1\ 000$）下，集料的剪切模量对沥青混合料的蠕变行为有很大的影响。尤其是在初始阶段，随着剪切模量的增加，蠕变值迅速减小，这意味着集料与沥青砂浆紧密黏结时，集料的增强会提升沥青混合料的性能。当剪切模量达到 10^4 时，蠕变值的变化趋于稳定。相反，在弱界面条件下，集料的剪切模量对沥青混合料的蠕变行为影响不大，仅在初始阶段略有变化。当界面参数趋于一个小值时，集料相当于刚性较小的材料。因此，当集料被弱界面包围时，想要通过提高集料的刚度来改善沥青混合料的整体性能是不可行的。

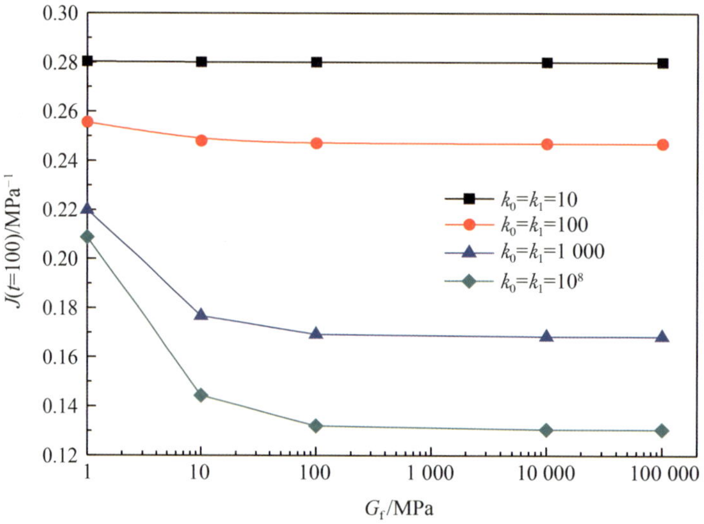

图 4-26 集料剪切模量对沥青混合料蠕变性能的影响

4.5.2.4 集料体积分数的影响

采用两相模型（两相是指沥青砂浆和粗集料，将不同粒径的粗集料视为一相）来说明集料体积分数对沥青混合料蠕变行为的影响。两相模型的优点是计算方便，适合描述复合材料的蠕变行为。从图 4-27(a)可以看出，对于弱界面，集料体积分数较高的沥青混合料更容易蠕变。原因是集料的体积分数越高，越多的刚性集料将表现得类似于柔性集料，这将降低沥青混合料的强度。而从图 4-27(b)可以发现完全不同的情况。对于界面较强的混合料，随着集料体积分数的增加，蠕变值迅速减小，这意味着集料体积分数越高的沥青混合料越难发生蠕变。主要原因是当集料与沥青砂浆黏结更紧密时，集料具有较强的承载能力。因此，集料体积分数越高，刚性集料作为增强材料的作用就越大，这将提高混合料的蠕变性能。

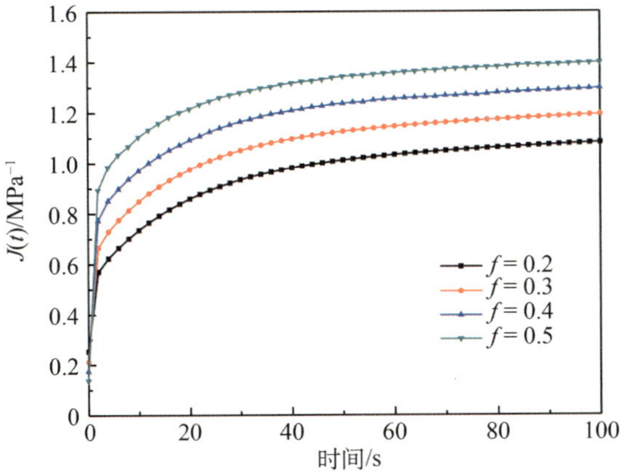

(a) $k_0=k_1=0.1$ MPa/m

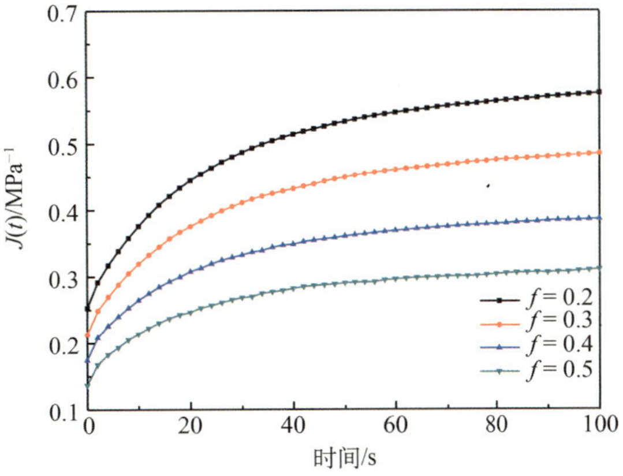

(b) $k_0=k_1=10$ MPa/m

图 4-27　集料体积分数对沥青混合料蠕变性能的影响

4.6　小结

沥青混合料是一种典型的多相复合材料，在低温或荷载速率较高的状态下呈现弹性特征，而在高温及高应力等环境下显现出明显的黏弹性。本章采用宏细观相结合的方法，建立了具有/不具有弱界面的弹性/黏弹性多相细观力学模型，并结合理论分析与试验结果，探讨沥青混合料各组成成分与宏观特性（如有效弹性性质、蠕变特性等）之间的内在联系。

为了研究集料和沥青砂浆间界面对沥青混合料弹性性能的影响，建立了三维两层嵌入式细观力学模型。此细观力学模型采用弹簧界面层来模拟界面，并推导了特定粒径单相颗粒增强复合材料的有效弹性模量和剪切模量公式，然后采用多步骤多相细观力学方法来进一步获得沥青混合料的弹性性能。从结果分析来看，集料和沥青砂浆间的界面对沥青混合料整体宏观力学特性有很大影响。对于较弱的界面，沥青砂浆弹性模量的增长对沥青混合料整体性能的影响很小。对于有着较强界面的沥青混合料来说，集料的模量对其整体性能有很大影响。然而，当界面很弱时，情况会完全相反，增强集料模量是无法提高沥青混合料整体弹性性能的。与界面较弱的沥青混合料相比，界面完好的沥青混合料对空隙的影响更加敏感。

为了研究界面对沥青混合料蠕变行为的影响，建立了具有黏弹性弱界面的沥青基颗粒复合材料线黏弹性细观力学模型。本章首次引入 Kelvin-Voigt 黏弹性界面来模拟集料和沥青砂浆间的界面，并提出有效集料的概念，将界面的影响计入集料中。随后，基于 Mori-Tanaka 方法，将单相模型拓展至多相模型以获得沥青混合料蠕变性能的预测方法。从分析来看，沥青砂浆与集料的黏结界面是影响沥青混合料整体黏弹性能的关键因素。非理想界面对沥青混合料蠕变行为的影响可分为五个不同的区域。在每个区域，界面对蠕变值的影响呈现出不同的特征。集料模量对界面强的沥青混合料的蠕变值影响很大，但对弱界面沥青混合料的蠕变行为影响不大。对于较强的界面，集料体积分数越大的沥青混合料越难发生蠕变，而对于弱界面，集料体积分数越大的沥青混合料越容易发生蠕变。

综上所述，本章提出的沥青混合料细观力学模型在一定程度上建立了细观参数，如沥青胶浆(细集料+沥青)、粗集料、空隙率及空隙大小、级配、最大粒径、沥青胶浆与集料的交界面等与沥青混合料宏观性能的影响，为沥青混合料各组分的优化设计及其性能改善提供了理论依据。最后需要说明的是，虽然本书第2章已经提到了一些纳微观测试技术可用来测量沥青混合料的界面性能，但是目前用试验手段测量集料和沥青砂浆间的界面常数的准确数值是非常困难的。可行的方式是通过测试更多的试样并用本章提出的细观力学分析模型来拟合，从而估算界面的常数值。然后用拟合的界面常数进一步建立具有不同细观结构的沥青混合料界面性能的数据库。关于这一方向，希望今后会有更多的研究成果。

参考文献

[1] 张肖宁.沥青与沥青混合料的粘弹力学原理及应用[M].北京:人民交通出版社,2006.

[2] 李立寒,张南鹭.道路建筑材料[M].上海:同济大学出版社,1999.

[3] 沈观林,胡更开.复合材料力学[M].北京:清华大学出版社,2006.

[4] ESHELBY J D. The determination of the elastic field of an ellipsoidal inclusion and related problems[C]//Proceedings of the Royal Society of London, 1957,241(1226):367-396.

[5] ESHELBY J D. The elastic field outside an ellipsoidal inclusion[C]//Proceedings of the Royal Society of London, 1959,252(1271):561-569.

[6] VOIGT W. Ñber die Beziehung zwischen den beiden Elastizitätskonstanten isotroper Körper[J]. Annalen der Physik, 2006,274(12):573-587.

[7] REUSS A Z. Berechnung der Fließgrenze von Mischkristallen auf Grund der Plastizitätsbedingung für Einkristalle[J]. ZAMM Journal of applied mathematics and mechanics: Zeitschrift für angewandte Mathematik und Mechanik, 1929,9(1):49-58.

[8] HILL R. The elastic behaviour of a crystalline aggregate[C]//Proceedings of the Physical Society Section A, 1952,65(5):349-354.

[9] HASHIN Z, SHTRIKMAN S. A variational approach to the theory of the elatic behavior of multiphase materials[J]. Journal of the Mechanics and Physics of Solids, 1963,11(2):127-140.

[10] MORI T, TANAKA K. Average stress in matrix and average elastic energy of materials with misfitting inclusions[J]. Acta Metallurgica, 1973,21(5):571-574.

[11] BENVENISTE Y. A new approach to the application of Mori-Tanaka theory in composite materials [J]. Mechanics of Materials, 1987,6(2):147-157.

[12] TAYA M, CHOU T W. On two kinds of ellipsoidal inhomogeneities in an infinite elastic body: an application to a hybrid composite[J]. International Journal of Solids and Structures, 1981,17(6):

553-563.
[13] WENG G J. Some elastic properties of reinforced solids, with special reference to isotropic ones containing spherical inclusions[J]. International Journal of Engineering Science, 1984,22(7): 845-856.
[14] CHRISTENSEN R M, LO K H. Solutions for effective shear properties in three phase sphere and cylinder models[J]. Journal of the Mechanics and Physics of Solids, 1979,27(4):315-330.
[15] ROSCOE R A. The viscosity of suspensions of rigid spheres[J]. Journal of Applied Physics, 1952, 267:3-6.
[16] BOUCHER S S. Modules effectifs de materiaux guasi homogenes etd'inclusions elastiques, Cas des concentrations finies en enclusions[J]. Revue M, 1976,22:1.
[17] MCLAUGHLIN R. A study of the differential scheme for composite materials[J]. International Journal of Engineering Science, 1977,15(4):237-244.
[18] BUDIANSKY B. On the elastic moduli of some heterogeneous material[J]. Journal of the Mechanics and Physics of Solids, 1965,13(4):223-227.
[19] HILL J R. A self-consistent mechanics of composite materials[J]. Journal of the Mechanics and Physics of Solids, 1965,13(4):213-222.
[20] ZHENG Q S, DU D X. Interaction direction derivation for effective elastic properties of composite materials[J]. Key Engineering Materials, 1991,1: 479-488.
[21] BENSOUSSAN A, LION H L, PAPANICOULAOU G. Asymptotic Analysis for Periodical Structures[R]. Amsterdam:North-Holland, 1978.
[22] NORRIS A N. A differential scheme for the effective moduli of composites[J]. Mechanics of Materials, 1985,4(1):1-16.
[23] ZIMMERMAN R W. Elastic moduli of a solid containing spherical inclusions[J]. Mechanics of Materials, 1991,12(1):17-24.
[24] KUSTER G T, TOKSOZ M N. Velocity and attenuation of seismic waves in two-phase media:Part I. Theoretical formulaion[J]. Geophysics, 1974,39(5): 587-606.
[25] NEMAT-NASSER S, LORI M. Micromechanics: overall properties of heterogeneous materials[J]. Journal of Applied Mechanics, 1996,63(2):561.
[26] DVORAK G J, TEPLY J L. Periodic hexagonal array models for plasticity analysis of composite materials[M]//Plasticity Today: Modeling, Methods and Applicaton. London: Applied Science Publishers, 1985,623-642.
[27] ABOUDI J. Mechanics of composite materials: A unified micromechanical approach[R]. NASA STI/Recon Technical Report A, 1991.
[28] HUANG Y, HWANG K C, HU K X, et al. A unified energy approach to a class of micromechanics models for composite materials[J]. Acta Mechanica Sinica, 1995,11(1):59-75.
[29] MURA T. Micromechanics of defects in solids[M]. The Journal of the Acoustical Society of America, 1983,73(6):2237.
[30] BROUTMAN L J, AGARWAL B D. A theoretical study of the effect of an interfacial layer on the

properties of composites[J]. Polymer Engineering and Science, 1974,14(8):581-588.

[31] CHRISTENSEN R M, LO K H. Solutions for effective shear properties in three phase sphere and cylinder models[J]. Journal of the Mechanics and Physics of Solids, 1979,27(4):315-330.

[32] NIE S, BASARAN C. A micromechanical model for effective elastic properties of particulate composites with imperfect interfacial bonds[J]. International Journal of Solids and Structures, 2005,42(14):4179-4191.

[33] XUN F, HU G K, HUANG Z P. Effective in plane moduli of composites with a micropolar matrix and coated fibers[J]. International Journal of Solids and Structures, 2004,41(1):247-265.

[34] LAGACHE M, AGBOSSOU A, PASTOR J, et al. Role of interphase on the elastic behavior of composite materials: theoretical and experimental analysis[J]. Journal of Composite Materials, 1994,28(12):1140-1157.

[35] WACKER G, BLEDZKI A K, CHATE A. Effect of interphase on the transverse Young's modulus of glass/epoxy composites[J]. Composites Part A: Applied Science and Manufacturing, 1998, 29(5-6):619-626.

[36] YEH J R. The effect of interface on the transverse properties of composites[J]. International Journal of Solids and Structures, 1992,29(20): 2493-2502.

[37] LUO J F, LIU Y J, BERGER E J. Analysis of two-dimensional thin structures from micro-to nano-scale using the boundary element method[J]. Computational Mechanics, 1998, 22(5): 404-412.

[38] CHEN X L, LIU Y J. Multiple-cell modeling of fiber-reinforced composites with the presence of interphases using the boundary element method[J]. Computational Materials Science, 2001, 21 (1):86-94.

[39] LIU Y J, XU N, LUO J F. Modeling of interphases in fiber-reinforced composites under transverse loading using the boundary element method[J]. Journal of Applied Mechanics, 2000,67(1):41-49.

[40] YAO Z H, KONG F Z, WANG HT, et al. 2D simulation of composite materials using BEM[J]. Engineering Analysis with Boundary Elements, 2004,28(8):927-935.

[41] LENE F, LEGUILLON D. Homogenized constitutive law for a partially cohesive composite material[J]. International Journal of Solids and Structures, 1982,18(5):443-458.

[42] SHIBATA S, JASIUK I, MORI T, et al. Successive iteration method applied to composites containing sliding inclusion: effective modulus and anelasticity[J]. Mechanics of Materials, 1990, 9(3):229-243.

[43] QU J M. Eshelby tensor for an elastic inclusion with slightly weakened interface[J]. Journal of Applied Mechanics, 1993,60(4):1048-1050.

[44] GAO Z J. A circular inclusion with imperfect interface: Eshelby's tensor and related problems[J]. Journal of Applied Mechanics, 1995,62(4):860-866.

[45] ACHENBACH J D, ZHU H. Effect of interfacial zone on mechanical behavior and failure of fiber-reinforced composites[J]. Journal of the Mechanics and Physics of Solids, 1989,37(3):381-393.

[46] HASHIN Z. The spherical inclusion with imperfect interface[J]. Journal of the Mechanics and

Physics of Solids，1991，58：444-449.

[47] HASHIN Z. Extremum principles for elastic heterogeneous media with imperfect interface and their application to bounding effective moduli[J]. Journal of the Mechanics and Physics of Solids，1992，40(4)：767-781.

[48] TONG J Z，GUAN L Y，ZHANG Q J. Differential geometrical method in elastic composite with imperfect interfaces[J]. Applied Mathematics and Mechanics，1998，19(9)：869-879.

[49] ACHENBACH J D，ZHU H. Effect of interphases on micro and macromechanical behavior of hexagonal-array fiber composites[J]. Journal of Applied Mechanics，1990，57(4)：956-963.

[50] GULRAJANI S N，MUKHERJEE S. Sensitivities and optimal design of hexagonal array fiber composites with respect to interphase properties[J]. International Journal of Solids and Structures，1993，30(15)：2009-2026.

[51] PAN L Y，ADAMS D O，RIZZO F J. Boundary element analysis for composite materials and a library of Green's functions[J]. Composite & Structures，1998，66(5)：685-693.

[52] BENABOU L，ABDELAZIZ M N，BENSEDDIQ N. Effective properties of a composite with imperfectly bonded interface[J]. Theoretical and Applied Fracture Mechanics，2004，41(1-3)：15-20.

[53] LI Y Q，METCALF J B. Two-step approach to prediction of asphalt concrete modulus from two-phase micromechanical models[J]. Journal of Materials in Civil Engineering，2005，17：407-415.

[54] TIMOSHENKO S P，GOODIER J N. Theory of Elasticity[M]. 3rd Ed. New York：McGraw-Hill，1970.

[55] 杨庆生，陶绪.多夹杂问题的分步格式[J].复合材料学报，2007，24(6)：128-134.

[56] SAVIN G N. Stress Concentrations Around Holes[M]. Pergamon Press，Oxford，1961.

[57] LI G Q，LI Y Q，METCALF J B，et al. (1999). Elastic modulus prediction of asphalt concrete[J] Journal of Materials in Civil Engineering，1999，11(3)：236-241.

[58] GARBOCZI E J，BERRYMAN J G. Elastic moduli of a material containing composite inclusions：effective medium theory and finite element computations[J]. Mechanics of Materials，2001，33(8)：455-470

[59] SHU X，HUANG B S. Micromechanics-based dynamic modulus prediction of polymeric asphalt concrete mixtures[J]. Composites Part B：Engineering，2008，39(4)：704-713.

[60] HUANG B S，SHU X，LI G Q，et al. (2007). Analytical modeling of three-layered HMA mixtures[J]. International journal of geomechanics，2007，7(2)：140-148.

[61] BARKSDALE R D. The aggregate handbook[R]. Washington DC：National Stone Association，1991.

[62] 交通运输部公路科学研究院.公路工程沥青及沥青混合料实验规程：JTG E20—2011[S].北京：人民交通出版社，2000.

5 基于快速多极边界元法的沥青混合料界面效应研究

边界元法(Boundary Element Method, BEM)是基于古典边界积分方程发展而来的。边界元法可将区域积分转化为边界积分,主要离散工作只在边界上进行。因此,可以将求解问题的维数降低一维。此外,在计算域内物理量时,仅需要根据需求有目的地求出域内某点的函数值,从而避免了不必要的计算,提高效率。因此,BEM 对应力集中和无限区域等问题有非常高的处理效率。但是,传统 BEM 的主要缺点是它并不适合处理大规模问题。由于 BEM 形成的线性代数方程组的系数矩阵是非对称的满阵,当问题规模比较大时,非对称满阵的存储量和求解量会占用大量的计算机内存和主机 CPU 的时间,这样就抵消了边界元法的降维优势。因此,BEM 的这一弱点给它的解题规模带来了很大的限制。

而新近发展起来的快速多极边界元法(Fast Multipole Boundary Element Method, FMBEM)是处理连续介质问题的一种有效的工程数值分析方法。它不仅可以用于分析弹性力学等固体力学问题,同时也可以应用于流体力学、热传导、电磁场、声场等其他物理领域[1]。使用快速多极算法的边界元法在几小时内就能处理具有几十万个自由度的大规模问题,并且其网格划分也继承了传统边界元法的优势。因此,快速多极边界元法非常适用于研究具有多夹杂及复杂界面的复合材料问题,而沥青混合料从本质上来说是一种多夹杂且具有复杂界面的复合材料。所以,基于快速多极边界元的思想,开发适用于研究沥青混合料各项力学行为的 FMBEM 数值方法也是本书重点介绍的内容之一。

5.1 快速多极边界元法研究进展

快速多极边界元法弥补了常规边界元法计算量庞大、计算效率低下等缺陷,大大开启了边界元法的应用前景。快速多极的概念是 20 世纪 80 年代后期由 V. Rokhlin[2], L. Greengard 等[3]提出的,其思想是基于球谐函数在空间中的多级展开,采用递归算法使计算量级降为一阶。这种算法的中心思想是:在用迭代法求解边界元的每一个迭代步中,使用一种自适应的树结构来代替系数矩阵和向量相乘的运算,因而庞大的系数矩阵不需要存储。通过对树结构的存储和操作就可以得到矩阵——向量相乘得到的结果向量,从而使得该算法的效率与传统算法相比大大提高。这种算法的实质是求和项的近似计算,计算的近似程度和展开的项数密切相关。将这种概念运用到边界元法中就能弥补边界元法计算量大的缺点,使原有的计算存储量从 $O(N^2)$ 减小到 $O(N\lg N)$ 甚至 $O(N)$。

为了实现这种思想,还必须引入其他几个关键方法。其一,最主要的是关于不同问题的边界积分方程基本解的多极展开格式以及展开系数之间的传递关系。其二是树结构算法(tree code),由 J. Barnes 和 P. Hut[4]首次提出。其三是高效的迭代算法,如广义极小残值法(Generalized Minimal Residual, GMRES)。其四是针对系数矩阵的预处理技术以及关于近奇异积分的处理。综合以上几种思想及方法,便得到能够可靠、高效求解大自由度问题的快速多极边界元算法。为真实模拟具有多夹杂的沥青混合料材料在各种荷载作用下的力学响应提供了数值工具。

V. Rokhlin[2]最早将快速多极的思想运用于边界元法中并讨论了二维势问题的拉普拉斯方程。随后 L. Greengard 将其运用于求解多个物体相互作用的二维和三维库仑势问题中。目前,这一方法已经被成功运用于多个领域,如电磁场问题(O. Watanabe 和 K. Hayami[5],T. Nishda 和 K. Hayami[6],K. Nabors 和 J. White[7],聂在平等[8])、弹性波问题(Y. H. Chen 等[9])、Stocks 流动问题(J. E. Gómez 和 H. Power[10])、微观尺度研究(J. A. Board 等[11])等。

在弹性静力问题中,Y. J. Liu 和 N. Nishimura 做了一系列工作,首先利用复变函数的方法将边界积分方程的核函数展开,并引入树结构的多极展开系数传递方法,得到了二维和三维弹性静力学的 FMBEM 算法[12-17]。此外,在应用方面他们利用 FMBEM 法处理具有弱奇异性的位移核函数积分方程,并模拟了基于刚性夹杂的纤维增强复合材料模型[18];模拟了具有 16 000 纤维数的碳纳米管复合材料[19];提出了基于复变函数的超奇异边界积分方程(Hypersingular Boundary Integral Equation, HBIE)的快速多极公式[14],并考察了具有多裂纹和多夹杂的多域问题[15]。姚振汉等[20, 21]利用实数域的泰勒级数展开得到了二维和三维弹性静力问题的边界积分方程核函数多极展开公式,并利用相似子域法解决了 FMBEM 中的预处理问题,从而成功将 FMBEM 运用于多夹杂问题。申光宪等[22-24]将静电 FMM 展开式推广到三维弹性问题的边界积分方程中,并进行了一系列大规模机械工程问题的分析。Y. Yamada 和 K. Hayami[25]同样采用复数域的泰勒级数展开法,得到二维弹性问题的多极展开格式,并在树结构中的每一层中应用这种多极展开,得到了易于程序化的 FMBEM 法。V. Popov 和 H. Power[17]使用实数域的泰勒级数展开法实现了三维弹性静力学问题的 FMBEM。K. Hayami 和 S. A. Sauter[26]从理论角度研究了利用球协函数展开法实现三维弹性静力学问题的 FMBEM。K. Yoshida 等[27]基于 K. Hayami 的理论,从程序上实现了三维线弹性裂纹问题的 FMBEM。

5.2 快速多极边界元法基本原理

考虑一个二维各向同性弹性体,其所占区域为 Ω,边界为 S,边界上一点的外法线为 $\boldsymbol{n}$,在直角坐标系 (x_1, x_2) 中其分量为 $n_i(i=1, 2)$,如图 5-1 所示。

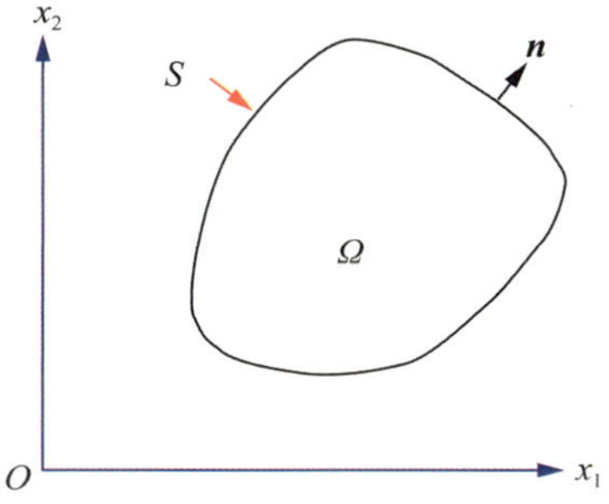

图 5-1 二维物体及直角坐标系

5.2.1 二维弹性力学的快速多极边界元基本格式[28]

二维弹性静力学问题的边界积分方程为

$$C_{ij}(x)u_j(x)=\int_S[U_{ij}(x,y)t_j(y)-T_{ij}(x,y)u_j(y)]\mathrm{d}S(y),\ \forall x\in S \tag{5-1}$$

式中 $C_{ij}(x)$—— 与在源点 $x(x_1, x_2)$ 处边界曲线的几何特征相关的常数；

$t_j(y)$，$u_j(y)$—— 边界曲线上场点 y 处的面力和位移；

$U_{ij}(x, y)$，$T_{ij}(x, y)$—— 二维各向同性弹性问题的基本解，也称为 Kelvin 基本解具体形式见式(5-2)和式(5-3)：

$$U_{ij}(x,y)=\frac{1}{8\pi G(1-\nu)}\left[(3-4\nu)\delta_{ij}\lg\left(\frac{1}{r}\right)+r_{,i}r_{,j}-\frac{1}{2}\delta_{ij}\right] \tag{5-2}$$

$$T_{ij}(x,y)=-\frac{1}{4\pi(1-\nu)r}\left\{\frac{\partial r}{\partial n}[(1-2\nu)\delta_{ij}+2r_{,i}r_{,j}]-(1-2\nu)(r_{,i}n_j-r_{,j}n_i)\right\} \tag{5-3}$$

式中 r—— 源点 x 到场点 y 之间的距离，$r=\sqrt{(x_1-y_1)^2+(x_2-y_2)^2}$；

G—— 剪切模量；

ν—— 泊松比；

δ_{ij}—— Kronecker 符号。

对于常规边界元法，一般将边界离散成 N 个单元，并得到 N 个离散形式的边界积分方程构成的线性代数方程组。随后，引入边界条件后，通过重新调整系数，得到最终需要求解的方程组 $\boldsymbol{Ax}=\boldsymbol{b}$。其中，$\boldsymbol{x}$ 是由未知的位移和面力构成的待求向量。

对于二维弹性问题的快速多极边界元法，Y. J. Liu[28] 利用复变函数，并引入位势问题的 Green 函数，结合泰勒级数展开等方法得到了适用于二维弹性问题的展开格式。以下对这个方法作具体介绍。首先将式(5-1)中两个核函数的积分重新整理，得

$$\begin{bmatrix}\Delta_1(x)\\ \Delta_2(x)\end{bmatrix}_t=\int_{S_0}\begin{bmatrix}U_{11}(x,y) & U_{12}(x,y)\\ U_{21}(x,y) & U_{22}(x,y)\end{bmatrix}\begin{bmatrix}t_1(y)\\ t_2(y)\end{bmatrix}\mathrm{d}S(y) \tag{5-4}$$

$$\begin{bmatrix}\Delta_1(x)\\ \Delta_2(x)\end{bmatrix}_u=\int_{S_0}\begin{bmatrix}T_{11}(x,y) & T_{12}(x,y)\\ T_{21}(x,y) & T_{22}(x,y)\end{bmatrix}\begin{bmatrix}u_1(y)\\ u_2(y)\end{bmatrix}\mathrm{d}S(y) \tag{5-5}$$

其中，Δ_1 和 Δ_2 分别是 x_1 方向和 x_2 方向上由边界单元的核函数的相关积分得到的系数；若将整个边界 S 划分成 N 个单元，S_0 为某一单元边界。将式(5-2)及式(5-3)分别代入式(5-4)及式(5-5)中，并引入求解二维位势问题的复数 Green 函数，即

$$Ge(z_0, z)=-\lg(z_0-z) \tag{5-6}$$

$$Ge'(z_0, z)=\frac{\partial Ge}{\partial z_0}=-\frac{1}{z_0-z} \tag{5-7}$$

则可得用复变函数形式表示的核函数积分表达式：

$$D_t(z_0) \equiv [\Delta_1(x) + \mathrm{i}\Delta_2(x)]_t$$
$$= \frac{1}{4\pi G(1+\kappa)} \int_{S_0} \left[\kappa Ge(z_0, z)t(z) - (z_0 - z)\overline{Ge'(z_0, z)t(z)} + \kappa \overline{Ge(z_0, z)t(z)} \right] \mathrm{d}S(z) \tag{5-8}$$

$$D_u(z_0) \equiv [\Delta_1(x) + \mathrm{i}\Delta_2(x)]_u$$
$$= -\frac{1}{2\pi(1+\kappa)} \int_{S_0} \left\{ \kappa Ge'(z_0 - z)n(z)u(z) - (z_0 - z)\overline{Ge''(z_0 - z)n(z)u(z)} + \overline{Ge'(z_0 - z)}\left[n(z)\overline{u(z)} + \overline{n(z)}u(z)\right] \right\} \mathrm{d}S(z) \tag{5-9}$$

式(5-9)中 $n = n_1 + \mathrm{i}n_2$ 为单元的方向余弦，$u = u_1 + \mathrm{i}u_2$，$t = t_1 + \mathrm{i}t_2$，其中下标 1，2 分别表示 x_1 轴和 x_2 轴方向，另外符号上一横表示复共轭。z_0 为源点坐标，z 为场点坐标，同样用复变函数表示。对于平面应变情况，$\kappa = 3 - 4\nu$；如果是平面应力问题，则在上面两式中用 $\kappa = \nu/(1+\nu)$ 代入。

对式(5-8)和式(5-9)进行操作，就能得到快速多极边界元法中最重要的四个概念及相应的展开式，即多极展开(multipole expansion)、多极展开系数的传递(M2M)、多极展开系数向局部展开系数的传递(M2L)、局部展开系数的传递(L2L)。下面以核函数 $U_{ij}(x, y)$ 的积分式为例进行具体说明。

1. 多极展开

如图 5-2 所示，假设有很靠近场点(积分点) z 的点 z_c，即 $|z - z_c| \ll |z_0 - z_c|$，利用泰勒级数展开，则式(5-6)可用如下级数展开形式表示：

$$Ge(z_0, z) = \sum_{k=0}^{\infty} O_k(z_0 - z_c) I_k(z - z_c) \tag{5-10}$$

$$O_k(z) = \frac{(k-1)!}{z^k}, \ O_0(z) = -\lg(z), \ O'_k(z) = -O_{k+1}(z) \quad (k \geqslant 1) \tag{5-11}$$

$$I_k(z) = \frac{z^k}{k!}, \ I'_0(z) = 0, \ I'_k(z) = I_{k-1}(z) \quad (k \geqslant 0) \tag{5-12}$$

根据式(5-10)—式(5-12)，式(5-8)可写成：

$$D_t(z_0) = \frac{1}{4\pi G(1+\kappa)} \left[\kappa \sum_{k=0}^{\infty} O_k(z_0 - z_c) M_k(z_c) + z_0 \sum_{k=0}^{\infty} \overline{O_{k+1}(z_0 - z_c)}\, \overline{M_k(z_c)} + \sum_{k=0}^{\infty} \overline{O_k(z_0 - z_c) N_k(z_c)} \right] \tag{5-13}$$

式中，$M_k(z_c)$ 和 $N_k(z_c)$ 称为极矩(moments)，具体形式为

$$M_k(z_c) = \int_{S_0} I_k(z - z_c) t(z) \mathrm{d}S(z) \quad (k \geqslant 0) \tag{5-14}$$

$$N_k(z_c)=\int_{S_0}[\kappa\,\overline{I_k(z-z_c)t(z)}-\overline{I_{k-1}(z-z_c)}z\,\overline{t(z)}]\mathrm{d}S(z)\quad(k\geqslant 1)\tag{5-15}$$

$$N_0(z_c)=\kappa\int_{S_0}t(z)\mathrm{d}S(z)\tag{5-16}$$

可以看出这两个极矩均只与点 z_c 有关，而与源点 z_0 无关，因此只需要计算一次。

2. 多极展开系数的传递(M2M)

假设点从 z_c 移动到 $z_{c'}$，如图 5-2 所示，则式(5-14)—式(5-16)可写成：

$$M_k(z_{c'})=\sum_{l=0}^{k}I_{k-l}(z_c-z_{c'})M_l(z_c)\quad(k\geqslant 0)\tag{5-17}$$

$$N_k(z_{c'})=\sum_{l=0}^{k}\overline{I_{k-l}(z_c-z_{c'})}N_l(z_c)\quad(k\geqslant 1)\tag{5-18}$$

3. 多极展开系数向局部展开系数的传递(M2L)

假设 z_L 非常靠近源点 z_0，即 $|z_0-z_L|\gg|z_c-z_L|$，利用泰勒级数展开，则式(5-8) 在 z_L 点的局部展开式为

$$D_t(z_0)=\frac{1}{4\pi\mu(1+\kappa)}\Big[\kappa\sum_{l=0}^{\infty}L_l(z_L)I_L(z_0-z_L)-z_0\sum_{l=1}^{\infty}\overline{L_l(z_L)I_{l-1}(z_0-z_L)}+\sum_{l=0}^{\infty}K_l(z_L)\,\overline{I_l(z_0-z_L)}\Big]\tag{5-19}$$

式中，$L_l(z_L)$ 和 $K_l(z_L)$ 为局部展开系数，形式如下：

$$L_l(z_L)=(-1)^l\sum_{k=0}^{\infty}O_{l+k}(z_L-z_c)M_k(z_c)\quad(l\geqslant 0)\tag{5-20}$$

$$K_l(z_L)=(-1)^l\sum_{k=0}^{\infty}\overline{O_{l+k}(z_L-z_c)}N_k(z_c)\quad(l\geqslant 0)\tag{5-21}$$

它们同样与源点无关，也只需要计算一次。

4. 局部展开系数的传递(L2L)

假设点从 z_L 移动到 $z_{L'}$，如图 5-2 所示，则式(5-20)—式(5-21)可写成：

$$L_l(z_{L'})=\sum_{m=l}^{n}I_{m-l}(z_{L'}-z_L)L_m(z_L)\quad(l\geqslant 0)\tag{5-22}$$

$$K_l(z_{L'})=\sum_{m=l}^{n}\overline{I_{m-l}(z_{L'}-z_L)}K_m(z_L)\quad(l\geqslant 0)\tag{5-23}$$

通过式(5-13)—式(5-23)便能把场点 z 对源点 z_0 的影响系数矩阵完全求出，通过同样的思路也能够得到核函数 $T_{ij}(x,y)$ 的积分展开式如下：

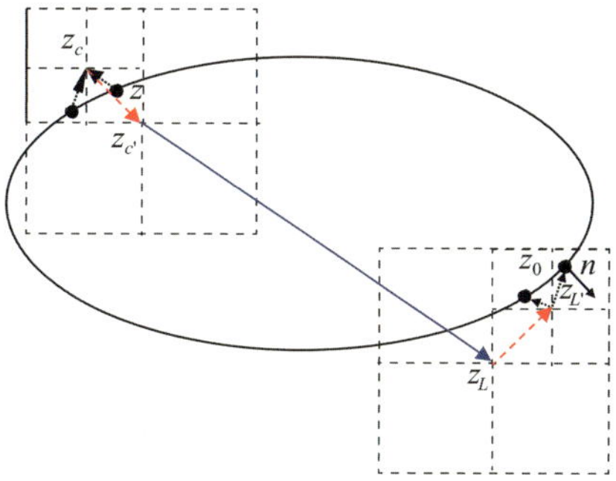

图 5-2 快速多极展开示意

$$D_u(z_0)=\frac{1}{2\pi(1+\kappa)}\left[\kappa\sum_{k=1}^{\infty}O_k(z_0-z_c)F_k(z_c)+z_0\sum_{k=0}^{\infty}\overline{O_{k+1}(z_0-z_c)}\,\overline{F_k(z_c)}+\right.$$
$$\left.\sum_{k=0}^{\infty}\overline{O_k(z_0-z_c)}H_k(z_c)\right] \tag{5-24}$$

$$F_k(z_c)=\int_{S_0}I_{k-1}(z-z_c)n(z)u(z)\mathrm{d}S(z)\quad(k\geqslant 1) \tag{5-25}$$

$$H_k(z_c)=\int_{S_0}\left\{\overline{I_{k-1}(z-z_c)}\left[n(z)\overline{u(z)}+\overline{n(z)}u(z)\right]-\right.$$
$$\left.\overline{I_{k-2}(z-z_c)}z\,\overline{n(z)u(z)}\right\}\mathrm{d}S(z)\quad(k\geqslant 2) \tag{5-26}$$

$$H_1(z_c)=\int_{S_0}\left[n(z)\overline{u(z)}+\overline{n(z)}u(z)\right]\mathrm{d}S(z) \tag{5-27}$$

此外，$T_{ij}(x, y)$ 核函数的 M2M，M2L，L2L 的形式与 $U_{ij}(x, y)$ 核函数的展开形式完全一致。这样，在编写程序时只需在极矩展开的时候分别考虑核函数 U_{ij} 和 T_{ij} 的展开式，而其他过程可以合并在一个列阵中求解。

5.2.2 快速多极边界元基本算法

快速多极边界元法与常规边界元法的最大区别在于，系数矩阵 $\boldsymbol{A}$ 并不需要显式存储，即利用快速多极展开技术，使系数矩阵 $\boldsymbol{A}$ 与迭代向量 $\boldsymbol{x}$ 相乘而直接得到结果向量，从而使得原先 $O(N^2)$ 的存储量与计算量直接降为 $O(N)$，大大节省了存储空间与计算时间。但是，为了实现以上过程，还必须解决几个关键技术，以下具体介绍快速多极边界元的实现步骤[22, 28-29]。

1. 边界离散

首先需将求解区域 Ω 的边界 S 用 N 个边界单元予以离散。与常规的边界元法相似，可以使用常单元、线性单元、二次单元及更高阶的单元，本研究所编写的所有快速多极边界元程序均采用常单元。在常单元中相关物理量在单元内为常量，这样所有积分均可用解析方法求得，而无须采用数值积分的方法，且不存在奇异积分的问题（这样即使当两边界非常靠近时，也能够得到较高的精度）。

2. 建立自适应树结构

树结构是实现快速多极边界元方法的关键技术之一。快速多极边界元法是依赖于迭代算法的，每一次的迭代都需要得到系数矩阵 $\mathbf{A}$，并与迭代向量相乘。如果计算过程需要存储系数矩阵 $\mathbf{A}$ 的话，那么存储量就会大大增加。而通过对树结构的一次存储和操作，就可以直接得到系数矩阵 $\mathbf{A}$ 与迭代向量 $\boldsymbol{x}$ 相乘的结果向量，而避免了系数矩阵的存储。本书采用的是自适应树结构算法，即根据单元的几何形状自动生成所需的四叉树结构。由于快速多极边界元法的存储量和计算量均为 $O(N)$，而自适应树结构算法的存储量与计算量也控制在 $O(N)$ 量级。因此，该方法完全能够满足快速多极边界元高效率的要求。

算法的具体步骤是：首先，生成能够完全包含求解对象的正方形，并视其为树结构的第 0 层。随后，将该正方形（父单元）继续分解为 4 个子正方形（子单元），使得每个子正方形的边长为父正方形边长的一半，从而形成树结构的第 1 层。继续对每个子正方形按上述方法分解，直到分解后的子正方形内所包含的边界单元数小于最先设置好的规定值 m。具体操作方法与编号规则如图 5-3 所示，相应的树结构如图 5-4 所示，此处假设 $m=1$。需要注意的是，自适应树结构在生成的过程中需要自动删除不包含任何边界单元的子正方形。在第 3 层中，第 18～32 号单元都不含有下一层子单元，这些正方形单元称为树的叶子。从图 5-3 及图 5-4 来看，该形状的弹性体结构具有 4 层树结构，32 个单元，15 个叶子。

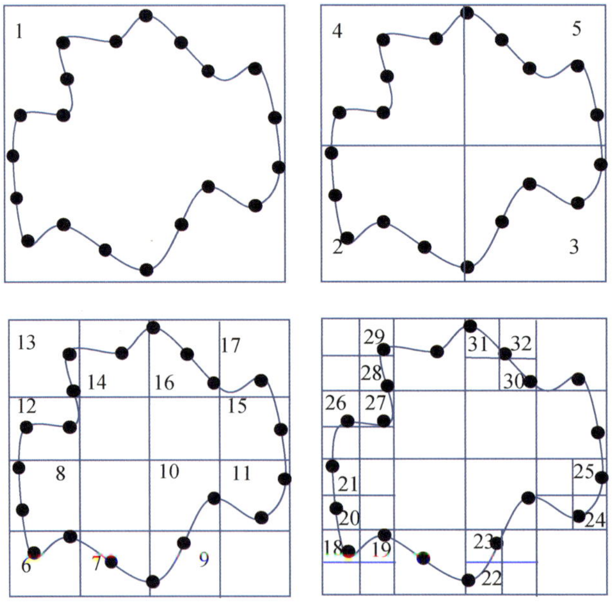

图 5-3　自适应树结构自动生成方法及编号规则

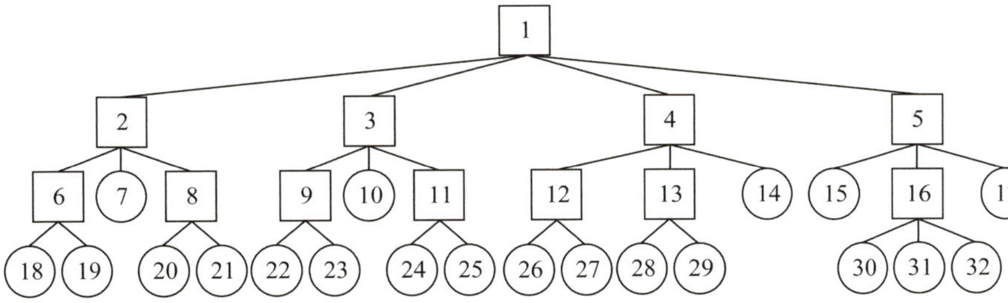

图 5-4 生成后的树结构

3. 上行遍历

首先，通过生成的树结构，对每一个边界单元进行多极展开，见式(5-14)—式(5-16)。如第 18 号叶子所包含的边界单元向其父单元(第 6 号)进行多极展开，相应的点 z_c 为第 6 号单元的中心点坐标。此外，对同一个叶子单元内所有边界单元所形成的多极展开系数进行累加，得到该叶子单元的多极展开系数，见图 5-5。

得到叶子节点的多极展开系数后，根据式(5-17)和式(5-18)(M2M)，将节点的多极展开系数沿着树结构向上层层传递到其父节点，直至达到树结构的第 1 层。如：第 22 单元+第 23 单元→第 9 单元→第 3 单元，如图 5-6 所示。

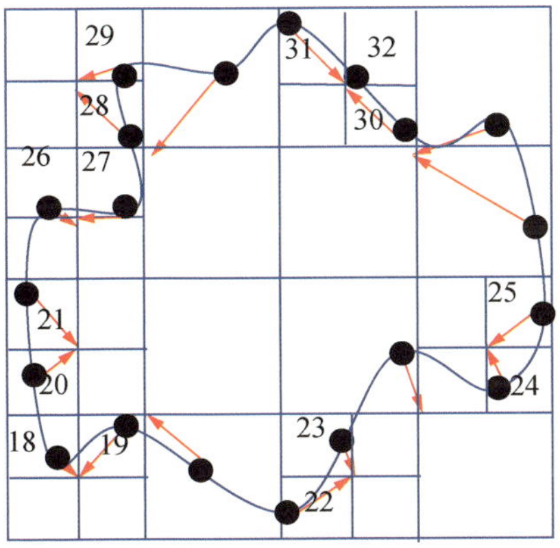

图 5-5 多极展开系数的计算

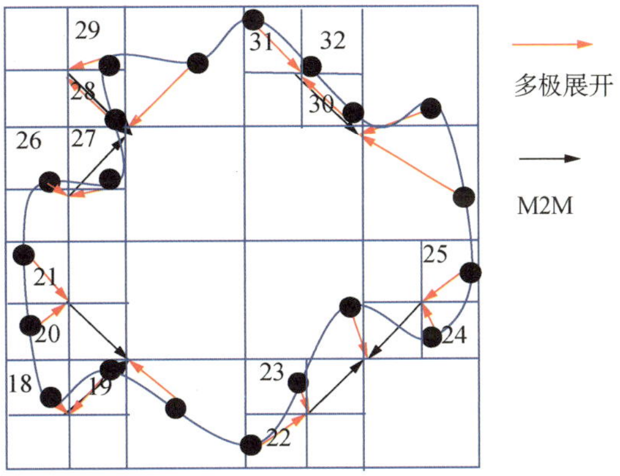

图 5-6 多极展开系数的传递

4. 下行遍历

为了描述下行遍历这一过程，首先需要引入几个概念。在第 l 层，若两个单元共享一个角点，则称这两个单元互为邻居。若两个单元在第 l 层时不互为邻居，但是它们的父单元在$(l-1)$层时互为邻居，则这两个单元分别在对方的相互作用列表内。若两个单元既不互为邻居，其父单元也不互为邻居，则称这两个单元为远邻。图 5-7 给出了边界单元 e 所在叶子单元相应的邻居、相互作用列表及远邻。

根据以上定义，就很容易对单元之间进行操作。首先，从树结构的第 2 层开始，对每个节点进行局部展开系数的计算，并沿着树结构逐层向下，直至叶子单元。而每个节点所在单元的局部展开系数由两部分叠加构成：一部分是根据式(5-20)和式(5-21)，对位于该节点相互作用列表内的单元节点进行传递(M2L)；另一部分是根据式(5-22)和式(5-23)，对位于该节点远邻列表内的单元节点进行传递(L2L)。具体过程见图5-8。

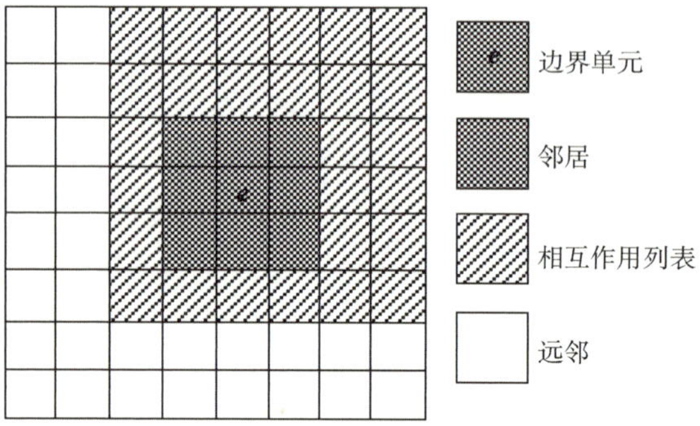

图5-7 不同单元定义

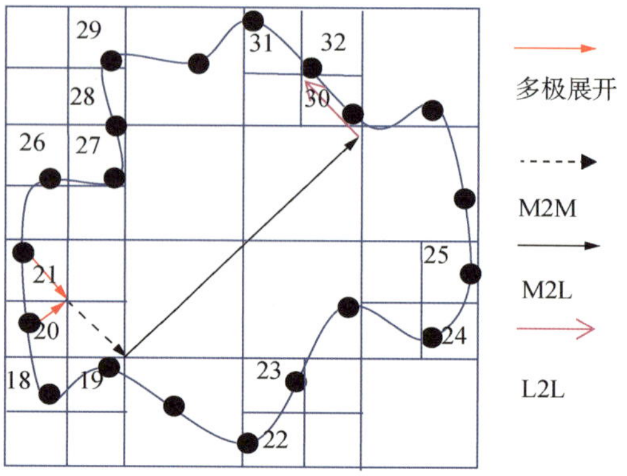

图5-8 下行遍历示意

5. 边界积分计算

对边界单元 e 所在的叶子单元进行边界积分计算，需由两部分构成：一部分是对与该节点单元互为邻居的节点直接采用常规边界积分方法进行计算。其原因在于这类节点一般不能满足展开传递的距离关系条件。另一部分，由于已经通过多极展开系数的生成和层层传递，集成到了 e 所在的叶子单元的局部展开系数上，因此直接采用式(5-19)(局部展开公式)，将展开点转移到原点 z_0 处，便能一次计算得到边界单元积分。图5-9给出了当场点在第31号叶子单元内时，其边界积分的计算示意图。将图5-9(a)与图5-9(b)叠加，就可以得到所有边界单元对场点(第31号)的贡献，至此完成计算过程。

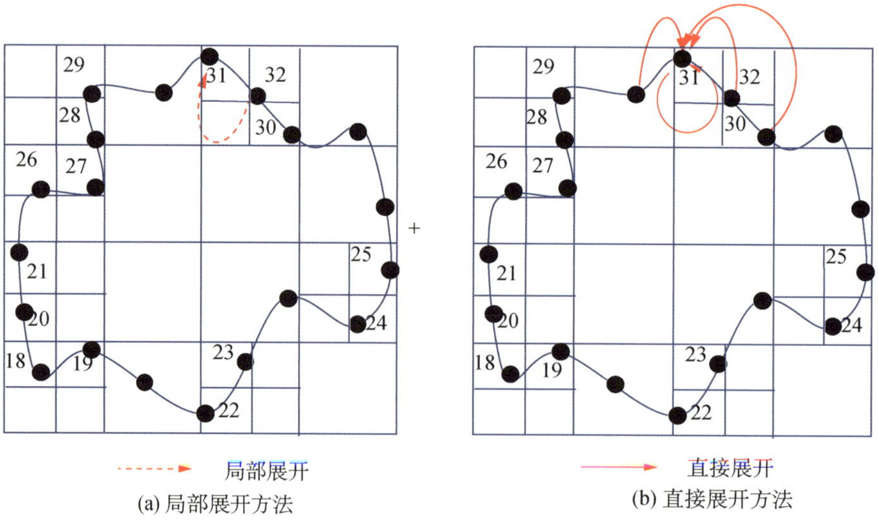

图5-9 局部展开示意

6. 迭代求解

对每一边界单元进行从上行遍历到边界积分计算四步骤的操作，就相当于系数矩阵 $\boldsymbol{A}$ 中与 $\boldsymbol{x}$ 对应的一行与迭代向量相乘运算。因此，首先进行从上行遍历到边界积分计算四步骤的运算，并将已知值代入，便可计算得到 $\boldsymbol{Ax}=\boldsymbol{b}$ 中的结果向量 $\boldsymbol{b}$。随后，更新迭代向量 $\boldsymbol{x}$，利用相适应的迭代算法，重复步骤 3～步骤 5，直至满足精度要求，便能得到所需求解的结果向量 $\boldsymbol{x}$。

由于快速多极边界元法使用的基本数据结构是树结构，而不是数组。因此，常规的直接消去法求解边界元控制方程组的方法就不再适用了。此外，快速多极边界元算法已将计算量与存储量降为 $O(N)$ 量级，因此所选用的迭代算法也必须具有相适应的存储量级。常规的迭代算法有很多，如广义极小残值法（GMRES）、共轭梯度法（CGN）、共轭梯度平方法（CGS）和稳定化的双共轭梯度法（Bi-CGSTAB）等。本章所利用的迭代算法为 GMRES 法。该方法是利用 Krylov 向量子空间的系列迭代算法的一种，其具体的求解步骤及编程方法可参考文献[30]。在本章所有算例中，GMRES 的迭代误差均取为 1.0E-6。

7. 预处理技术

目前，应用 GMRES 算法求解边界元控制方程组是一种比较理想的算法，但是经典的算法随着迭代次数的增加会产生误差累积，造成正交基向量的正交性逐步丧失，从而使迭代的收敛速度放缓甚至发散。所以，需要采用适当的预处理技术，这也是实现快速多极边界元算法的关键之一。

目前，常用的预处理技术有两类：①左预条件；②右预条件。其基本公式如下[30]：

$$\text{左预条件：}(\boldsymbol{M}^{-1}\boldsymbol{A})\boldsymbol{x}=\boldsymbol{M}^{-1}\boldsymbol{b} \tag{5-28}$$

$$\text{右预条件：}\boldsymbol{AM}^{-1}\boldsymbol{Mx}=\boldsymbol{b} \tag{5-29}$$

式中，矩阵 $\boldsymbol{M}^{-1}$ 为预处理矩阵。合适的预处理矩阵能够改善方程组的性态，使得迭代速度加快。通常，矩阵 $\boldsymbol{M}$ 必须满足以下两条原则：①$\boldsymbol{M}$ 的计算量与存储量都必须小；②使得预处理后的矩阵的特征值分布尽量靠近。

矩阵 $\boldsymbol{M}$ 常取由系数矩阵的对角元素组成的对角矩阵，或者取由系数矩阵的对角线元素和次对角线元素组成的带状矩阵。这一方法也正好可以借鉴用来构造快速多极边界元算法的预处理矩阵。因为，如步骤 5 中所述，与叶子节点单元互为邻居的节点直接采用常规边界积分方法进行计算，而这些计算得到的系数恰巧位于系数矩阵 $\boldsymbol{A}$ 的对角线上或其附近，这样就可直接利用其带状矩阵特点来构造预处理矩阵，比较简单的构造方法如下所示[22]：

$$\boldsymbol{M}=\begin{bmatrix} \boldsymbol{A}^1_{m_1\times m_1} & & & & \\ & \boldsymbol{A}^2_{m_2\times m_2} & & \boldsymbol{O} & \\ & & \ddots & & \\ & \boldsymbol{O} & & \boldsymbol{A}^{n-1}_{m_{n-1}\times m_{n-1}} & \\ & & & & \boldsymbol{A}^n_{m_n\times m_n} \end{bmatrix} \tag{5-30}$$

其中，n 为总的叶子单元的个数。m_n 为第 n 个叶子单元包含的边界节点的个数。块子矩阵 $\boldsymbol{A}^n_{m_n\times m_n}$ 为第 n 个叶子单元中的边界节点相互作用系数。若 m 为 m_n 的平均值，N 为整个弹性体所包含的边界单元，则 $mn\approx N$。对式(5-30)很容易求解得到其逆矩阵，即

$$\boldsymbol{M}^{-1}=\begin{bmatrix}(\boldsymbol{A}^1_{m_1\times m_1})^{-1} & & & & \\ & (\boldsymbol{A}^2_{m_2\times m_2})^{-1} & & \boldsymbol{O} & \\ & & \ddots & & \\ & \boldsymbol{O} & & (\boldsymbol{A}^{n-1}_{m_{n-1}\times m_{n-1}})^{-1} & \\ & & & & (\boldsymbol{A}^n_{m_n\times m_n})^{-1}\end{bmatrix}\tag{5-31}$$

因为 $m\ll N$，因此，求解预处理矩阵的计算量和存储量也在 $O(N)$ 量级。当然，以上构造预处理矩阵的方法只是众多方法中的一种(尤其适合单域问题)。对于具有不同特征的系数矩阵 $\boldsymbol{A}$ 需要对应地构造不同形态的预处理矩阵 $\boldsymbol{M}$。如何构造相适应的预处理矩阵，将会在后面章节中分别介绍。

5.3 多夹杂复合材料的快速多极边界元法

复合材料是由两种或两种以上组分材料所组成的新型材料，其每一组分材料的结构参数都会影响复合材料的整体宏观性能。利用快速多极边界元法来模拟具有多种夹杂的复合材料，能够快速有效地预测其各类宏观有效性能。本节简要介绍模拟多夹杂复合材料的快速多极边界元方法的基本形式[22]。

对于由若干种材料组成的分区不均匀介质，较为普遍的方法即采用分区子域法。如果有 L 个夹杂，就会得到$(L+1)$个子域，计算量将会非常庞大，而且也不易于构造快速多极算法。本节引入 N. Hu 等[31]提出的边界元重复相似子域法来构造快速多极算法。

首先，假设在二维弹性域(基体域) Ω_0 内包含 L 个弹性夹杂 Ω_p，则基体域及夹杂域的边界积分方程分别为

$$C_{ij}(x)u_j(x)=\int_S[U_{ij}(x,y)t_j(y)-T_{ij}(x,y)u_j(y)]\mathrm{d}S(y),\ \forall x\in S\tag{5-32}$$

$$C_{ij}(x)u^p_j(x)=\int_{S_p}[U^p_{ij}(x,y)t^p_j(y)-T^p_{ij}(x,y)u^p_j(y)]\mathrm{d}S(y),\ \forall x\in S_p\tag{5-33}$$

式中，$S=\bigcup\limits_{p=0}^{n}S_p$ 为弹性域 Ω_0 的外边界，上标 p 表示第 p 个夹杂($p=1,2,\cdots,L$)。通过对边界积分进行离散后，式(5-32)及式(5-33)可以分别写成如下矩阵形式：

$$\begin{bmatrix} \boldsymbol{A}_{11}^0 & \boldsymbol{A}_{12}^0 & \boldsymbol{A}_{13}^p \\ \boldsymbol{A}_{21}^0 & \boldsymbol{A}_{22}^0 & \boldsymbol{A}_{23}^p \\ \boldsymbol{A}_{31}^0 & \boldsymbol{A}_{32}^0 & \boldsymbol{A}_{33}^p \end{bmatrix} \begin{bmatrix} \boldsymbol{U}^0 \\ \boldsymbol{T}^0 \\ \boldsymbol{U}_p^{j0} \end{bmatrix} = \begin{bmatrix} \boldsymbol{B}_{11}^0 & \boldsymbol{B}_{12}^0 & \boldsymbol{B}_{13}^p \\ \boldsymbol{B}_{21}^0 & \boldsymbol{B}_{22}^0 & \boldsymbol{B}_{23}^p \\ \boldsymbol{B}_{31}^0 & \boldsymbol{B}_{32}^0 & \boldsymbol{B}_{33}^p \end{bmatrix} \begin{bmatrix} \bar{\boldsymbol{U}}^0 \\ \bar{\boldsymbol{T}}^0 \\ \boldsymbol{T}_p^{j0} \end{bmatrix} \tag{5-34}$$

$$\boldsymbol{G}_p \boldsymbol{T}_p^{jj} = \boldsymbol{H}_p \boldsymbol{U}_p^{j0} \tag{5-35}$$

式中 $\boldsymbol{U}^0$，$\boldsymbol{T}^0$—— 未知的节点位移及力；

$\bar{\boldsymbol{U}}^0$，$\bar{\boldsymbol{T}}^0$—— 已知的节点位移及力；

$\boldsymbol{U}_p^{j0}$—— 基体与夹杂 p 界面处位移矢量；

$\boldsymbol{T}_p^{j0}$—— 基体与夹杂界面处面向基体的力矢量；

$\boldsymbol{T}_p^{jj}$—— 基体与夹杂界面处面向夹杂的力矢量。

根据在界面处的连续条件及平衡条件，式(5-34)及式(5-35)可合并为一个矩阵方程：

$$\begin{bmatrix} \boldsymbol{A}_{11}^0 & \boldsymbol{A}_{12}^0 & \bar{\boldsymbol{A}}_{13}^p \\ \boldsymbol{A}_{21}^0 & \boldsymbol{A}_{22}^0 & \bar{\boldsymbol{A}}_{23}^p \\ \boldsymbol{A}_{31}^0 & \boldsymbol{A}_{32}^0 & \bar{\boldsymbol{A}}_{33}^p \end{bmatrix} \begin{bmatrix} \boldsymbol{U}^0 \\ \boldsymbol{T}^0 \\ \boldsymbol{U}_p^{j0} \end{bmatrix} = \begin{bmatrix} \boldsymbol{B}_{11}^0 & \boldsymbol{B}_{12}^0 \\ \boldsymbol{B}_{21}^0 & \boldsymbol{B}_{22}^0 \\ \boldsymbol{B}_{31}^0 & \boldsymbol{B}_{32}^0 \end{bmatrix} \begin{bmatrix} \bar{\boldsymbol{U}}^0 \\ \bar{\boldsymbol{T}}^0 \\ \boldsymbol{T}_p^{j0} \end{bmatrix} \tag{5-36}$$

其中，$\bar{\boldsymbol{A}}_{i3}^p = \boldsymbol{A}_{i3}^p + \boldsymbol{B}_{i3}^p (\boldsymbol{G}_p)^{-1} \boldsymbol{H}_p = \boldsymbol{A}_{i3}^p + \boldsymbol{B}_{i3}^p \boldsymbol{D}^p (i=1, 2, 3)$。根据此方法容易得到具有 L 个夹杂的整体边界矩阵：

$$\begin{bmatrix} \boldsymbol{A}_1^0 & \boldsymbol{A}_2^0 & \bar{\boldsymbol{A}}_3^1 & \cdots & \bar{\boldsymbol{A}}_3^p & \cdots & \bar{\boldsymbol{A}}_3^L \end{bmatrix} \begin{bmatrix} \boldsymbol{U}^0 \\ \boldsymbol{T}^0 \\ \boldsymbol{U}_1^{j0} \\ \vdots \\ \boldsymbol{U}_p^{j0} \\ \vdots \\ \boldsymbol{U}_L^{j0} \end{bmatrix} = \begin{bmatrix} \boldsymbol{B}_1^0 & \boldsymbol{B}_2^0 \end{bmatrix} \begin{bmatrix} \bar{\boldsymbol{U}}^0 \\ \bar{\boldsymbol{T}}^0 \end{bmatrix} \tag{5-37}$$

式(5-37)中 $\boldsymbol{A}_1^0$，$\boldsymbol{A}_2^0$，$\boldsymbol{B}_1^0$，$\boldsymbol{B}_2^0$ 为外边界域 Ω_0 所对应的系数矩阵，$\bar{\boldsymbol{A}}_3^p$ 为第 p 个夹杂所对应的系数矩阵。

需要注意的是，当夹杂的形状、大小、弹性常数均一致时，矩阵 $\boldsymbol{D}^p$ 也相同。因此，不论有多少个夹杂，$\boldsymbol{D}^p$ 只需计算一次。

根据得到的整体矩阵即式(5-37)，很容易构造相应的预处理矩阵 $\boldsymbol{M}^{-1}$。H. T. Wang 等对不同形式的预处理矩阵进行了讨论，认为对于具有多个夹杂的复合材料而言，在构造预处理矩阵时可直接将每个夹杂作为子矩阵，其形式仍与式(5-30)一致。但其中 $\boldsymbol{A}_{m_k \times m_k}^k$ 为第k 个夹杂的系数矩阵(该夹杂与基体的界面离散成 m_k 个单元)，该系数矩阵可由常规边界元法直接得到。当每个夹杂的离散形式及离散单元完全相同，且每个夹杂的形状、大小、弹性常数均一致时，$\boldsymbol{A}^{k}_{m_k \times m_k}$ 也只需计算一次。[22]

5.4 具有弹簧型界面层的多夹杂复合材料快速多极边界元法

为了考虑界面的影响，在夹杂与基体的交界面处引入线弹簧型界面模型，见图 5-10。该模型假设界面层厚度为零，界面两侧应力连续，但把弱界面的作用模拟为界面两侧的位移间断，这种位移间断包括界面处的切向滑移和法向分离。进一步假设界面位移间断量与应力呈线性关系，即有

$$\sigma_r^1 = \sigma_r^2 = k_r \Delta u_r = k_r (u_r^1 - u_r^2) \tag{5-38}$$

$$\tau_{r\theta}^1 = \tau_{r\theta}^2 = k_\theta \Delta u_\theta = k_\theta (u_\theta^1 - u_\theta^2) \tag{5-39}$$

式(5-38)和式(5-39)中，1，2 分别代表基体与夹杂，如 σ_r^1 表示基体的径向应力，σ_r^2 表示夹杂的径向应力；k_r 和 k_θ 分别为径向和切向的弹簧刚度系数，反映界面的强弱程度。对于具有完好黏结界面的复合材料而言，在界面处不会出现位移间断，因此，k_r 和 k_θ 均趋于无穷大。而当夹杂与基体完全脱开时，界面处不再能传递应力，夹杂完全失去了分担荷载的作用，此时，两个弹簧的刚度系数均为 0。而当 k_r 和 k_θ 为有限大小的某一正数时，表明夹杂与基体间存在弱界面。

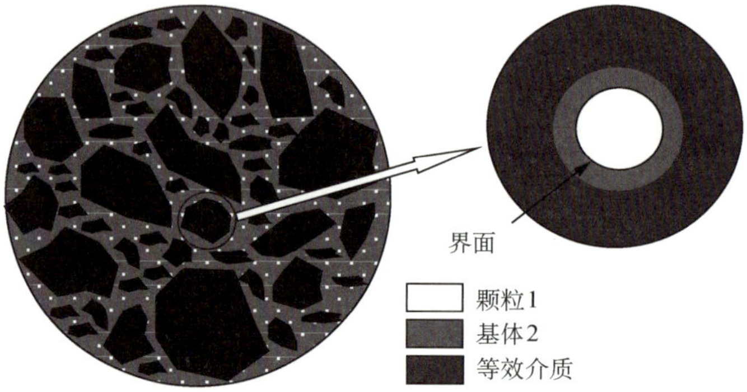

图 5-10 具有弹簧型弱界面的复合材料两层嵌入式模型

与本书 5.3 节相似，为了处理具有弹簧型界面的多夹杂复合材料，这里同样采用相似子域法。然而，由于基体与夹杂之间的界面不再符合连续条件及平衡条件，因此需按式(5-38)及式(5-39)重新整理。

对内含 N 个随机分布的夹杂相的二维弹性体材料而言，其边界元公式与式(5-32)和式(5-33)相同，通过对边界积分进行离散后，得到的矩阵形式如式(5-34)和式(5-40)所示。

$$\boldsymbol{G}_p\boldsymbol{T}_p^{jj}=\boldsymbol{H}_p\boldsymbol{U}_p^{jj} \tag{5-40}$$

根据式(5-38)及式(5-39),有以下关系式:

$$\boldsymbol{U}_p^{j0}-\boldsymbol{U}_p^{jj}=\boldsymbol{k}^j\boldsymbol{T}_p^{j0} \tag{5-41}$$

$$\boldsymbol{T}_p^{j0}=-\boldsymbol{T}_p^{jj} \tag{5-42}$$

其中,$\boldsymbol{k}^j$ 可称为柔性矩阵,为一对角矩阵,定义为

$$\boldsymbol{k}^j=-\boldsymbol{P}_j^{-1}\begin{bmatrix}1/k_r & 0\\ 0 & 1/k_\theta\end{bmatrix}\boldsymbol{P}_j \tag{5-43}$$

其中,$\boldsymbol{P}_j$ 为坐标转换矩阵,使节点值从第 j 个局部坐标转换为整体坐标。为了避免在两种材料界面处出现重叠现象,当 $\sigma_r^1=\sigma_r^2<0$ 时,柔性矩阵宜修正为

$$\boldsymbol{k}^j=-\boldsymbol{P}_j^{-1}\begin{bmatrix}0 & 0\\ 0 & 1/k_\theta\end{bmatrix}\boldsymbol{P}_j \tag{5-44}$$

这样,根据式(5-40)及式(5-42),可得到

$$\boldsymbol{T}_p^{j0}=-\boldsymbol{T}_p^{jj}=-(\boldsymbol{G}_p)^{-1}\boldsymbol{H}_p\boldsymbol{U}_p^{jj}=-\boldsymbol{D}_p\boldsymbol{U}_p^{jj} \tag{5-45}$$

利用式(5-41)和式(5-45),$\boldsymbol{U}_p^{jj}$ 及 $\boldsymbol{T}_p^{j0}$ 可写成如下形式:

$$\boldsymbol{U}_p^{jj}=(\boldsymbol{I}-\boldsymbol{k}^j\boldsymbol{D}_p)^{-1}\boldsymbol{U}_p^{j0} \tag{5-46}$$

$$\boldsymbol{T}_p^{j0}=-\boldsymbol{T}_p^{jj}=-\boldsymbol{D}_p(\boldsymbol{I}-\boldsymbol{k}^j\boldsymbol{D}_p)^{-1}\boldsymbol{U}_p^{j0}=-\boldsymbol{M}_p\boldsymbol{U}_p^{j0} \tag{5-47}$$

其中,$\boldsymbol{I}$ 为单位矩阵,$\boldsymbol{M}_p$ 为关联矩阵,反映弱界面处位移与表面力之间的关系。因此,矩阵(5-34)和矩阵(5-40)可重新整理为

$$\begin{bmatrix}\boldsymbol{A}_{11}^0 & \boldsymbol{A}_{12}^0 & \boldsymbol{A}_{13}^p+\boldsymbol{B}_{13}^p\boldsymbol{M}_p\\ \boldsymbol{A}_{21}^0 & \boldsymbol{A}_{22}^0 & \boldsymbol{A}_{23}^p+\boldsymbol{B}_{23}^p\boldsymbol{M}_p\\ \boldsymbol{A}_{31}^0 & \boldsymbol{A}_{32}^0 & \boldsymbol{A}_{33}^p+\boldsymbol{B}_{33}^p\boldsymbol{M}_p\end{bmatrix}\begin{bmatrix}\boldsymbol{U}^0\\ \boldsymbol{T}^0\\ \boldsymbol{U}_p^{j0}\end{bmatrix}=\begin{bmatrix}\boldsymbol{B}_{11}^0 & \boldsymbol{B}_{12}^0\\ \boldsymbol{B}_{21}^0 & \boldsymbol{B}_{22}^0\\ \boldsymbol{B}_{31}^0 & \boldsymbol{B}_{32}^0\end{bmatrix}\begin{bmatrix}\bar{\boldsymbol{U}}^0\\ \bar{\boldsymbol{T}}^0\end{bmatrix} \tag{5-48}$$

运用同样的方法,就可以得到具有 N 个夹杂的整体边界矩阵,见式(5-49)。

$$\begin{bmatrix}\boldsymbol{A}_1^0 & \boldsymbol{A}_2^0 & \bar{\boldsymbol{A}}_3^1 & \cdots & \bar{\boldsymbol{A}}_3^p & \cdots & \bar{\boldsymbol{A}}_3^N\end{bmatrix}\begin{bmatrix}\boldsymbol{U}^0\\ \boldsymbol{T}^0\\ \boldsymbol{U}_1^{j0}\\ \vdots\\ \boldsymbol{U}_p^{j0}\\ \vdots\\ \boldsymbol{U}_n^{j0}\end{bmatrix}=\begin{bmatrix}\boldsymbol{B}_1^0 & \boldsymbol{B}_2^0\end{bmatrix}\begin{bmatrix}\bar{\boldsymbol{U}}^0\\ \bar{\boldsymbol{T}}^0\end{bmatrix} \tag{5-49}$$

此处，编写具有弹簧型弱界面的快速多极边界元法程序的方法与本书5.2.2节中给出的算法相似，但有几点需要说明：

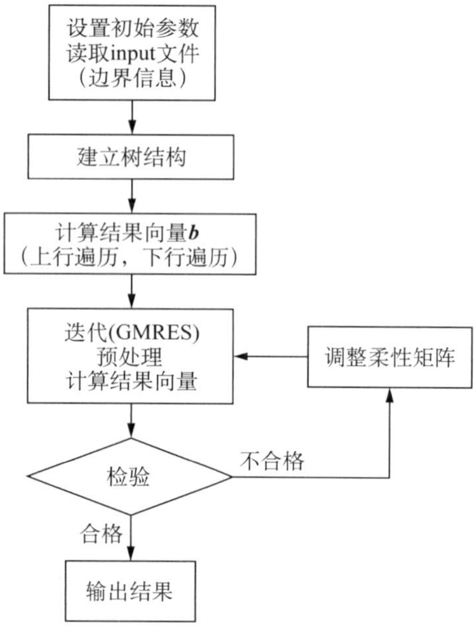

图5-11 含弱界面复合材料的快速多极边界元计算流程

(1) 需按常规边界元法计算 $\boldsymbol{M}_p$。当夹杂的形状、大小、弹性常数均一致时，矩阵 $\boldsymbol{M}_p$ 也相同，因此对相同的夹杂，无论其数目多少，$\boldsymbol{M}_p$ 只需计算一次。

(2) 需重新给出相适应的预处理矩阵。按本书5.3节给出的方法，很容易构造出对应于式(5-49)的预处理矩阵。

(3) 需要特别强调的是，为了避免在界面处出现重叠现象，需要进行一系列的迭代。首先，按式(5-43)进行第一遍操作，然后根据第一遍计算得到的结果，逐一检验界面处的节点法向正应力的符号，如为负，则需要将该节点的柔性矩阵改为式(5-44)，当完成界面处所有节点法向正应力正负号的检验后，再重新计算，以此类推，直到连续两次的计算步骤中界面处所有节点法向正应力的符号不再发生变化为止。具体计算流程图见图5-11。

5.5 具有完好界面的黏弹性快速多极边界元法

沥青混合料是典型的黏弹性材料，具有显著的“时间效应”。在受到一定荷载的长期作用下，将表现出“蠕变”“松弛”“迟滞”等现象。因此，对材料黏弹性性能的研究，尤其是对蠕变特性、黏弹性断裂理论的研究成为道路工程中备受关注的问题。对于黏弹性问题的分析，通常需要涉及多个时间步的计算，以此了解材料在外荷载作用下的蠕变或松弛行为。因此，当要分析具有多自由度的问题时，例如多夹杂复合材料，计算时间及计算存储量就会成倍增加。如前所述，常规边界元法由于受到计算时间及存储量的限制，并不适合处理这类问题。

基于以上存在的问题，本节给出适用于分析含多个自由度的具有完好界面的二维黏弹性快速多极边界元算法。由于快速多极算法将原先 $O(N^2)$ 的存储量与计算量直接降为 $O(N)$，因此，特别适用于处理具有多个时间步的黏弹性问题。

由黏弹性理论的互易定理[32]可知，二维线黏弹性问题的边界积分方程为

$$C_{ij}(x)u_j(x,t)$$
$$=\int_S\left[U_{ij}(x,y,0)p_j(y,t)+\int_0^t p_j(y,t-\tau)\frac{\partial U_{ij}(x,y,\tau)}{\partial\tau}\mathrm{d}\tau\right]\mathrm{d}S(y)-$$
$$\int_S\left[P_{ij}(x,y,0)u_j(y,t)+\int_0^t u_j(y,t-\tau)\frac{\partial P_{ij}(x,y,\tau)}{\partial\tau}\mathrm{d}\tau\right]\mathrm{d}S(y)\quad(5\text{-}50)$$

这里，为了与时间变量 t 有所区别，采用 p_j 和 P_{ij} 分别表示边界曲线上场点 y 处的面力和应力基本解。式(5-50)中的其他参数含义与式(5-1)完全相同。

对于积分如 $\int_0^t w(t-\tau)\hat{f}(\tau)\mathrm{d}\tau$，其中 $\hat{f}(\tau)=\dfrac{\partial f(\tau)}{\partial\tau}$，可利用梯形法则迭代求解。

$$\int_0^{nh} w(t-\tau)\hat{f}(\tau)\mathrm{d}\tau=\frac{h}{2}w(nh)\hat{f}(0)+R_i'[(n-1)h]\quad(n=1,2,3,\cdots)\tag{5-51}$$

式(5-51)中的时间 $t=nh$，表明时间 t 被时间步长 h 等分成 n 个部分。$R_i'[(n-1)h]$ 可表示为

$$\left.\begin{aligned}&R_i'[(n-1)h]=\frac{h}{2}w(0)\hat{f}(h)(n=1)\\&R_i'[(n-1)h]=h\sum_{m=1}^{n-1}w([n-m]h)\hat{f}(mh)+\frac{h}{2}w(0)\hat{f}(nh)\quad(n=2,3,\cdots,N)\end{aligned}\right\}\tag{5-52}$$

需要注意的是，当 $n=0$ 时，显然 $\int_0^t u(z,t-\tau)\hat{f}(\tau)\mathrm{d}\tau=0$。此时式(5-50)可采用常规的二维弹性问题的快速多极边界元法求解。这样，利用梯形法则求解时间迭代步的方法，式(5-50)可重新整理为

$$C_{ij}(x)u_j(x,nh)$$
$$=\int_S\left[U_{ij}(x,y,0)p_j(y,nh)+\frac{h}{2}p_j(y,nh)\hat{U}_{ij}(x,y,0)\right]\mathrm{d}S(y)-$$
$$\int_S\left[P_{ij}(x,y,0)u_j(y,nh)+\frac{h}{2}u_j(y,nh)\hat{P}_{ij}(x,y,0)\right]\mathrm{d}S(y)+$$
$$R_i^*[(n-1)h]\tag{5-53}$$

式中，$\hat{U}_{ij}(x,y,t)=\dfrac{\partial U_{ij}(x,y,t)}{\partial t}$，$\hat{P}_{ij}(x,y,t)=\dfrac{\partial P_{ij}(x,y,t)}{\partial t}$。$R_i^*[(n-1)h]$ 为 $t<nh$ 时所包含的应力历史，具体为

$$\left.\begin{aligned}
R_i^*[(n-1)h] &= \frac{h}{2}\int_S \hat{U}_{ij}(x, y, h)p_j(y, 0)\mathrm{d}S(y) - \\
&\quad \frac{h}{2}\int_S \hat{P}_{ij}(x, y, h)u_j(y, 0)\mathrm{d}S(y) \quad (n=1) \\
R_i^*[(n-1)h] &= h\int_S \sum_{m=1}^{n-1}\hat{U}_{ij}(x, y, mh)p_j(y, [n-m]h)\mathrm{d}S(y) - \\
&\quad h\int_S \sum_{m=1}^{n-1}\hat{P}_{ij}(x, y, mh)u_j(y, [n-m]h)\mathrm{d}S(y) + \\
&\quad \frac{h}{2}\int_S \hat{U}_{ij}(x, y, h)p_j(y, 0)\mathrm{d}S(y) - \\
&\quad \frac{h}{2}\int_S \hat{P}_{ij}(x, y, h)u_j(y, 0)\mathrm{d}S(y) \quad (n=2, 3, \cdots, N)
\end{aligned}\right\} \tag{5-54}$$

式(5-53)仍然可采用本书 5.2 节的方法进行多极展开，其中黏弹性问题的基本解 $U_{ij}(x, y, t)$ 和 $P_{ij}(x, y, t)$ 可利用弹性-黏弹性对应原理求得[32]。对应于单位阶跃集中力，在拉普拉斯域内基本解 $\widetilde{U}_{ij}$ 及 $\widetilde{P}_{ij}$ 可写成如下形式：

$$\widetilde{U}_{ij}(x, y, s) = \frac{1}{8\pi}\left[\widetilde{J}_1(s)\delta_{ij}\lg\left(\frac{1}{r}\right) + \widetilde{J}_2(s)\left(r_{,i}r_{,j} - \frac{1}{2}\delta_{ij}\right)\right] \tag{5-55}$$

$$\begin{aligned}
\widetilde{P}_{ij}(x, y, s) = \frac{1}{8\pi r}\Big\{&\widetilde{J}_3(s)(r_{,i}n_j - r_{,j}n_i - \frac{\partial r}{\partial n}\delta_{ij}) + \\
&\widetilde{J}_4(s)\left[\frac{\partial r}{\partial n}(\delta_{ij} - 4r_{,i}r_{,j}) + r_{,j}n_i - r_{,i}n_j\right]\Big\}
\end{aligned} \tag{5-56}$$

对于黏弹性问题，很多情况下可以假设材料弹性膨胀，因此其体积模量 K 为常量，而剪切模量 G 及泊松比 ν 均与时间相关。这样，函数 $\widetilde{J}_1(s)$，$\widetilde{J}_2(s)$，$\widetilde{J}_3(s)$，$\widetilde{J}_4(s)$ 可表示为

$$\widetilde{J}_1(s) = \frac{2(3K + 7\widetilde{G})}{\widetilde{G}(3K + 4\widetilde{G})s} \tag{5-57}$$

$$\widetilde{J}_2(s) = \frac{2(3K + \widetilde{G})}{\widetilde{G}(3K + 4\widetilde{G})s} \tag{5-58}$$

$$\widetilde{J}_3(s) = \frac{2(3K + 7\widetilde{G})}{(3K + 4\widetilde{G})s} \tag{5-59}$$

$$\widetilde{J}_4(s) = \frac{2(3K + \widetilde{G})}{(3K + 4\widetilde{G})s} \tag{5-60}$$

其中，$\widetilde{G}$ 可用微分算子 P'，Q' 表示为

$$\widetilde{G}=\frac{Q'(s)}{2P'(s)} \tag{5-61}$$

将式(5-61)代入式(5-57)—式(5-60)，可得到：

$$\widetilde{J}_1(s)=\frac{2P'(s)[6KP'(s)+7Q'(s)]}{sQ'(s)[3KP'(s)+2Q'(s)]} \tag{5-62}$$

$$\widetilde{J}_2(s)=\frac{2P'(s)[6KP'(s)+Q'(s)]}{sQ'(s)[3KP'(s)+2Q'(s)]} \tag{5-63}$$

$$\widetilde{J}_3(s)=\frac{6KP'(s)+7Q'(s)}{s[3KP'(s)+2Q'(s)]} \tag{5-64}$$

$$\widetilde{J}_4(s)=\frac{6KP'(s)+Q'(s)}{s[3KP'(s)+2Q'(s)]} \tag{5-65}$$

对式(5-55)—式(5-65)进行拉普拉斯反变换，便能得到线黏弹性问题的基本解。此外，为了进一步得到式(5-53)的多极展开格式，需参考式(5-8)和式(5-9)，对于 $D_p(z_0, t, \tau)=\int_S U_{ij}(x, y, \tau)p_j(y, t)\mathrm{d}S(y)$ 及 $D_u(z_0, t, \tau)=\int_S P_{ij}(x, y, \tau)u_j(y, t)\mathrm{d}S(y)$ 可重新进行整理，并写成如下形式：

$$\begin{aligned}D_p(z_0, t, \tau)=\frac{1}{16\pi}\int_{S_0}[&J_1(\tau)Ge(z_0, z)p(z, t)-J_2(\tau)z_0\overline{Ge'(z_0, z)p(z, t)}+\\&J_2(\tau)z\overline{Ge'(z_0, z)p(z, t)}+J_1(\tau)\overline{Ge(z_0, z)}p(z, t)]\mathrm{d}S(z)\end{aligned} \tag{5-66}$$

$$\begin{aligned}D_u(z_0, t, \tau)=-\frac{1}{8\pi}\int_{S_0}\{&J_3(\tau)Ge'(z_0, z)n(z)u(z, t)-\\&J_4(\tau)z_0\overline{Ge''(z_0, z)n(z)u(z, t)}+J_4(\tau)z\overline{Ge''(z_0, z)n(z)u(z, t)}+\\&J_4(\tau)\overline{Ge'(z_0, z)}[n(z)\overline{u(z, t)}+\overline{n(z)}u(z, t)]\}\mathrm{d}S(z)\end{aligned} \tag{5-67}$$

其中，函数 $J_1(t)$，$J_2(t)$，$J_3(t)$，$J_4(t)$ 被称为 4 个基本函数，定义如下

$$\begin{aligned}&J_1(t)=L^{-1}(\widetilde{J}_1(s)), \quad J_2(t)=L^{-1}(\widetilde{J}_2(s))\\&J_3(t)=L^{-1}(\widetilde{J}_3(s)), \quad J_4(t)=L^{-1}(\widetilde{J}_4(s))\end{aligned} \tag{5-68}$$

以 Kelvin 模型为例，这 4 个基本函数在时间域内的表达式为

$$J_1(t)=-\frac{4}{E}\exp\left(-\frac{Et}{\eta}\right)-\frac{2}{E(3-4\nu)}\left\{(3-6\nu)\exp\left[\frac{E(3-4\nu)t}{2\eta(2\nu-1)}\right]-9+14\nu\right\} \tag{5-69}$$

$$J_2(t)=-\frac{4}{E}\exp\left(-\frac{Et}{\eta}\right)+\frac{2}{E(3-4\nu)}\left\{(3-6\nu)\exp\left[\frac{E(3-4\nu)t}{2\eta(2\nu-1)}\right]+3-2\nu\right\} \tag{5-70}$$

$$J_3(t)=\frac{3}{6-8\nu}\exp\left[\frac{E(3-4\nu)t}{2\eta(2\nu-1)}\right]+\frac{9-14\nu}{3-4\nu} \tag{5-71}$$

$$J_4(t)=-\frac{3}{6-8\nu}\exp\left[\frac{E(3-4\nu)t}{2\eta(2\nu-1)}\right]+\frac{3-2\nu}{3-4\nu} \tag{5-72}$$

对式(5-66)及式(5-67)进一步整理并写成如下形式：

$$D_p(z_0,t,\tau)=\frac{1}{16\pi}\Big[\sum_{k=0}^{\infty}O_k(z_0-z_c)R_k(z_c,t,\tau)+z_0\sum_{k=0}^{\infty}\overline{O_{k+1}(z_0-z_c)}\,\overline{A_k(z_c,t,\tau)}+\sum_{k=0}^{\infty}\overline{O_k(z_0-z_c)}W_k(z_c,t,\tau)\Big] \tag{5-73}$$

$$D_u(z_0,t,\tau)=\frac{1}{8\pi}\Big[\sum_{k=1}^{\infty}O_k(z_0-z_c)Y_k(z_c,t,\tau)+z_0\sum_{k=0}^{\infty}\overline{O_{k+1}(z_0-z_c)}\,\overline{B_k(z_c,t,\tau)}+\sum_{k=0}^{\infty}\overline{O_k(z_0-z_c)}V_k(z_c,t,\tau)\Big] \tag{5-74}$$

式(5-73)和式(5-74)中上划线表示共轭。若使用常单元对边界 S 进行单元划分，则 S_0 为某一单元边界，并且 p_j 及 u_j 在单元内为常量。$z_0=x_1+\mathrm{i}x_2$ 为源点，O_k 及 I_k 的定义与式(5-11)及式(5-12)一致。R_k，A_k，W_k，Y_k，B_k 及 V_k 被称为积分点 z_c 的极矩展开式，均与源点 z_0 无关，且有以下形式：

$$R_k(z_c,t,\tau)=J_1(\tau)\int_{S_0}I_k(z-z_c)p(z,t)\mathrm{d}S(z)\quad(k\geqslant 0) \tag{5-75}$$

$$A_k(z_c,t,\tau)=J_2(\tau)\int_{S_0}I_k(z-z_c)p(z,t)\mathrm{d}S(z)\quad(k\geqslant 0) \tag{5-76}$$

$$W_k(z_c,t,\tau)=J_1(\tau)\int_{S_0}\overline{I_k(z-z_c)}p(z,t)\mathrm{d}S(z)-J_2(\tau)\int_{S_0}\overline{I_{k-1}(z-z_c)}z\,\overline{p(z,t)}\mathrm{d}S(z)\quad(k\geqslant 1) \tag{5-77}$$

$$W_0(z_c,t,\tau)=J_1(\tau)\int_{S_0}p(z,t)\mathrm{d}S(z) \tag{5-78}$$

$$Y_k(z_c,t,\tau)=J_3(\tau)\int_{S_0}I_{k-1}(z-z_c)n(z)u(z,t)\mathrm{d}S(z)\quad(k\geqslant 1) \tag{5-79}$$

$$B_k(z_c,t,\tau)=J_4(\tau)\int_{S_0}I_{k-1}(z-z_c)n(z)u(z,t)\mathrm{d}S(z) \tag{5-80}$$

$$V_k(z_c, t, \tau)=\int_{S_0} J_4(\tau)\{\overline{I_{k-1}(z-z_c)}[n(z)\overline{u(z, t)}+\overline{n(z)}u(z, t)]-\overline{I_{k-2}(z-z_c)}z\overline{n(z)u(z, t)}\}\mathrm{d}S(z)(k\geqslant 2) \tag{5-81}$$

$$V_1(z_c, t, \tau)=J_4(\tau)\int_{S_0}[n(z)\overline{u(z, t)}+\overline{n(z)}u(z, t)]\mathrm{d}S(z) \tag{5-82}$$

式中，$z=y_1+\mathrm{i}y_2$ 为积分点；$u=u_1+\mathrm{i}u_2$，$p=p_1+\mathrm{i}p_2$ 及 $n=n_1+\mathrm{i}n_2$ 分别为复数形式的位移、面力及边界上外法线的方向余弦。

需要说明的是，若对 $\int_S \hat{U}_{ij}(x, y,\tau)p_j(y, t)\mathrm{d}S(y)$ 及 $\int_S \hat{P}_{ij}(x, y, \tau)u_j(y, t)\mathrm{d}S(y)$ 这两个积分进行多极展开，只需对 4 个基本函数 $J_1(t)$，$J_2(t)$，$J_3(t)$，$J_4(t)$ 求导即可。

以上给出了黏弹性问题的多极展开格式。观察上式可以发现，对于多极展开系数的传递(M2M)、多极展开系数向局部展开系数的传递(M2L)以及局部展开系数的传递(L2L)，仍然与二维弹性问题的展开形式一致。因此，在二维弹性问题的多夹杂快速多极边界元法程序的基础上，容易开发黏弹性问题的快速多极边界元程序。

5.6 具有黏弹性弱界面的黏弹性快速多极边界元法

对于复合材料，基体与增强相之间往往存在着某种程度的缺陷。因此，在对复合材料进行黏弹性分析时，同时需要考虑到界面效应的影响。然而，与弹性问题不同的是，当基体显示出黏弹性性质时，界面也会显示出明显的时间效应，因此以往给出的弹簧型界面模型将不再适用。本节将给出具有黏弹性弱界面的二维黏弹性快速多极边界元算法。

如同本书 5.4 节所述，对于复合材料，基体与夹杂之间实际上并不存在完好的黏结状态。对于弹性问题，可以将夹杂与基体间的界面模拟成弹簧型界面或者近似认为存在着中间层介质。但是，对于黏弹性问题，其界面也往往具有黏弹性性质。因此，为了描述黏弹性材料的弱界面，引入 Kelvin 型黏弹性界面，具体如下：

$$\sigma_r^m=\sigma_r^f=k_{0r}\Delta u_r+k_{1r}\frac{\partial \Delta u_r}{\partial t} \tag{5-83}$$

$$\tau_{r\theta}^m=\tau_{r\theta}^f=k_{0\theta}\Delta u_\theta+k_{1\theta}\frac{\partial \Delta u_\theta}{\partial t} \tag{5-84}$$

式中 Δu_r，Δu_θ—— 界面处的相对滑移位移；

$\dfrac{\partial \Delta u_r}{\partial t}$，$\dfrac{\partial \Delta u_\theta}{\Delta t}$—— 滑移速度；

k_{0r}，$k_{0\theta}$ 及 k_{1r}，$k_{1\theta}$—— 界面处的弹性常数及黏滞系数。

以下针对 Kelvin 型黏弹性界面构造相对应的快速多极边界元格式。

在二维的黏弹性域(基体域) V_0 内包含 N 个弹性夹杂 V_α，则基体域的边界积分方程为式(5-50)，夹杂域的边界积分方程与式(5-33)相同，此处重新写为

$$C_{ij}(x)u_j^\alpha(x, t)=\int_{S_\alpha}[U_{ij}^\alpha(x, y)p_j^\alpha(y, t)-P_{ij}^\alpha(x, y)u_j^\alpha(y, t)]\mathrm{d}S(y), \ \forall x \in S_\alpha \tag{5-85}$$

上式中的各符号意义与本书 5.4 节中给出的相同。对边界积分进行离散后，在某一时刻 t，式(5-50)及式(5-85)可以分别写成如下矩阵形式：

$$\begin{bmatrix} \boldsymbol{A}_{11}^{0'} & \boldsymbol{A}_{12}^{0'} & \boldsymbol{A}_{13}^{\alpha'} \\ \boldsymbol{A}_{21}^{0'} & \boldsymbol{A}_{22}^{0'} & \boldsymbol{A}_{23}^{\alpha'} \\ \boldsymbol{A}_{31}^{0'} & \boldsymbol{A}_{32}^{0'} & \boldsymbol{A}_{33}^{\alpha'} \end{bmatrix} \begin{bmatrix} \boldsymbol{U}_t^0 \\ \boldsymbol{P}_t^0 \\ \boldsymbol{U}_t^{\alpha 0} \end{bmatrix} = \begin{bmatrix} \boldsymbol{B}_{11}^{0'} & \boldsymbol{B}_{12}^{0'} & \boldsymbol{B}_{13}^{\alpha'} \\ \boldsymbol{B}_{21}^{0'} & \boldsymbol{B}_{22}^{0'} & \boldsymbol{B}_{23}^{\alpha'} \\ \boldsymbol{B}_{31}^{0'} & \boldsymbol{B}_{32}^{0'} & \boldsymbol{B}_{33}^{\alpha'} \end{bmatrix} \begin{bmatrix} \bar{\boldsymbol{U}}_t^0 \\ \bar{\boldsymbol{P}}_t^0 \\ \boldsymbol{P}_t^{\alpha 0} \end{bmatrix} + [\boldsymbol{R}'^{*}_{m}] \tag{5-86}$$

$$\boldsymbol{G}^\alpha \boldsymbol{P}^{\alpha\alpha}(t) = \boldsymbol{H}^\alpha \boldsymbol{U}^{\alpha\alpha}(t) \tag{5-87}$$

式(5-86)中的系数矩阵 $\boldsymbol{A}_{ij}^{0'}$，$\boldsymbol{B}_{ij}^{0'}(i=1, 2, 3; j=1, 2)$；$\boldsymbol{A}_{i3}^{\alpha'}$，$\boldsymbol{B}_{i3}^{\alpha'}(i=1, 2, 3)$需按本书 5.5 节给出的方法进行求解。$\boldsymbol{R}'^{*}_{m}$ 为由基体部分的应力历史所形成的矩阵。根据 Kelvin 型黏弹性界面，界面处的边界条件可用以下矩阵形式表示：

$$\boldsymbol{U}^{\alpha 0}(t) - \boldsymbol{U}^{\alpha\alpha}(t) = \boldsymbol{k}^\alpha(t) * \boldsymbol{P}^{\alpha 0}(t) \tag{5-88}$$

$$\boldsymbol{P}^{\alpha 0}(t) = -\boldsymbol{P}^{\alpha\alpha}(t) \tag{5-89}$$

其中，“$*$”为卷积符号。$\boldsymbol{k}^\alpha$ 可称为柔性矩阵，为一对角矩阵，其在拉普拉斯域内可定义为

$$\tilde{\boldsymbol{k}}^\alpha = -\boldsymbol{Q}_\alpha^{-1} \begin{bmatrix} 1/(k_{0r}+k_{1r}s) & 0 \\ 0 & 1/(k_{0\theta}+k_{1\theta}s) \end{bmatrix} \boldsymbol{Q}_\alpha \tag{5-90}$$

其中，$\boldsymbol{Q}_\alpha$ 为坐标转换矩阵。为避免在两种材料界面处出现实际不可能出现的重叠现象，当 $\sigma_r^m = \sigma_r^f < 0$ 时，柔性矩阵宜修正为

$$\tilde{\boldsymbol{k}}^\alpha = -\boldsymbol{Q}_\alpha^{-1} \begin{bmatrix} 0 & 0 \\ 0 & 1/(k_{0\theta}+k_{1\theta}s) \end{bmatrix} \boldsymbol{Q}_\alpha \tag{5-91}$$

卷积 $\boldsymbol{k}^\alpha * \boldsymbol{P}^{\alpha 0}$ 可按式(5-51)的形式展开。因此，根据式(5-88)—式(5-91)，矩阵(5-86)及矩阵(5-87)可最终重新整理为

$$\begin{bmatrix} \boldsymbol{A}_{11}^{0'} & \boldsymbol{A}_{12}^{0'} & \boldsymbol{A}_{13}^{\alpha'} & -\boldsymbol{B}_{13}^{\alpha'} \\ \boldsymbol{A}_{21}^{0'} & \boldsymbol{A}_{22}^{0'} & \boldsymbol{A}_{23}^{\alpha'} & -\boldsymbol{B}_{23}^{\alpha'} \\ \boldsymbol{A}_{31}^{0'} & \boldsymbol{A}_{32}^{0'} & \boldsymbol{A}_{33}^{\alpha'} & -\boldsymbol{B}_{33}^{\alpha'} \\ \boldsymbol{O} & \boldsymbol{O} & \boldsymbol{H}_{\alpha} & \boldsymbol{G}_{\alpha}-\boldsymbol{H}'\alpha\boldsymbol{k}'_{\alpha} \end{bmatrix} \begin{bmatrix} \boldsymbol{U}_t^0 \\ \boldsymbol{P}_t^0 \\ \boldsymbol{U}_t^{\alpha 0} \\ \boldsymbol{P}_t^{\alpha 0} \end{bmatrix} = \begin{bmatrix} \boldsymbol{B}_{11}^{0'} & \boldsymbol{B}_{12}^{0'} \\ \boldsymbol{B}_{21}^{0'} & \boldsymbol{B}_{22}^{0'} \\ \boldsymbol{B}_{31}^{0'} & \boldsymbol{B}_{32}^{0'} \\ \boldsymbol{O} & \boldsymbol{O} \end{bmatrix} \begin{bmatrix} \bar{\boldsymbol{U}}_t^0 \\ \bar{\boldsymbol{P}}_t^0 \end{bmatrix} + \begin{bmatrix} \boldsymbol{R}'^{*}_{m} \\ \boldsymbol{R}'^{\alpha *}_{f} \end{bmatrix} \tag{5-92}$$

其中，$\boldsymbol{R}'^{\alpha *}_{f}$ 为由第 α 个夹杂所引起的应力历史所形成的矩阵；$\boldsymbol{k}'_{\alpha}=(h/2)\boldsymbol{k}^{\alpha}(0)$，$h$ 为时间步长。运用同样的方法，就可以得到具有 N 个夹杂的整体边界矩阵，见式(5-93)。

$$\begin{bmatrix} \boldsymbol{A}_{11}^{0'} & \boldsymbol{A}_{12}^{0'} & \boldsymbol{A}_{13}^{1'} & \cdots & \boldsymbol{A}_{13}^{n'} & -\boldsymbol{B}_{13}^{1'} & \cdots & -\boldsymbol{B}_{13}^{n'} \\ \boldsymbol{A}_{21}^{0'} & \boldsymbol{A}_{22}^{0'} & \boldsymbol{A}_{23}^{1'} & \cdots & \boldsymbol{A}_{23}^{n'} & -\boldsymbol{B}_{23}^{1'} & \cdots & -\boldsymbol{B}_{23}^{n'} \\ \boldsymbol{A}_{31}^{1'} & \boldsymbol{A}_{32}^{1'} & \boldsymbol{A}_{33}^{11'} & \cdots & \boldsymbol{A}_{33}^{1n'} & -\boldsymbol{B}_{33}^{11'} & \cdots & -\boldsymbol{B}_{33}^{1n'} \\ \vdots & \vdots & \vdots & & \vdots & \vdots & & \vdots \\ \boldsymbol{A}_{31}^{n'} & \boldsymbol{A}_{32}^{n'} & \boldsymbol{A}_{33}^{n1'} & \cdots & \boldsymbol{A}_{33}^{nn'} & -\boldsymbol{B}_{33}^{n1'} & \cdots & -\boldsymbol{B}_{33}^{nn'} \\ \boldsymbol{O} & \boldsymbol{O} & \boldsymbol{H}_1 & \cdots & \boldsymbol{O} & \boldsymbol{G}_1-\boldsymbol{H}'_1\boldsymbol{k}'_1 & \cdots & \boldsymbol{O} \\ \vdots & \vdots & \vdots & & \vdots & \vdots & & \vdots \\ \boldsymbol{O} & \boldsymbol{O} & \boldsymbol{O} & \cdots & \boldsymbol{H}_n & \boldsymbol{O} & \cdots & \boldsymbol{G}_n-\boldsymbol{H}'_n\boldsymbol{k}'_n \end{bmatrix} \begin{bmatrix} \boldsymbol{U}_t^0 \\ \boldsymbol{P}_t^0 \\ \boldsymbol{U}_t^{10} \\ \vdots \\ \boldsymbol{U}_t^{n0} \\ \boldsymbol{P}_t^{10} \\ \vdots \\ \boldsymbol{P}_t^{n0} \end{bmatrix} \tag{5-93}$$

$$= \begin{bmatrix} \boldsymbol{B}_{11}^{0'} & \boldsymbol{B}_{12}^{0'} \\ \boldsymbol{B}_{21}^{0'} & \boldsymbol{B}_{22}^{0'} \\ \boldsymbol{B}_{31}^{1'} & \boldsymbol{B}_{32}^{1'} \\ \vdots & \vdots \\ \boldsymbol{B}_{31}^{n'} & \boldsymbol{B}_{32}^{n'} \\ \boldsymbol{O} & \boldsymbol{O} \\ \boldsymbol{O} & \boldsymbol{O} \\ \boldsymbol{O} & \boldsymbol{O} \end{bmatrix} \begin{bmatrix} \bar{\boldsymbol{U}}_t^0 \\ \bar{\boldsymbol{P}}_t^0 \end{bmatrix} + \begin{bmatrix} \boldsymbol{R}'^{*}_{m} \\ \boldsymbol{R}'^{*}_{f} \end{bmatrix}$$

在编写具有黏弹性弱界面的快速多极边界元法程序时有几处需要说明：

(1) 当夹杂的形状、大小、弹性常数及边界上单元划分方法均一致时，矩阵 $\boldsymbol{H}'_i$，$\boldsymbol{G}_i$，$\boldsymbol{k}'_i$ 也相同，因此，只需计算一次。

(2) 针对式(5-93)的矩阵形式，需要特别构造相适应的预处理矩阵。此处，参照 Y. J. Liu[33] 给出的带状矩阵处理方式，但需做一些相应的调整。即对于基体所对应的矩阵块，基于叶子节点构造子矩阵，而对于夹杂所对应的矩阵块，则利用子矩阵 $\boldsymbol{G}_i-\boldsymbol{H}'_i\boldsymbol{k}'_i$ 来构造。根据上述说明，可以认为不论有多少个相同的夹杂，这个子矩阵也只需计算一次。

(3) 与本书 5.4 节给出的说明一样，此处仍需要进行一系列迭代以保证避免在界面处可能出现的重叠现象。图 5-12 给出了具有黏弹性弱界面的二维黏弹性问题快速多极边界元的计算流程。

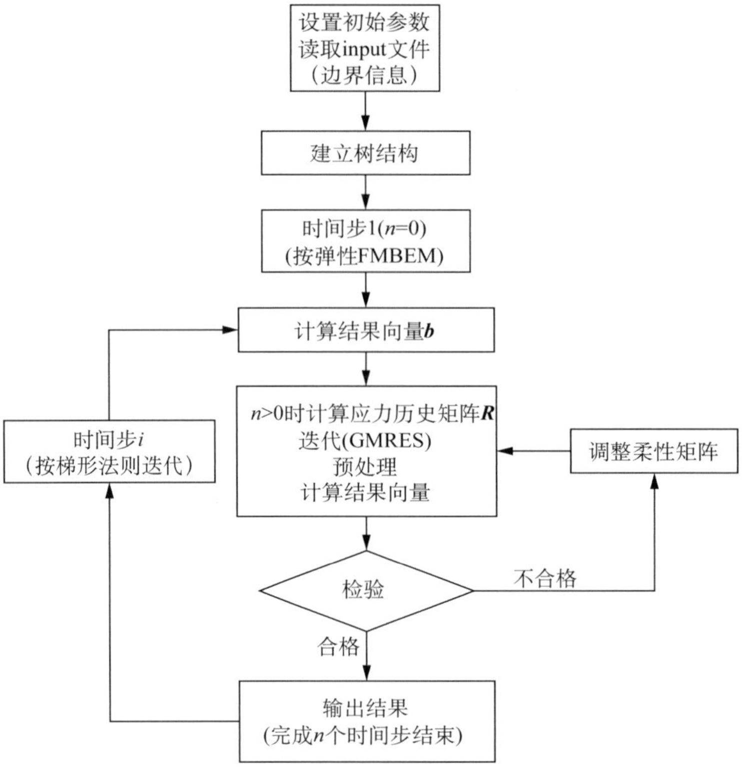

图 5-12　具有黏弹性弱界面的黏弹性快速多极边界元计算流程

5.7　快速多极边界元法在沥青混合料界面效应研究中的应用

沥青混合料具有黏弹性性质,其应力响应与温度、加载历史以及加载时间等密切相关。尤其在高温条件下,沥青混合料的流动变形能力更为显著,由于在荷载作用下的变形不能完全恢复,使得路面产生车辙、疲劳破坏、推移及拥包等破坏形式,从而缩短了路面的使用寿命。

沥青混合料的蠕变性能是评价沥青混合料性能的重要指标之一,如对沥青混合料的高温稳定性进行评价。蠕变性能表现为当固体受恒定的外力作用时,其应力与变形随时间变化的现象,而这种变形即使在应力小于屈服极限时仍具有不可逆的变形性质[34]。目前,较为常用的试验方法有单轴静载蠕变试验、重复加载蠕变试验、小梁弯曲蠕变试验等。

然而,在低温、高速率条件下沥青混合料也可被近似认为是弹性材料。工程实践中往往也利用这一假设进行沥青混合料设计及预测路面在荷载作用下的力学响应[35-37]。因此,弹性模量成为沥青混合料的关键材料参数之一[37]。例如,通过理论分析发现,对于较厚且有高弹性模量的沥青混合料面层,其抵抗低温开裂的能力与弹性模量相对较低且较薄的沥青混合料面层的抵抗效果是一致的[35]。工程中确定沥青混合料弹性模量的主要方法有试验法及经验公式法。

事实上，目前无论是试验法还是经验法均建立在宏观层面上，无法与细观结构建立本质的联系。试验法耗时长，且只能在沥青混合料设计好之后才能确定其宏观性质；而经验法中各种经验公式的适用范围都是有条件的，若实际条件与建立经验关系式的条件不同，则预测结果可能会有较大误差。所以，有必要通过建立合适的细观力学模型，在设计阶段准确预测沥青混合料的弹性模量及蠕变性能，从而达到改善混合料设计及有效预测路面性能的目的。

本章的前几节分别给出了针对弹性问题及黏弹性问题的快速多极边界元数值算法。因此，本节利用快速多极边界元算法对沥青混合料的弹性模量及蠕变特性进行预测，并与试验结果进行比较，以探讨沥青混合料细观参数，尤其是界面对沥青混合料宏观性能的影响。为了能够较真实地利用数值方法对沥青混合料进行模拟，本节将基于数字图像处理技术，实现沥青混合料的二维几何建模。此外，进一步分析其内部结构，包括沥青砂浆(细集料＋沥青)、粗集料、空隙率、级配、最大粒径、沥青砂浆与集料的交界面等对沥青混合料宏观性能的影响，从而可以更有效地控制沥青混合料的设计范围，提高设计质量。

5.7.1 基于图像处理技术的沥青混合料试件数值建模

对于沥青混合料材料，从其细观结构来看，集料的排列、分布、大小、含量，集料、沥青砂浆本身的性质，以及存在的微缺陷(如空隙、微裂纹等)都对沥青混合料整体结构的变形、强度等有着直接的影响。如果通过大量的材料样本进行试验标定来考察这些因素对整体性能的作用，这显然是不符合实际做法的。因此，目前最为理想的方法是利用计算机模拟沥青混合料中的集料结构，建立沥青混合料试件的几何模型，在此基础上利用数值方法模拟沥青混合料的各种力学行为，以建立沥青混合料内部结构与宏观性能之间的内在联系[38]。

数字图像处理技术简单来说就是利用 CCD 或扫描仪等设备将物理图像转换为数字图像，并通过各种运算法则从数字图像中提取有用的信息[39]。这一技术由于其高效率、高精度等特点，自 20 世纪 20 年代以来，已在医学、军事、航天、材料等领域得到了广泛深入的应用。因此，本章将数字图像处理技术运用于道路工程领域，通过沥青混合料截面的图像样本，提取研究所关心的集料信息，在此基础上实现沥青混合料几何建模。

5.7.2 图像采集及预处理

数字图像处理技术的第一步就是获得优质的图像样本，这是获得全面、准确的数字信息的重要前提。首先，按试验规范得到沥青混合料试件(马歇尔试件、小梁试件等)，并对试件进行切割及磨平。得到试件样本后，确保在光线均匀的前提下，利用具有高像素的数码相机对样本进行拍摄，便能得到具有代表性的沥青混合料断面照片，如图 5-13 所示。

由于获得的原始图像是 24 位的真彩色图片，为了能够导入计算机中进行数字处理，必须将原始图像转换成 256 色灰度图。然后，对生成的图片进行均衡化、锐化等预处理。按照经验，可在集料与沥青砂浆的界面处做增强处理，以得到利于进一步分析的图像。在得到预处理过的灰度图后，再通过阈值法，将灰度图转换成二值图，从而为接下来的图像识别做好准备。图 5-14 为预处理后的沥青混合料试件二值图。

图 5-13 沥青混合料试件原始断面照片

图 5-14 沥青混合料试件预处理后的二值图

5.7.3 图像识别及等效

集料的分离与识别是沥青混合料几何建模的关键步骤之一。H. Zhu 和 J. E. Nodes[40]认为粗集料被沥青砂浆包裹，而这个沥青砂浆本身由细集料与沥青组成。R. Bandyopadhyaya等[41]以粒径 2.36 mm 为界限划分粗、细集料。因此，本试验在图形识别时也只对粒径≥2.36 mm 的粗集料进行识别，实际操作时可借鉴人工筛选集料的方法，并利用边缘检测技术进行数字筛选。图 5-15 为进行粗集料识别后的沥青混合料试件二值图。

图 5-15 粗集料识别后的沥青混合料试件二值图

大量分析表明，将不规则颗粒等效为与原集料具有相同的最大弦长及面积的椭圆是最为合理的[39]。这样不仅保留了集料的尺寸效应，也保证了得到的沥青混合料数字模型的集料体分比与真实试件是一致的。

为了得到能够近似模拟集料的椭圆，首先，要找到能够涵盖该集料的最小长方形，如

图 5-16所示。一旦确定了这样的最小长方形也就确定了该集料等效后的椭圆长轴。随后，利用边缘检测技术识别出各个颗粒的边缘点坐标，从而进一步得到该颗粒的面积及中心点坐标。这样，利用椭圆的面积公式，就能最终确定椭圆的短轴。此外，还须假设 x 轴正方向到长轴之间的最小夹角 θ 为该椭圆的方位角。至此，一旦确定了椭圆的中心点位置、长轴、短轴及方位角，那么这个椭圆也就唯一确定了。对经过粗集料识别后的二值图进行上述方法的等效处理，最终便能得到所需的二维数值模型。图 5-17 所示为经过图形识别及等效后的沥青混合料试件几何模型。

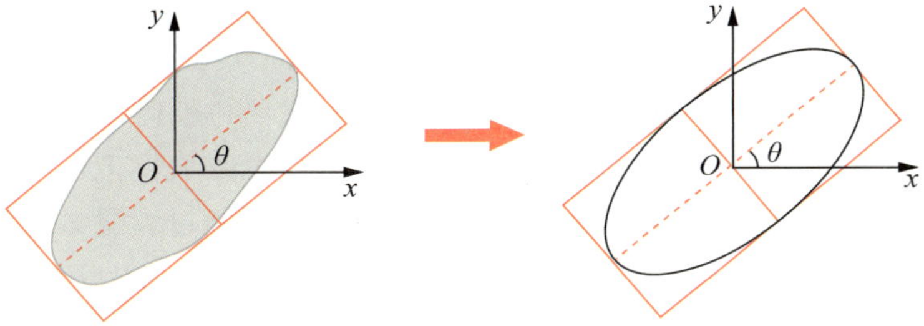

图 5-16　集料等效颗粒模型

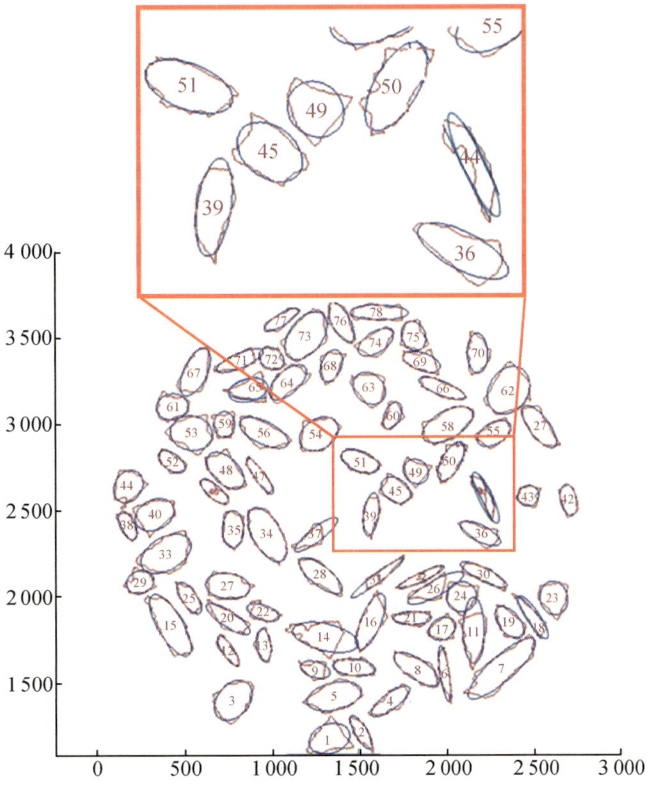

图 5-17　等效后的沥青混合料试件几何模型

5.7.4 建模及网格划分

利用前两小节的方法得到了沥青混合料试件的几何模型。但是，为了能够更真实地反映沥青混合料的内部结构，还必须考虑到空隙率的作用。事实上，空隙率对沥青混合料的影响很大，其值过大或过小都会对沥青路面造成不利影响。比如，空隙率过大易使沥青路面耐久性变差，从而发生水损坏，导致剥落、松散、坑槽等病害的出现；而空隙率过小会使路面更易产生永久变形[42]。此外，不仅空隙含量对沥青混合料有着重要影响，同样地，空隙尺寸也与沥青混合料的整体性能有着密切联系。例如，试验证明具有大尺寸空隙的沥青路面其排水性能会更好，但是也更易产生集料的剥落现象。

尽管目前有些细观力学模型考虑到了空隙率及空隙尺寸的影响，但是由于建模困难，使得利用数值方法模拟空隙率及空隙尺寸对沥青混合料整体性能的影响至今仍是空白。而基于边界元法在单元划分和建模上的优势，使得数值模拟成为可能。为了模拟空隙率的尺寸效应，本章引进 X. Shu 和 B. S. Huang[43]通过大量试验给出的常规沥青混合料材料内部空隙尺寸分布规律，见图 5-18。此外，还须给出以下两个假设：①空隙形状为圆形；②只对尺寸≥1.4 mm 的空隙进行模拟。假设①在许多预测沥青混合料各项性质的细观力学模型中已得到了广泛应用[35, 38, 44-47]。然而，假设②则是出于以下考虑：在数值模拟前，首先需要通过试验分别确定基体及集料的性质。对于基体，由于密实度相对较高，因此，出现大尺寸空隙的可能性非常低，而小尺寸空隙则不可避免。因此，测得的基体性质结果本身已经考虑到了小尺寸空隙的影响。所以，只需对中等尺寸以上的空隙进行模拟。考虑到尺寸≥1.4 mm的空隙占整体空隙的百分比为50%，因此，此处取 1.4 mm 为界限。根据以上假设并利用图 5-18 及试验测得的试件空隙含量百分比，就很容易计算得到实际沥青混合料试件中所含的空隙个数。

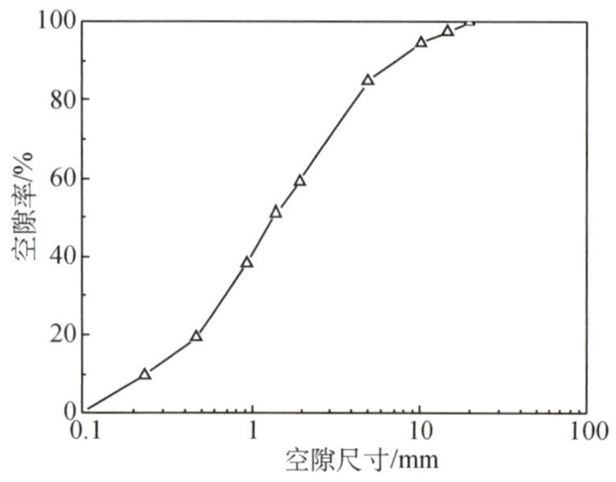

图 5-18 空隙尺寸分布百分比

例如，对于空隙率为 5%的标准马歇尔试件，根据上述方法计算，并四舍五入后可得，直径为 1.4 mm 的空隙有 21 个，直径为 2 mm 的空隙有 34 个，直径为 5 mm 的空隙有 2 个。编写程序，将这 57 个空隙随机分布于经识别及等效后的沥青混合料几何模型中[图 5-19(b)]，即可得到具有空隙的沥青混合料数值模型，如图 5-19(c)所示。

对于以上生成的沥青混合料数值模型，若利用有限元法进行网格划分，由于形状复杂，且当集料靠得非常近时，为了防止出现奇异性，必须增加网格密度，因此，网格划分就更为困难。而边界元的优势在于只需对边界进行划分，因此大大降低了工作量。此外，本章给出的快速多极边界元法其边界积分方程完全可通过解析方法得到，因此不存在奇异问题。所以，即使集料靠得非常近，在网格划分时，仍无须特别增加网格密度。

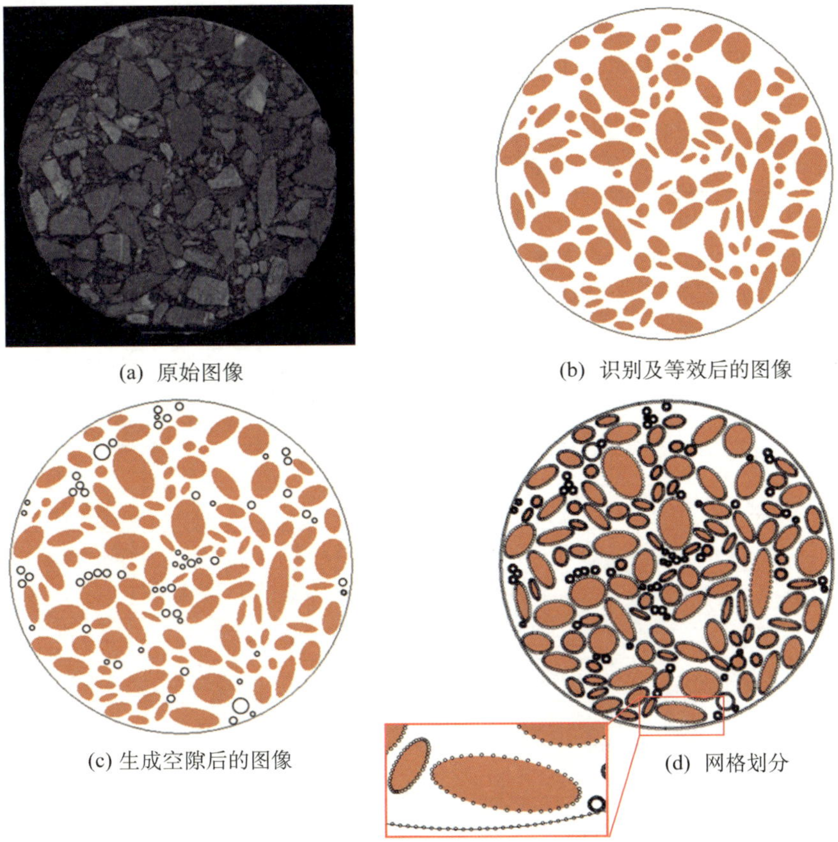

(a) 原始图像　(b) 识别及等效后的图像　(c) 生成空隙后的图像　(d) 网格划分

图 5-19　沥青混合料试件数值模型

假设在沥青混合料外围边界划分 400 个常单元，而每个集料及空隙的边界上划分 40 个常单元，通过编写简单的程序，就能得到相应的边界元网格，以及边界上所需的各类信息，如图 5-19(d)所示。通过数值分析发现，按以上方法划分边界单元能够得到稳定的数值结果。因此，本章的所有算例均按上述方法划分单元，自由度在 15 000 左右。

5.7.5　沥青混合料试件弹性模量预测

沥青混合料具有黏弹性性质，其应力应变关系均与时间、温度有关。但是，当温度较低且荷载速率较高时，沥青混合料也可近似认为是弹性体。事实上，在工程实际中也通常引用这一假设，并运用于沥青混合料的设计，以及用来预测路面在荷载作用下的力学响应[35-37]。因此，可以说弹性模量是沥青混合料关键的材料参数之一。以下将基于快速多极边界元算法对沥青混合料的弹性模量进行预测，并与试验结果进行比较。

5.7.5.1　沥青混合料

为了考察不同级配对沥青混合料弹性模量的影响，本节针对 4 种不同级配的沥青混合料进行研究，分别为开级配超薄沥青混凝土 UTAC10-Open、断级配超薄沥青混凝土 UTAC10-Gap、多碎石沥青混凝土 SAC-13 以及高性能沥青混凝土 Sup-13。混合料的矿料级配范围见表 5-1，相应的级配曲线见图 5-20，试验温度为 20 ℃。其他相关试验结果见表 5-2。

表 5-1　混合料矿料级配范围表

筛孔尺寸/mm	UTAC10-Open		UTAC10-Gap		SAC-13		Sup-13	
	级配范围/%	通过率/%	级配范围/%	通过率/%	级配范围/%	通过率/%	级配范围/%	通过率/%
16					100	100	100	100
13.2	100	100	100	100	95～100	97.5	95～100	97.5
9.5	90～100	95	90～100	95	66～74	70	74～86	80
4.75	30～40	35	30～40	35	30～40	35	46～58	52
2.36	23～32	27.5	30～40	35	23～32	27.5	28～39	33.5
1.18	17～25	21	22～30	26	17～25	21	17～26	21.5
0.6	13～20	16.5	16～23	19.5	13～20	16.5	10～19	14.5
0.3	10～16	13	11～17	14	10～16	13	6～16	11
0.15	8～13	10.5	8～13	10.5	8～13	10.5	4～11	7.5
0.075	6～10	8	6～10	8	6～10	8	3～7	5

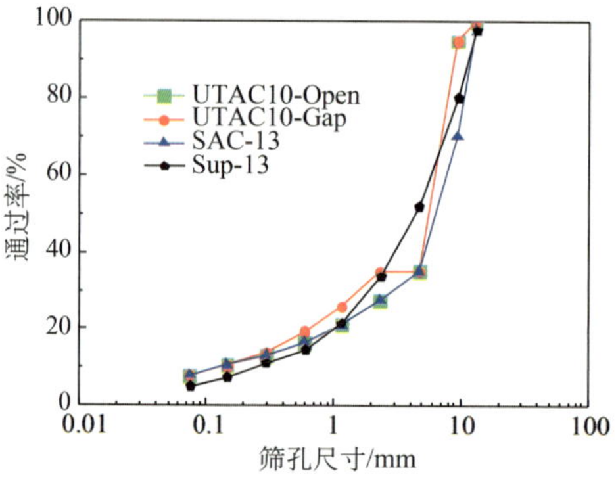

图 5-20　沥青混合料集料通过百分率

表 5-2　沥青混合料各类试验结果汇总

级配形式	平均视密度/(g·cm^{-2})	平均空隙率/%	最佳油石比/%	平均抗压强度/MPa
UTAC10-Open	2.45	5.30	4.4	4.32
UTAC10-Gap	2.44	5.67	4.3	4.9
SAC-13	2.48	5.90	4.5	5.33
Sup-13	2.42	5.85	4.5	5.29

根据以上建立的模型,便能利用快速多极边界元法进行数值模拟。为了利用快速多极边界元数值方法预测沥青混合料的弹性模量,可以使用沥青混合料试件的矩形截面[48]。矩形截面的实际尺寸与试件的真实尺寸相同,长为 101.6 mm,宽为 63.5 mm。试件的原始图像见图 5-21,经过图像处理后的数值模型见图 5-22。集料的弹性模量取 40 GPa[49],集料与沥青砂浆的泊松比的取值影响不大,可分别取为 0.2 和 0.3[46],空隙的弹性模量为 0,分别对数值模型的上、下边施加均匀单轴拉伸应力,根据快速多极边界元法得到边界上的位移信息后,就能用来计算相应的平均应变值:

$$\varepsilon_x = \frac{\bar{U}_{AB} + \bar{U}_{CD}}{L} \tag{5-94}$$

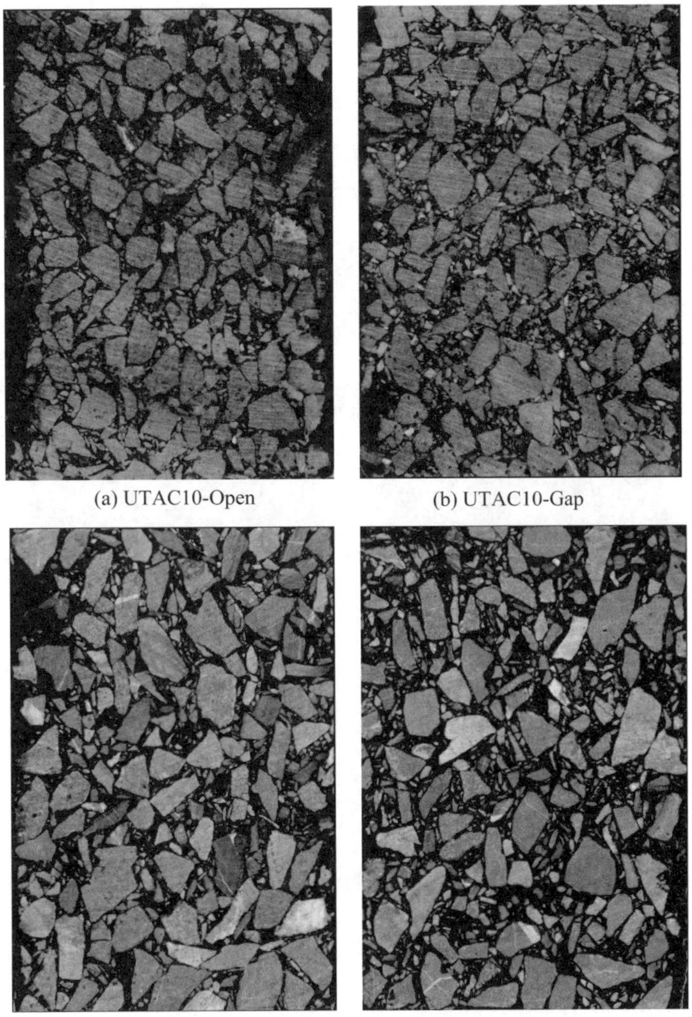

(a) UTAC10-Open (b) UTAC10-Gap

(c) SAC-13 (d) Sup-13

图 5-21 沥青混合料原始图像

式中 L—— 拉伸方向的试件长度；

$\bar{U}$—— 受荷方向的有效位移，可根据边界元法计算得到的边界位移计算得到。

$$\bar{U}=\frac{\sum_{e}^{n}\int_{\Gamma_e}U_e\mathrm{d}\Gamma_e}{L} \tag{5-95}$$

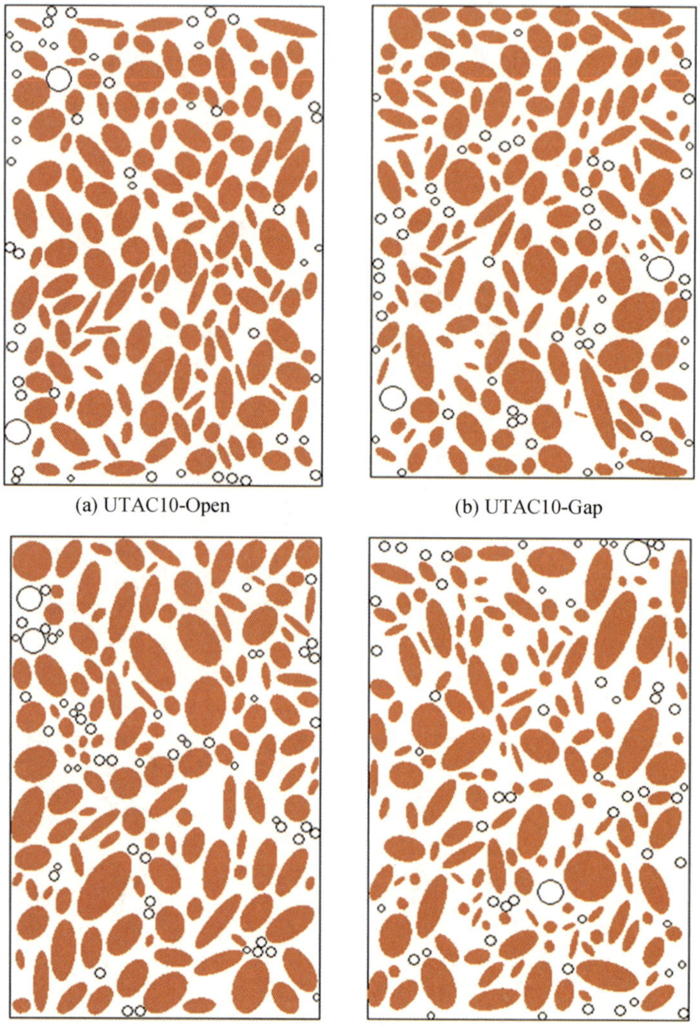
(a) UTAC10-Open　　(b) UTAC10-Gap

(c) SAC-13　　(d) Sup-13

图 5-22　沥青混合料数值模型

5.7.5.2　预测结果及分析

如前所述，利用数值模拟方法对沥青混合料整体性能进行预测的目的在于寻求宏观力学特性与细观结构之间的内在联系，从而指导沥青混合料的设计，改善沥青混合料的力学性能，并为研制高性能的沥青混合料提供科学依据。为此，分别针对以上 4 种具有不同级配及细观结构的沥青混合料进行模拟，并具体分析沥青砂浆与集料界面处对整体性能的作用。此处，利用弹簧型界面层模拟界面的影响。

1. 沥青砂浆的弹性模量及界面效应的影响

图 5-23—图 5-26 给出了利用快速多极边界元进行模拟的数值结果，并与试验值进行了比较。从模拟结果来看，当界面处的弹簧刚度系数 $k=100$ 时与试验结果较为接近。当 k 值在 50 到无穷大(即完美黏结状态)之间时，对沥青混合料整体有效性能的影响并不是十分明显，也就是说，按照规范进行沥青混合料的搅拌与压实，在一定程度上已经能够保证避免界面黏结弱化所带来的影响。但是，当 k 值相对较小，尤其是小于 50 时，沥青混合料的弹性模量会大幅下降。因此，必须采取一定的措施来防止沥青混合料可能会产生的集料脱落、剥离等现象。

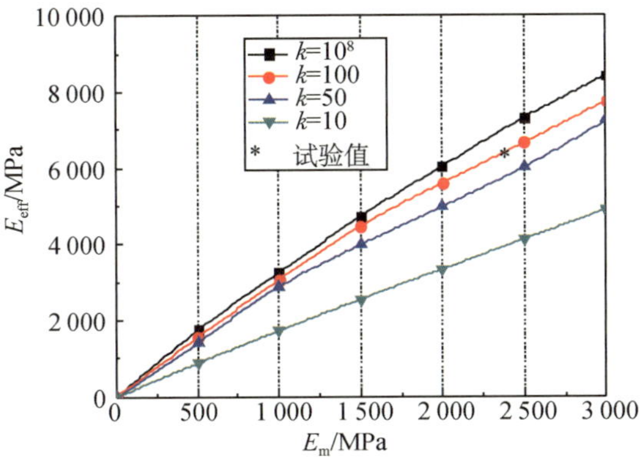

图 5-23　SAC-13 的数值模拟结果及与试验值比较

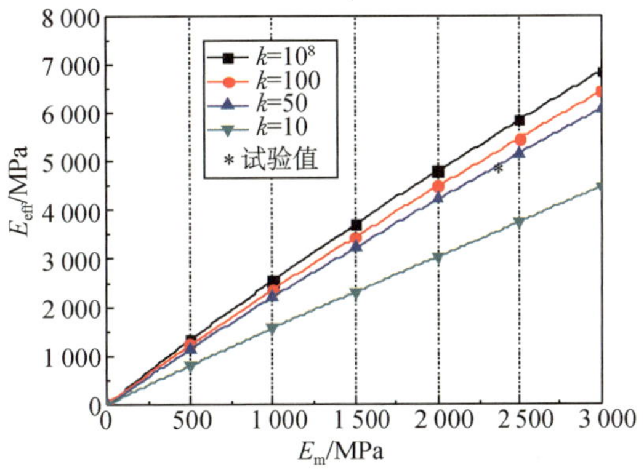

图 5-24　Sup-13 的数值模拟结果及与试验值比较

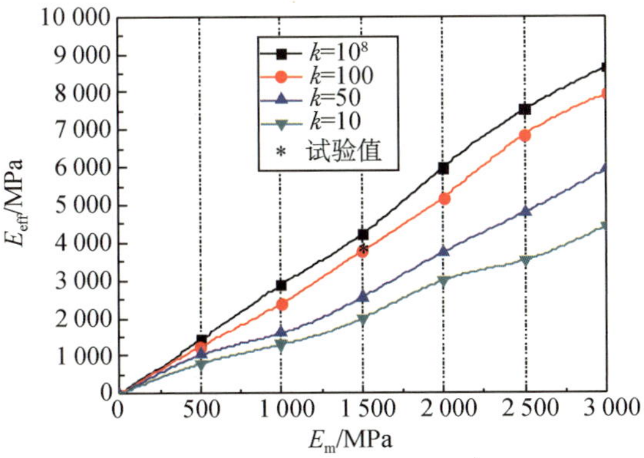

图 5-25　UTAC10-Gap 的数值模拟结果及与试验值比较

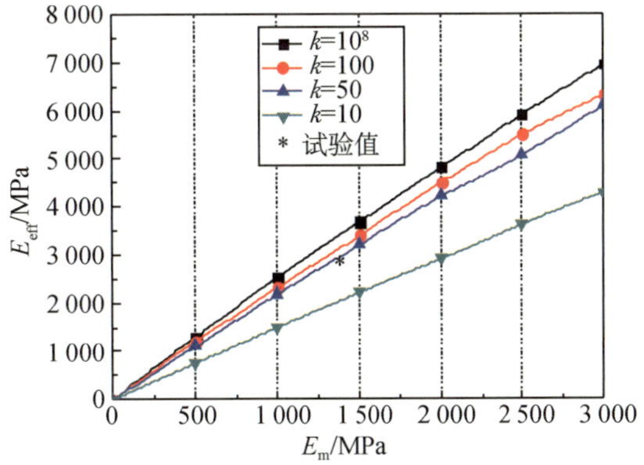

图 5-26　UTAC10-Open 的数值模拟结果及与试验值比较

从图 5-23—图 5-26 中可以看出，沥青砂浆的弹性模量对沥青混合料弹性模量的影响较大，随着沥青砂浆弹性模量的增强，沥青混合料的弹性模量也迅速增加，且当沥青砂浆与集料黏结得越好时，这种影响会越明显。因此，若要提高沥青混合料的弹性模量，可考虑增强沥青砂浆的弹性模量，比如可通过选择黏度较大的沥青或提高细集料的百分比含量来实现。

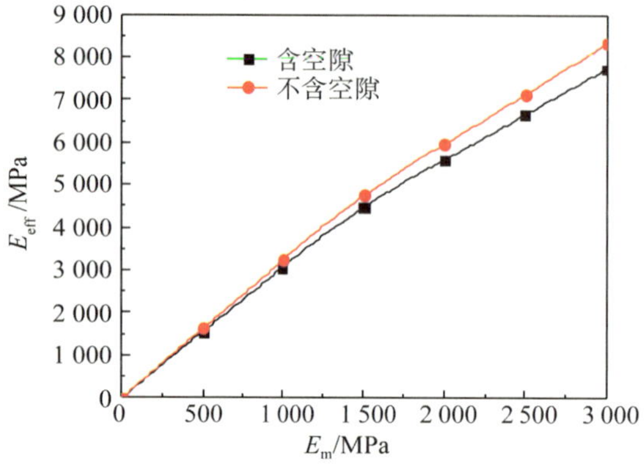

图 5-27　SAC-13 空隙率影响曲线(k=100)

2. 空隙率的影响

以 SAC-13 为例，图 5-27 给出了当数值模型(图 5-22)中不考虑空隙率时的弹性模量预测值与考虑空隙率时的弹性模量预测值的比较，其中只观察 $k=100$ 的情形。从图 5-27 可以看出，在考虑了空隙率后，沥青混合料的弹性模量明显降低，且随着基体弹性模量的增大，弹性模量降低的趋势越为明显。可见，在建立数值模型时必须考虑空隙率的影响，而从现有文献来看，大多已有研究并没有考虑到这一点。

5.7.6 沥青混合料黏弹性性能研究

沥青路面在车辆荷载的长期周期性作用下，引起反复的蠕变，进而产生蠕变疲劳，使得沥青路面的质量逐渐降低并开始产生裂纹及永久变形。因此，评价沥青混合料的蠕变性能是评价沥青混合料质量的重要指标之一。

当试件受到恒定的外力作用时，其变形也会随着时间的增加而缓慢变化，且变化过程可分为三个阶段[34]，如图 5-28 所示。初始阶段(第Ⅰ阶段)为非稳定蠕变阶段，在该阶段变形加速增长，但蠕变速率不断减小，且变形可恢复；第Ⅱ阶段为稳定蠕变阶段，该阶段蠕变速率趋于稳定，但变形已不可恢复；第Ⅲ阶段变形速度持续加快直至材料破坏，此阶段被称为破坏阶段。本节将采用快速多极边界元法对沥青混合料进行数值模拟，以预测其蠕变行为，进一步探讨沥青混合料的材料参数及其性能之间的关系。

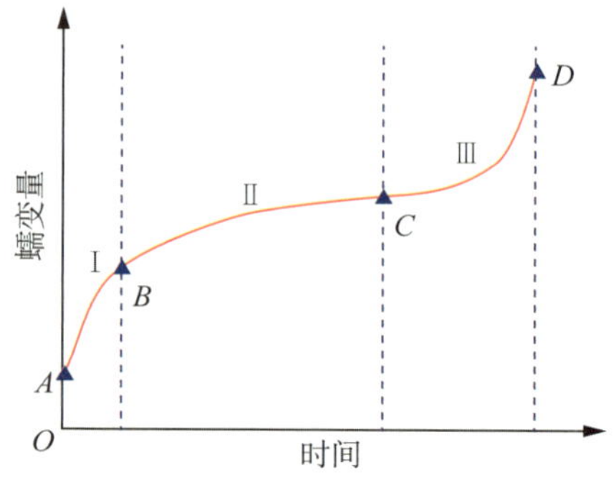

图 5-28　沥青混合料的蠕变过程

5.7.6.1 沥青砂浆

为了考察不同级配对沥青混合料蠕变性能的影响，本节针对三种不同级配的沥青混合料进行研究，分别为 UTAC10-Open、UTAC10-Gap 及 SAC-13。这三种级配下沥青混合料的各材料参数见本书 5.3 节。但是，若要进一步利用数值方法模拟沥青混合料的蠕变性能，首先要了解沥青砂浆的蠕变行为。本节以《公路工程沥青及沥青混合料实验规程》(JTG E20—2011)中 T0728—2000[50]沥青混合料弯曲蠕变试验为基础,采用应力保持不变的杠杆式加载方法来测定沥青砂浆随时间变化的蠕变柔量,选择的试验温度为 25 ℃,以恒温水浴保温。采用的试验仪器如图 4-20 所示。

根据规范规定,利用等应力加载的小梁弯曲试验(即沥青混合料蠕变试验)测定沥青混合料蠕变柔量时,加载值取极限弯拉荷载的 1/10。因此,可通过《公路工程沥青混合料实验规程》(JTG E20—2011)中 T0175—1993[50]测定试件的极限弯拉荷载,并通过计算得到跨中所施加的荷载大小,见表 5-3。

表 5-3　　沥青混合料砂浆蠕变试验加载水平

级配类型	跨中施加荷载/N
SAC-13	21.42
UTAC10-Open	60.62
UTAC10-Gap	50.82

图 5-29 给出了根据试验结果计算得到的沥青砂浆随时间变化的蠕变柔量曲线。利用双 Voigt+one 弹簧模型[图 4-10(a)],对上述试验结果进行拟合,可求得相应的黏弹性参数,见表 5-4。

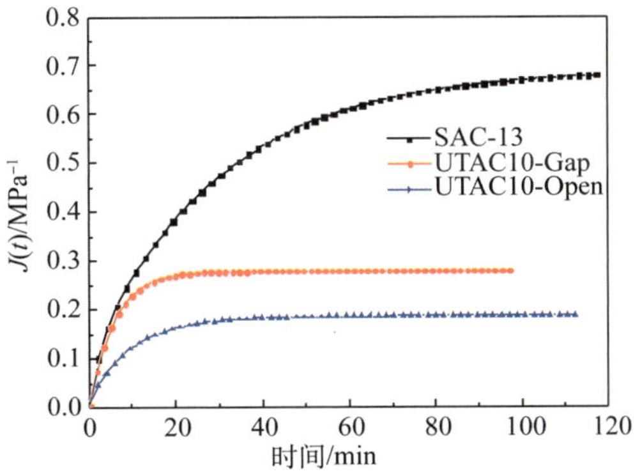

图 5-29　三种级配的沥青砂浆蠕变柔量曲线

表 5-4　　沥青混合料砂浆黏弹性模型参数

级配类型	E_0 /MPa	E_1 /MPa	E_2 /MPa	η_1 /(MPa · min)	η_2 /(MPa · min)
SAC-13	298.5	10.3	1.7	27.17	51.32
UTAC10-Open	59.4	137.7	6.1	3 105.2	59.4
UTAC10-Gap	80.8	8.6	8.6	46.7	46.7

5.7.6.2 预测结果及分析

利用黏弹性快速多极边界元算法对沥青混合料试件进行模拟，仍采用图 5-22 所示的数值模型，在上、下边界分别施加均匀的恒定压应力[48]，按式 $J(t)=\frac{\varepsilon(t)}{\bar{\sigma}}$，其中 $J(t)$ 为蠕变柔量，其定义为单位作用力下产生的应变，便能得到模拟后的沥青混合料蠕变柔量。图 5-30—图 5-32 分别给出了数值模拟结果，并与试验结果进行了比较。需要说明的是，由于受试验条件的限制，此处的试验结果仍由沥青混合料弯曲蠕变试验测得。Q. L. Dai 和 Z. P. You[48] 及 Z. You 和 W. G. Buttlar[51] 在利用有限元法模拟沥青混合料试件的蠕变特性时也采用了相似的做法，并指出由于蠕变柔量是材料的一个基本属性，因此，不同的试验方法得到的结果之间仍然具有可比性。

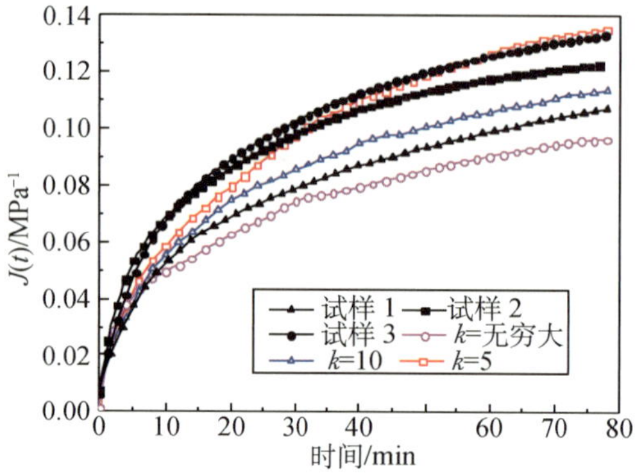

图 5-30　SAC-13 的蠕变柔量曲线

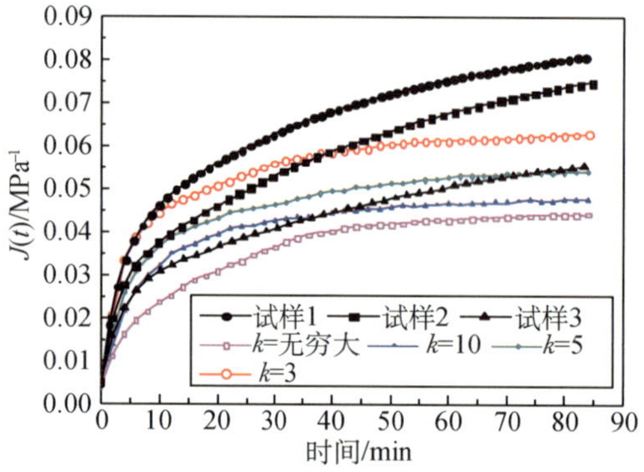

图 5-31　UTAC10-Gap 的蠕变柔量曲线

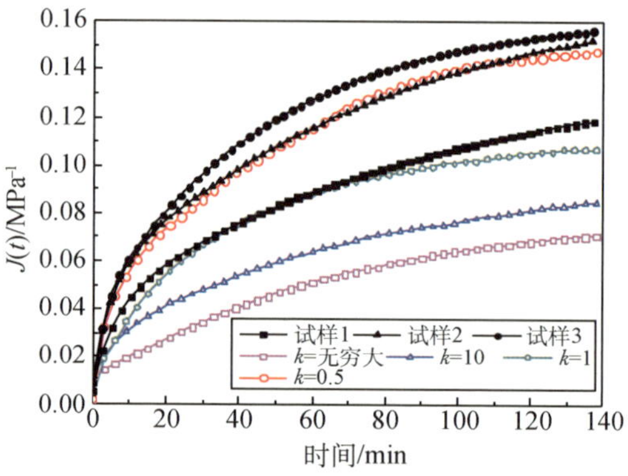

图 5-32　UTAC10-Open 的蠕变柔量曲线

图 5-30—图 5-32 同时考虑了黏弹性界面系数 $k_0=k_1=k$ 变化的影响，此处 k 值的定义与弹簧型界面层 k 值的定义不同，$k_{0r}=k_{0\theta}=k_0$，$k_{1r}=k_{1\theta}=k_1$，具体参考式(5-83)和式(5-84)。试样 1 至试样 3 分别为由平行试验得到的沥青混合料蠕变柔量试验值。从计算结果来看，对于 SAC-13，当 k 值为 5 时，其蠕变的初始阶段与试样 1 的初始阶段基本重合，蠕变的稳定阶段与试样 3 的稳定阶段基本重合，而中间段则位于试样 1 与试样 3 之间。对于 UTAC10-Gap，当 k 值为 3 时，其蠕变的初始阶段与试样 1 的初始阶段基本重合，但是其稳定阶段比试验结果出现的时间更早，且持续的时间比试验结果更长，整个稳定阶段位于试样 1 与试样 3 之间。对于 UTAC10-Open，当 k 值为 0.5 时，数值模拟结果与试样 2 的试验结果基本能够重合。

从以上的数值模拟结果来看，沥青砂浆的蠕变特性对沥青混合料的蠕变性能影响较大。观察图 5-29 可以发现，当沥青砂浆较早进入蠕变的稳定阶段，如 UTAC10-Gap，相应地，沥青混合料则也会较早进入蠕变的稳定阶段，且这个阶段持续的时间也会更长。通常，稳定阶段是设计人员所感兴趣的，因为这个阶段开始的蠕变是不可恢复的。可以说稳定阶段的起始时间发生得越晚越有利于提高沥青路面的使用寿命。因此，想要尽量延缓沥青混合料蠕变疲劳的产生，首先应考虑改善沥青砂浆的蠕变性能。

此外，从图 5-30—图 5-32 来看，沥青砂浆与集料间界面层的效应对沥青混合料的抗蠕变性能的影响也非常大。从模拟结果来看，当界面完好时，试验结果得到的蠕变变形为模拟后产生的蠕变变形的 2～3 倍，且当 k 值在 10 至无穷大之间时，k 值的影响并不十分明显，只有当 k 值小于 10 时，界面效应才会比较突出。因此，如何提高沥青砂浆与集料之间的黏结度是减小沥青路面蠕变变形的关键技术之一。

5.8 小结

快速多极边界元法不仅保持了常规边界元法只需在边界上划分单元的优势，而且由于在实际操作过程中可直接得到系数矩阵与迭代向量相乘的结果向量，因此无须存储矩阵，使得计算量及计算时间大大降低。本章具体论述了快速多极边界元法的基本思想和一些重要概念，并在此基础上基于弹簧型界面模型以及 Kelvin 型黏弹性界面，分别给出了具有弱界面的弹性/黏弹性多夹杂复合材料的快速多极边界元算法。

基于开发的快速多极边界元数值算法探讨沥青混合料的弹性和黏弹性力学行为，以期获得沥青混合料内部结构与宏观力学行为之间的内在联系。为了能够更为真实地模拟沥青混合料试件，首先将拍摄得到的原始试件图像通过数字图像处理技术进行识别及等效，进而建立相应的几何模型。在此基础上进行网格划分，并考虑空隙率及空隙大小的影响，使得所建立的数值模型更加真实。其次，在已建立的数值模型基础上，利用快速多极边界元法进行沥青混合料的弹性模量及蠕变性能的模拟。进一步探讨集料与沥青砂浆之间的界面对沥青混合料整体性能的影响。从模拟结果来看，沥青砂浆与集料间界面层的效应对沥青混合料的弹性模量及抗蠕变性能的影响非常大。因此，必须采取一定的措施来提高沥青砂浆与集料之间的黏结度，并防止沥青混合料可能会产生的集料剥离等现象。

参考文献

[1] NISHIMURA N. Fast multipole accelerated boundary integral equation methods[J]. Applied Mechanics Reviews, 2002,55(4):299-325.

[2] ROKHLIN V. Rapid solution of integral equations of scattering theory in two dimensions[J]. Journal of Computational Physics, 1989,84(1):255.

[3] GREENGARD L, ROKHLIN V. A fast algorithm for particles simulations[J]. Journal of Computational Physics, 1987,73(2):325-348.

[4] BARNES J, HUT P. A hierarchical O(NlogN) force calculation algorithm[J]. Nature, 1986,324:446-449.

[5] WATANABE O, HAYAMI K. A fast solver for the boundary element method using multipole expansion[C]//Proceedings of BEM Technology Conference, 1994.

[6] NISHIDA T, HAYAMI K. Application of the fast multipole method to the 3D BEM analysis of electron guns[M]//In Marchetti M et al ed Boundary Elements XIX, Southampton:Computational Mechanics Publishers, 1997:613-622.

[7] NABORS K, WHITE J. Multipole-accelerated capacitance extraction algorithms for 3D structures with multiple dielectrics[J]. IEEE Transactions on Circuits and Systems I Fundamental Theory and Applications, 1992,39(11):946-954.

[8] 聂在平,胡俊,姚海英,等.用于复杂目标三维矢量散射分析的快速多极子方法[J].电子学报,1999,27(6):104-109.

[9] CHEN Y H, CHEW W C, ZEROUG S. Fast multipole methods as an efficient solver for 2D elastic wave surface integral equations[J]. Computational Mechanics, 1997,20(6):495-506.

[10] GÓMEZ J E, POWER H. A parallel multipolar indirect boundary element method for the Neumann interior Stocks flow problem[J]. International Journal for Numerical Methods in Engineering, 2000,48(4):523-543.

[11] BOARD J A, CAUSEY J W, LEATHRUM J F, et al. Accelerated molecular dynamics simulation with the parallel fast multipole method[J]. Chemical Physics Letters, 1992,198(1-2):89-94.

[12] WANG J L, BIRGISSON B. A time domain boundary element method for modeling the quasi-static viscoelastic behavior of asphalt pavements[J]. Engineering Analysis with Boundary Elements, 2007,31:226-240.

[13] LIU Y J. A new fast multipole bondary element method for solving large-scale two-dimensional elastostatic problems[J]. International Journal for Numerical Methods in Engineering, 2006, 65(6):863-881.

[14] LIU Y J, SHEN L. A dual BIE approach for large-scale modelling of 3D electrostatic problems with the fast multipole boundary element method[J]. International Journal for Numerical Methods in Engineering, 2007,71(7):837-855.

[15] LIU Y J, XU N. Modeling of interface cracks in fiber-reinforced composites with the presence of interphases using the boundary element method[J]. Mechanics of Materials, 2000, 32(12): 769-783.

[16] LIU Y J, XU N, LUO J F. Modeling of interphases in fiber-reinforced composites under transverse loading using the boundary element method[J]. Journal of Applied Mechanics, 2000,67: 41-49.

[17] POPOV V, POWER H. An O(N) Taylor series multipole boundary elements methods for three-dimensional elasticity problems[J]. Engineering analysis with boundary elements, 2001,25(1): 7-18.

[18] LIU Y J, NISHIMURA N, OTANI Y, et al. A fast boundary element method for the analysis of fiber-reinforced composites based on a rigid-inclusion model[J]. Journal of Applied Mechanics, 2005,72(1):115-128.

[19] LIU Y J, NISHIMURA N, OTANI Y. Large-scale modeling of carbon-nanotube composites by a fast multipole boundary element method[J]. Computational Materials Science, 2005, 34 (2): 173-187.

[20] WANG H T, YAO Z H, WANG P B. On the preconditioners for fast multipole boundary element methods for 2D multi-domian elastostatics[J]. Engineering Analysis with Boundary Elements, 2005,29(7):673-688.

[21] YAO Z H, KONG F Z, WANG H T, et al. 2D simulation of composite materials using BEM[J]. Engineering Analysis with Boundary Elements, 2004,28(8):927-935.

[22] 申光宪,刘德义,于春肖.多极边界元法和轧制工程[M].北京:科学出版社,2005.

[23] YU C X, SHEN G X,LIU D Y. Program-pattern multipole boundary element method for frictional contact[J]. Acta Mechanica Solida Sinica, 2005,18(1): 76-82.

[24] YU C X, SHEN G X, LIU D Y. Mathematical programming solution for the frictional contact multipole BEM[J]. Tsinghua Science& Technology, 2005,10(1): 51-56.

[25] YAMADA Y, HAYAMI K. A multipole boundary element method for two dimensional elastostatics[R]. Vieweg, Braunschweig, 1996.

[26] HAYAMI K, SAUTER S A. Cost estimation of the panel clustering method applied to 3D elastostatics[C]//Proceedings of the Second European Boundary Element Mehtod Symposium, EUROBEM 98(edited by Brebbia C. A.), Southampton Computational Mechanics Publications, 1998.

[27] YOSHIDA K, NISHIMURA N, KOBAYASHI S. Anaysis of three-dimensional elastostatic crack problems with fast multipole boundary integral equation method [J]. Journal of Applied Mechanics, 1998,1:365-372.

[28] LIU Y J. A new fast multipole boundary element method for solving large-scale two-dimensional elastostatic problems[J]. International Journal for Numerical Methods in Engineering, 2006, 65(6):863-881.

[29] 王海涛.快速多极边界元法在二维弹性力学中的应用[D].北京:清华大学,2002.

[30] 姜弘道.弹性力学问题的边界元法[D].北京:中国水利水电出版社,2008.

[31] HU N, WANG B, TAN G W, et al. Effective elastic properties of 2D solids with circular holes: numerical simulations[J]. Composites Science and Technology, 2000,60(9):1811-1823.

[32] LEE S S, WESTMANN R A. Application of boundary element method to visco-elastic problems [M]//Brebbia CA, Rencis JJ(eds) Boundary element XV. Vol. 2, Stress Analysis, Computational Mechanics Publications, Boston, 1993.

[33] LIU Y J. A fast multipole boundary element method for 2-D multi-domain elastostatic problems based on a dual BIE formulation[J]. Computational Mechanics, 2008,42:761-773.

[34] 张肖宁.沥青与沥青混合料的粘弹性力学原理及应用[M].北京:人民交通出版社,2006.

[35] LI G Q, LI Y Q, METCALF J B, et al. (1999) Elastic modulus prediction of asphalt concrete[J]. Journal of Materials in Civil Engineering, 1999,11(3): 236-241.
[36] SHASHIDHAR N, SHENOY A. On using micromechanical models to describe dynamic mechanical behavior of asphalt mastics[J]. Mechanics of Materials, 2002,34(10):657-669.
[37] AL-SUHAIBANI A, SHARAF E, AL-ABDULLATIF A. A model for asphalt concrete modulus prediction from basic mix variables in Saudi Arabia[J]. Journal of King Saud University, Engineering Sciences, 1997,9(1):1-11.
[38] BUTTLAR W, ROQUE R. Evaluation of empirical and theoretical models to determine asphalt mixture stiffnesses at low temperature[J]. Asphalt Paving Technology: Association of Asphalt Paving Technologists-Proceedings of the Technical Sessions, 1996,65:99-141.
[39] 李智,徐伟,王绍怀,等.沥青混合料数字图像处理技术的方法研究[J]. 公路交通科技,2003,20(6):13-16.
[40] ZHU H, NODES J E. Contact based analysis of asphalt pavement with the effect of aggregate angularity[J]. Mechanics of Materials, 2002,32(3):193-202.
[41] BANDYOPADHYAYA R, DAS A, BASU S. Numerical simulation of mechanical behavior of asphalt mix[J]. Construction and Building Materials, 2008,22(6): 1051-1058.
[42] 彭勇,孙立军.空隙率对沥青混合料性能影响[J].武汉理工大学学报:交通科学与工程版,2009,33(5):826-829.
[43] SHU X, HUANG B S. Micromechanics-based dynamic modulus prediction of polymeric asphalt concrete mixtures[J]. Composites Part B: Engineering, 2008,39(4):704-713.
[44] ANDERSON D A, GOETZ W H. Mechanical behavior and reinforcement of mineral filler-asphalt mixtures[J]. Journal of Association Asphalt Paving Technologists, 1973,42:37-66.
[45] BUTTLAR W, BOZKURT D, AL-KHATEEBL G, et al. Understanding asphalt mastic behavior through micromechanics[J]. Transportation Research Record: Journal of the Transportation Research Board, 1999,1681(1):157-169.
[46] LI Y Q, METCALF J B. Two-step approach to prediction of asphalt concrete modulus from two-phase micromechanical models[J]. Journal of Materials in Civil Engineering, 2005,17(4):407-415.
[47] LYTTON R. Materials property relationships for modeling the behavior of asphalt aggregate mixtures in pavements[R]. Internal Memorandum Strategic Highway Research Program, Washington D.C., 1990.
[48] DAI Q L, YOU Z P. Prediction of creep stiffness of asphalt mixture with micromechanical finite-element and discrete-element models[J]. Journal of Engineering Mechanics, 2007,133(2):163-172.
[49] BARKSDALE R D. The Aggregate Handbook[R]. National Stone Association, Washington D.C., 1991.
[50] 交通部公路科学研究所.公路工程沥青及沥青混合料实验规程:JTG E20—2011[S].北京:人民交通出版社,2000.
[51] YOU Z P, BUTTLAR W. Discrete-element modeling to predict the modulus of asphalt concrete mixtures[J]. Journal of Materials in Civil Engineering, 2004,16(2): 140-146.

6 基于有限元法的沥青混合料界面效应研究

在众多的数值分析方法中，有限单元法(Finite Element Methold, FEM)是一种实用性很强的数值分析方法，可广泛用于求解均质、非均质、线性、非线性、复杂边界等工程问题，且计算精度较高。

有限元法虽然具有一系列的优点，但是对处理如沥青混合料这样具有随机分布的多夹杂材料，仍存在一些难点：①有限元对处理具有多夹杂的复合材料的建模较为困难，且由于需要在所有面内进行单元划分，因此工作量也比较大；②由于集料在沥青砂浆中是随机分布的，因此有些集料会靠得很近，这样网格就需要划分得非常细，尽管如此，也很难保证精度，且运算量会成倍增加；③在处理集料与沥青砂浆界面时，很难采用本书第5章所述的中间层模型、弹簧型模型和 Kelvin-Vogit 黏弹性界面模型，而较为常用的是黏聚带模型(cohesive zone model)。但是，采用何种黏聚带模型，模型的参数如何与实际的界面性能挂钩，目前很少有相关的文献。

有限元法的基本原理以及基本算法在很多相关书籍中都有深入阐述。因此，本章将不再赘述。本章试图针对上述难点，采用有限元法探讨界面对沥青混合料性能的影响。其中，将论述三种不同的界面处理方法。首先是等效集料模型，也就是将界面的影响计入集料中，这种方法在作者研究界面过渡区对水泥混凝土弹性性能的影响时有非常好的效果，因此，尽管本书主要探讨的是沥青混合料界面效应的影响，但是仍将这个应用案例写入本书中以供参考。其次，采用的是中间层界面模型，即认为集料与沥青砂浆之间存在一定厚度的第三相材料(界面区)，但是由于有限元建模的限制，中间层的厚度难以按实际情况进行设置，因此该模型在使用时仍受到一定制约。最后，采用有限元中较为常用的黏聚带模型，本章也会简要论述如何构建带有黏聚带模型的沥青混合料三维有限元模型。

6.1 界面区对碳纳米纤维增强混凝土弹性模量的影响分析

对超高强混凝土的研究一直是水泥混凝土领域的一个热点，但是对于高层建筑来说，有时更关注的是挠度和变形，而非强度。近几年，通过对碳纳米纤维(Carbon Nano Fiber, CNF)增强水泥混凝土的研究发现，在传统水泥混凝土中加入少量的碳纳米纤维可以在不提升抗压强度的前提下显著增加混凝土的杨氏模量。但是，其刚度增强的机理到底是什么，一直尚未有可信的定论。初步的假设是碳纳米纤维的加入有利于改善集料与水泥砂浆间界面过渡区的性能。因此，本节尝试采用有效集料模型结合数值模拟的方法来探讨界面对碳纳米纤维增强水泥混凝土弹性模量的影响。

6.1.1 有效集料模型

目前，模拟界面过渡区有两种最常用的模型。一种是中间层模型，如图 6-1(a)所示，由一种介于基体(水泥砂浆)与夹杂(粗集料)之间的第三种材料薄层组成，这种模型十分接近真实情况。在水泥混凝土领域，集料周围存在一个水泥砂浆较少而水分较多的狭窄区域，将其称为界面过渡区(Interfacial Transition Zone, ITZ)。然而，混凝土中的 ITZ 是一个小至几微米的狭窄区域，这使得建立一个考虑 ITZ 的水泥混凝土数值模型就变得相当困难，尤其是基于有限元方法进行建模。例如，在有限元模拟过程中，当部分表面被相当小的厚度分隔时，基体刚度在计算时会退化，同时来自 ITZ 内单元刚度矩阵和网格生成的奇异性也很难处理。

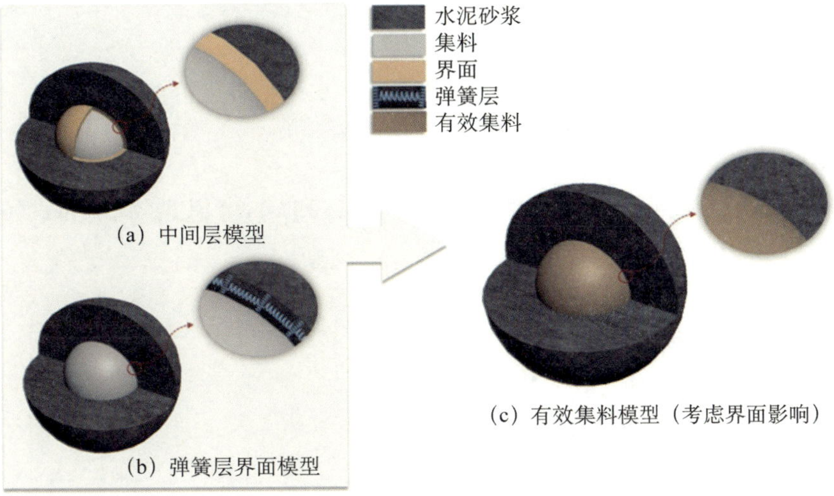

图 6-1　界面区域描述模型

另一种界面模型是众所周知的弹簧层界面模型，如图 6-1(b)所示。它假设基体(水泥砂浆)和夹杂(粗集料)通过厚度不计的拉伸、剪切弹簧元件连接。该模型的公式在本书的第 4 章和第 5 章都有提到。为保持本节公式推导的完整性，此处会再次给出弹簧层界面模型的表达式，其中上标(1)和(2)分别表示基体和夹杂：

$$\sigma_{rr}^{(1)}=\sigma_{rr}^{(2)}=k_r[u_r] \tag{6-1}$$

$$\sigma_{r\theta}^{(1)}=\sigma_{r\theta}^{(2)}=k_\theta[u_\theta] \tag{6-2}$$

式中　$\sigma_{rr}^{(1)}$, $\sigma_{r\theta}^{(1)}$—— 基体施加在夹杂上的应力；

$\sigma_{rr}^{(2)}$, $\sigma_{r\theta}^{(2)}$—— 夹杂施加在基体上的应力；

$[u_r]$, $[u_\theta]$—— 界面上的位移阶跃；

k_r, k_θ—— 界面弹簧常数。

为了将界面区域轻松纳入有限元模型，进一步研究实际界面条件对水泥混凝土宏观力学行为的影响，本章提出了有效集料模型的概念，如图 6-1(c)所示。下面将详细叙述如何利用有效集料模型将中间层模型与弹簧层界面模型联系起来。

1. 球形对称

由均质各向同性弹性材料组成的半径为 a 的球形夹杂嵌入无限各向同性弹性基体中。夹杂由厚度为 h、体积模量为 K_3 和剪切模量为 G_3 的弹性薄层所包裹，如图 6-1(a)所示。上述的三相球对称弹性问题的径向位移与应力表现为如下形式：

$$u_r^{(j)} = A_j r + B_j / r^2 \tag{6-3}$$

$$\sigma_{rr}^{(j)} = 3K_j A_j - 4G_j B_j / r^3 \quad (j = 1,\ 2,\ 3) \tag{6-4}$$

式中 A_j，B_j—— 未知常数，$j = 1,\ 2,\ 3$；

G_1，K_1—— 基体的体积模量和剪切模量；

G_2，K_2—— 夹杂的体积模量和剪切模量；

G_3，K_3——界面相的体积模量和剪切模量。

为了得到界面参数(k_r)和界面相参数(K_3，G_3 和 h)，考虑式(6-3)和式(6-4)，径向阶跃位移[u_r]可以近似表示成如下形式：

$$\left.\begin{aligned}
&[u_r] = u_r^{(3)}(a+h) - u_r^{(3)}(a) \cong \left(\frac{\partial u_r^{(3)}}{\partial r}\right)_{r=a} \cdot h = (A_3 - 2B_3/a^3)h \\
&A_3 = \frac{A_2(4G_3 + 3K_2)}{3K_3 + 4G_3} \\
&B_3 = \frac{3A_2 a^3 (K_i - K_2)}{3K_3 + 4G_3}
\end{aligned}\right\} \tag{6-5}$$

因为

$$\sigma_{rr}^{(2)}(a) = 3K_2 A_2 - 4G_2 B_2 / r^3 = k_r [u_r] \tag{6-6}$$

从而可以得到

$$k_r = \frac{3K_2(3K_3 + 4G_3)}{t(4G_3 + 9K_2 - 6K_3)} \tag{6-7}$$

2. 轴对称

类似地，三相球轴对称弹性问题[图 6-1(a)]的位移和应力可以表达为如下形式：

$$\left.\begin{aligned}
&u_r^{(j)} = \beta[12\nu_j A_j \rho^2 + 2B_j + 2(5-4\nu_j)C_j/\rho^3 - 3D_j/\rho^5]\, rP \\
&u_\theta^{(j)} = \beta[(7-4\nu_j)A_j\rho^2 + B_j + 2(1-2\nu_j)C_j/\rho^3 + D_j/\rho^5]\, r\dot{P} \\
&\sigma_{rr}^{(j)} = 2G_j\beta[-6\nu_j A_j\rho^2 + 2B_j - 4(5-\nu_j)C_j/\rho^3 + 12D_j/\rho^5]\, P \\
&\sigma_{r\theta}^{(j)} = 2G_j\beta[(7+2\nu_j)A_j\rho^2 + B_j + 2(1+\nu_j)C_j/\rho^3 - 4D_j/\rho^5]\, \dot{P} \\
&P = \frac{1}{2}(3\cos^2\theta - 1),\ \rho = r/a \ (j = 1,\ 2,\ 3)
\end{aligned}\right\} \tag{6-8}$$

式中 ν_1, ν_2, ν_3—— 基体、夹杂和界面相的泊松比；

A_j, B_j, C_j, D_j ——未知常量。

为了得到界面参数 (k_θ) 和界面相参数(K_3,G_3 和 h) 之间的关系，考虑式(6-8)，径向位移跳跃$[u_\theta]$可以近似表示成如下形式：

$$[u_\theta]=u_\theta^{(3)}(a+b)-u_\theta^{(3)}(a)\cong\left(\frac{\partial u_\theta^{(3)}}{\partial r}\right)_{r=a}\cdot h \tag{6-9}$$

$$=\beta[3(7-4\nu_3)A_3+B_3-4(1-2\nu_3)C_3-4D_3]h\dot{P}$$

由式(6-2)，式(6-8)和式(6-9)，可以得到：

$$\left.\begin{aligned}&k_\theta=\frac{2G_2G_3M}{2G_2M+G_3N}\\&M=(7+2\nu_2)A_2+B_2,\ N=(7-16\nu_2)A_2-B_2\end{aligned}\right\} \tag{6-10}$$

其中，A_2 和 B_2 可以从下述的线性方程得到[式(6-11)是由式(6-2)和式(6-3)代入式(6-8)所得到的]：

$$\left.\begin{aligned}&2(5-\nu_1)C_1-6D_1-3\nu_2gA_2+gB_2=1\\&-2(1+\nu_1)C_1+4D_1+(7+2\nu_2)gA_2+gB_2=1\\&-2(5-4\nu_1)C_1+3D_1+12\nu_2(1-e)A_2+2(1+2e)B_2=2\\&-2(1-2\nu_1)C_1-D_1+[7-4\nu_2+2m(7+2\nu_2)]A_2+(1+2m)B_2=1\\&e=\frac{3K_2(1-2\nu_2)}{2ak_r(1+2\nu_2)},\ g=\frac{G_2}{G_1},\ m=\frac{G_2}{ak_\theta}\end{aligned}\right\} \tag{6-11}$$

3. 考虑界面效应的有效集料

由于界面相有其自身的刚度，因此集料颗粒的杨氏模量 E_f 和泊松比ν_f 可以用有效杨氏模量 $\widetilde{E}_f(s)$ 和有效泊松比 $\widetilde{\nu}_f(s)$ 来代替，其中界面效应以均分的形式纳入集料中。

基于 J. D. Achenbach 和 H. Zhu[1]的研究，弹簧层界面模型可以看作两个部分，如图 6-2 所示。当垂直弹簧层线性分布(单位长度的 k_r 为常量) 的夹杂受到径向应力$\sigma_r=1$，如图 6-2(a) 所示，在 $r=a$(a 为夹杂的半径)处的径向位移可以写成如下形式：

$$u_r=\frac{1-(\nu_2)^2}{E_2}\left(1-\frac{\nu_2}{1-\nu_2}\right)a+\frac{1}{k_r} \tag{6-12}$$

如果采用一种有效杨氏模量为 $\widetilde{E}_f(s)$、有效泊松比为 $\widetilde{\nu}_f(s)$ 的有效介质来代替夹杂，且考虑弹簧层效应，将会得到与式(6-12) 相同形式但没有最后一项$\frac{1}{k_r}$、在

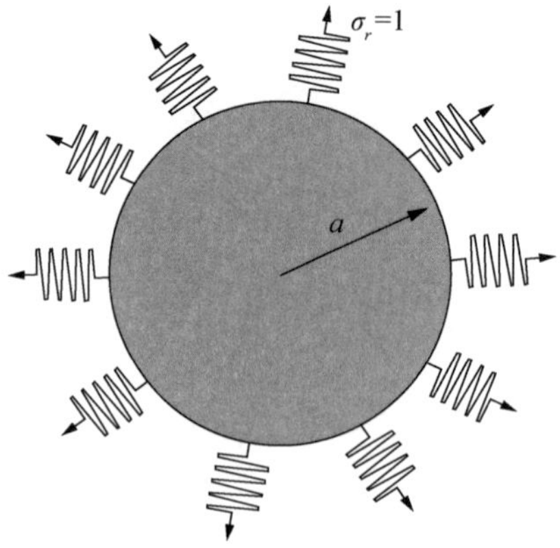

(a) 径向荷载

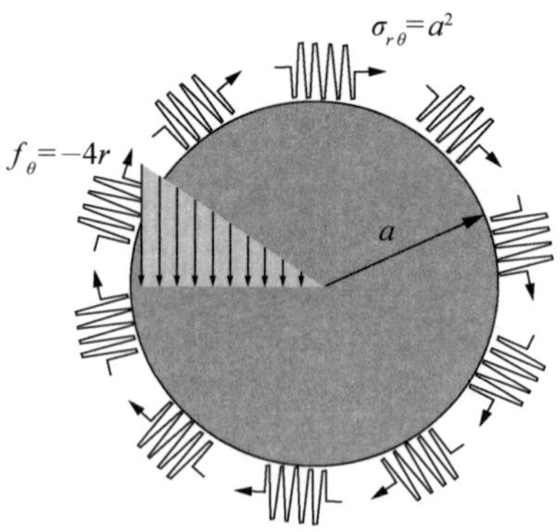

(b) 周向荷载

图 6-2 基于弹性层界面模型的有效杨氏模量和有效泊松比的计算

$r=a(\bar{u}_r)$ 处的等效径向位移。因为有 $u_r=\bar{u}_r$，可以得到式(6-13)：

$$\frac{1-(\tilde{\nu}_2)^2}{\tilde{E}_2}\left(1-\frac{\tilde{\nu}_2}{1-\tilde{\nu}_2}\right)a=\frac{1-(\nu_2)^2}{E_2}\left(1-\frac{\nu_2}{1-\nu_2}\right)a+\frac{1}{k_r} \tag{6-13}$$

类似地,可以认为夹杂分布着线性的圆周体力 $f_\theta=-4r$,并且由 $r=a$ 处的圆周剪应力$\sigma_{r\theta}=a^2$ 平衡,如图 6-2(b)所示。剪应力 $\sigma_{r\theta}$ 由界面参数为常量k_θ 的圆周界面层提供。由于夹杂与弹簧层的圆周位移等于有效夹杂的位移,可以得到式(6-14)：

$$\frac{a^3}{2G_2}+\frac{a^3}{k_\theta}=\frac{a^3}{2\tilde{G}_2} \tag{6-14}$$

结合式(6-13)和式(6-14),有效杨氏模量和有效夹杂(集料)的泊松比为

$$\left.\begin{aligned}\tilde{E}_2&=\frac{2ak_\theta G_2(1+\tilde{\nu}_2)}{ak_\theta+2G_2}\\ \tilde{\nu}_2&=0.5-\frac{2ak_\theta G_2(1+\tilde{\nu}_2)}{ak_\theta+2G_2}\left[\frac{1}{2G_2}(1-2\nu_2)+\frac{1}{ak_r}\right]\end{aligned}\right\} \tag{6-15}$$

将式(6-7)和式(6-10)代入式(6-15),可以求解出基于界面相参数(K_3,G_3 和 h)的集料有效杨氏模量与有效泊松比,如式(6-16)所示：

$$\left.\begin{aligned}\tilde{E}_2&=\frac{4aG_2^2G_3M(1+\tilde{\nu}_2)}{aG_2G_3M+2G_2(2G_2M+G_3N)}\\ \tilde{\nu}_2&=0.5-\frac{2aG_2^2G_3M(1+\tilde{\nu}_2)}{2aG_2G_3M+2G_2(2G_2M+G_3N)}\left[\frac{1}{2G_2}(1-2\nu_2)+\frac{h(4G_3+9K_2-6K_3)}{a3K_2(3K_3+4G_3)}\right]\end{aligned}\right\} \tag{6-16}$$

显然，根据式(6-16)可以很容易地将实际界面条件、界面弹性常数(K_3 和 G_3)以及界面厚度作为输入参数纳入数值模型中，其中这些界面参数都可以通过微纳米尺度测量技术得到。

6.1.2 考虑界面效应的混凝土有限元模型

为了确定界面区对水泥混凝土杨氏模量的影响，本章模拟将基于真实的水泥混凝土。

6.1.2.1 试件制备

本试验中使用的胶凝材料是Ⅰ型普通波特兰水泥(OPC)，水泥砂浆和混凝土试样使用的是天然河沙。根据 ASTM C33 对当地可用的集料进行筛分和分级。粗集料的级配如表 6-1 所列。按表 6-2 中所示的混合比例进行制备。所有试样的水灰比(w/c)与砂灰比(s/c)都相同，分别为 0.51 与 2.46。所有混合物都添加了 0.4wt%(按水泥重量计)的表面活性剂(SP)。整个试件制备过程符合 ASTM C305 和 ASTM C192 对砂浆和混凝土试样的要求。

表 6-1　粗集料级配

筛孔尺寸/mm	2.36	12.5	9.5	2.36
通过率/%	0	40	60	100

表 6-2　试件的配合比

试件	水/水泥	砂/水泥	粗集料/水泥	SP/水泥	CNF/水泥
素水泥	0.51	2.46	无	0.40%	无
砂浆+CNF	0.51	2.46	无	0.40%	0.10%
素混凝土 1(试件 1)	0.51	2.46	1.5	0.40%	无
素混凝土 2(试件 2)	0.51	2.46	3.5	0.40%	无
试件 2+CNF	0.51	2.46	3.5	0.40%	0.10%

为了验证前面所建立的有限元模型的准确性，准备两个粗集料级配相同但粗集料与集料质量比不同的素水泥混凝土试件。试件 1 的粗集料与水泥质量比(c.a/c)为 1.5，试件 2 的粗集料与水泥质量比较高，c.a/c 为 3.5。虽然二者的粗集料级配相同，但试件 2 的粗集料与集料质量比更高，因而试件 2 在纵向截面上的集料多于试件 1，如图 6-3 所示。

图 6-3　试件的制备

从之前的研究来看，如果纳米材料分散良

好，在添加了 0.05wt%～0.1wt%的 CNF 之后，材料的抗弯强度和弹性模量可以得到显著提高。初步的研究还表明这一添加量的 CNF 或许能够改善包括减少自收缩在内的其他性能[2,3]。本试验中使用的 CNF 由 Pyrograf Products 提供，型号为 PR-24-XT-PS。CNF 的平均直径为 100 nm，纤维长度在 50～200 μm 之间。由于纳米材料具有较大的比表面积(20～30 m^2/g)，单根纤维之间有很大的吸引力。这些分子间作用力与碳纳米材料的疏水性相结合，极易在水中形成团聚体。为了充分发挥 CNF 的优点，需要适当地将其分散。本章在后文描述的分散过程中使用了聚羧酸盐基减水剂这一超塑化剂，同时将其添加在素混凝土中也可以很好地改善和易性。

由于大团聚体会在基体中产生空隙，因此 CNF 在水泥复合材料中的均匀分布对于提高材料的力学性能是十分关键的。通常情况下，需要使用化学稳定剂和机械搅拌将材料分散在水中。本试验中使用的分散方法由西北大学提出[4]：将 SP 加入 CNF 溶液中，并使用了超声波分散。

6.1.2.2 灰度图像处理分析

灰度图像分析是在将 RGB 图像转换为灰度图像之后，根据像素值进行识别。根据 N. Otsu[5] 的方法，在图像处理分析过程中，将集料的阈值下限设为 214。考虑到这种方法可能会受到很多因素的限制，故先降低了图像噪声以提高精度。此外，在本章中仅分析了二维模型，因此并不需要处理大量图像，这使得工作量大大减少，同时结果也更加准确。如图 6-4 所示，首先获得具有相同混合比例和尺寸的水泥混凝土圆柱体的纵截面，再通过灰度图像处理分析，分别识别出截面中的集料、水泥砂浆和空隙部分，并将其作为后续有限元模拟的输入几何模型，如图 6-4 所示。

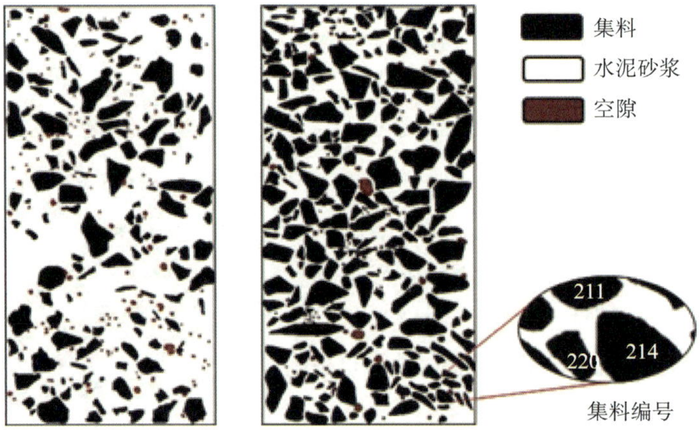

图 6-4 灰度图像分析

另外，在使用式(6-16)考虑有限元模型中的界面效应时，应先得到每个集料的等效半径。需要通过计算其轮廓内的所有像素得到每个编号集料的面积大小，并且通过计算轮廓的长度得到每个集料的周长，从而可以基于面积等价原则或周长等价原则来确定每个集料的等效半径。其中，$\tilde{a}_a$ 和 $\tilde{a}_p$ 分别是根据面积等价原则与周长等价原则计算得到的等效半径。

6.1.2.3 杨氏模量试验

为了用所建模型真实地模拟出水泥混凝土的杨氏模量，需要输入基于试验结果而得到的包括水泥砂浆、集料以及界面区等在内的杨氏模量。下面列出了每个参数的测试过程和测试结果的详细说明。

1. 集料杨氏模量的超声脉冲速度试验

本章采用有效集料模型来解释界面效应，因此集料杨氏模量的精度是十分关键的。在本试验中，石灰岩的杨氏模量通过超声脉冲速度试验(UPVT)测量得到。

UPVT 是一种无损检测法，通过发射端产生超声波，接收端接收穿透试件后的超声波，测量得到其中的穿透波速，如图 6-5 所示。在得到超声波波速之后，在混凝土试件中所用的石灰岩的杨氏模量可由式(6-17)得到：

$$E_2=\frac{v^2\rho(1+\nu)(1-2\nu)}{1-\nu} \tag{6-17}$$

式中 v—— 超声脉冲波波速；

ρ—— 集料密度，为 2 550 kg/m^3；

ν—— 泊松比，石灰岩集料可假定为 0.1。

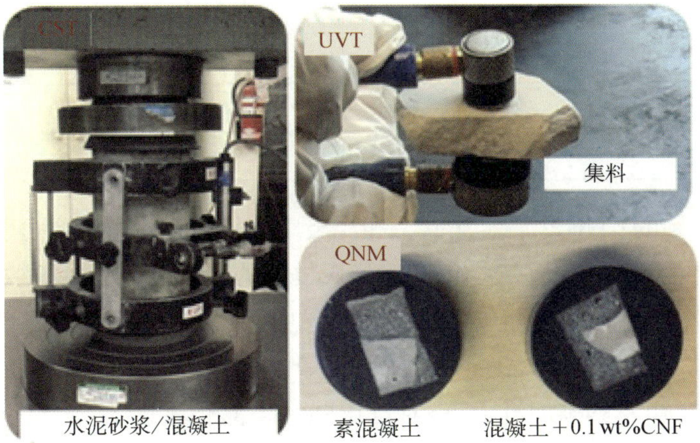

图 6-5 输入模拟参数(模量试验)

为了保证精度，从相同水泥混凝土试件的粗集料中筛选出五个大块集料(大于 19 mm)，并将每块集料打磨出两个平行表面。发射器与接收器的频率均为 1 Hz。测试得到五个试件的杨氏模量的平均值为 54.9 GPa。

2. 水泥砂浆与混凝土的杨氏模量

对于每种混合物，制备三个直径为 10 cm、高度为 20 cm 的圆柱体试件并在环境室中养护 14 d,用于抗压试验。在进行抗压试验之前,所有试件表面需要洒上硫黄,从而使其表面足够光滑且平行于支承面。整个试验过程的步骤符合 ASTM C4698。为了确定试件的杨氏模量,需要在加载过程中使用压缩计测量试件的变形量,如图 6-5 所示。将其中一个试件压至破坏,评估其抗压强度。另外两个试件则压至峰值荷载(弹性范围)的 40%,测量得到杨氏模量,之后将其压至破坏。

表 6-3 列出了水泥砂浆和混凝土试件在养护 14 d 后的抗压试验结果。每种试件的抗压强度是三个测试试件的平均值,杨氏模量则是两个测试试件的平均值。在添加了 0.1wt%CNF 之后,水泥砂浆和混凝土的抗压强度分别提高了 6%和 8%。与抗压强度相比,CNF 对杨氏模量的影响更为明显。砂浆的杨氏模量提高了 34%,而混凝土的杨氏模量提高了 30%。与含有较低的集料与水泥质量比的试件 1 相比,试件 2(具有更高的集料与水泥质量比)的杨氏模量增加了 8%。简而言之,在其他条件保持不变的情况下,混凝土试件的杨氏模量在添加了 0.1wt%CNF 之后可以提高 30%,但改变集料与水泥的质量比仅能使混凝土试件的杨氏模量提高 8%。从而可以得出结论:添加少量的 CNF 对杨氏模量的影响远大于粗集料含量变化所造成的影响。

表 6-3　　水泥砂浆和混凝土圆柱体试件的压缩试验结果

试件	纤维数量	抗压强度/MPa	杨氏模量/GPa
素水泥	0	40.6	27.3
砂浆+CNF	4.1×10^{10}	43.1	36.5
试件 1(素混凝土 1)	0	39.2	33.1
试件 2(素混凝土 2)	0	46.7	35.7
试件 2+CNF	2.7×10^{10}	50.5	46.2

添加 0.1wt%的 CNF 之后水泥砂浆和混凝土的杨氏模量得到了显著的增加。这种增加在混凝土中表现得更为明显,CNF 对杨氏模量的影响可能是由于纳米级空隙、裂纹得到了抑制与阻止,或是由于集料和水泥之间界面区域的改变。

有多种方法可以提高混凝土的杨氏模量,如添加硅粉、优化配合比,但是使用 CNF 添加剂这一方法,由于其添加量很小,对抗压强度等其他性能不会造成明显影响,故对于高层建筑尤为有利。因为混凝土框架的横向设计是由挠度和变形而不是强度决定的,并且盲目增加强度只会大幅度增加费用,而使用 CNF 则能以较低的成本实现刚度的增强。

3. ITZ 杨氏模量的 AFM-QNM 试验

采用 AFM-QNM 测量 ITZ 的杨氏模量。首先,对添加(0.1wt%)和未添加 CNF 的水泥砂浆进行 QNM 试验以测量其杨氏模量,并与抗压试验的结果进行对比。如图 6-6 所示,添加与未添加 CNF 的水泥砂浆的杨氏模量的 QNM 试验结果分别为

38.11 GPa 和 24.14 GPa，与抗压试验结果相近，即表 6-3 中所列的 36.5 GPa 和 27.3 GPa，这一对比表明 QNM 试验具备较高的准确性。

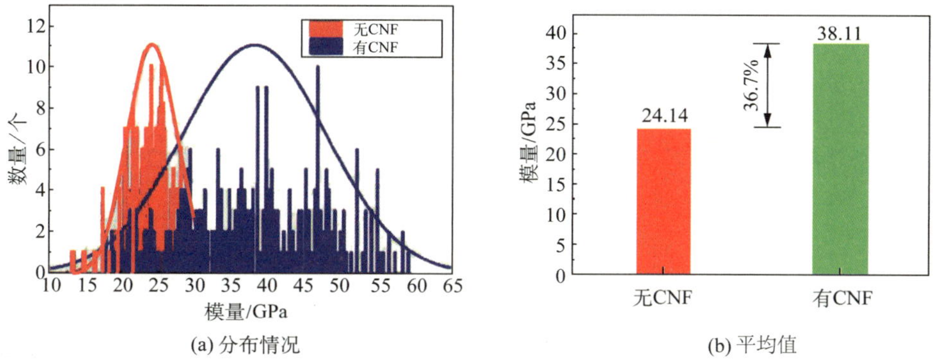

图 6-6　添加和未添加 CNF 的水泥砂浆的杨氏模量的 QNM 试验结果

图 6-7 和图 6-8 展示了未添加与添加(0.1wt%)CNF 水泥砂浆试样的 AFM-QNM 试验区域。添加了 CNF 的试件看起来比未添加 CNF 的试件更暗，表明了试件中存在 CNF。在进行 QNM 试验之前，需要良好的表面条件才能获得可靠的结果。对试件进行抛光的程序如下：首先用 #200，#400，#600 碳化硅砂纸研磨样品；然后使用从 15 级至 1 μm 的金刚石抛光膜进一步抛光。使用自动研磨和抛光机器将每个等级抛光 3～5 min。在抛光的过程中需要不断使用光学显微镜观察表面，以确保表面的光洁度。

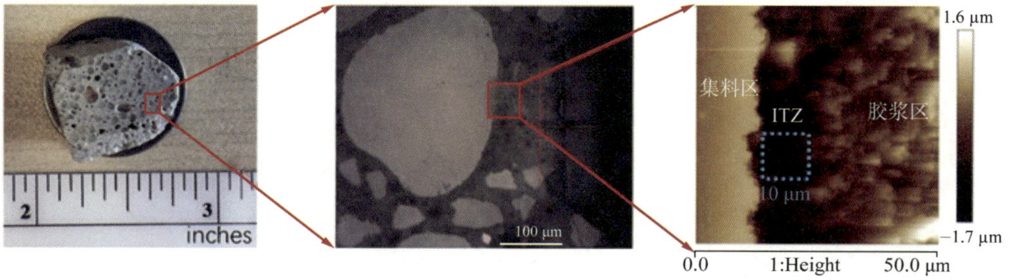

图 6-7　AFM-QNM 的测试区域(未添加 CNF 的水泥混凝土)

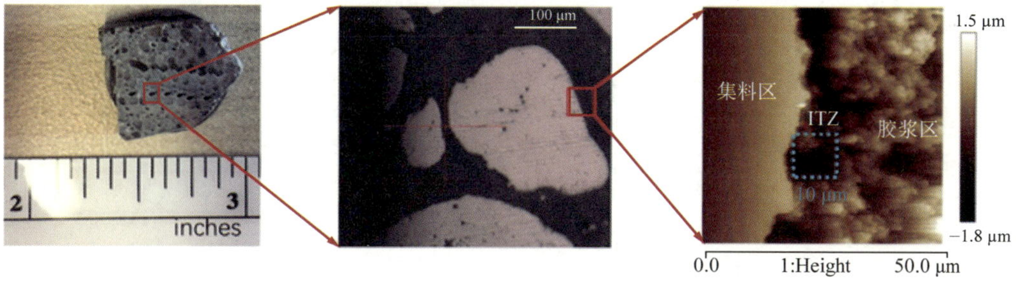

图 6-8　AFM-QNM 的测试区域(添加 0.1wt%CNF 的水泥混凝土)

抛光后，使用 AFM 敲击模式(图 6-9)测量扫描区域($50\times50\ \mu m^2$，包含有集料、ITZ 和砂浆，如图 6-8 所示)的表面粗糙度，对于未添加 CNF 的试件来说，波动范围为−200～200 nm，添加了 CNF 的试件的波动范围则为−100～200 nm。添加与未添加 CNF 试件的表面粗糙度 RMS(均方根)振幅分别为 87.4 nm 和 96.6 nm，这对于 QNM 试验来说在可接受范围内。

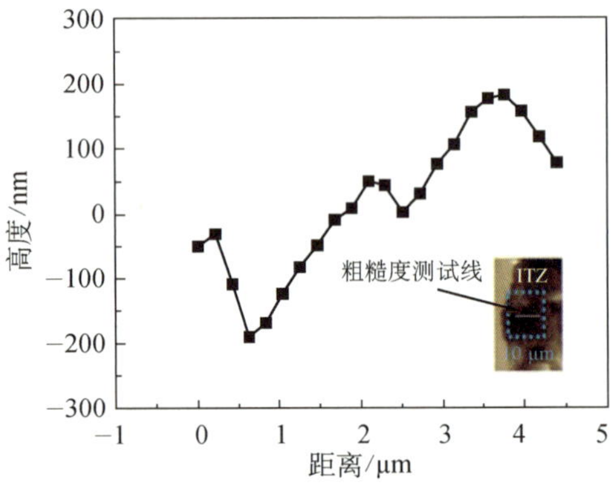

(a) 试样的粗糙度（未添加CNF的ITZ）

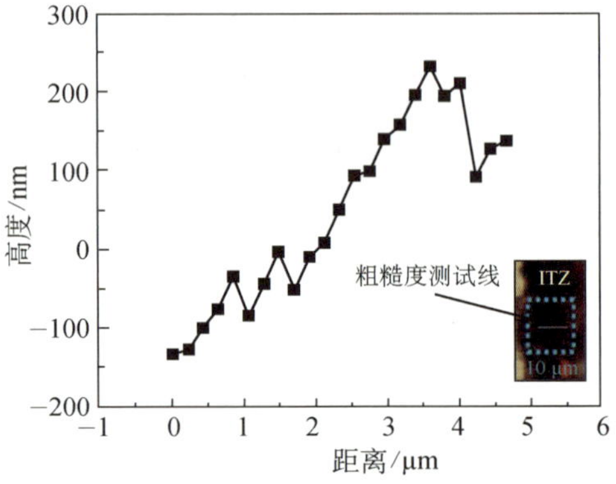

(b) 试样的粗糙度（添加0.1wt% CNF的ITZ）

图 6-9　基于轻敲式 AFM 试验的试样粗糙度

在 QNM 测试之前，需要在已知杨氏模量的标准样品上对探针的偏转灵敏度以及尖端半径进行校准。测试中使用的 AFM 探针是 Bruker RTESP-525，由硅制成；悬臂的弹簧常数为 400 N/m。在扫描区域内使用的扫描频率为 0.5 Hz。研究表明，ITZ 的范围在 10～30 μm 之间[6, 7]，因此选择$(10\times10)\ \mu m^2$ 的扫描区域足以捕捉界面行为(参见图 6-7 和图 6-8 中的蓝色区域)。扫描分辨率为 256×256，这意味着相邻点的距离约为 40 nm。

每个扫描区域$(10\times10)\ \mu m^2$ 进行 QNM 试验得到的杨氏模量结果如图 6-10 所示。在每幅图上，每个点代表 256 个点的平均值，曲线上有 256 个点。纳米级杨氏模量的直

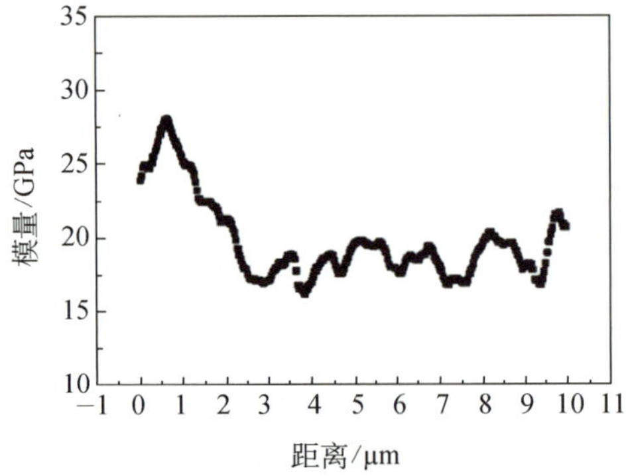

(a) 素界面

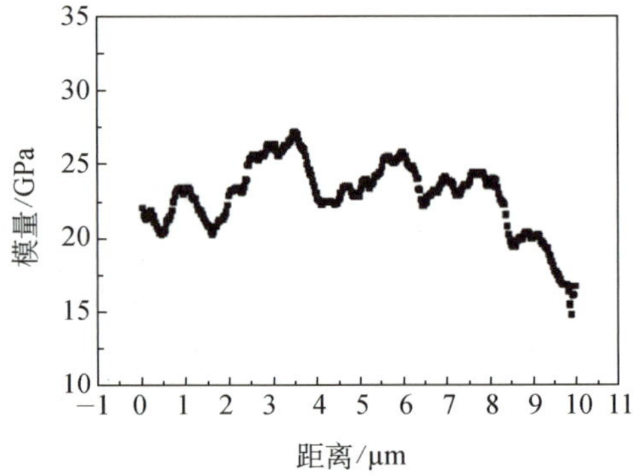

(b) 添加有CNF的界面

图 6-10　QNM 试验得到的杨氏模量

方图如图 6-11 所示，它显示了 CNF 对界面区的影响。由图 6-11 可以发现，CNF 增强试件的直方图整体向右偏移，这意味着添加了 CNF 的水泥混凝土具有相对较强的界面区域。

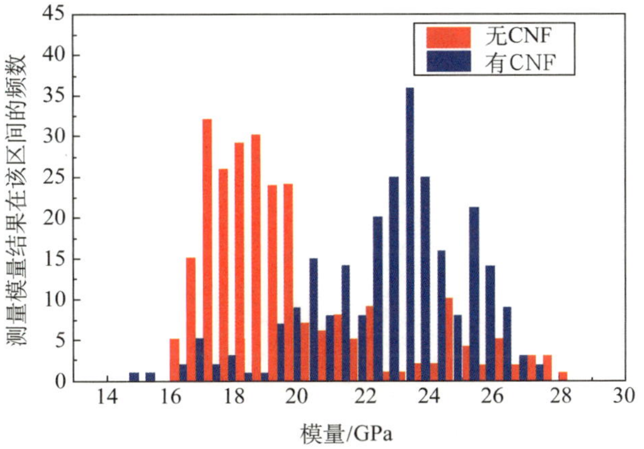

图 6-11　界面区域的杨氏模量直方图

CNF 的杨氏模量大约为 500 GPa[8]，比水泥砂浆大得多。基于界面增强效应，坚硬的 CNF 可能会“锚固”周围的基体，从而形成与原始结构完全不同的新结构。因此，即使少量添加 CNF 也会增强界面区的刚度。此外，CNF 的表面非常粗糙，还可以在骨料和水泥砂浆之间提供机械咬合，从而显著提高界面区的模量与刚度。

每个扫描区域 256×256 个点的平均值如表 6-4 所列，即未添加 CNF 的界面区的平均杨氏模量为 17 GPa，添加了 CNF 的界面区的平均杨氏模量为 24 GPa。众所周知，由于边壁效应，界面区是一种具有更多孔隙的结构。因此，界面作为集料周围的软弱层，与集料和水泥砂浆相比，它的杨氏模量要更小。QNM 试验显示了类似的结果，其中普通试件的界面区杨氏模量要小 61%。在试件中添加 CNF 时，水泥砂浆的杨氏模量增加了 34%，界面的杨氏模量增加了 41%。在纳米尺度上的界面模量的增加，对宏观尺度的工程性质将产生一定影响，而这些数据也将进一步用于下述的数值模拟。

表 6-4　数值模拟的输入参数

组分	杨氏模量/GPa	泊松比	密度/($kg \cdot m^{-3}$)
集料	54.9	0.1	2 550
素砂浆	27.3	0.3	2 261
砂浆+0.1wt%CNF	36.5	0.3	2 261
界面区(未添加 CNF)	17	0.3	—
添加有 0.1%CNF 的 ITZ	24	0.3	—

6.1.2.4 有限元模拟

将图 6-4 中处理的图像输入到有限元软件 ABAQUS 中，作为混凝土圆柱试件的几何模型，其尺寸统一为 10 cm(直径)×20 cm(高度)，从而确保试件之间几何形状和数值模型的一致性。表 6-4 总结了数值模拟的输入参数。其中，添加与未添加 CNF 的集料、水泥砂浆和界面区的杨氏模量的数据均使用本书 6.1.2.3 节中所述方法获得。

E. J. Garboczi 和 D. P. Bentz[9]提到，界面区与水泥砂浆具有相同的泊松比，但杨氏模量相比则要小一些，因此水泥砂浆和界面区的泊松比均设为 0.3。界面区在水泥基材料中的厚度通常在 10～30 μm 左右[6,10]。例如，R. Zimbelmann[7]发现界面区的厚度波动范围为 10～30 μm(ASTM C192)。J. P. Ollivieretal 等[6]则认为集料周围存在 15～20 μm 厚的界面区。基于上述文献，在数值模拟中将界面区的厚度设置为 20 μm。

通过代入式(6-16)来考虑界面效应，能够获得每个集料的有效杨氏模量 ($\widetilde{E}_2$) 和有效泊松比($\widetilde{\nu}_2$)。式(6-16) 包含参数 a，它为集料的有效半径。由于每个集料的大小不同，因此依据式(6-16)，每个集料都应具有不同的有效杨氏模量和有效泊松比。为了确定每个集料的有效弹性性质，需要将集料进行编号，如图 6-12(a)所示，并根据式(6-16)计算相应的等效半径和有效弹性参数。表 6-5 与表 6-6 分别列出了样品 1 与样品 2 中 8 颗集料的等效弹性性质。将不同有效杨氏模量的集料通过不同的颜色来表示，如图 6-12(b)所示。

表 6-5　　样品 1 中部分集料的弹性参数

集料编号	面积法				周长法			
	面积/cm^2	$\widetilde{a}_a$/cm	$\widetilde{E}_2$/GPa	$\widetilde{\nu}_2$	周长/cm	$\widetilde{a}_p$/cm	$\widetilde{E}_2$/GPa	$\widetilde{\nu}_2$
61	1.09	0.576	52.4	0.08	4.04	0.761	52.5	0.08
62	0.03	0.588	47.7	0.10	0.66	0.644	48.0	0.10
63	0.65	0.100	52.1	0.08	3.25	0.105	52.2	0.08
64	0.08	0.455	49.6	0.09	1.19	0.517	50.3	0.09
65	0.95	0.157	52.3	0.08	4.30	0.189	52.5	0.08
66	0.35	0.550	51.6	0.08	2.36	0.685	51.8	0.08
67	0.05	0.332	48.7	0.10	0.80	0.377	48.8	0.09
68	0.08	0.124	49.6	0.09	1.12	0.128	50.1	0.09

表 6-6 样品 2 中部分集料的弹性参数

集料编号	面积法						周长法					
	面积/ cm^2	$\tilde{a}_a$ / cm	无添加 CNF		+0.1wt%CNF		周长/ cm	$\tilde{a}_p$ / cm	无添加 CNF		+0.1 wt%CNF	
			$\tilde{E}_2$ / GPa	$\tilde{\nu}_2$	$\tilde{E}_2$ / GPa	$\tilde{\nu}_2$			$\tilde{E}_2$ / GPa	$\tilde{\nu}_2$	$\tilde{E}_2$ / GPa	$\tilde{\nu}_2$
81	0.08	0.162	49.8	0.09	51.4	0.08	1.24	0.198	50.4	0.09	51.8	0.08
82	0.29	0.303	51.4	0.08	52.3	0.08	2.16	0.344	51.7	0.08	52.5	0.08
83	0.13	0.205	50.5	0.09	51.8	0.08	1.44	0.229	50.8	0.08	52.0	0.08
84	0.09	0.169	49.9	0.09	51.5	0.08	1.15	0.183	50.1	0.09	51.6	0.08
85	1.14	0.603	52.4	0.08	52.9	0.07	4.99	0.794	52.7	0.08	53.0	0.07
86	0.08	0.156	49.6	0.09	51.3	0.08	1.18	0.188	50.2	0.09	51.7	0.08
87	0.15	0.218	50.7	0.09	51.9	0.08	1.49	0.237	50.9	0.08	52.0	0.08
88	0.35	0.336	51.60	0.08	52.45	0.08	2.78	0.443	52.04	0.08	52.69	0.08

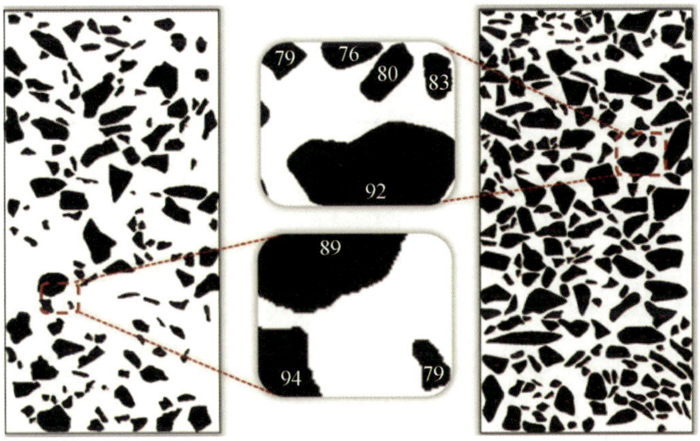

(a) 编号集料

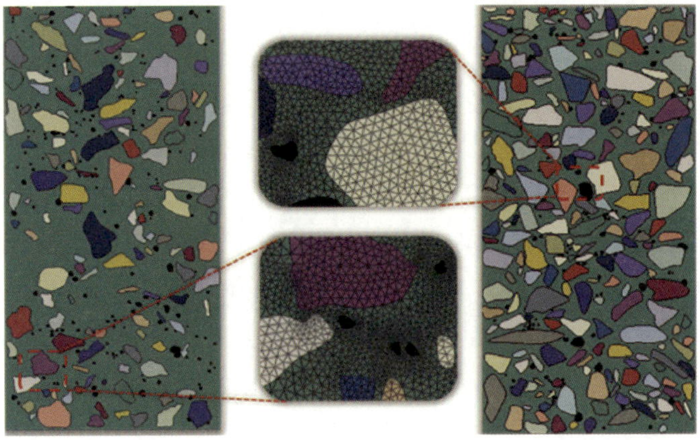

(b) 标色集料的数值模型

图 6-12 二维有限元模型

模拟的边界条件和荷载与抗压试验的相一致，如图 6-5 所示。此外，模型都是由自由三角形单元(3 节点线性平面应变三角形)网格化得到。进行有限元分析之后，可以得出边界节点处的所有未知数，然后可以通过公式 $E_{eff}=\frac{\bar{\sigma}}{\bar{\varepsilon}}$ 来确定水泥混凝土的杨氏模量 E_{eff}，其中 $\bar{\sigma}$ 和 $\bar{\varepsilon}$ 均是从数值模拟得到的。

6.1.3 结果及影响因素分析

6.1.3.1 对比与验证

通过数值模拟计算得到的混凝土试样的杨氏模量和试验结果列于表 6-7。

表 6-7 模拟结果与试验结果的杨氏模量的比较

试件	模拟结果 E_{eff} /GPa	实测结果 E_0 /GPa
试件 1(素混凝土 1)	32.8	33.1
试件 2(素混凝土 2)	37.4	35.7
试件 3(试件 2+0.1wt%CNF)	45.3	46.2

从表 6-7 可以看出，考虑界面区的有效集料模型所获得的模拟结果与试验数据吻合，这证明了该有限元模型具备很高的精度。表 6-7 中的模拟结果 (E_{eff}) 和试验结果 (E_0) 表明，混凝土的杨氏模量是随着 CNF 的增加而增加。

应当注意的是，模拟结果与试验结果之间的差别可能是由于受到测量集料杨氏模量的 UPVT 方法的限制以及界面区厚度为 20 μm 的假设造成的。换句话说，界面区的实际厚度肯定随集料和水泥砂浆的微观结构特征而变化[10-12]，因此界面区厚度均匀的假设可能导致了模拟结果和试验数据之间的差异。

图 6-13 给出了抗压试验下试件 2 和试件 3 中“Von Mises”等效应力(Von Mises Stress)和应变的内部分布。从图中可以发现二者的局部应力几乎相同，然而试件 3(添加有 CNF)的局部应力放大(最高局部应力与最低局部应力之比)远低于试件 2(无 CNF)的局部应力放大。同时，试件 2 中的集料比试件 3 中的集料能够承受更高的应力。尤其是试件中缺陷(空隙)周围的应力集中状况在试件 2 中比试件 3 更明显。另外，没有添加 CNF 的试件 2 的竖向应变也高于添加了 CNF 的试件 3。上述内容都表明，添加了刚度更大的界面区的水泥混凝土试件抗荷载破坏能力更强。这可能是由于界面区的杨氏模量较高，集料-界面区系统获得了更好的应力传递能力，这使得它与水泥砂浆的变形更加协调。CNF 在水泥砂浆中的存在可以通过提高水泥砂浆的杨氏模量来进一步平衡集料与水泥砂浆之间的应力和应变分布。

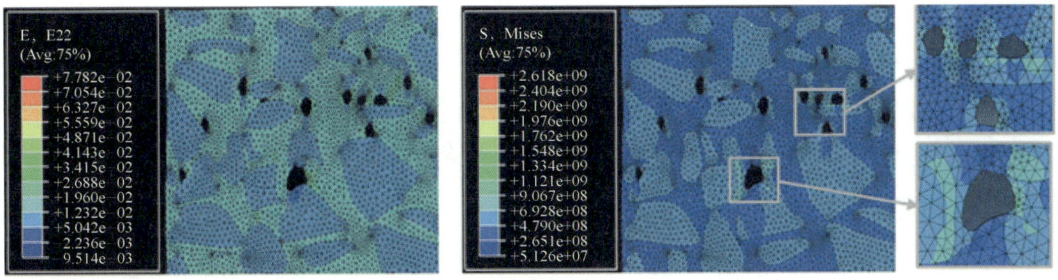

(a) 未添加 CNF

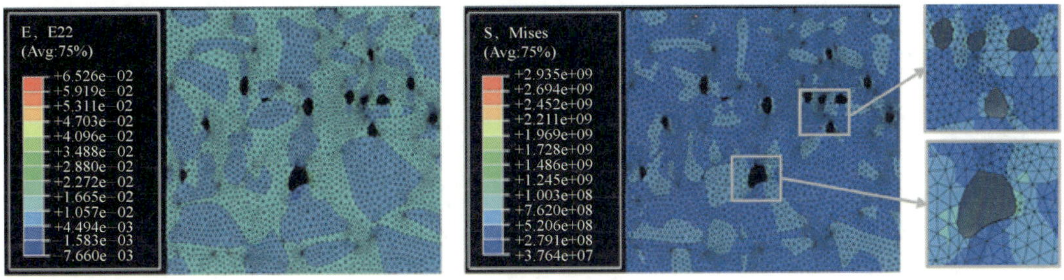

(b) 添加有CNF

图 6-13　未添加与添加有 CNF 的水泥混凝土的有限元模拟的 Von Mises 应力和应变云图

6.1.3.2　影响因素分析

为了确定可能对水泥混凝土杨氏模量模拟产生相对影响的因素，本节做了进一步的研究，通过有限元模拟，分析集料和水泥砂浆的杨氏模量以及界面区性质对水泥混凝土杨氏模量的影响。

1. 集料的杨氏模量

分析时，水泥砂浆的杨氏模量（E_1）设为 36.5 GPa。首先，分别在 5 种不同界面区杨氏模量（E_3）的情况下，分析集料的杨氏模量（E_2）对 E_{eff} 的影响，并将界面区厚度设定为 20 μm(图 6-14)。可以看出 E_{eff} 随着 E_2 的增加而增加，E_3 越大，则 E_{eff} 的增长趋势越明显。另外，在 E_3 =15 GPa，25 GPa 或 50 GPa 的情况下，E_{eff} 几乎没有差别。由于 E_3 越大，其削弱混凝土杨氏模量的效果越小，这就可以解释上述的微小差异。此外，随着 E_3 影响的减弱，E_2 对 E_{eff} 的影响则更加显著，从而导致了增长趋势的变化。

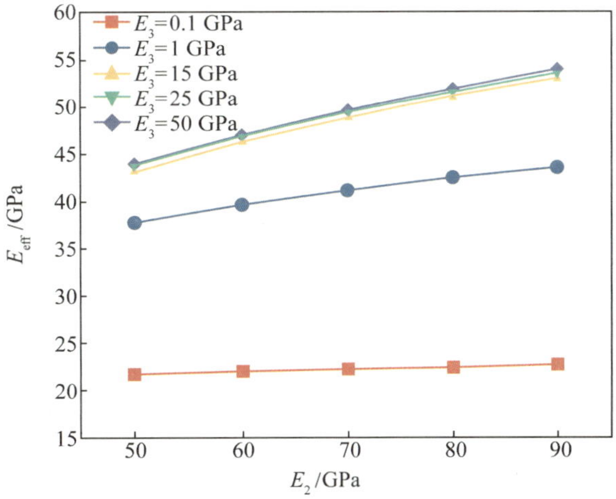

图 6-14　不同界面区杨氏模量下集料杨氏模量与混凝土杨氏模量的关系

为了确定界面区厚度对 E_{eff} 随 E_2 变化的影响，分别在 $E_3 = 0.1$ GPa［图 6-15(a)］和 $E_3 = 25$ GPa［图 6-15(b)］的情况下，选择并分析 5 个界面区厚度 (h) 的值，10～50 μm(间隔为 10 μm)。通过比较发现，当 $E_3 = 0.1$ GPa 时，界面区厚度对 E_{eff} 的影响比 E_2 对 E_{eff} 的影响更明显，但在 $E_3 = 25$ GPa 的情况下，E_{eff} 随 E_2 变化的变化不大。很显然，当厚度较大时，具有非常小的杨氏模量(如 0.1 GPa)的界面区对混凝土的杨氏模量具有更显著的弱化效果。但是，当界面区的杨氏模量足够大(如 25 GPa)时，界面区的厚度对 E_{eff} 几乎没有影响。

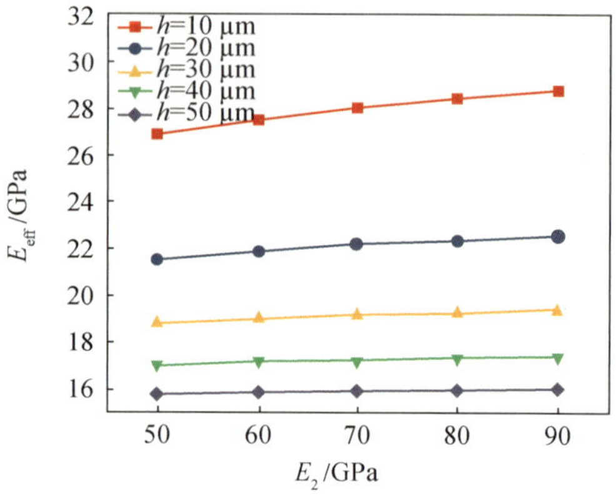

(a) E_3= 0.1 GPa

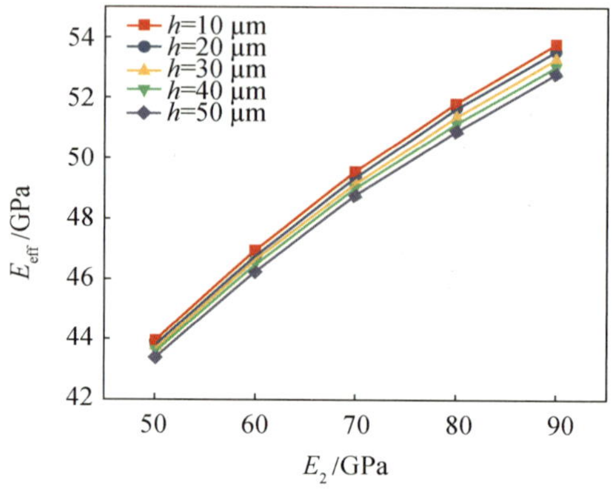

(b) E_3= 25 GPa

图 6-15　不同界面区厚度下集料杨氏模量与混凝土杨氏模量的关系

2. 水泥砂浆的杨氏模量

集料的杨氏模量设为 50 GPa，分别考虑 5 种界面区杨氏模量和 5 种界面区厚度。另外，在每种情况下，将水泥砂浆的杨氏模量作为唯一变量，从 50 GPa 变化至 90 GPa (间隔为 10 GPa)。

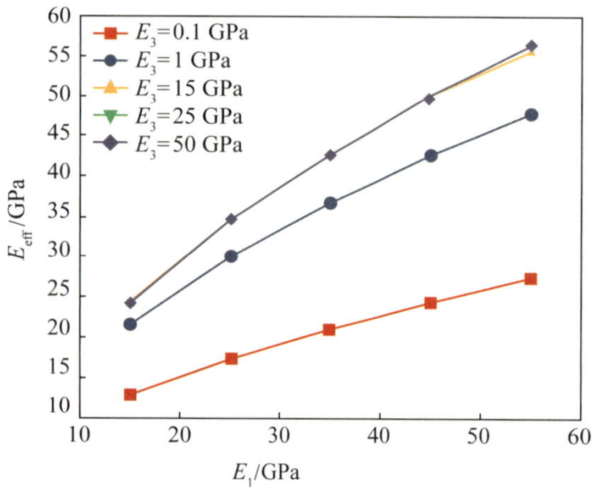

图 6-16　不同界面区杨氏模量下水泥砂浆杨氏模量与混凝土杨氏模量的关系

如图 6-16(h = 20 μm)所示，混凝土 E_{eff} 的杨氏模量与水泥砂浆 E_1 的杨氏模量正相关。图 6-17(a)显示在 $E_3 = 0.1$ GPa 的情况下，增加界面区的厚度可以显著影响 E_1 对 E_{eff} 的影响。但是，当 E_3 变大时［见图 6-17(b)，$E_3 = 25$ GPa］，界面区厚度的影响似乎不再明显。

显然，水泥砂浆的杨氏模量是影响混凝土杨氏模量的主要因素之一，因为水泥混凝土主要由集料与水泥砂浆组成。因此，可以得出类似的结论：当界面区对混

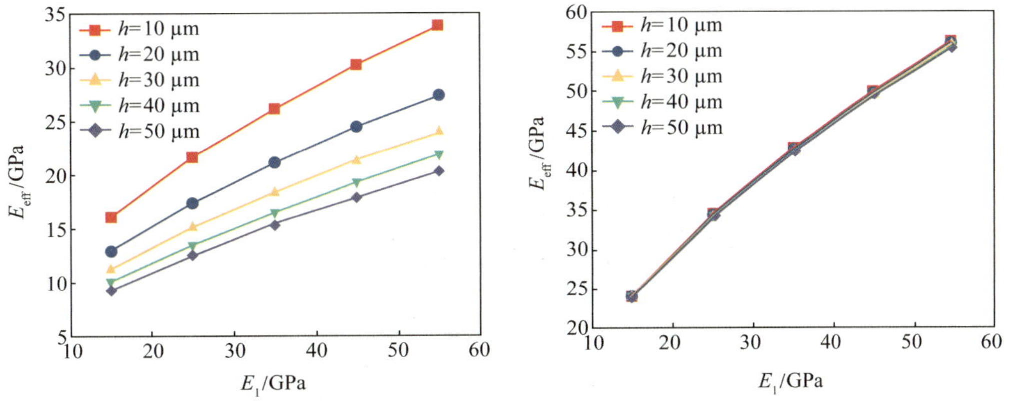

(a) E_3= 0.1 GPa　　(b) E_3= 25 GPa

图 6-17　不同界面区厚度下水泥砂浆杨氏模量与混凝土杨氏模量的关系

凝土的弱化效应越来越小，即界面区厚度越小或界面区杨氏模量越大时，水泥砂浆杨氏模量对混凝土杨氏模量的影响就越显著。

3. 界面区的性质

根据测试结果，分别将集料和水泥砂浆的杨氏模量设为 50 GPa 和 36.5 GPa，并且考虑 5 个不同的界面区厚度，使用 7 个界面区的杨氏模量，即 0.1 GPa，1 GPa 以及 5～45 GPa(间隔 10 GPa)来进行分析。从图 6-18 中可以清楚地看出，界面区的杨氏模量在达到 35 GPa 之前对混凝土的杨氏模量有明显影响，但是当它大于 35 GPa 之后，混凝土的杨氏模量保持稳定。另外，从图 6-18 还可以看出，随着界面区厚度的增加，曲线间的差异越来越大。

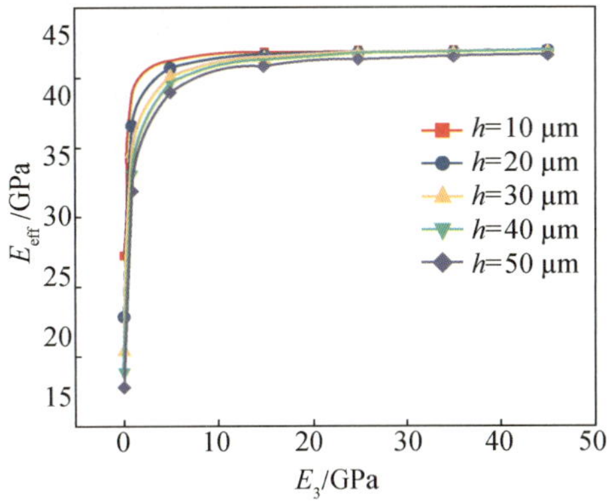

图 6-18　界面区性能对混凝土杨氏模量的影响

这一情况与图 6-14 和图 6-16 一致。当界面区的杨氏模量相对较低时，其对 E_{eff} 的影响比对集料和水泥砂浆的杨氏模量的影响更显著。当界面区作为集料和水泥砂浆之间相对薄弱的连接部分时，它对混凝土杨氏模量的影响更大。因此，当界面区的杨氏模量足够小时，其厚度的影响更为显著，而随着界面区模量的增强，E_3 越来越大，这一效应将变得可以忽略不计。

图 6-19 显示了水泥混凝土有限元模拟的应变云图，其中应变的分布随界面区的厚度和杨氏模量变化而显著变化。可以发现，随着界面区厚度的增加或界面区杨氏模量的降低，有效集料将承受较大的局部拉应变。然而，当水泥砂浆与集料之间存在刚度更大的界面区时，水泥混凝土中的应变分布将变得更加均匀。水泥混凝土的力学性能很大程度上取决于刚性夹杂(粗集料)向软基体(水泥砂浆)中的应力/应变传递。由于界

面区作为过渡区在荷载传递效率中起着重要作用，界面区的性质无疑会显著影响水泥混凝土的宏观力学行为。显然，软弱的界面区无法在厚度上有效传递应力，从而导致混凝土的承载能力下降。

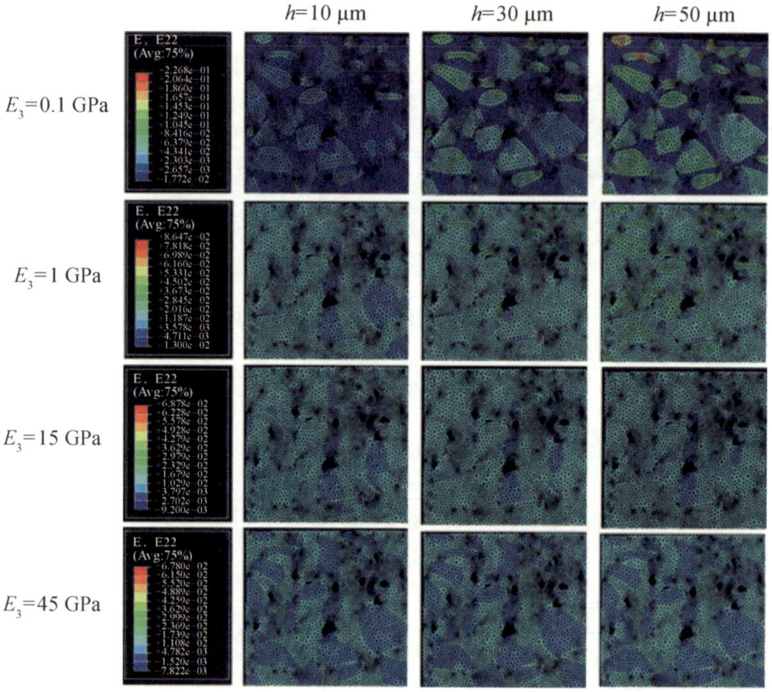

图 6-19　具有不同界面区特性的水泥混凝土的有限元模拟的应变云图

6.2 界面区对生活垃圾焚烧炉渣沥青混合料损伤行为的影响

一方面，随着中国城市化进程的发展，逐年增加的生活垃圾导致了“垃圾围城”，给生态建设及城市垃圾管理带来了巨大的压力。另一方面，自然资源的日趋匮乏也使得废弃物的再生利用成为必然的选择。生活垃圾焚烧炉渣在道路工程中的资源化利用是同时解决上述两方面问题的最佳选择。然而，生活垃圾焚烧炉渣在作为再生集料与胶结料拌合形成再生混合料前已经存在大量的初始损伤，此外，其表面还附着了一些特殊的化学活性成分，这些都将影响炉渣集料与沥青砂浆界面的黏结性能，从而影响再生混合料的强度和稳定性。因此，本节将探讨炉渣集料与沥青砂浆界面区性能，以及界面区对炉渣沥青混合料损伤行为的影响。

6.2.1　原材料

研究使用针入度等级 60/80 的基质沥青，该沥青由中国海洋石油总公司生产。沥青的基本材料参数，如针入度、软化点、延度等列于表 6-8 中。使用的集料为垃圾焚烧炉渣及石灰岩，其物理性质见表 6-9。使用了两种沥青混合料级配，见图 6-20，最佳沥青含量分别是 5.2%（级配 1 的沥青混合料）和 4.08%（级配 2 的沥青混合料）。沥青混合料的性质均满足路用性能的要求。

表 6-8　沥青胶结料的性质

项目	测试结果	项目		测试结果
针入度(25 ℃, 100 g, 5 s)/0.1 mm	73	密度/(g·cm^{-3})		1.012
针入度指数	−0.77	薄膜烘箱试验	质量变化/%	−0.41
软化点/℃	49.5		针入度/0.1 mm	64
延度(10 ℃,5 cm/min)/cm	>100		延度(10 ℃)/cm	9
延度(15 ℃,5 cm/min)/cm	>100			

表 6-9　集料的物理性质

集料类型	粒径/mm	表观密度/(g·cm^{-3})	吸水率/%	压碎值/%
垃圾焚烧炉渣	0～2.36	2.667	—	—
	2.36～4.75	2.410	7.00	30.0
	4.75～9.5	2.198	7.20	38.7
石灰岩	0～3	2.708	—	—
	0～2.36	2.682	—	—
	2.36～4.75	2.865	1.03	18.7
	4.75～9.5	2.897	0.69	28.4

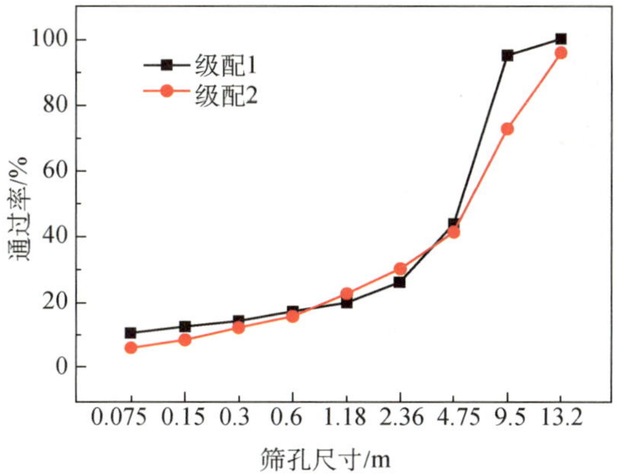

图 6-20　沥青混合料的级配

研究发现垃圾焚烧炉渣主要包含五种物质：金属、陶瓷、砖粒、玻璃和熔渣（图 6-21）。这些颗粒在表面粗糙度、表面活性、表面极性上的不同导致了其周围界面强度和刚度的不同。为了评估界面区的力学性质，采用纳米压痕技术测量界面区的弹性模量（具体方法可见本书第 2 章）。图 6-22 展示了样品以及集料和沥青砂浆间的界面过渡区。对五种界面过渡区的弹性模量全部进行了测试。测试结果作为输入参数进行有限元模拟。

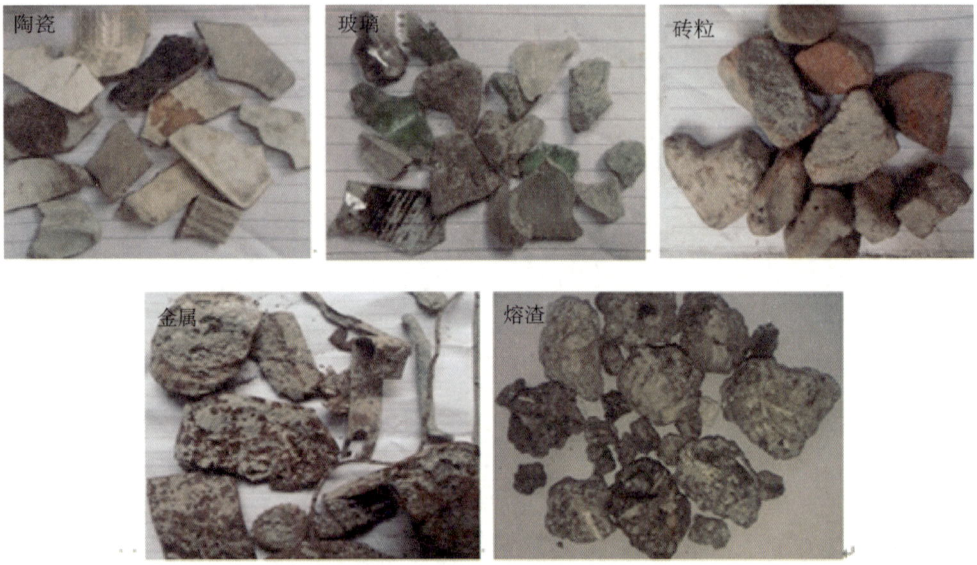

图 6-21　灰底集料的五种主要成分

(a) 纳米压痕仪　　(b) 样品　　(c) 界面过渡区测试区域

图 6-22　界面过渡区性能测试

6.2.2　沥青砂浆的线性黏弹性分析

为了确保数值模拟的有效性和准确性，沥青砂浆的黏弹性参数需要作为有限元模拟的输入参数。砂浆由基质沥青、填料和粒径小于 2.36 mm 的细集料组成。同时，砂浆中每一组分的比例需要和对应的沥青混合料相同。通过室温下的三点弯曲蠕变试验来获取砂浆的黏弹性参数。砂浆试件的尺寸为长 250 mm，宽 30 mm，高 30 mm。

在标定沥青混合料的力学模型时，通常可以采用线性黏弹性本构[13, 14]。本节中，如图 6-23 所示，采用五参数模型（双 Voigt＋one 弹簧模型）作为沥青砂浆的本构模型。

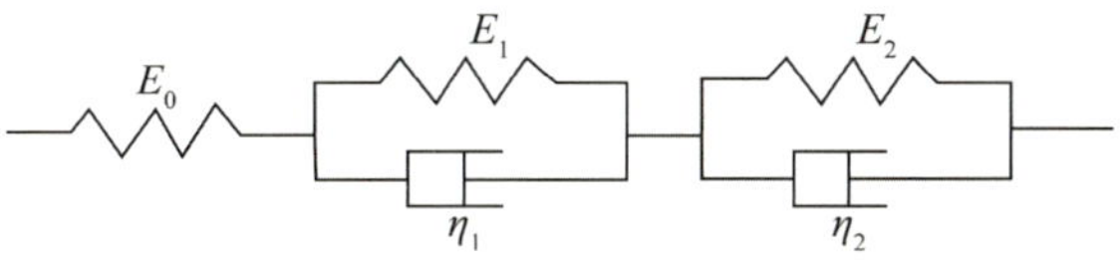

图 6-23　五参数黏弹性模型

图 6-24 给出了级配 1 和级配 2 的沥青砂浆的两条蠕变曲线。蠕变曲线可以很好地由五参数模型进行拟合。

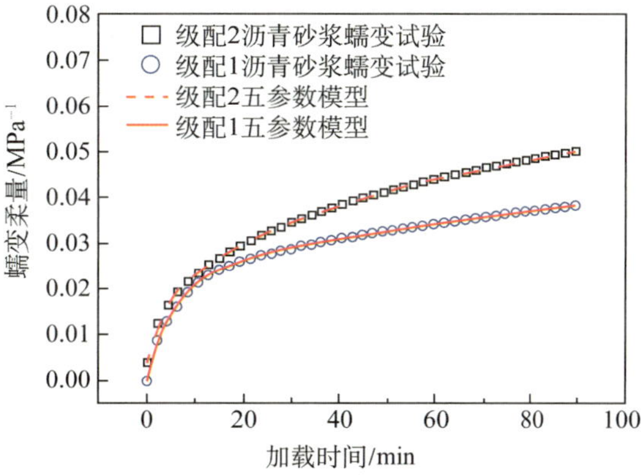

图 6-24　蠕变曲线的拟合

五参数黏弹性模型的本构方程可由式(6-18)来描述：

$$\sigma + p_1\dot{\sigma} + p_2\ddot{\sigma} = q_0\varepsilon + q_1\dot{\varepsilon} + q_2\ddot{\varepsilon} \tag{6-18}$$

式中　σ——应力；

　　　ε——应变。

p_1，p_2，q_0，q_1，q_2 的表达式如下：

$$\left.\begin{aligned} p_1 &= \frac{E_1\eta_1 + E_2\eta_2 + E_0\eta_1 + E_0\eta_2}{E_1E_2 + E_0E_1 + E_0E_2} \\ p_2 &= \frac{\eta_1\eta_2}{E_0E_1 + E_0E_2 + E_1E_2} \\ q_0 &= \frac{E_0E_1E_2}{E_0E_1 + E_0E_2 - E_1E_2} \\ q_1 &= \frac{E_0E_2\eta_2 + E_0E_2\eta_1}{E_0E_1 + E_0E_2 + E_1E_2} \\ q_2 &= \frac{E_0\eta_1\eta_2}{E_1E_2 + E_0E_1 + E_0E_2} \end{aligned}\right\} \tag{6-19}$$

力学参数（如 E_0，E_1，E_2，η_1，η_2）可以通过拟合试验曲线获得。这里，应用拉普拉斯变换可获得在拉普拉斯域内的松弛模量，见式(6-20)：

$$\bar{Y}(s)=\frac{\bar{Q}(s)}{s\bar{P}(s)}=\frac{q_0+q_1 s+q_2 s^2}{s(1+p_1 s+p_2 s^2)} \tag{6-20}$$

式中　s—— 拉普拉斯变换参数；

$\bar{Y}(s)$—— 拉普拉斯域的松弛模量；

$\bar{Q}$，$\bar{P}$—— 拉普拉斯空间微分算子。

然后用拉普拉斯逆变换法来计算时域中的松弛模量(数值模拟中用到)。基于式(6-20),松弛模量可以由式(6-21)给出：

$$\left.\begin{aligned}
Y(t)&=L^{-1}(\bar{Y}(s))=L^{-1}\left(\frac{q_0}{s}\right)+L^{-1}\left(\frac{M}{s-\dfrac{-p_1+\sqrt{p_1^2-4p_2}}{2p_2}}\right)+L^{-1}\left(\frac{N}{s-\dfrac{-p_1-\sqrt{p_1^2-4p_2}}{2p_2}}\right)\\
&=q_0+M\exp\left(\frac{-p_1+\sqrt{p_1^2-4p_2}}{2p_2}t\right)+N\exp\left(\frac{-p_1-\sqrt{p_1^2-4p_2}}{2p_2}t\right)\\
M&=\frac{q_2}{2}+\frac{p_2 q_0}{2}+\frac{2p_2 q_1-p_1 p_2 q_0-p_1 q_2}{2\sqrt{p_1^2-4p_2}}\\
N&=\frac{q_2}{2}-\frac{p_2 q_0}{2}-\frac{2p_2 q_1-p_1 p_2 q_0-p_1 q_2}{2\sqrt{p_1^2-4p_2}}
\end{aligned}\right\} \tag{6-21}$$

式中,$Y(t)$ 是时域下的松弛模量。

ABAQUS 中的松弛模量是由 Prony 级数模型来描述的[式(6-22)],其可以由式(6-21)转换。由于 p_0，p_1，q_0，q_1，q_2 已知,式(6-22) 中的 Y_0，Y_i 和 τ_i 也可相应获得。

$$Y(t)=Y_0-\sum_{i=1}^{n}Y_i\left[1-\exp\left(\frac{-t}{\tau_i}\right)\right] \tag{6-22}$$

式中　Y_0—— 初始松弛模量；

Y_i—— 不同松弛时间下的松弛模量；

τ_i—— 松弛时间。

数值模拟中的参数 y_1，y_2 由式(6-23)获得。数值模拟中所用到的参数总结于表 6-10 中。

$$y_i=\frac{Y_i}{Y_0}\quad(i=1,\ 2) \tag{6-23}$$

表 6-10　　沥青砂浆和集料的参数

混合料类型	沥青砂浆			
	y_1	τ_1	y_2	τ_2
级配 1	0.912	0.594	0.087	60.166
级配 2	0.850	1.920	0.140	16.290

注:集料的弹性模量为 50 GPa。

6.2.3 沥青混合料间接拉伸试验

使用 MTS 仪（MTS Systems，Eden Prairie，Minnesota）来完成间接拉伸试验（IDT）。试验中,样品是放置在两个平板间,以 1 mm/min 的速率加载。试验中,记录上顶板的反力。试验装置的示意图如图 6-25 所示。

(a)试验前

(b)试验后

图 6-25　IDT 试验

6.2.4 数值模拟和分析

6.2.4.1 有限元模型

为了研究界面区对沥青混合料性能的影响,建立了有/无界面区的有限元模型。采用数字图像处理技术对集料进行识别。图 6-26 展示了试件和有限元模型。这里仅对粒径大于 2.36 mm 的集料识别,而把细集料当作沥青砂浆的一部分。模拟中,模型的边界条件和实际间接拉伸试验相同。沥青混合料在两个刚性板间压缩。刚性板和样品的接触模式设定为面面接触。底板固定,顶板以 1 mm/min 的速率下降。

界面区是集料和砂浆间很微小的区域,因此很难使用传统的技术去识别和分析其界面性质。如图 6-26 所示，对于粗集料，只有陶瓷、石灰石和熔渣在原始截面中被发现。因此，这里只考虑了三种界面区，采用纳米压痕技术获得了界面区的真实弹性模量，见表 6-11。图 6-26(c)展示了带有界面区的有限元模型。由于有限元的限制，界面过渡区的厚度设定为 150 μm(这种厚度远远大于界面区的实际厚度)。

(a) 级配1的沥青混合料

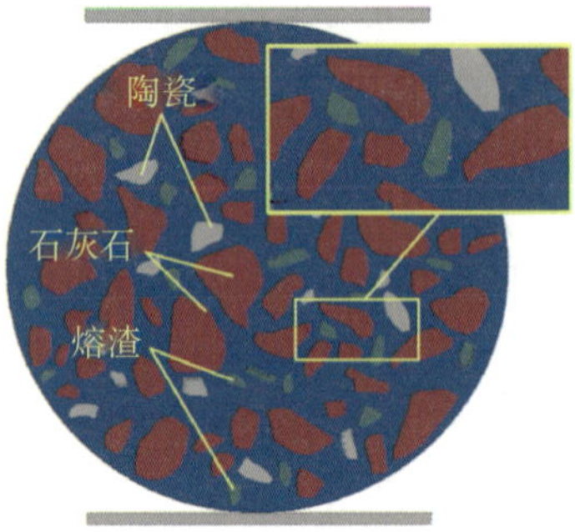

(b) 无界面过渡区的有限元模型

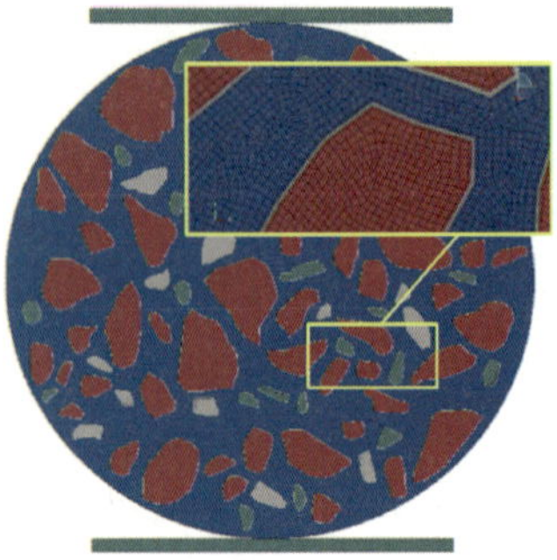

(c) 有界面过渡区的有限元模型

图 6-26　样品和有限元模型

表 6-11　陶瓷、炉渣、石灰石附近的界面过渡区的弹性模量

集料类型	界面过渡区的弹性模量/GPa
陶瓷	34.0
炉渣	42.5
石灰石	35.0

6.2.4.2　数值模型的验证

通过数值模拟和试验结果的比较来验证界面区对生活垃圾焚烧炉渣沥青混合料的力学行为影响。图 6-27 展示了数值模拟和试验中获得的顶板反力。考虑了界面区的

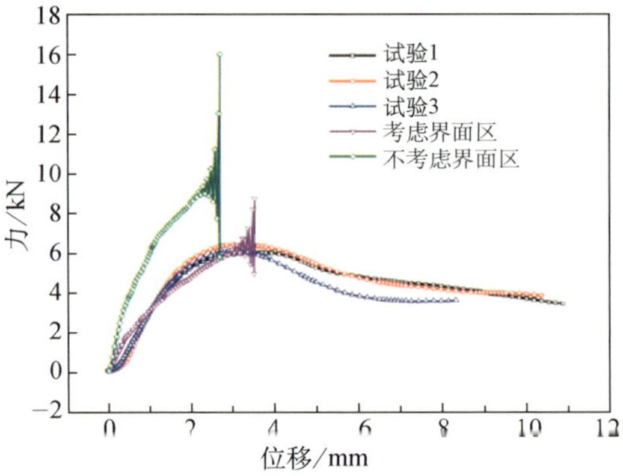

图 6-27　数值模拟和试验的比较

模拟结果和试验结果拟合得较好。这表明在有限元模拟中施加界面效应可以提高数值预测的精度。此外,数值模型还可以进一步用来研究界面区的弹性模量和厚度对沥青混合料力学性质的影响。

如前所述,不同的集料有不同的界面区性质。本节中,考虑不同的界面区弹性模量(5 GPa, 10 GPa, 15 GPa, …, 50 GPa)对沥青混合料力学行为的影响。此外,界面区的厚度对沥青混合料的强度和损伤机理的影响也很大。界面区的厚度实际会随着集料的形状和尺寸发生改变。在数值模拟中进一步考虑不同的界面区厚度(0 μm, 150 μm, 300 μm 和 450 μm)。这里的研究对象是级配 2 的沥青混合料,数值模型如图 6-28 所示。

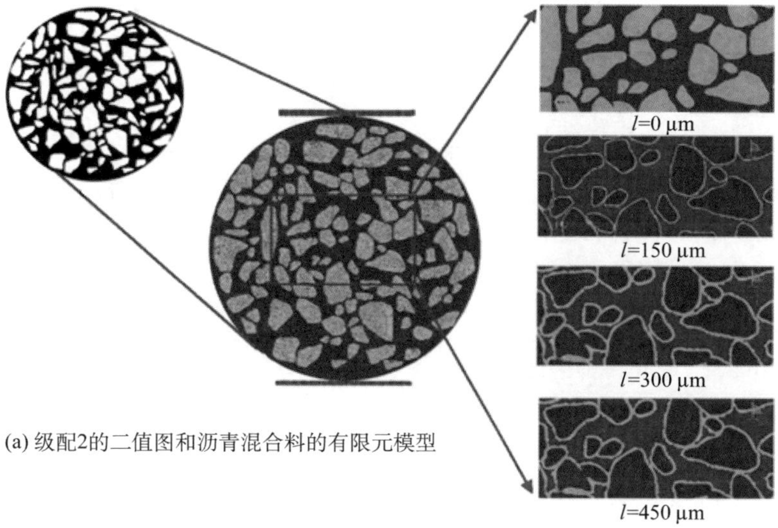

(a) 级配2的二值图和沥青混合料的有限元模型

(b) 界面区的有限元网格

图 6-28　级配 2 的沥青混合料的数值模型

如图 6-29 所示,随着竖向位移的增加,顶板反力也在增长。在第一阶段,当位移小于 1.2 mm 时,各反力值间的差异很小。然而,第二阶段,随着位移的逐渐增大,曲线显示出明显的差别。当位移达到 2.3 mm 左右时,由于数值模拟的不稳定收敛而显示出波动,这也是材料破坏前能够承受的最大位移。相比之下,当界面区的弹性模量小于 10 GPa 时,反力很小。当位移达到 1.2 mm 时,计算程序停止,这意味着沥青混合料的突然失效。

图 6-30 展示了不同界面区弹性模量下得到的间接拉伸强度结果。间接拉伸强度可以按式(6-24)计算:

$$ITS = \frac{2P}{\pi D t} \tag{6-24}$$

式中, P, D, t 分别是模拟结果的峰值力、半径和厚度。

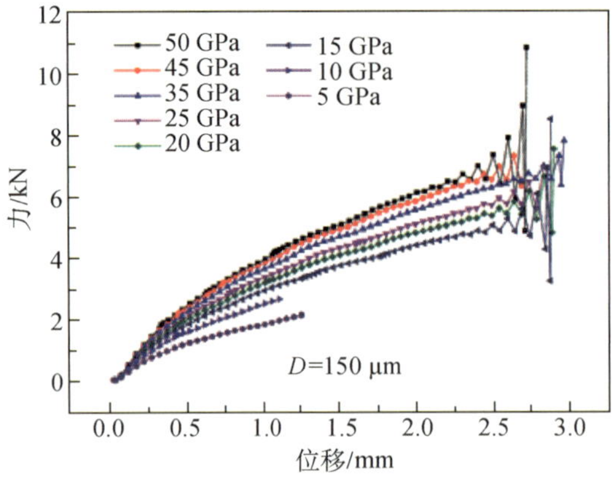

图 6-29　数值模拟中的力-位移曲线

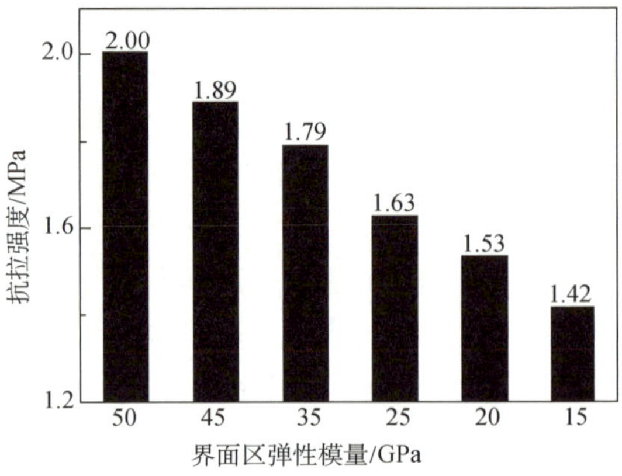

图 6-30　带有不同弹性模量下界面过渡区的沥青混合料抗拉强度

可以看出间接拉伸强度随着界面区弹性模量的减小而减小。例如，当界面区的弹性模量减小 50%时，沥青混合料的间接拉伸强度减小 18.5%。当弹性模量从 50 GPa 降到 15 GPa 时，沥青混合料的间接拉伸强度比初始值减小了 30%。这表明界面区的弹性模量对沥青混合料的间接拉伸强度有很大影响，因此当设计含有垃圾焚烧炉渣的沥青混合料时应将其考虑进去。

进一步分析界面区不同厚度的影响。采用四种界面区厚度（0 μm，150 μm，300 μm 和 450 μm），界面区的弹性模量定为 35 GPa。图 6-31 展示了施加的位移和反力之间的关系。不考虑界面区的模拟结果显然高于考虑界面区的模拟结果。此外，较厚的界面区也会降低整体强度。但是，各种厚度的极限形变都大致相似，约在2.3 mm，这意味着界面区的厚度对沥青混合料的变形影响不大。

图 6-32 展示了不同界面区厚度的沥青混合料间接拉伸模拟结果。与没有界面区

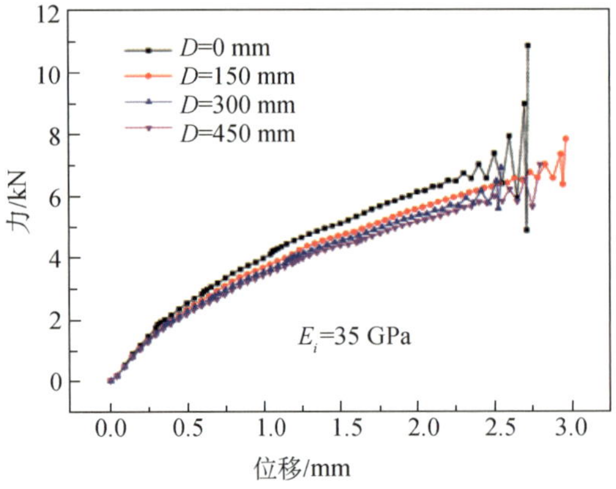

图 6-31　模拟中的力-位移曲线

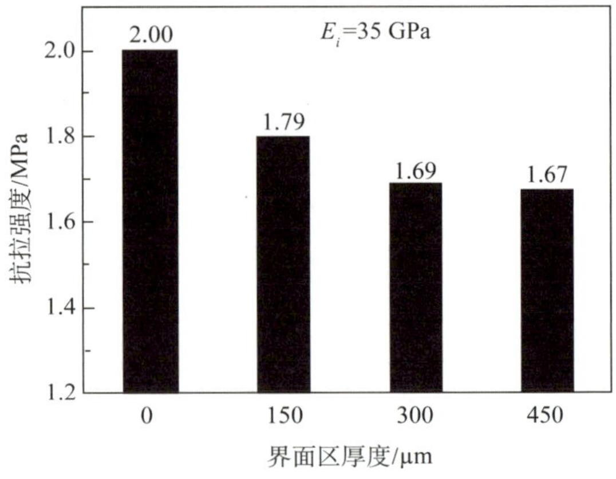

图 6-32　不同界面区厚度下界面过渡区的沥青混合料抗拉强度

的沥青混合料相比，界面区厚度在 150 μm 的沥青混合料的抗拉强度下降了 10.5%。随着厚度的增加，抗拉强度持续降低直至最低值(1.67 MPa)，这相比初始值(2 MPa)降低了 16.5%。这个结果表明，界面区越厚越会导致沥青混合料抗拉强度的降低。

间接拉伸试验的模拟过程中，最大主应力和最大主应变是评估沥青混合料裂纹扩展趋势的主要指标，损伤发展路径如图 6-33 所示。根据数值模拟中观察到的现象，沥青混合料的损伤主要分为四阶段。阶段 1 是在加载初期，样品底部有轻微的损伤。阶段 2 中，由于受到钢板的挤压，样品顶部和底部均发生了损伤。随着所施加位移荷载的增加，拉伸破坏在更多的区域出现并贯穿整个模型。从阶段 2 到阶段 3，最大主应变有个突变。相比阶段 3，阶段 4 没有出现更多的损伤，但是阶段 4 的最大主应变要比阶段 3 高，并且高应变会导致沥青混合料失效。在整个过程中，损伤通常发生在沥青混合料中部且沿着竖向发展。此外，损伤几乎不发生在集料中，而是更多地沿着界面区发展。

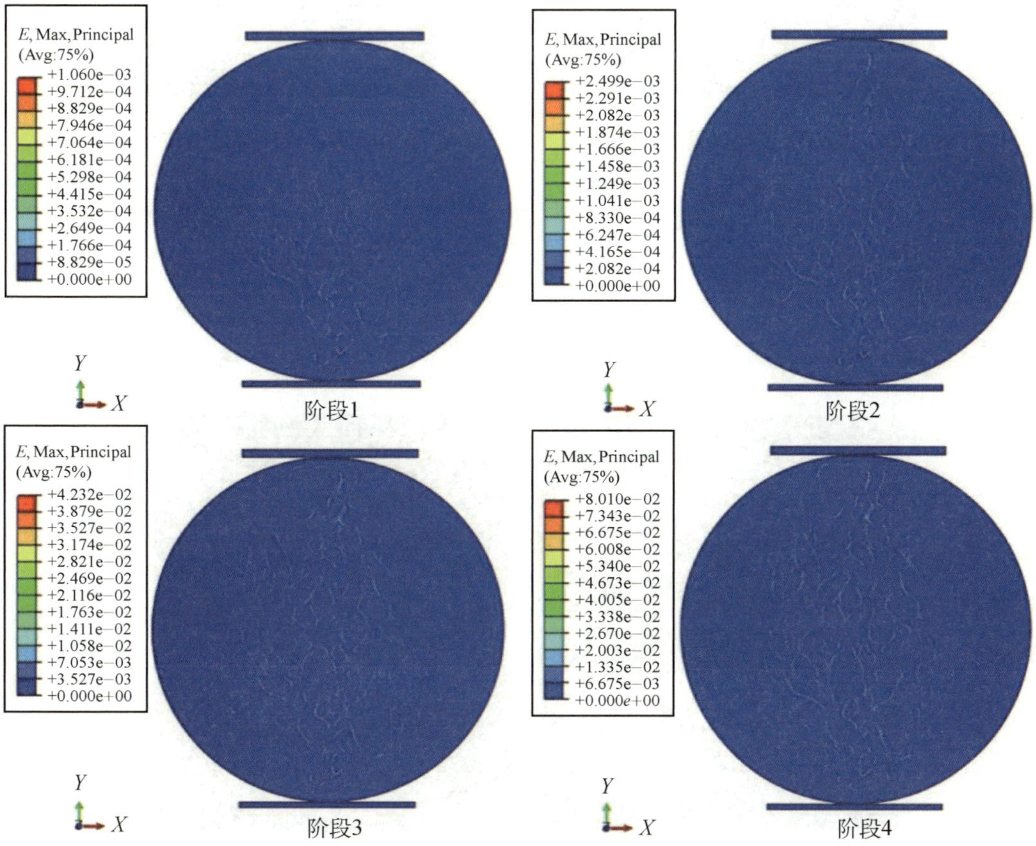

图 6-33　沥青混合料的损伤过程

6.3 考虑界面影响的沥青混合料间接拉伸数值试验

6.3.1 基于 CT 及数字图像处理技术的沥青混合料三维重构

对沥青混合料进行三维重构是沥青混合料进行数值模拟的基础。本书采用德国进口 YXLON CT 设备对沥青混合料内部结构进行扫描，对扫描后的图像进行数字图像处理，这个过程包括图像增强预处理、图像分割两个部分。预处理后的 CT 图像如图 6-34 所示，图像分割后的二值图如图 6-35 所示。

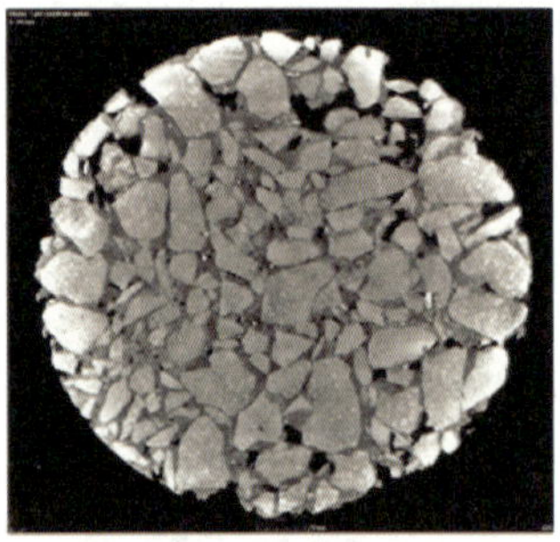

图 6-34 均值滤波处理后的 CT 图像

图 6-35 均值滤波处理后的二值图像

将经过图像处理的 101 张沥青混合料的 CT 图片导入 Mimics 软件中。相邻两张图片的间隔距离是 0.3 mm，每张图片的分辨率为 1 020×1 000 像素。由 101 张沥青混合料图片所生成的预览图如图 6-36 所示。从图 6-36 可以看出，沥青混合料的三维模型基本符合实际情况，粗集料的轮廓被保留。

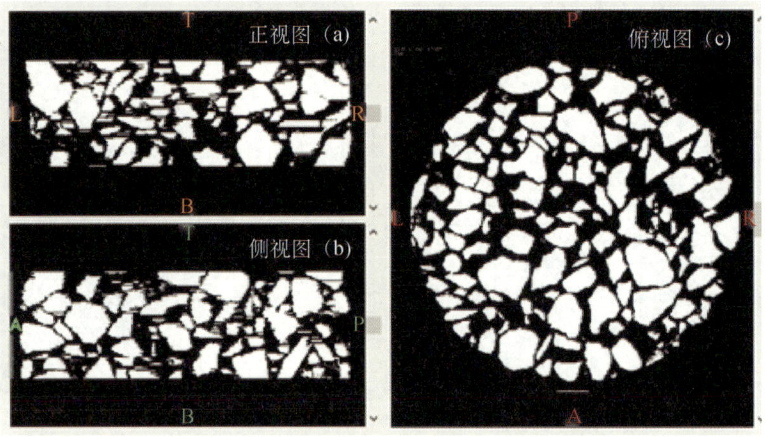

图 6-36 沥青混合料三维几何模型预览图

然后，对集料进行三维重构，重构步骤如下：①阈值分割，通过选择一定的像素灰度值范围来定义集料对象；②区域修正，对选择区域进行修正，去掉错误的体素；③三维模型构建，根据选定的区域生成集料三维模型；④三维模型的圆滑处理。三维重构的关键是阈值分割及区域增长，通过这两个步骤可以实现从二维图像中提取集料区域用于构建集料三维模型。接下来，以一颗集料为例介绍集料的三维重构方法。由于CT图像已经做了二值化处理，阈值分割处理中可将阈值设定为255，图6-37(a)，(b)，(c)显示的是阈值分割后的集料某截面所占的区域，绿色表示所选定的集料区域，图6-37(d)显示的是预生成的集料立体图像。由图6-37可知，集料区域附近存在离散像素，导致集料的三维模型中存在离散的体素，为了使集料的三维模型更符合实际，接下来借助区域增长的方法消除集料三维模型中的离散体素。

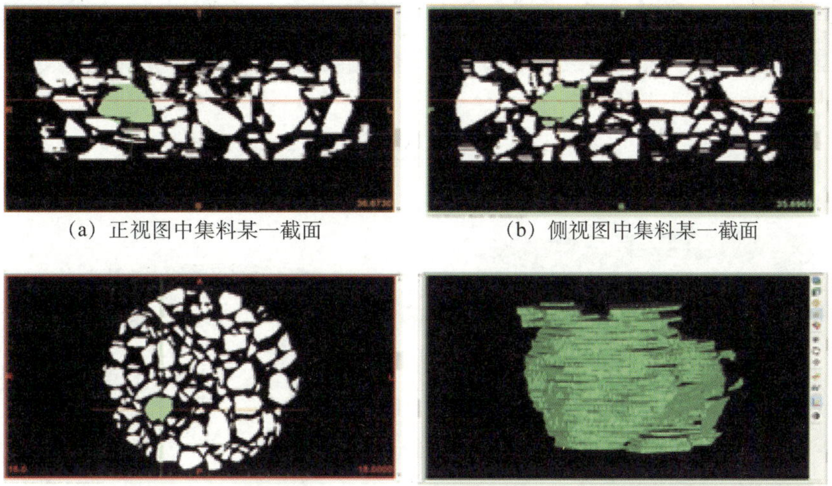

(a) 正视图中集料某一截面　(b) 侧视图中集料某一截面

(c) 俯视图中集料某一截面　(d) 单颗集料重构预览

图 6-37　单颗集料横截面区域选择

图6-38显示的是对感兴趣区域进行修正后重新界定的集料区域及由此所生成的新的集料三维模型，黄色区域代表经过调整处理后的区域。由三维预览图可见，集料三维模型中基本已无错误的体素。

基于所选的黄色区域，计算该集料的三维模型，计算结果如图6-39所示，从图中可见集料的部分区域存在尖角，而这些尖角会影响后续数值建模时的网格划分，因此需要对集料的三维模型进行圆滑处理。利用Mimics软件中的圆滑处理功能，设置圆滑参数为0.7，经过大量试验发现，该参数既能使集料轮廓表面得到改善，又能保持集料原有的基本轮廓。圆滑处理结果见图6-40。对比图6-39与图6-40发现，原集料表面的尖角得到了有效改善。

采用以上方法对沥青混合料中的所有集料进行曲面重构，得到的粗集料三维模型集合如图6-41所示，图中共有475颗集料。因为对集料是逐颗构建，所以确保了任意两颗集料间无交叉。

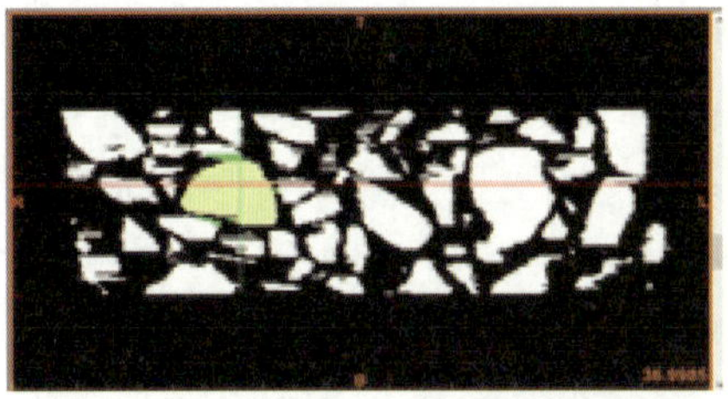

(a) 正视图中集料某一截面

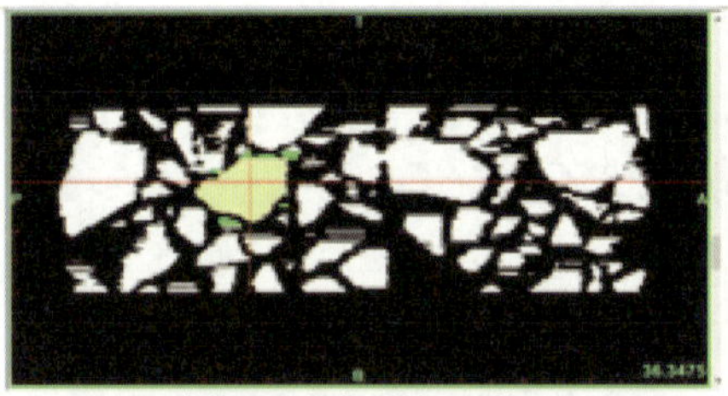

(b) 侧视图中集料某一截面

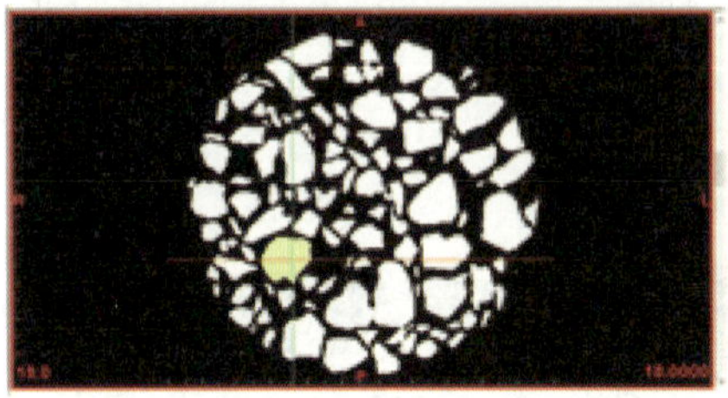

(c) 俯视图中集料某一截面

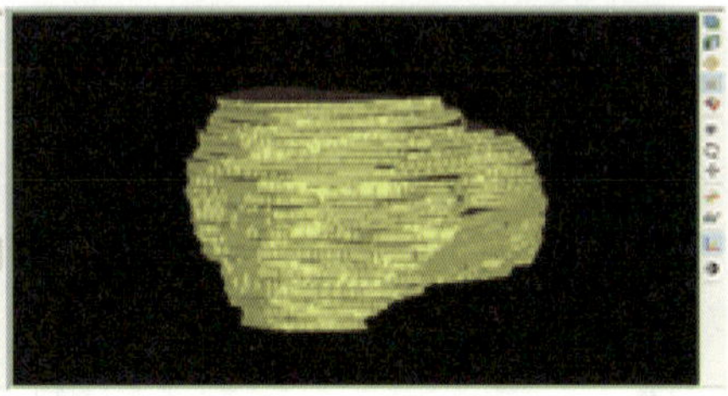

(d) 单颗集料重构预览

图 6-38　单颗集料横截面区域修正

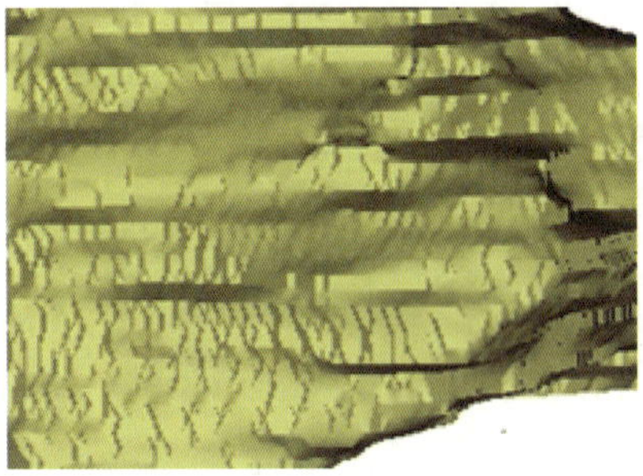

图 6-39　单颗集料三维重构效果

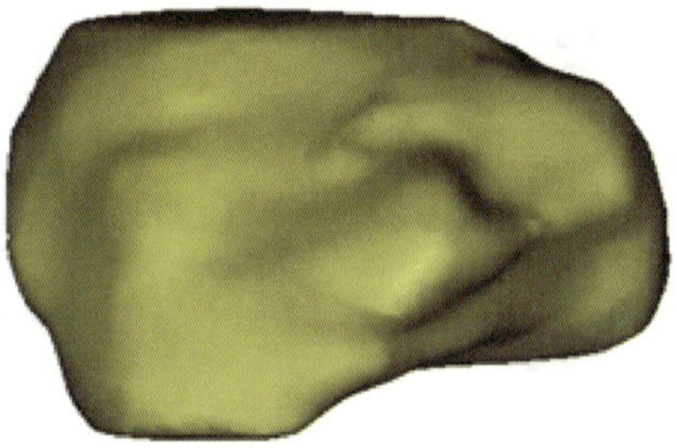

图 6-40　圆滑处理后单颗集料的重构效果

图 6-41　集料三维重构效果

接着，构建沥青砂浆三维几何模型。相比于集料，沥青砂浆的三维重构较简单，具体步骤如下：①先建立一个直径为 101.6 mm，高度为 30 mm 的圆柱体；②然后做布尔差运算，将集料从圆柱体中扣除，剩下的部分作为沥青砂浆的三维几何模型，见图 6-42。

在完成了集料与沥青砂浆的三维模型构建后，将粗集料与沥青砂浆组合在一起，从而得到沥青混合料的三维几何模型，如图 6-43 所示。

图 6-42　沥青砂浆三维重构效果

图 6-43　沥青混合料三维重构效果

6.3.2　沥青混合料三维有限元模型网格划分

本书 6.3.1 节所建立的沥青混合料三维模型是由表面轮廓围成的体，内部仍为空心，不能被有限元软件识别，也不能用来进行力学数值仿真分析，因此需要对沥青混合料的三维模型进行数值化处理。

沥青混合料数值模型构建的关键是划分体网格，体网格的质量和数量关系到数值分析结果的精度和计算效率，因此探索适合沥青混合料的网格划分方法具有重要意义：保证体网格划分质量，同时最大限度地减小网格密度，从而减少计算时间。体网格的质量依赖于体单元形状，通常形状最差的体单元决定了整体网格的划分质量。理想的体单元形状应是规则的，如正四面体单元总能找到一个外接圆球。为了在网格划分中尽可能地增加规则单元数量，减少不合格单元数量，以四面体单元的长宽比（aspect ratio）为衡量单元规则程度的指标。长宽比是四面体的最长边的长度除以最短高（四面体的高，定义为从一个顶点到其相对面的距离）的长度，长宽比越小，四面体单元质量越高。

在划分网格前，需要设置网格类型和网格尺寸，这些参数决定了三维实体模型的网格质量和网格数量，也是协调计算精度和计算效率的重要参数。对于单元类型，因为四面体单元是有限元分析中三维几何模型常用的网格单元，所以这里考虑采用四节点线性四面体单元。对于单元尺寸，取四面体单元最大边长范围 1～5 mm，并研究单元最大尺寸对网格质量和网格数量的影响。对于网格质量的评价方法，以四面体单元的长宽比阈值为指标，阈值变量为 100，60 和 20。当单元的长宽比小于阈值时，该单元被认为合格，最后统计小于这个阈值的合格单元的数量。

单元尺寸对网格数量和网格质量的影响结果见表 6-12，从表中可知，随着单元最长边的减少，单元数量增加。当单元最长边从 4 mm 减小到 3 mm 时，单元数量的增长率为 107%；当单元最长边从 3 mm 减小到 2 mm 时，单元数量增长率为 240%，当单元最长边从 2 mm 减小到 1 mm 时，单元数量增长率为 797%。由此可见，单元尺寸与单元数量并不是呈线性相关，当单元尺寸小到一定程度时，可能会大大增加总单元的数量。此外，随着阈值减小，相同单元尺寸下的合格单元数量也在减少，但所有阈值下的单元合格率均超过 99%，由此可见单元尺寸对单元质量的影响不大。综上分析，单元尺寸对单元数量影响较大，因此在尽量减小单元尺寸保证计算精度时，需考虑硬件的计算能力。本书拟采用戴尔(Dell)公司生产的服务器进行后续数值计算，该服务器的内存为 128 GB 并配备 2 个处理器，处理器型号为 Intel Xeon CPU E5-2650 v4，处理器的芯数为 12 核 24 个线程，主频 2.2 GHz。考虑到服务器在进行数值计算时对单元数量要求的上限，选择了最大边长为 3 mm 的四面体单元对沥青混合料的三维模型进行体网格划分。

表 6-12　　网格数量影响因素分析

单元最长边/mm	四面体单元长宽比阈值					
	100		60		20	
	单元数量	合格单元数量	单元数量	合格单元数量	单元数量	合格单元数量
5	91 205	91 201	91 205	91 200	91 205	91 143
4	120 851	120 849	120 851	120 848	120 851	120 817
3	248 207	248 205	248 207	248 205	248 207	248 191
2	844 617	844 615	844 617	844 615	844 617	844 601
1	7 576 952	7 576 950	7 576 952	7 576 950	7 576 952	7 576 879

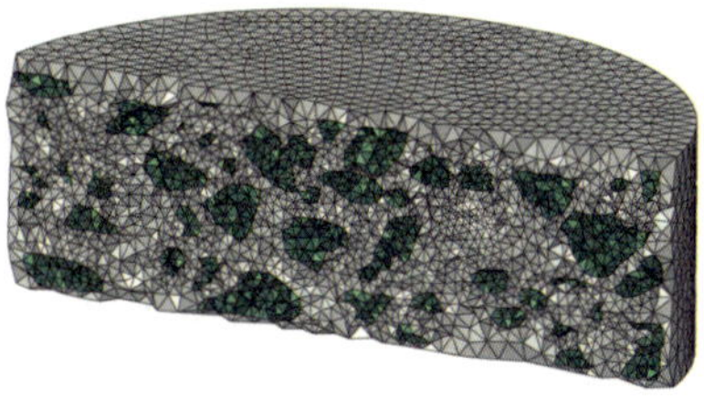

图 6-44　沥青混合料网格模型

采用最大边长为 3 mm 的四面体单元对沥青混合料的三维模型进行体网格划分，具体步骤如下：①采用自适应方法划分面网格，面网格的最大边长为 3 mm，自适应方法可以在集料不规则曲面上适当减小网格尺寸；②检查面网格质量，去除重叠面单元和改善质量较差的面单元；③生成四面体单元，控制四面体单元的最大边长为 3 mm。沥青混合料的体网格划分结果见图 6-44，其中白色区域代表集料，绿色区域代表沥青砂浆。在集料与沥青砂浆的界面上，集料单元与沥青砂浆单元共节点，从而保证力在不同组分之间的传递。从图 6-44 中可以看出，部分区域的网格尺寸较大，如靠近沥青砂浆边缘的区域、部分粗集料的中部区域，同时，也发现在部分区域的网格尺寸较小，如沥青砂浆的中部区域、集料与沥青砂浆的界面区域。这是因为集料的表面是不规则曲面，需要通过减小网格尺寸来保证网格单元的质量。

在完成体网格划分之后，将沥青混合料中的集料从沥青砂浆中提取出来，如图 6-45 所示。从图中可以看出，集料表面的网格划分是比较均匀的，集料保持了其原有的形状轮廓，说明单元类型、单元尺寸、单元划分方法适用于本沥青混合料的体网格划分。

图 6-45 集料网格模型

6.3.3 黏聚带单元构建

沥青与集料之间界面的损伤力学行为是关注的重点，可采用黏聚带模型(cohesive zone model)考察界面的损伤行为。黏聚带模型中张力-位移关系(traction-separation law)由于其简单的本构方程，能够刻画离散裂纹以及准确反映裂纹尖端的能量耗散等优点在模拟沥青混合料和混凝土的裂纹和扩展方面得到广泛应用。其中，双线性张力-位移关系被认为是描述沥青混合料损伤开裂行为的一种有效的本构模型。在应用双线性张力-位移关系之前，需要在集料单元与沥青砂浆单元之间构建黏聚带单元，黏聚带单元与集料单元和沥青砂浆单元的位置关系如图 6-47 所示。需要指出的是，本书采用的是零厚度黏聚带单元，因为理论上黏聚带区域的位移不可能出现负值，但随着厚度的增加，这一层黏聚带单元越来越趋于一个有限厚度的变形问题，相应的也会出现负位移，从而影响计算精度和收敛性。

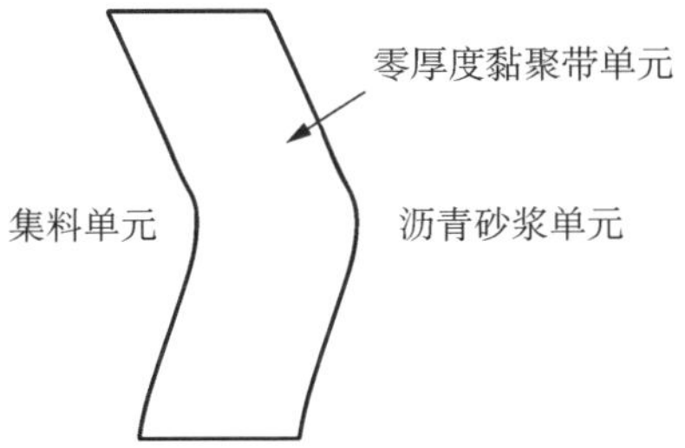

图 6-46 黏聚带单元与集料单元和沥青砂浆单元的相对位置关系

根据以下步骤在集料单元与沥青砂浆单元之间设置黏聚带单元。

(1) 分裂单元节点，即同一个节点变成两个序号不同，但位置相同的节点。如图 6-47所示，将原来的 A 节点分裂成两个相同坐标的 A 节点与 A' 节点，同理 B 节点分裂成 B 节点与 B' 节点，C 节点分裂成 C 节点与 C' 节点。

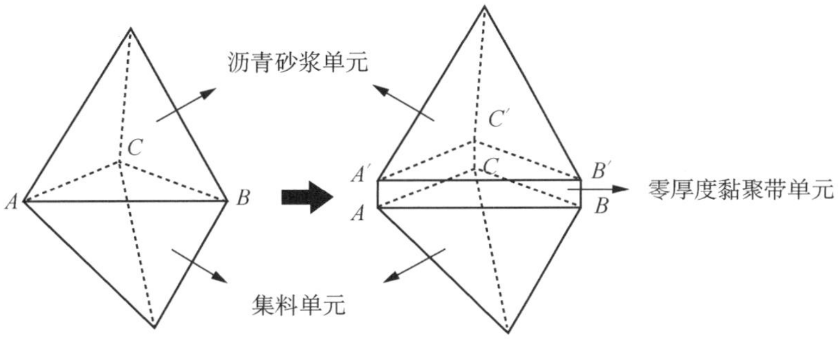

图 6-47 黏聚带单元与界面过渡区单元和沥青砂浆单元的相对位置

(2) 通过节点重组生成新的黏聚带单元。假设黏聚带单元在视觉上是有厚度的,那么重组生成的黏聚带单元就为 $ABCA'B'C'$。如图 6-48 所示,新生成的黏聚带单元两侧分别与原单元存在公共节点连接。

由于集料与沥青砂浆界面是不规则的曲面且曲面面积庞大,常规的手动嵌入黏聚带单元的方法并不适用,因此提出了一种适合不规则三维模型的黏聚带单元批量创建方法,利用 Python 代码向 ABAQUS 的脚本文件(后缀名为.Inp 的文件)中添加黏聚带单元的数据信息,使得模型内选定的单元之间都有黏聚带单元。采用 Python 程序编程实现黏聚带单元批量嵌入的具体流程如下:

(1) 读取 ABAQUS 脚本文件;

(2) 将单元信息与节点信息储存到字典;

(3) 指定开裂区,为嵌入黏聚带单元做准备;

(4) 遍历开裂区所有单元,遍历每个单元上所有节点,统计每个节点出现的次数;

(5) 根据节点出现次数,对节点进行分裂,从而产生新节点,并把新节点分配给各单元;

(6) 在开裂区找到相邻单元,并记录下相邻单元间的公共面;

(7) 在公共面处生成黏聚带单元;

(8) 以字符的形式输出新节点数据、新单元数据和黏聚带单元数据;

(9) 更新并输出 ABAQUS 脚本文件。

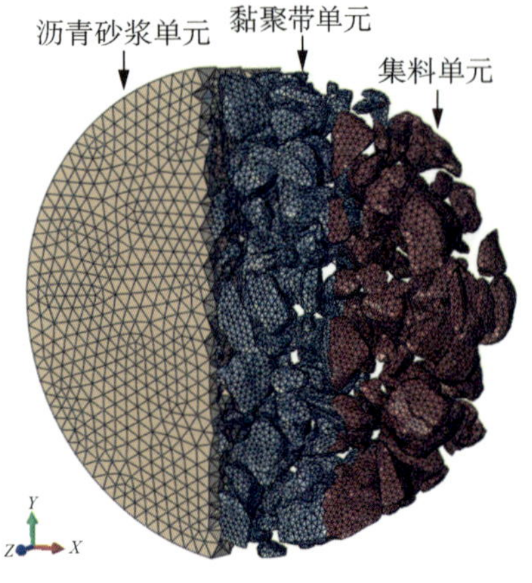

图 6-48　沥青砂浆单元、黏聚带单元、集料单元的相对位置关系

三维零厚度黏聚带单元批量嵌入沥青混合料中的效果如图 6-48 所示,黏聚带单元置于集料单元与沥青砂浆单元之间。

黏聚带模型假设材料是由一个个的基本胞元通过虚拟的黏结面黏结而成,材料的物理断裂和损伤只存在于虚构的黏结面上,位于黏结面外的材料胞元不会发生损伤和断裂。虚构的黏结面由上、下两个初始位置重叠的表面组成。黏聚带模型可以描述虚构黏结面的力与位移响应。如图 6-49 所示,假设裂尖前沿存在一个从 B 至 A 的黏聚区域,在外载作用下,如果黏聚区域表面上的力超过规定的门槛值,黏结的上、下表面就将张开,表示裂纹开始起裂。虚构的黏结面被称作虚拟裂纹或者黏聚裂纹。通常情况下,作用在黏聚裂纹上的力随着两个表面张开位移的增加呈现非线性变化。黏聚裂纹面上的力与裂纹面张开位移之间的这种非线性关系可以通过黏聚断裂能来描述:

$$\Phi = \int_0^{\Delta^c} t(\delta)\,\mathrm{d}\delta \tag{6-25}$$

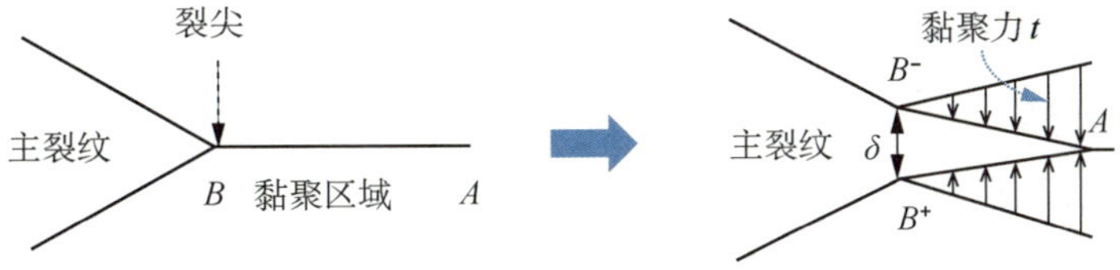

图 6-49 黏聚带模型基本概念

黏聚带模型从三个方面描述了材料的开裂行为：①材料的极限抗拉强度 T_{max}；②黏聚能 Φ 的大小；③黏聚能的形态，即 T-Δ 曲线的形状。图 6-50 展示了双线性本构模型，图中纵坐标为应力，横坐标为位移。从图 6-50 中可以看到，当虚拟裂纹面上的力 T 未达到材料的开裂强度 T_{max} 时，虚拟裂纹面是线弹性的；当 T 超过材料的开裂强度 T_{max} 时，虚拟裂纹面开始出现损伤，即随着裂纹面张开位移 Δ 的增加，T 开始出现衰减，这种现象也被称为材料软化；最后当 Δ 增加到一个临界位移 Δ^c 时，T 衰减为零，意味着虚拟裂纹面完全分离。图 6-50 中 D 是刚度衰减变量，用来描述材料刚度的衰减程度，D 的计算方法见式(6-26)，在后面数值模拟中将用该变量作为黏聚带单元损伤程度的评价。

$$D=\frac{\Delta^c(\Delta-\Delta^\circ)}{\Delta(\Delta^c-\Delta^\circ)} \tag{6-26}$$

式中 Δ^c—— 发生断裂时的位移；

Δ—— 加载过程的位移；

Δ°—— 损伤起始点对应的位移。

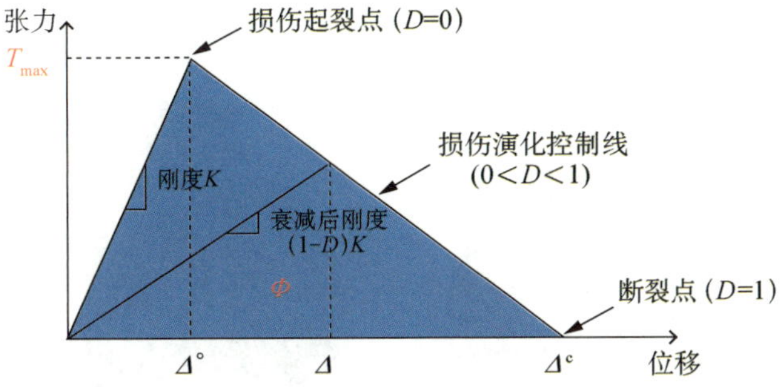

图 6-50 双线性张力-位移关系示意

采用与集料相同的刚度(50 GPa)作为黏聚带单元在线弹性阶段的刚度。为了研究界面区力学参数对沥青混合料力学响应的影响，在本次数值模拟中取界面区抗拉强度为 0.1 MPa，0.5 MPa，1 MPa，1.5 MPa 和 2 MPa。

6.3.4 沥青混合料间接拉伸试验数值模型

间接拉伸试验又称劈裂试验，如图 6-51 所示，根据《公路工程沥青及沥青混合料试

图 6-51　间接拉伸试验

验规程》(JTG E20—2011),在间接拉伸试验过程中,对规定尺寸的圆柱体试件,通过一定宽度的圆弧形压条施加荷载,将试件劈裂直至破坏,在加载过程中记录力和位移随时间的变化。间接拉伸试验是沥青混合料力学性能测试中常用的方法,但从公开发表的研究成果来看,尚未见到对含有界面过渡区的三维沥青混合料细观数值试样进行间接拉伸数值模拟的文献,因此有必要开展沥青混合料的间接拉伸数值模拟试验。由于计算能力有限,本书采用尺寸为 101.6 mm×30 mm 的沥青混合料试件。

获得沥青混合料的三维数值试样,在此基础上,建立用于传递荷载和约束的压头和垫板的数值模型,如图 6-52 所示。采用与实际间接拉伸试验相同的加载参数,通过压条对数值试样的上、下边界进行加载,施加均布荷载在压条上部,以 50 mm/min 的加载速度对试件进行加载。边界条件的设置如下:设置底座不允许其发生横向与竖向滑动;在试件与压头和底座之间设置非穿透接触对,使数值模拟过程与试验过程中的受压接触过程保持一致。在本模拟中,在试件上、下面处设置由节点集合构成的加载面。在上加载面设置边界条件,约束试件在方向 1 的平动以及绕方向 3 的转动,即 $U_1=UR_3=0$;试件的下加载面用于控制试件在方向 1 和方向 2 的平动自由度及绕方向 3 的转动,即 $U_1=U_2=UR_3=0$。

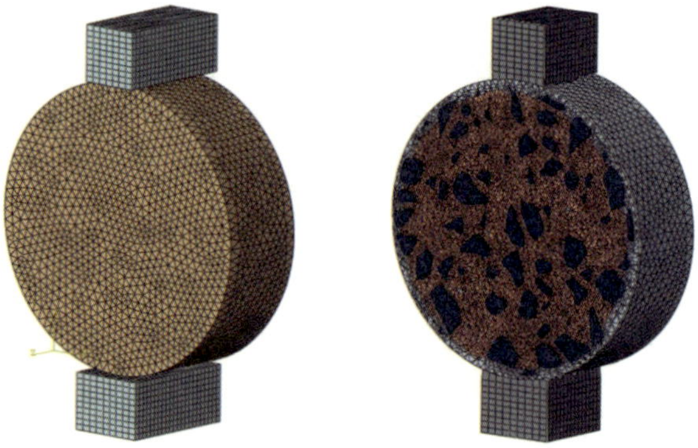

图 6-52　沥青混合料三维有限元数值模型

采用 AC-13 沥青混合料,70 号沥青,沥青混合料级配如表 6-13 所列。根据沥青混合料的合成级配,依照各档集料筛余百分率比例不变的原则去除粗集料部分,即可计算出沥青砂浆的级配,如表 6-14 所列。

表 6-13　　AC-13 沥青混合料配合比

筛孔/mm	16	13.2	9.5	4.75	2.36	1.18	0.6	0.3	0.15	0.075	矿粉	油石比
通过率/%	100.0	98.9	83.8	43.4	29.8	22.8	17.6	10.1	8.1	5.9	5.9	4.6

表 6-14　　沥青砂浆配合比

筛孔/mm	2.36	1.18	0.6	0.3	0.15	0.075	矿粉	沥青
通过率/%	13.6	7.0	5.2	7.5	2.0	2.3	5.9	4.6

根据单轴压缩蠕变试验，得到 20 ℃下沥青砂浆的蠕变柔量曲线，然后采用常用的黏弹性模型对蠕变柔量曲线进行拟合，确定用于描述沥青砂浆的黏弹性的三参数固体模型，最后得到沥青砂浆的松弛模量曲线用于数值模拟计算。图 6-53—图 6-55 所示分别为三参数固体模型、蠕变柔量拟合曲线和松弛模量曲线。

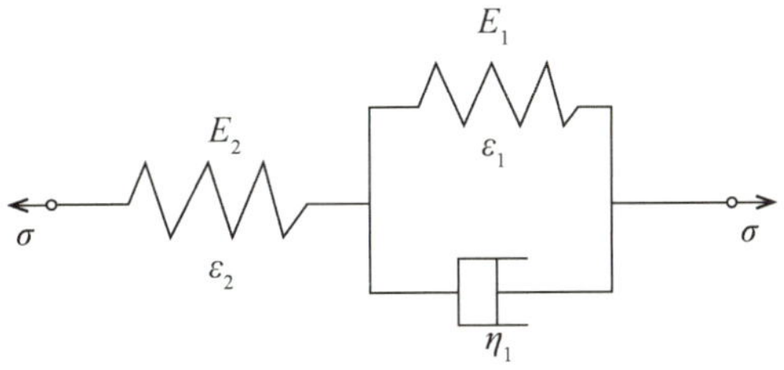

图 6-53　三参数固体模型

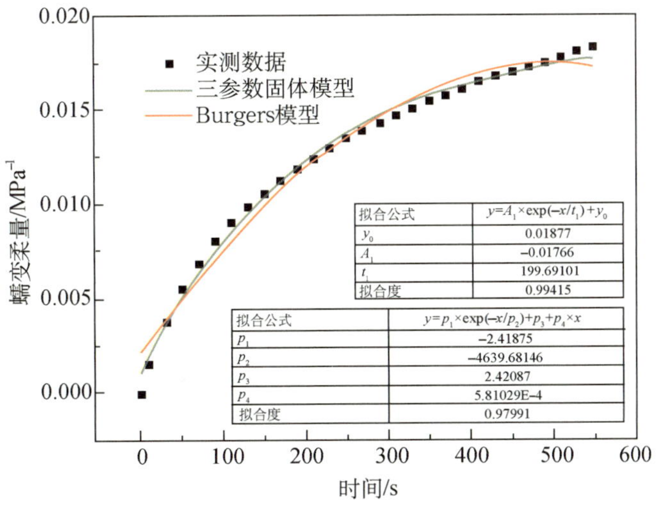

图 6-54　三参数固体模型对蠕变柔量的拟合结果

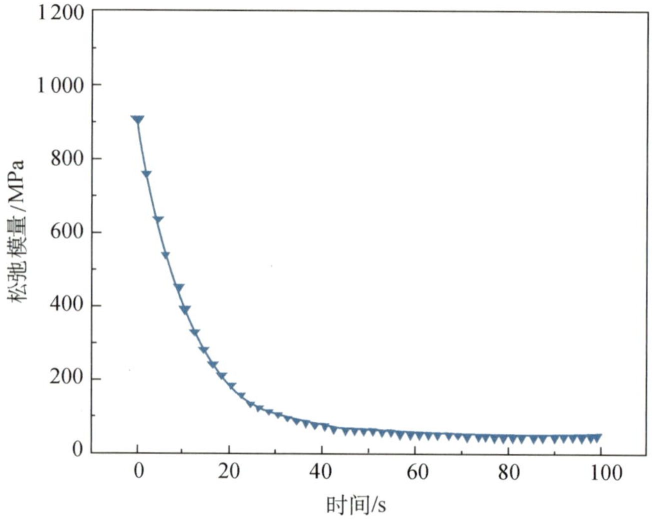

图 6-55　20 ℃下沥青砂浆的松弛模量曲线

将数值模拟中涉及的材料参数汇总在表 6-15 中。

表 6-15　沥青混合料数值模拟的材料参数

材料参数	集料	黏聚带单元	沥青砂浆
弹性模量/GPa	50	50	0.05(瞬时弹性模量)
泊松比	0.2	0.25	0.3
密度/(g·cm^{-3})	2 700	2 500	2 350
松弛模量	—	—	(见图 6-54)
极限抗拉强度/MPa	—	0.1	—
		0.5	
		1	
		1.5	
		2	
断裂能/(J·m^{-2})	—	2 500	—

6.3.5　数值模拟结果分析

从力-位移曲线、应力分布、损伤变量三个方面考察不同界面抗拉强度下沥青混合料的力学行为。图 6-56 展示的是不同界面抗拉强度下沥青混合料的力-位移曲线，从图中可以看出，随着界面抗拉强度的增加，沥青混合料所承受的力增大。当位移达到 2.5 mm 时，5 条曲线所对应的荷载分别是 2.5 kN，4.9 kN，5.4 kN，6.0 kN 和 6.4 kN，结果表明界面抗拉强度是影响沥青混合料力学行为的一个重要因素。

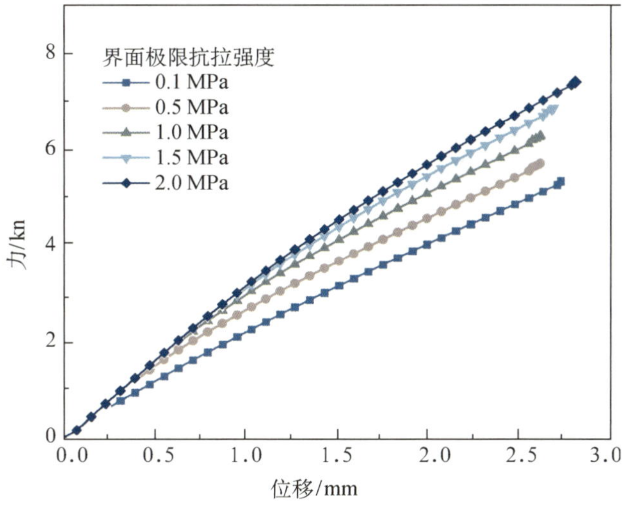

图 6-56　不同界面抗拉强度的力-位移曲线

图 6-57 对比分析了不同界面抗拉强度在相同加载时间下，集料的 Von Mises 应力分布状态。从图 6-57 中可知，沥青混合料上、下两端的应力大于中部，沥青混合料两侧的应力大于中部。由此可知，来自上、下压头的力是从上、下两端向中部传递的，并从中部向两侧扩展。Von Mises 应力可用于评估沥青混合料容易发生破坏的区域，由此推测在试件的中部且靠近上、下两端的位置是容易发生开裂破坏的位置。对比不同界面抗拉强度下集料的最大应力值，发现随着界面抗拉强度的增加，集料所承受的最大应力也在增加。

图 6-58 展示的是不同界面抗拉强度下，沥青砂浆在相同加载时间下的应力分布云图。图中白色部分是原集料所在区域，为了更好地观察沥青砂浆的应力分布，将集料从图中隐去。与在集料中发现的规律相同，沥青砂浆的中部相比于两侧承受了更大的应

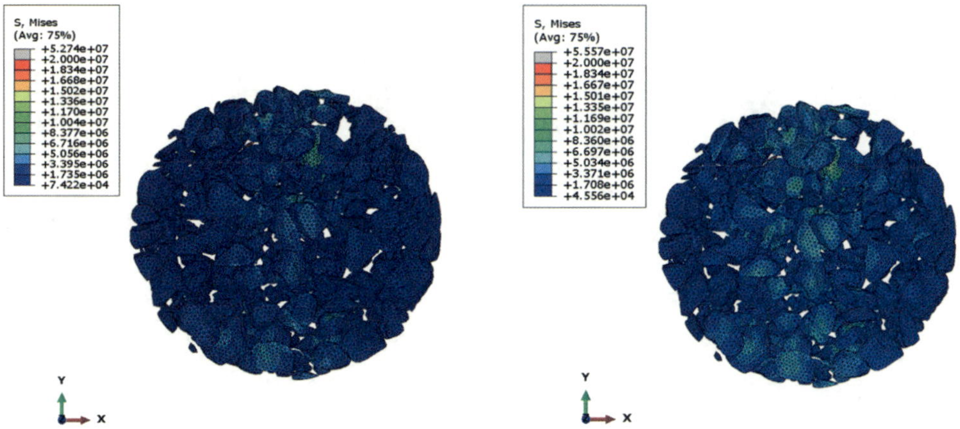

(a) 0.1 MPa　　　　(b) 0.5 MPa

(c) 1 MPa

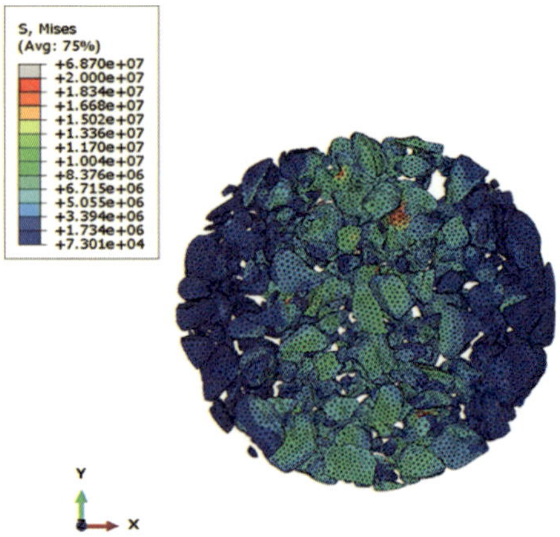

(d) 1.5 MPa

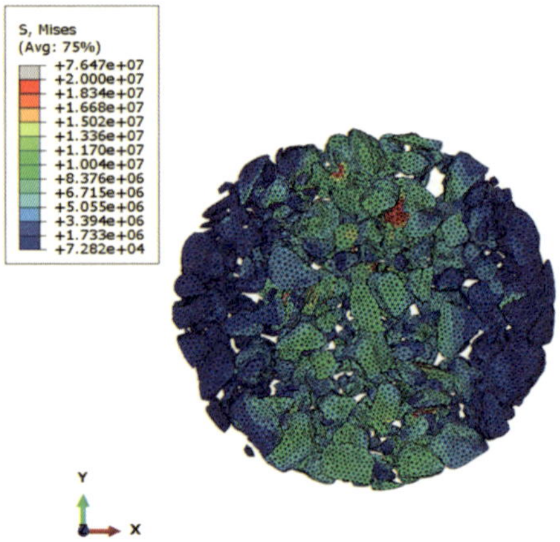

(e) 2 MPa

图 6-57　不同界面抗拉强度下集料的应力分布

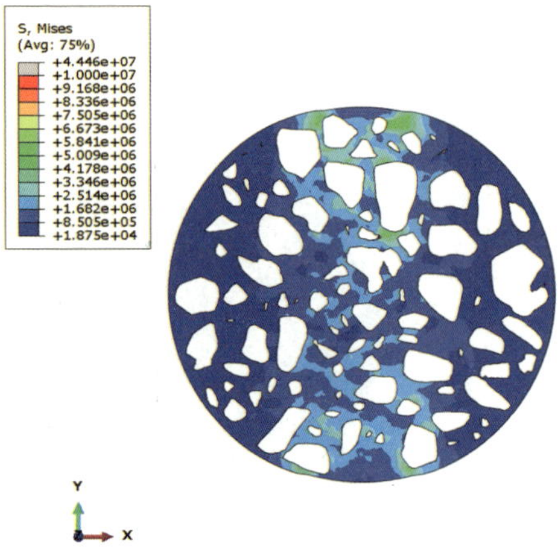

(a) 0.1 MPa

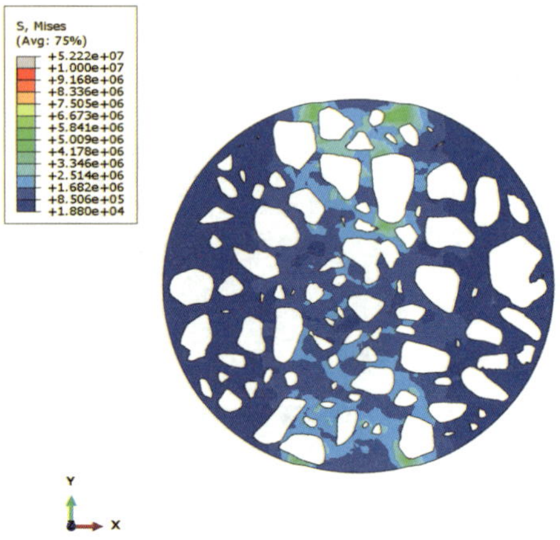

(b) 0.5 MPa

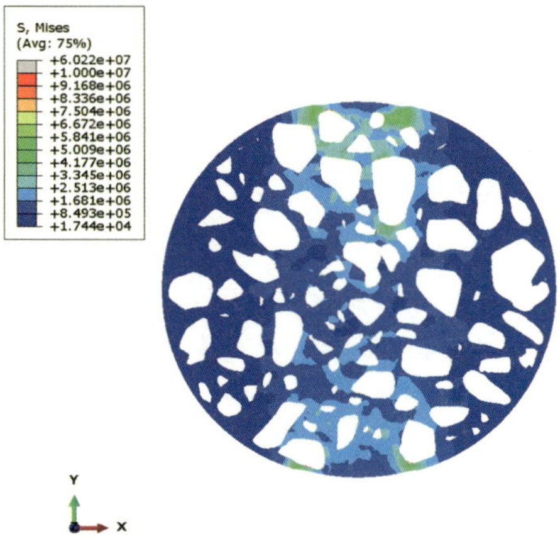

(c) 1 MPa

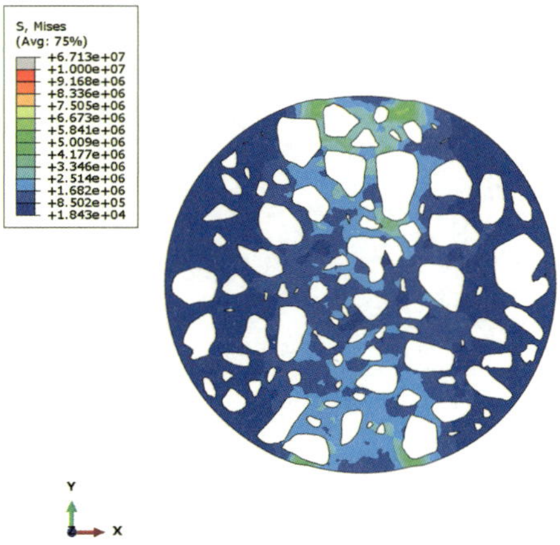

(d) 1.5 MPa

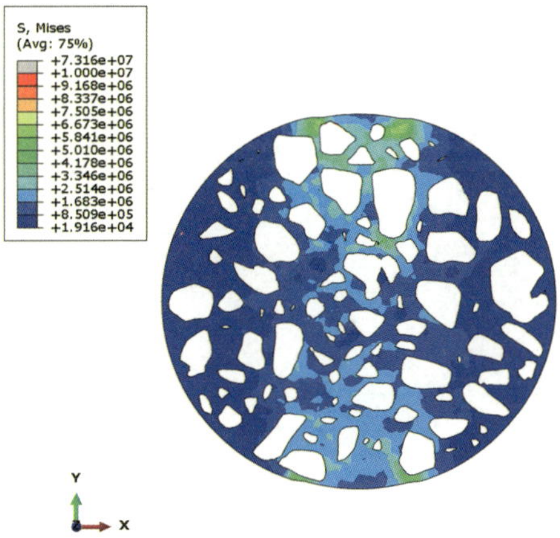

(e) 2 MPa

图 6-58　不同界面抗拉强度下沥青砂浆的应力分布

力，沥青砂浆的两端相比于中部承受了更大的应力。随着界面抗拉强度的增加，沥青砂浆中所承受的最大应力也在增加，这是由于界面抗拉强度的增加会增加沥青混合料整体的刚度，在相同的加载条件下，整体刚度越高的沥青混合料所承受的应力越大。

图 6-59 展示的是不同界面抗拉强度下，沥青混合料界面的损伤程度。在数值模拟中，损伤程度用刚度衰减变量(Scalar Stiffness Degradation，SDEG)来评价，*SDEG* 的计算方法见式(6-26)。*SDEG* 的取值范围为 0～1，当 *SDEG* 取值为 0 时，表示单元的刚度未出现退化；当 *SDEG* 取值为 1 时，表示单元刚度为 0，单元完全失效，集料与沥青砂浆发生完全脱离。从图 6-59 中可知，界面抗拉强度越大，界面过渡区的损伤程度就越小，不同界面抗拉强度所对应的最大 *SDEG* 值分别为 0.99，0.97，0.94，0.91 和 0.89。

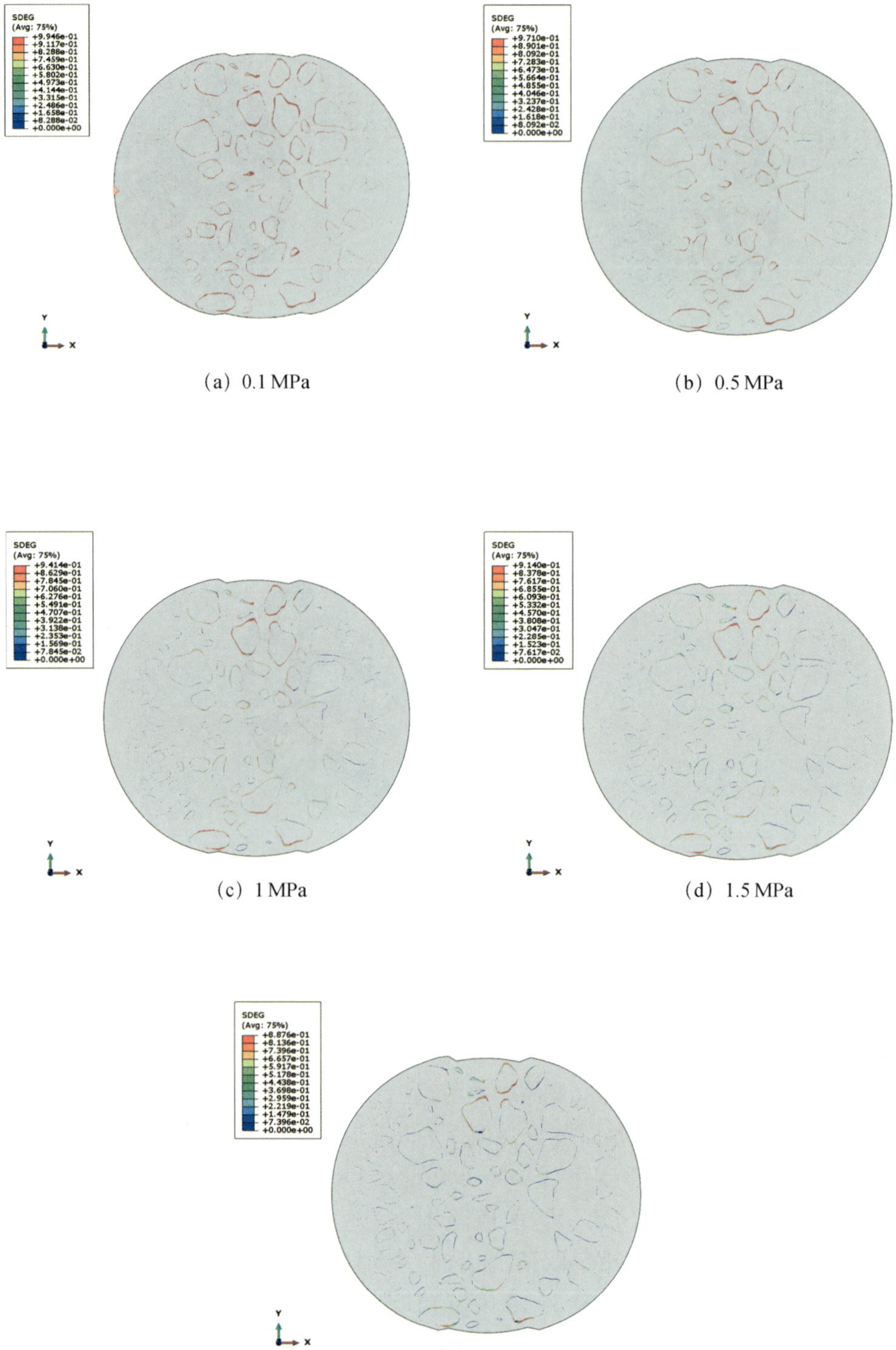

(a) 0.1 MPa　(b) 0.5 MPa

(c) 1 MPa　(d) 1.5 MPa

(e) 2 MPa

图 6-59　不同界面抗拉强度下沥青混合料界面的损伤程度

6.4 小结

有限元法是最为常用的数值模拟方法，采用有限元进行数值模拟不仅可以预测沥青混合料的宏观有效性质、描述其在受力过程中的力学响应，还可以从细观层面揭示沥青混合料损伤断裂形成与发展的内在机制和规律。在损伤断裂模拟中，所考虑的影响因素有温度、加载速率、沥青砂浆的本构模型等，而界面区的力学性质对沥青混合料损伤断裂行为的影响未见报道。这可能是对界面区的认识不足，也可能是界面区作为一个几十微米的微区，很难对其进行有限元建模。无论如何，界面区作为沥青混合料细微观结构的组成之一，建立界面区与沥青混合料宏观力学性能的定量联系是未来研究的趋势。

本章尝试采用三种界面处理方法来进行有限元数值模拟，以考查界面对沥青混合料宏观性能的影响。第一种是等效集料模型，通过严格的弹性力学及细观力学推导，将界面的影响计入集料中，从而规避了建模时需要构建界面微区的瓶颈。此外，界面的特性通过 AFM 试验进行采集，将获得的界面厚度、界面模量等参数作为数值模拟的输入参数，以考察实测界面性能对混凝土各力学性能的影响。从模拟结果来看，该方法的准确度非常高。第二种是中间层模型，即认为沥青砂浆与集料之间存在着第三种介质，且该介质具有一定的厚度。这种方法比较容易操作，但是正如之前所述，如果直接在有限元中建立具有一定厚度的界面层，由于界面厚度过小，基体刚度在计算时会退化，同时来自界面区内网格生成的奇异性非常难处理。基于上述限制，本章采用中间层模型时，界面厚度在 100 μm 量级，与实际几微米到几十微米的微区认知并不相符。但是，在一定程度上已经可以采用该方法探知界面区的模量、厚度等参数对沥青混合料起裂和强度等影响的规律。第三种是采用黏聚带模型，通过 CT 技术、数字图像处理技术及三维重构技术构建了沥青混合料三维细观数值模型，基于黏弹性力学理论及单轴压缩蠕变试验确定了沥青砂浆的黏弹性本构及模型参数，在此基础上采用双线性黏聚带模型考察了界面极限抗拉强度对沥青混合料间接拉伸性能的影响。

上述三种方法实际上都存在一定的缺陷。从界面角度来说，界面厚度、界面模量、界面强度是影响沥青混合料宏观性能的三大主要因素，但上述三种方法均无法在同一模型中将这三种因素都考虑在内。此外，受现阶段试验手段的限制，目前仍然很难精确地标定出界面的厚度、模量、极限抗拉强度、断裂能等物理和力学指标，导致很难精准预测界面性能衰退对沥青混合料性能劣化的影响。本章仅是基于有限元做了一些探索性的工作，考虑界面效应的数值模拟方法还有待于进一步的改进。

参考文献

[1] ACHENBACH J D, ZHU H. Effect of interfacial zone on mechanical-behavior and failure of fiber-

reinforced composites[J]. Journal of the Mechanics and Physics of Solids, 1989,37(3):381-393.

[2] KONSTA-GDOUTOS M S, METAXA Z S, SHAH S P. Multi-scale mechanical and fracture characteristics and early-age strain capacity of high performance carbon nanotube/cement nanocomposites[J]. Cement and Concrete Composites, 2010,32(2):110-115.

[3] METAXA Z S, KONSTA-GDOUTOS M S, SHAH S P. Carbon nanofiber cementitious composites: Effect of debulking procedure on dispersion and, reinforcing efficiency[J]. Cement and Concrete Composites, 2013,36:25-32.

[4] KONSTA-GDOUTOS M S, METAXA Z S, SHAH S P. Highly dispersed carbon nanotube reinforced cement based materials[J]. Cement and Concrete Research, 2010,40(7):1052-1059.

[5] OTSU N. A threshold selection method from gray-level histograms[J]. Automatica, 1975,11(23):285-296.

[6] OLLIVIER J P, MASO J C, BOURDETTE B. Interfacial transition zone in concrete[J]. Advanced Cement Based Materials, 1995,2(1):30-38.

[7] ZIMBELMANN R. A Contribution to the problem of cement-aggregate bond[J]. Cement and Concrete Research, 1985,15(5):801-808.

[8] TYSON B M, ABU AL-RUB R K, YAZDANBAKHSH A, et al. Carbon nanotubes and carbon nanofibers for enhancing the mechanical properties of nanocomposite cementitious materials[J]. Journal of Materials in Civil Engineering, 2011,23(7):1028-1035.

[9] GARBOCZI E J, BENTZ D P. Analytical formulas for interfacial transition zone properties[J]. Advanced Cement Based Materials, 1997,6(3-4):99-108.

[10] GAO Y, DE SCHUTTER G, YE G, et al. The ITZ microstructure, thickness and porosity in blended cementitious composite: Effects of curing age, water to binder ratio and aggregate content[J]. Composites Part B: Engineering, 2014,60:1-13.

[11] SCRIVENER K L, CRUMBIE A K, LAUGESEN P. The interfacial transition zone(ITZ) between cement paste and aggregate in concrete[J]. Interface Science, 2004,12(4):411-421.

[12] LEEMANN A, MUNCH B, GASSER P, et al. Influence of compaction on the interfacial transition zone and the permeability of concrete[J]. Cement and Concrete Research, 2006,36(8):1425-1433.

[13] SUN Y, CHEN J Y, HUANG B S. Characterization of asphalt concrete linear viscoelastic behavior utilizing Havriliak-Negami complex modulus model[J]. Construction and Building Materials, 2015,99:226-234.

[14] ZHU X Y, CHEN W Q, YANG Z X. Prediction of viscoelastic behavior in asphalt concrete using the fast multipole boundary element method[J]. Journal of Materials in Civil Engineering, 2013,25(3):328-336.

附录　分子动力学模拟参数

本书第 3 章中的模型各元素摩尔质量及 PCFF 力场对相互作用系数如附表所列。

附表　　模拟所用模型各原子摩尔质量与对相互作用系数

原子类型	元素	ε_i^0 /(kcal·mol^{-1})	r_i^0 /Å	摩尔质量/(g·mol^{-1})
si	Si	0.190	4.450	28.085501
o(SiO_2)	O	0.240	3.535	15.9994
c	C	0.0540	4.0100	12.01115
c1	C	0.0540	4.0100	12.01115
c2	C	0.0540	4.0100	12.01115
c3	C	0.0540	4.0100	12.01115
c5	C	0.0640	4.0100	12.01115
c=	C	0.0640	3.9000	12.01115
c=1	C	0.0640	3.9000	12.01115
cp	C	0.0640	4.0100	12.01115
cs	C	0.0640	4.0100	12.01115
hc	H	0.0200	2.9950	1.00797
hn	H	0.0130	1.0980	1.00797
ho	H	0.0130	1.0980	1.00797
nb	N	0.0650	4.0700	14.0067
np	N	0.0410	3.5700	14.0067
oc	O	0.2400	3.5350	15.9994
oh	O	0.2400	3.5350	15.9994
sp	S	0.0710	4.0270	32.064